"十四五"职业教育国家规划教材

U0868060

Qiche Lingbujian Shitu

汽车零部件识图

（第2版）

李秋艳　易　波　主　编

人民交通出版社股份有限公司
北　京

内 容 提 要

本书为"十四五"职业教育国家规划教材。本书基于学习情境设计,以任务作驱动,以项目为载体,将理论知识与实践操作进行一体化的教学设计,重点介绍了识读汽车零件图和装配图的方法和步骤。本书共分为四个学习情境,分别为:走进"工程语言"世界、识读零件图中的一般表达方法、识读汽车零部件图中的标准件和常用件、识读装配图。全书共20个任务。

本书主要供高职高专院校汽车类专业教学使用,也可作为汽车行业从业人员岗位培训用书。

图书在版编目(CIP)数据

汽车零部件识图 / 李秋艳,易波主编. —2版. — 北京:人民交通出版社股份有限公司, 2019.3

ISBN 978-7-114-15166-8

Ⅰ. ①汽… Ⅱ. ①李… ②易… Ⅲ. ①汽车—零部件—机械图—识别 Ⅳ. ①U463

中国版本图书馆CIP数据核字(2018)第275195号

书　　名:**汽车零部件识图**(第2版)
著 作 者:李秋艳　易　波
责任编辑:时　旭　李　良
责任校对:张　贺
责任印制:张　凯
出版发行:人民交通出版社股份有限公司
地　　址:(100011)北京市朝阳区安定门外外馆斜街3号
网　　址:http://www.ccpcl.com.cn
销售电话:(010)59757973
总 经 销:人民交通出版社股份有限公司发行部
经　　销:各地新华书店
印　　刷:北京市密东印刷有限公司
开　　本:787×1092　1/16
印　　张:14.75
字　　数:315千
版　　次:2013年5月　第1版
2019年3月　第2版
印　　次:2023年12月　第2版　第3次印刷　总第6次印刷
书　　号:ISBN 978-7-114-15166-8
定　　价:42.00元

编委会

BIANWEIHUI

第2版前言

DIERBANQIANYAN

本书自2013年第1版出版以来已逾5年，近几年新标准、新技术、新工艺大量呈现，为了使教材内容随之与时俱进，在广泛听取任课老师和学生的意见和建议基础上，制定了本书的修订方案，启动了本书的修订工作。

本版仍基于学习情境设计，以任务作驱动，以项目为载体，将理论知识与实践操作进行一体化的教学设计，体现了工学结合的本质特征——"学习的内容是工作，通过工作实现学习"，突出学生的综合职业能力培养。

全书在以下几个方面进行了必要的调整和整编：

1. 改正第1版书中的文字错误，对书中插图进行了检查和修正，特别是对图中图线不规范部分进行了详细的校正。

2. 在第1版的基础上，学习任务单从22个减少到20个；突出了识图这条主线，对原书中难度较大和很少使用的内容进行了删减，对学习任务单6中遗漏的内容进行了补充。

3. 及时更新国家标准，第2版全面使用2018年8月前国家颁布实行的现行标准代替作废标准。例如用GB/T 4459.7—2017替代GB/T 4459.7—1998等。

4. 尽量用新型主流汽车车型部件图取代老车型部件图。

本书由湖南交通职业技术学院汽车系李秋艳和易波老师编写，本书在编写过程中得到湖南交通职业技术学院的领导、同仁的重视和支持，特别是得到了湖南交通职业技术学院汽车系卢建老师的大力帮助，在此表示最衷心的感谢！

限于编者的水平，教材内容仍会有疏漏和不当之处，希望各高职院校在使用本教材时，及时提出意见和建议，以便下次补充完善。

编者

2018年8月

目 录

MULU

绪论 Chapter 0

一 工程语言的世界

在机械、电子、仪器、建筑等行业的工程技术领域里，为准确表达所涉及产品的规格、性能、结构、形状等信息，通常使用“工程语言”。

根据图形的投影原理，依据国际、国家或行业的标准规定，对工程中的对象进行表达的图形及依附其中的技术条件代号、符号和标记等，称之为图样。图样表达了设计者的设计理念和意愿，传达了相关的技术信息。它是生产活动的主要依据，进行技术交流的重要的“工程语言”。

当你打开这本书时，就意味着你已经开启了进入“工程语言世界”的大门。

这是一门理论性、实践性和应用性极强的专业技术基础课，是我们立志从事汽车工程或机械类工程人员的必修“工程语言”。

“工程语言”的历史源远流长。自从人类开创文明以来，人类在其生存和发展中，逐渐认识了自然，造出了劳动工具，营造了住所，开始用图形表达意图，进行交流。中国象形文字的起源就是从“图形”开始的。随着生产的不断发展和人类的进步，人类在实践中总结出一套工程制图的方法，逐步达到既能准确、完整、清晰地表达形体，又便于指导制造和施工，同时形成了工程领域中的“工程语言”。

具有五千年文明史的中国在这一领域里就有许多辉煌的创造。我国古代宋朝李明仲所著《营法式》（刊于 1103 年）记载了最著名建筑图样的表达方法；元代王桢所著《农书》（约 1330 年）、明代宋应星所著《天工开物》（1637 年）等书中都附有类似图样。“不以规矩，不成方圆”充分反映了我国古代对尺规作图的深刻认识。

18 世纪欧洲工业革命促进了一些国家科学技术的迅猛发展。法国著名科学家蒙日（Gaspard Monge，1746—1818）编著了《画法几何学》（1798 年出版），创建了画法几何学的学科体系。

20 世纪 50 年代，我国著名学者赵学田教授简明通俗地总结了三视图投影规律是：“长对正、高平齐、宽相等”。1959 年，我国正式颁布了国家标准《机械制图》，并随着科学技术的不断进步和发展，相继作了必要修订。改革开放以来，通过广泛的国际交流，我国的国家标准已逐步与国际标准接轨,成为我国与世界工程界进行交流的国际“工程语言”。

进入21世纪以来,计算机辅助设计(CAD)技术大大推动了现代制造业的发展,“工程语言”的内涵更加广泛和丰富,同时促进了数控(加工)技术更为广泛深入地发展。“工程语言”将在我们手上演奏出更加精彩的乐章!

二 学习情境目标和基本要求

本课程营造了学习情境,以学习任务书的形式进行逐步深入的学习。课程的主要学习目标就是围绕汽车零、部件的识图展开的,目的就是培养学生会识读汽车零、部件图。重点是对学生识图能力的培养。

1 学习情境目标

(1)深入了解“工程语言”所涉及的内涵,能按照《汽车零部件识图》中的国家标准识读图样。

(2)会识读机械图样的基本方法和表达的基本技能。

(3)培养对物体的空间想象和形象思维能力。

(4)能说出零件图表达的内容及其特点,会识读零件图。

(5)能说出装配图表达的内容及其特征,会运用相关的国家标准及规定,能识读装配图。

2 学习情境基本要求

(1)学习情境任务书中所列出的基本内容和知识点是要求学生必须掌握的。

(2)学习情境任务书中所列出的技能点是要求学生必须做到的。

(3)开展学习情境活动时,要求与汽车机械基础、汽车零部件识图、机械制造相关知识和实验课、实践课相结合。

3 学习情境学习方法的提示

学习情境中的任务单表达了在规定的课时所要求必须完成的学习任务和技能点。学习目标、知识点和技能点在任务单中明了准确,基本点、重点、难点在任务单中列出,引导学生开展学习情境活动,每个任务单中穿插思考题和练习题,可在课堂上对课堂教学的内容进行消化吸收,不增加学生的课外学习负担;同时,教师也可以进行及时答疑,有利于提高学生的实践能力,做到在授课时内完成学习的目标任务。每一学习情境结束后,都有巩固练习,有利于学生在老师的指导下,回顾总结,相互交流。《汽车零部件识图》涉及汽车机械基础、机械制造等多学科知识,同时又要求具备扎实的实践活动经验,因此,对学生的学习方法作如下提示:对要求达到的识读图的目标所涉及的基本理论知识,特别是“工程语言”所涉及的内容一定要下功夫理解、记熟。

课程的特点是既有理论又具有实践性的技术基础课,其核心内容是空间点、线、面的投影(尤其是正投影)的原理。组合体、空间机件在三投影面体系中的投影规则的学习,是为后面的识读零件图与装配图打基础的。在这段学习期间,不仅要理解,而且要多动手画投影图,这样做是为了既熟知理论,又树立对空间物体的想象能力。

任务单完全是通过识读图的实例展开学习活动的，学生要善于从中归纳总结出一般规律或方法步骤，反过来，又用这些规律去解决习题中提出的问题。本书中的学习情境就是应用“实例——理论——实践”提高的模式展开的。

汽车工程，涉及的专业面很广，专业性极强，汽车构造也较为复杂，识读汽车的工程图是要具备相当的专业技术知识为基础的。万丈高楼平地起，本书的内容是机械图样中的最基本的，也是必须熟知的知识，希望同学们能脚踏实地，一步一个脚印地学习。

4 学习活动情境和任务课时安排

学习情境	任务单元	任务学时	情境学时
一、走进“工程语言”世界	学习任务单1　识读筋板零件图	6	18
	学习任务单2　识读压板零件图	4	
	学习任务单3　识读半圆头铆钉零件图	4	
	学习任务单4　识读歧管支座零件图	4	
二、识读零件图中的一般表达方法	学习任务单5　识读轴承座零件图	6	24
	学习任务单6　识读滑动轴承座零件图中表面粗糙度要求	2	
	学习任务单7　识读机械图样外部表达方式——视图	2	
	学习任务单8　识读右端盖零件图	6	
	学习任务单9　识读轴零件图	2	
	学习任务单10　识读端盖零件图	2	
	学习任务单11　识读柱塞套零件图中的形位公差要求	2	
	学习任务单12　识读零件图中常见工艺结构	2	
三、识读汽车零部件图中的标准件和常用件	学习任务单13　识读汽车零部件图中的螺纹结构	4	10
	学习任务单14　识读汽车零部件图中的键、销结构	2	
	学习任务单15　识读汽车零部件图中的齿轮结构	2	
	学习任务单16　识读汽车零部件图中的滚动轴承结构	1	
	学习任务单17　识读汽车零部件图中的弹簧结构	1	
四、识读装配图	学习任务单18　识读活塞连杆总成装配图	4	8
	学习任务单19　识读机器上常见的装配结构图	2	
	学习任务单20　识读阀装配图	2	

学习情境1 Chapter 1

走进"工程语言"世界

学习情境名称:走进"工程语言"世界	任务学时:18
学习目标	
1. 观察零件图的标题栏、技术要求,能说出图纸的幅面、格式、比例和字体的号数; 2. 观察零件图的图形,能说出图形中图线的线型与应用场合,并能正确画出这些图线; 3. 观察零件图的尺寸标注,指出图中哪些是尺寸界线、尺寸线和数字,并能说出图中每部分结构的尺寸数字; 4. 会识读筋板零件图、压板零件图、半圆头铆钉零件图、歧管支座零件图; 5. 会熟练运用常用绘图工具作图; 6. 能严格按《机械制图》国家标准的有关规定作图; 7. 通过抄画三视图,明确机械制图中正投影的基本特性; 8. 通过观察自制三投影面体系打开后投影的变化,明确三视图投影的规律及方位关系; 9. 会画点、线、面的三视图,并能判断其相对三个投影面的空间位置; 10. 绘制和识读基本几何体及其切断体的三视图; 11. 作图时能保持图面清晰、整洁和作图环境的整洁,并保证作图室工具和仪器摆放整齐; 12. 能主动与学习小组成员沟通,与教师和同学建立良好的人际关系	
知识点	**技能点**
1. 制图的基本规定; 2. 尺寸标注基本规则、标注尺寸的要素及应用; 3. 正投影法的投影特性; 4. 三视图的投影规律及方位关系; 5. 基本几何体及其切断体的三视图	1. 按《机械制图》国家标准的有关规定画图框和标题栏; 2. 抄画四棱锥三视图,学习绘图工具的使用方法; 3. 指出尺寸标注中的错误,并以正确的标注方法标注; 4. 自己动手制作一个能打开和合拢的三投影面体系模型,然后观察三投影面体系打开后投影的变化; 5. 识图方法和步骤
教学方法	**教具、工具与媒体**
1. 以直观感知为主的教学法; 2. 以学生为主、老师为辅的教学法; 3. 愉快教学法; 4. 任务驱动教学法	**工具台套数按学生人数匹配:** 硬纸;剪刀;胶带纸;机械式绘图机;绘图工具;绘图纸;挂图;多媒体教学设备;教学课件、软件;维修资料;视频教学资料;网络教学资源

学习任务单1 识读筋板零件图

任务	识读筋板零件图	任务学时	6
教学目标	1. 会识读零件图的一般方法和步骤; 2. 能看懂零件图的基本内容; 3. 能看懂筋板零件图的表达方法		
知识点	1. 国标中有关图幅、图框格式、比例、字体、图线、标题栏和尺寸标注的基本规定; 2. 正投影法的基本原理、基本特性和三视图的形成及对应关系; 3. 零件图的基本内容及看图的方法及步骤		
提示	按照零件图相对独立的各部分内容分步完成作业要求		
零件图	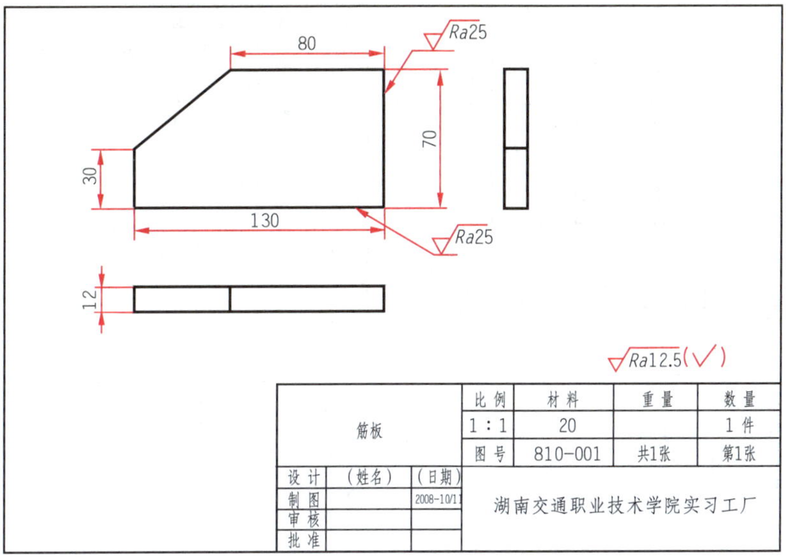		
说明	此零件图幅面为A3号图,因篇幅有限按比例进行了缩小		

在修配、制造零件时,需要看懂零件图,因此正确、熟练地识读零件图,是技术人员和技术工人必须掌握的基本功。唯有扎实掌握这方面基本功,今后才有可能成为高技能人才甚至卓越工程师。识读零件图,就是要根据零件图,想象出零件的结构形状,了解零件各部分尺寸、技术要求以及零件在机器中的作用等。识读零件图的方法和步骤没有固定模式,对于初学者而言,先从最基本的开始入手。

在识读零件图时,我们发现图纸有大小,图框有格式,图线有粗细,字体和数字有规格。下面我们就首先介绍这方面的知识。

一 概括了解零件图的图纸幅面、图框格式、图线、字体等国家标准中的有关规定

1 图纸幅面

图纸幅面是指图纸的宽度与长度围成图纸面积的大小。绘制图样时,应优先选用表1-1所规定的5种基本幅面,其尺寸关系如图1-1所示。必要时允许加长幅面,加长部分的尺寸可查阅国家标准《技术制图　图纸幅面和格式》(GB/T 14689—2008)。

2 图框格式

图纸上必须用粗实线画出线框以限定绘图区域,这个线框称为图框。其格式如图1-2所示(a、c、e尺寸规定见表1-1)。

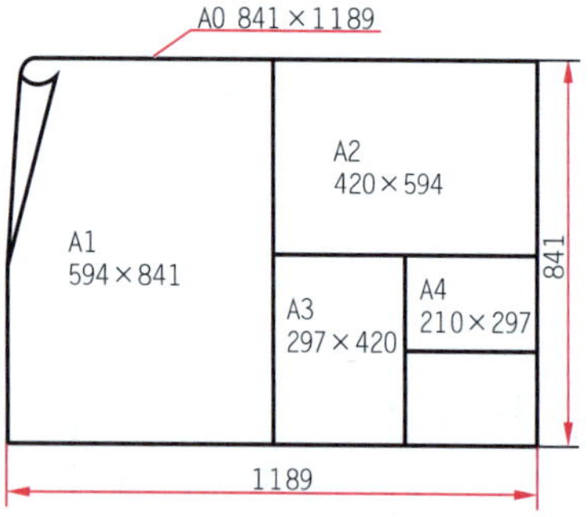

图1-1　各种基本幅面的尺寸关系(尺寸单位:mm)

图纸幅面尺寸(第一选择)(单位:mm)　表1-1

幅面代号	图纸幅面 $B\times L$	周边尺寸 e	c	a
A0	841×1189	20	10	25
A1	594×841			
A2	420×594	10		
A3	297×420		5	
A4	210×297			

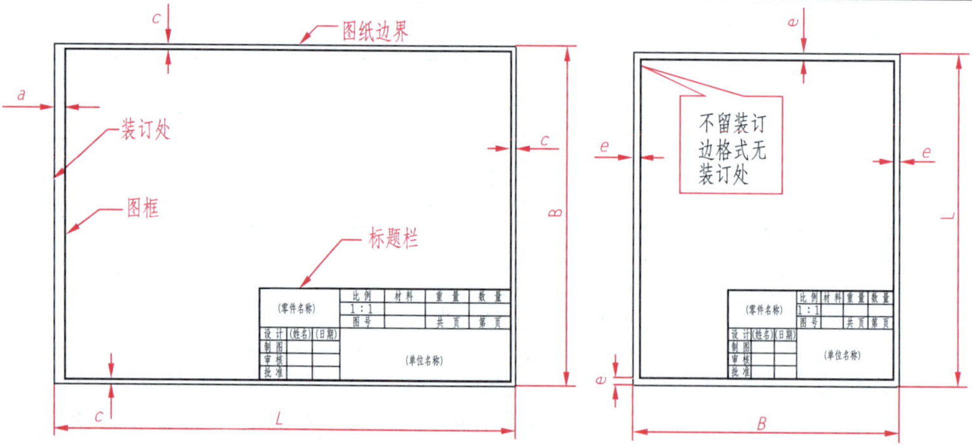

图1-2　图框格式

3 图线

零件图的图样是由各种图线组成,要看懂零件图就必须首先明确常见各种图线的含义和用途,见表1-2。

常见图线表示方法和一般用途(根据GB/T 4457.4—2002)　　表1-2

代码NO.	线　型	一般应用
01.1	细实线	1.过渡线
		2.尺寸线
		3.尺寸界线
		4.指引线和基准线
		5.剖面线
		6.重合断面的轮廓线
		7.短中心线
		8.螺纹牙底线
		9.尺寸线的起止线
		10.表示平面的对角线
		11.零件成形前的弯折线
		12.范围线及分界线
		13.重复要素表示线,例如:齿轮的齿根线
		14.锥形结构的基面位置线
		15.叠片结构位置线,例如:变压器叠钢片
		16.辅助线
		17.不连续同一表面连线
		18.成规律分布的相同要素连线
		19.投影线
		20.网格线
	波浪线	21.断裂处边界线;视图与剖视图的分界线[a]
	双折线 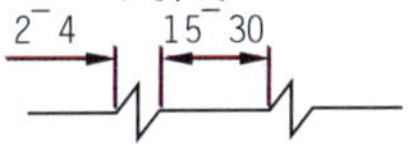	22.断裂处边界线;视图与剖视图的分界线[a]
01.2	粗实线 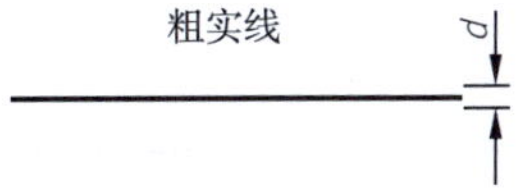	1.可见棱边线
		2.可见轮廓线
		3.相贯线
		4.螺纹牙顶线
		5.螺纹长度终止线
		6.齿顶圆(线)
		7.表格图、流程图中的主要表示线
		8.系统结构线(金属结构工程)
		9.模样分型线
		10.剖切符号用线

续上表

代码 NO.	线 型	一般应用
02.1	细虚线 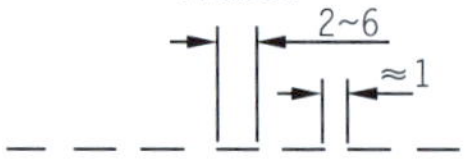	1. 不可见棱边线
		2. 不可见轮廓线
02.2	粗虚线 	允许表面处理的表示线
04.1	细点画线 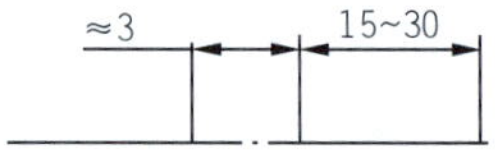	1. 轴线
		2. 对称中心线
		3. 分度圆(线)
		4. 孔系分布的中心线
		5. 剖切线
04.2	粗点画线 	限定范围表示线
05.1	细双点画线 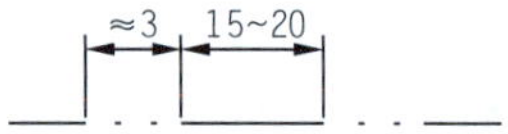	1. 相邻辅助零件的轮廓线
		2. 可动零件的极限位置的轮廓线
		3. 重心线
		4. 成形前轮廓线
		5. 剖切面前的结构轮廓线
		6. 轨迹线
		7. 毛坯图中制成品的轮廓线
		8. 特定区域线
		9. 延伸公差带表示线
		10. 工艺用结构的轮廓线
		11. 中断线
a. 在一张图样上一般采用一种线型,即采用波浪线或双折线		

提示:(1)同一张图同一线型线宽应一致。线宽为2、1.4、1、0.7、0.5、0.35、0.25、0.18、0.13(单位mm)共9种图线,线的宽度必须从中选取。

(2)常用的粗实线宽度 d 应为0.5~2,细实线的宽度约为 $d/2$。

筋板零件图中图线如图1-3所示。

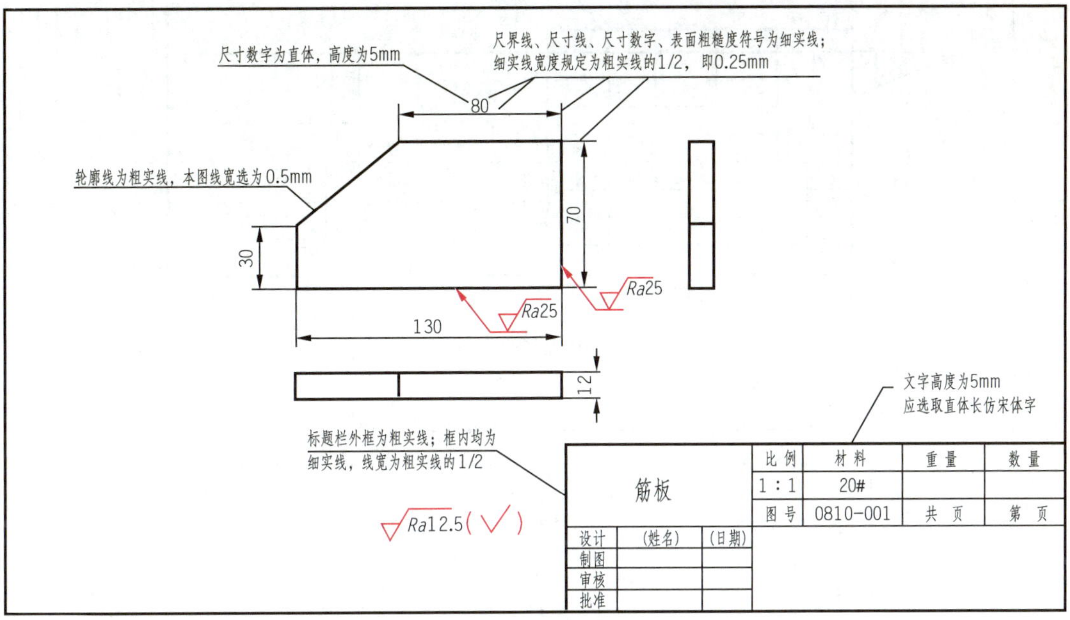

图 1-3 筋板零件图中图线、字体及标题栏的应用

4 字体

图样中的字体是指文字、数字、字母，书写时必须做到：字体工整、笔画清楚、间隔均匀、排列整齐。字体的大小用号数表示，号数即为字体的高度 h，分为八种：20、14、10、7、5、3.5、2.5、1.8（单位 mm）。汉字应写成长仿宋体，并采用国家正式公布的简化字。数字和字母可写成直体或斜体。

提示：同一张图样上的文字、数字和字母的字高一般应一致，数字和字母只能在斜体和正体之间选一种。

二 了解标题栏和筋板的用途

1 标题栏

每张图纸上都有标题栏，标题栏的位置在图纸的右下角，如图 1-3 所示。标题栏的内容、格式及尺寸，在《技术制图　标题栏》（GB/T 10609.1—2008）中已作了规定，如图 1-4a）所示。

提示：各单位对标题栏的格式及尺寸可参考国标自定。

通过看标题栏，可知道零件名称、材料、绘图比例、设计者、单位等内容。从筋板零件图的标题栏可知：零件的名称为筋板。制造零件的材料牌号为 20，表示含碳量为万分之二十（0.20%）的优质碳素结构钢。绘图比例为 1:1；比例是指图形与其实物相应要素的线性尺寸之比。线性尺寸是指用直线表达的尺寸，如直线长度、圆的直径等。绘图时，应从表 1-3 规定的系列中选取比例。

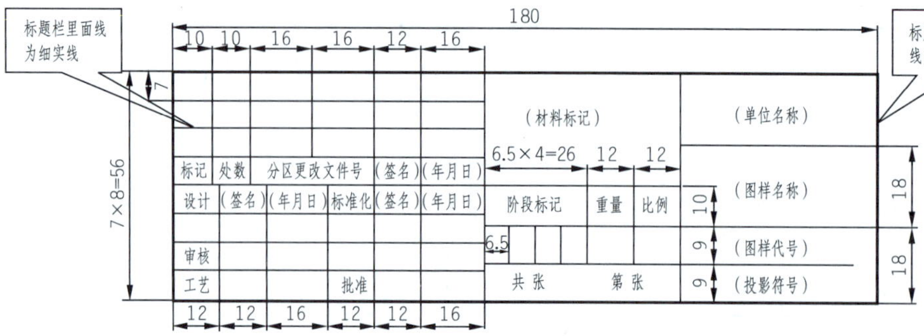

a)标题栏的标准格式

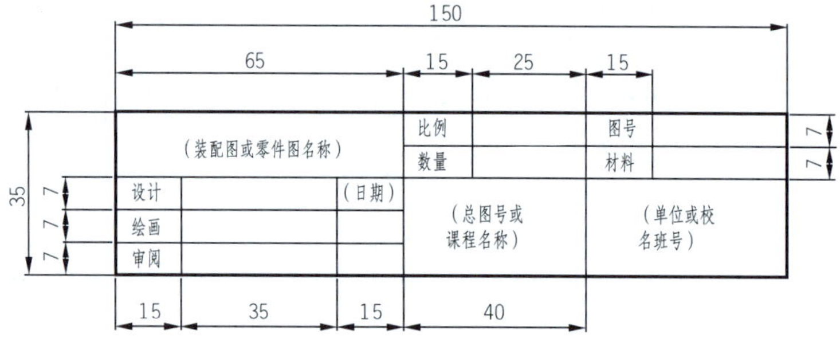

b)制图作业标题栏参考格式与尺寸

图1-4　标题栏的内容、格式及尺寸(尺寸单位:mm)

标准比例　　　　表1-3

种　类	比　例	
	优先选取	允许选取
原值比例	1:1	
放大比例	2:1,5:1, 1×10^n:1,2×10^n:1,5×10^n:1	4:1,2.5:1, 4×10^n:1,2.5×10^n:1
缩小比例	1:2,1:5,1:10, 1:2×10^n,1:5×10^n, 1:10×10^n	1:1.5,1:2.5,1:3, 1:4,1:6,1:1.5×10^n, 1:2.5×10^n,1:3×10^n, 1:4×10^n,1:6×10^n

筋板零件图中1:1的比例,表示图样既没有放大,也没有缩小,直接反映实物的大小。绘图时,应尽可能采用1:1的比例画图。

提示:看图时应以图样上所注尺寸数值为依据,与图形的比例及绘图的准确度无关。

2 筋板的用途

这类零件主要起支撑及加强筋作用,防止立板在强力的作用下发生倾斜,如图1-5所示。

提示:正确判断零件的作用,除参考装配图外,还需具备一定的知识和经验,这需要在长期学习和工作中逐步积累。

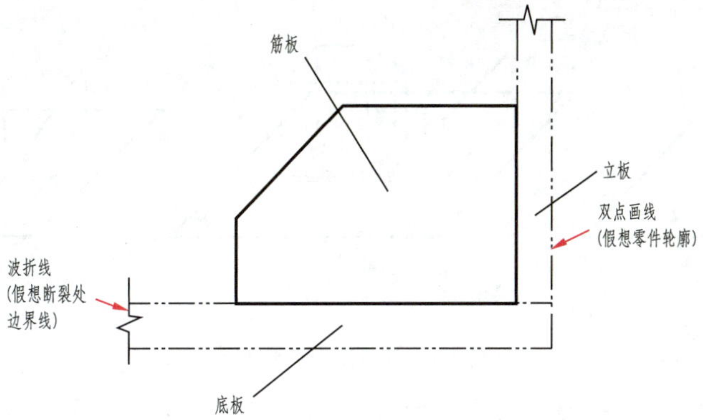

图1-5　筋板的用途

做一做：学生自己动手按国标规定格式画图框及标题栏。

三 分析视图，想象出零件的形状

1 筋板三视图的形成

筋板零件图中有三个视图，它们分别是主视图、左视图和俯视图，如图1-6所示。这三个视图是如何形成的呢？人们发现物体在光线照射下，会在地面或墙面产生影子，这种现象叫投影。照射的光线叫投射线，地面和墙面就是投影面，在投影面上的影子叫物体的投影；这些影子往往不能反映物体的真实大小，人们通过研究发现当相互平行且垂直于投影面的投射线通过物体时在投影面上的投影最能反映物体的真实形状和大小，这种得到投影的方法叫正投影法，如图1-7所示。

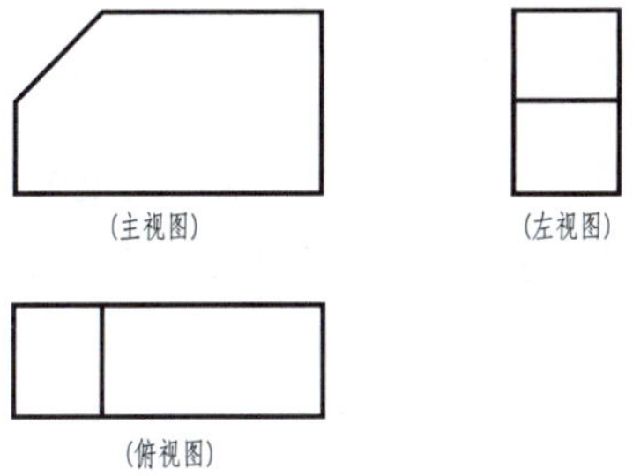

图1-6　三视图的名称及位置

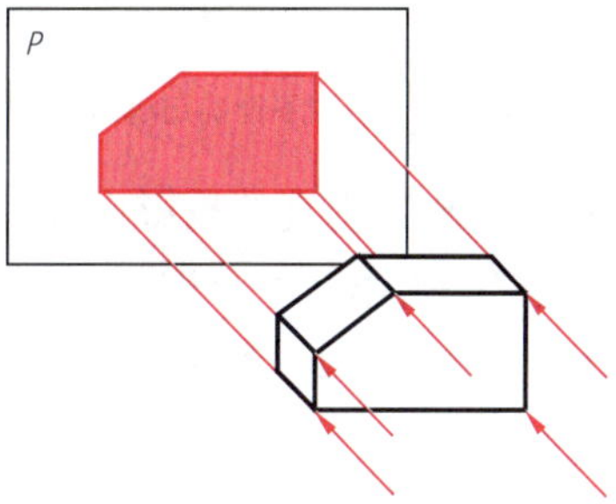

图1-7　正投影法

提示：本书上所有零件的平面图样都是采用正投影法绘制的。

按正投影法进行投影时，我们发现当直线或平面垂直于投影面时，直线的投影积聚成点，平面的投影积聚成直线，如图1-8a)所示。

当直线或平面平行于投影面时，直线的投影反映实长，平面的投影反映真实形状，如图1-8b)所示。

当直线或平面倾斜于投影面时，直线的投影仍为直线，但小于实长，平面图形的投影小于真实图形的大小，且与真实图形类似，如图1-8c)所示。

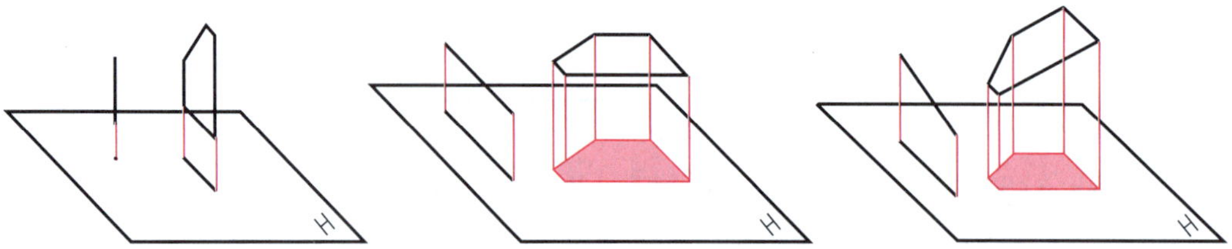

a)积聚性　　b)真实性　　c)类似性

图1-8　正投影法基本性质

想一想:按正投影法,你能够用一个四边形的平面摆放出三角形或非四边形的多边形的投影吗?

一般情况下,物体的一个投影面不能确定其形状。如图1-9所示,三个形状不同的物体,它们在同一投影面上投影都相同,所以工程上常用三投影面体系来表达简单物体的形状。如图1-10所示为三个相互垂直的投影面,三个投影面分别称正投影面,简称正面,用 *V* 表示,水平投影面,用 *H* 表示,侧投影面,简称侧面,用 *W* 表示。

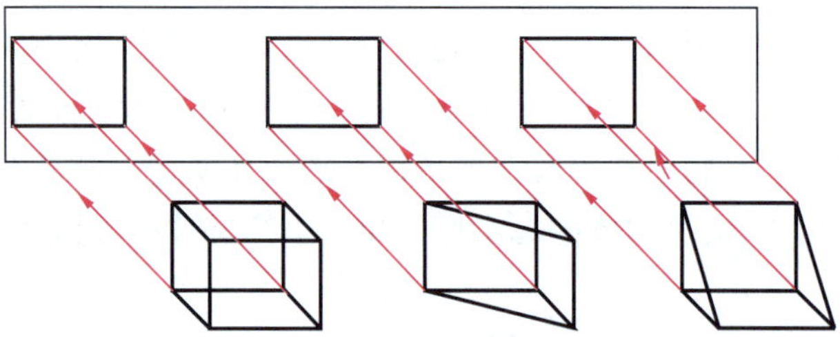

图1-9　一个视图不能确定物体形状

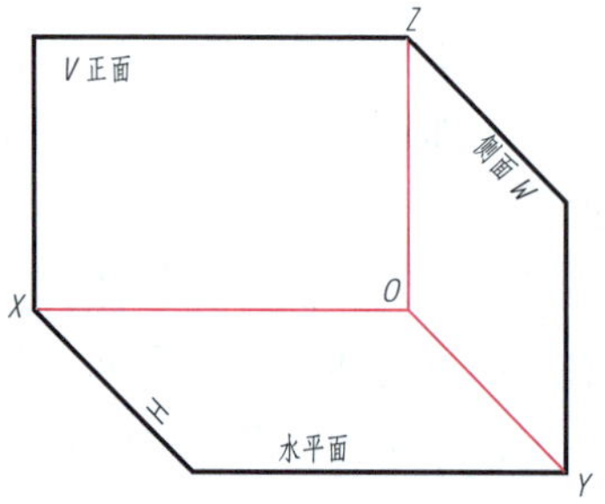

图1-10　三投影面体系

当筋板放在三个相互垂直的投影面体系中,按正投影法进行投影,其投射线分别垂直于三个投影面时,在三个投影面上分别得到三个图形,这种按正投影法绘制的物体图形称为视图。如图1-11a)所示,三个视图分别称为主视图、左视图和俯视图。

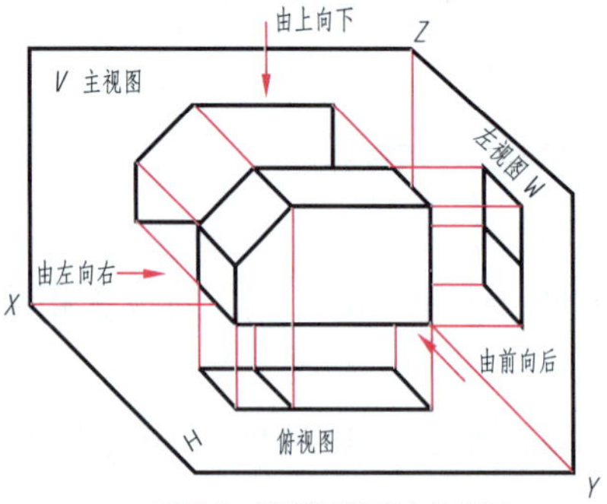

a) 零件在三投影面体系中的投影

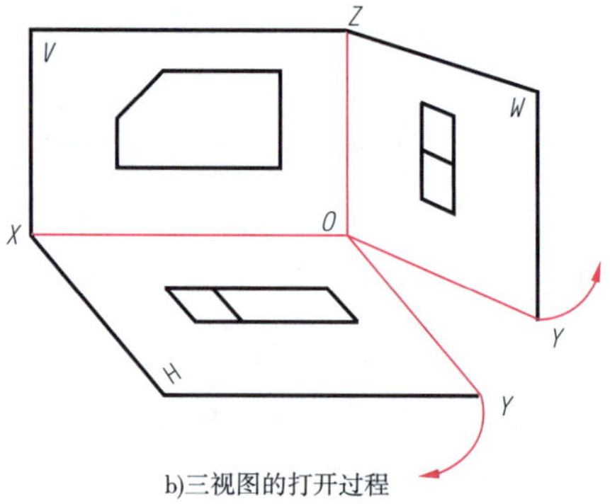

b)三视图的打开过程

图　1-11

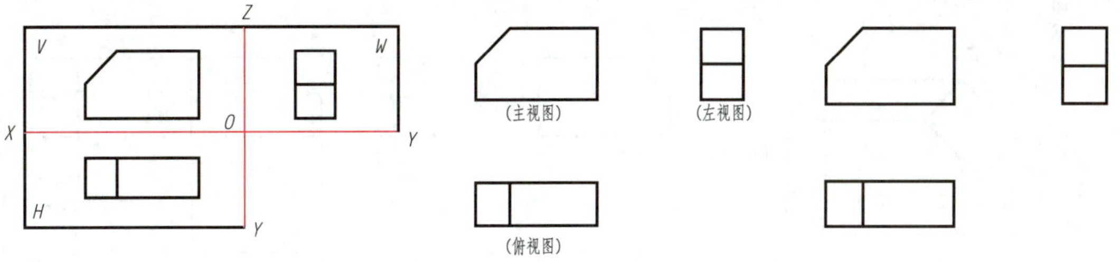

c)三视图打开后的位置　d)省略投影轴的三视图　e)不标注视图名称的三视图

图1-11　三视图的形成

主视图——由前向后投射,在正面上所得的视图,因主视图反映物体的主要特征,是为“主”的视图,因此称主视图。

左视图——由左向右投射,在右侧面上所得的视图。

俯视图——由上向下投射,在水平面上所得的视图。

提示:按正投影法投影,在主视图中,筋板的前面和后面的投影重合为一个投影面,且反映实形;顶面、底面、倾斜面、左侧面和右侧面垂直于正面而积聚为直线,与前、后面的轮廓线投影重叠。

想一想:筋板中哪些线或面在哪个投影面上积聚为一点或一线?哪些反映实形?哪些类似?

为了画图和看图方便,必须使处于空间位置的三视图在同一个平面上表示出来,我们采取正面保持不动,水平面绕 OX 轴向下旋转 90°,侧面绕 OZ 轴向右旋转 90°的方法,如图 1-11b)所示,这时三个投影面就旋转到一个平面上,如图 1-11c)所示。省略掉投影轴,如图 1-11d)所示。三视图这时的位置为主视图在上方,俯视图在主视图正下方,左视图在主视图的正右方。如果按上述位置布置视图,一律不标注视图名称,如图 1-11e)所示。

做一做:每个同学准备 300mm×300mm 的硬纸一张、剪刀和胶带纸等,按图 1-10 所示自己动手制作一个能打开和合拢的三投影面体系模型。然后观察三投影面体系打开后三个视图的方位变化情况。

2 筋板三视图之间的对应关系

如图 1-12a)所示,物体有长、宽、高三个方向尺寸。通常规定:物体左右之间的距离为长;前后之间的距离为宽;上下之间的距离为高。一个视图只能反映两个方向尺寸,如图 1-12b)所示。

想一想:主视图、俯视图、左视图各反映哪两个方向尺寸?

前面讲过筋板放在三投影面体系中在三个投影面上得到三个视图,如图 1-11a)所示,按照正投影法,通过观察你会发现三视图之间的投影规律可归纳为:主视图与俯视图长对正、主视图与左视图高平齐、俯视图与左视图宽相等,简称为长对正、高平齐、宽相等。这是看图和画图的依据,如图 1-12c)所示。

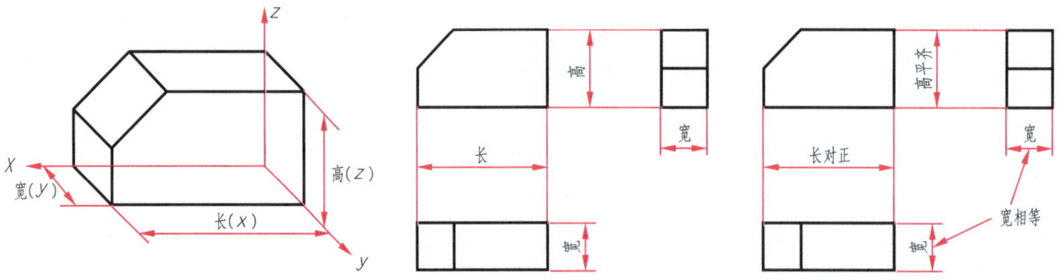

a)物体的尺寸方向规定　　b)一个视图只能反映两个方向尺寸　　c)三视图尺寸的“三等”规律

图 1-12　三视图尺寸的对应关系

如图 1-13a)所示,筋板有上、下、左、右、前、后六个方位。这和我们平时的概念是一致的。每个视图只能反映四个方位关系。

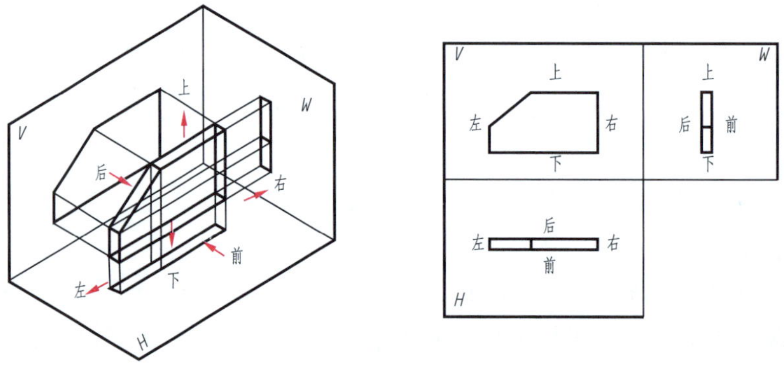

a)筋板放在三投影面体系中方位关系　　b)三投影面体系打开后方位关系

图 1-13　三视图的方位关系

想一想:主视图、俯视图、左视图各反映哪四个方位?

提示:如图 1-11 所示三个视图在展开过程中,当水平面向下旋转时,俯视图的下方实际表示物体的前方,俯视图的上方表示物体的后方;当侧面向右旋转时,左视图的右方实际上表示物体的前方,左视图的左方表示物体的后方。用自己制作的三投影面体系的模型观察三投影面体系打开后投影的方位变化,如图 1-13b)所示。

3 结合三视图,想象筋板形状

由于每个视图只能反映物体一个方向的形状,读图时必须将筋板三个视图联系起来,互相对照分析,才能正确地想象出该物体的形状。观察三个视图,我们发现三个视图的外形轮廓基本上都是长方形,如图 1-14a)所示。

这说明筋板的基本形状为长方体。主视图的长方形缺一个角,说明长方体的左上方被切去一块,如图 1-14b)所示。这样我们就能想象出筋板零件的形状。

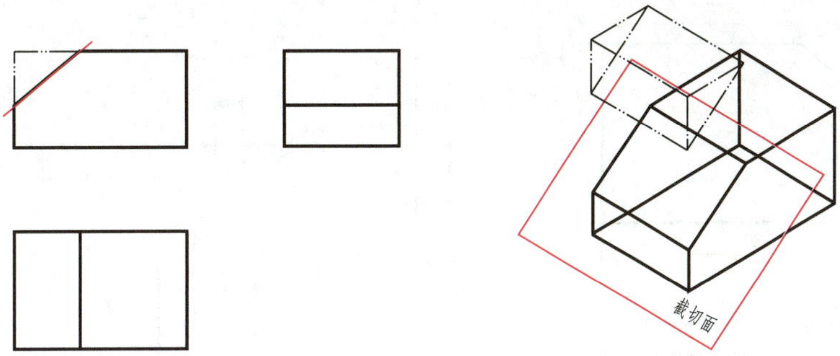

a)筋板的三视图　　b)筋板的立体图

图1-14　筋板的立体图和三视图

试一试：选择与三视图对应的立体图编号填入括号内。

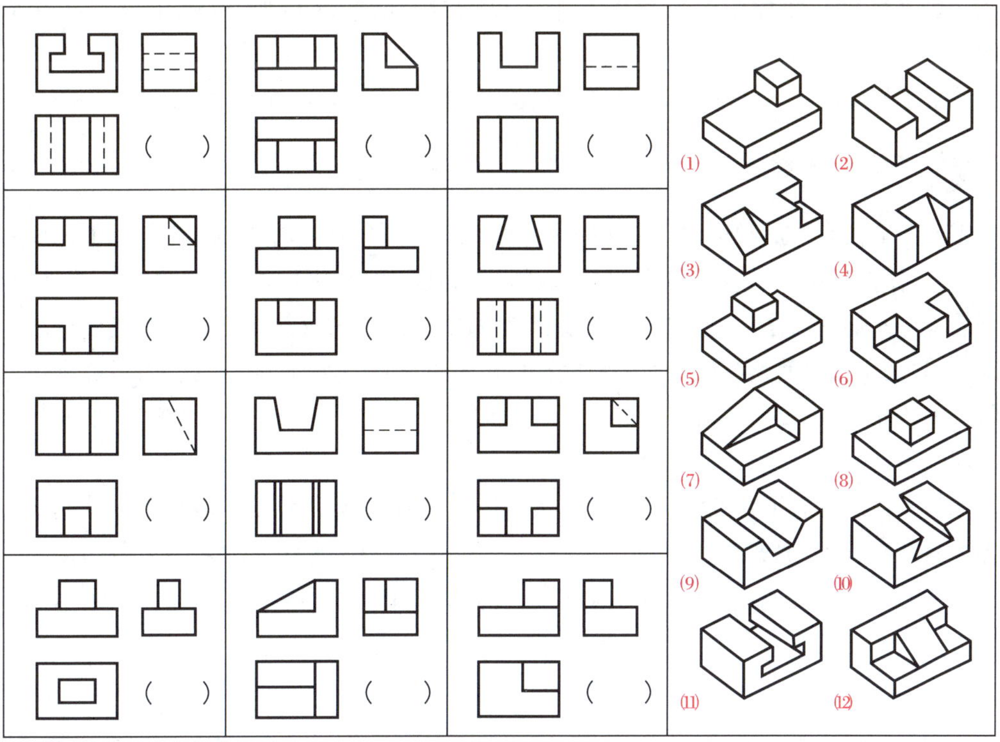

四 知道零件中尺寸要求

图形只能表示物体的形状，而其大小是由标注的尺寸确定的。

筋板零件图中标注的尺寸由尺寸界线、尺寸线和尺寸数字组成，如图1-15a)所示。

尺寸界线表示所标注尺寸的起止范围，一般由图形轮廓线、轴线或对称中心线处引出。

尺寸线表示所标注尺寸的方向；尺寸终端有箭头或细斜线，机械图样中一般采用箭头作为尺寸线的终端；如果没有足够的地方画箭头，可用小圆点代替，如图1-15b)所示。

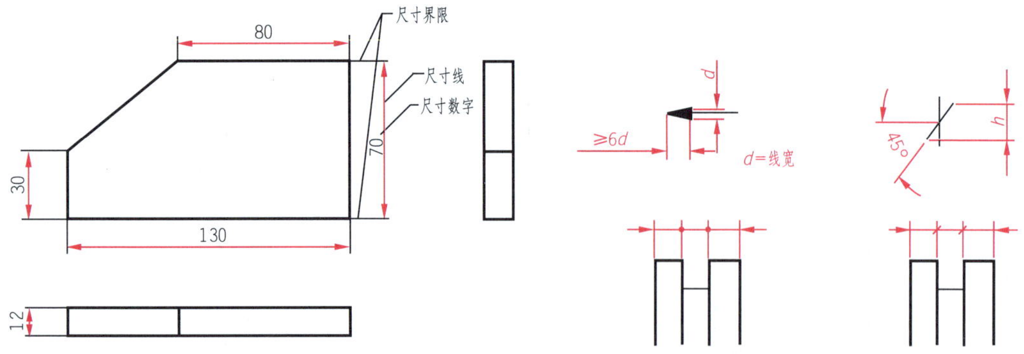

a)标注尺寸的要素　　b)尺寸线的终端形式

图1-15　尺寸标注的形式(尺寸单位:mm)

尺寸数值表示机件的真实大小,看图时以所注的尺寸数字为依据,而不管图形的比例及画图的准确度。图样中的尺寸以毫米为单位时不必标注单位,其他单位则必须加以说明。

筋板零件中的长为130,宽为12,高为70,30和80表示与斜面有关的尺寸。

五 看懂技术要求

零件图上仅有图形和尺寸尚不能完全反映对零件的全面要求,因此,零件图上还要有技术要求,以便控制质量。技术要求主要包括表面粗糙度、尺寸公差、形状位置公差等内容。由于筋板是起加强筋作用,其技术要求较低,筋板零件图中只对其作了表面粗糙度要求。简单地讲,表面粗糙度就是零件表面的粗糙程度。零件图中“√Ra25”表示其表面粗糙度用去除材料的方法获得,*Ra*的上限值为25μm,“三角形”符号(“√”)尖端指向哪个平面或其延长线就表示对那个平面有表面粗糙度要求。

筋板零件图中右下角的“√Ra12.5(√)”表示筋板除有“√Ra25”要求的两个表面外其余所有表面都是“√Ra12.5(√)”要求。

综合归纳零件的形状、尺寸及技术要求,我们读懂了筋板的零件图。

下面以图1-16a)所示正四棱锥为例分析其投影特征和作图方法。

1 投影分析

如图1-16a)所示,四棱锥前后、左右对称,底面平行于水平面,其水平投影反映实形。左、右两个棱面垂直于正面,它们投影积聚成直线。前、后两个棱面垂直于侧面,它们的侧面投影积聚成直线。与锥顶相交的四条棱线不平行于任一投影面,所以它们在三个投影面上的投影都不反映实长。投影后将三个投影面展开到一个平面上,如图1-16b)所示。

2 作图步骤

1)画图前的准备工作

准备好三角板、圆规、纸、橡皮擦、H或2H和B或2B铅笔。

2）布置图形

根据所画图形的大小和选定的比例，合理布图。图形尽量布置均匀、居中，如果要标注尺寸，还要考虑标注尺寸的位置。

3）画底稿

先用H或2H铅笔轻淡地画出四棱锥的对称中心线、轴线和底面，如图1-16c）、图1-16d）所示。然后据四棱锥的高度在轴线上定出锥顶S的三面投影位置，再在主、俯视图上分别用直线连接锥顶S与底面四个顶点的投影，即得四条棱线的投影。最后由主、俯视图画出左视图，如图1-16e）所示。

4）检查后描深

描深图线前，要仔细检查底稿，纠正错误，擦去多余的作图线和图上污迹。用B或2B铅笔描深看得见的轮廓线，如图1-16f）所示。

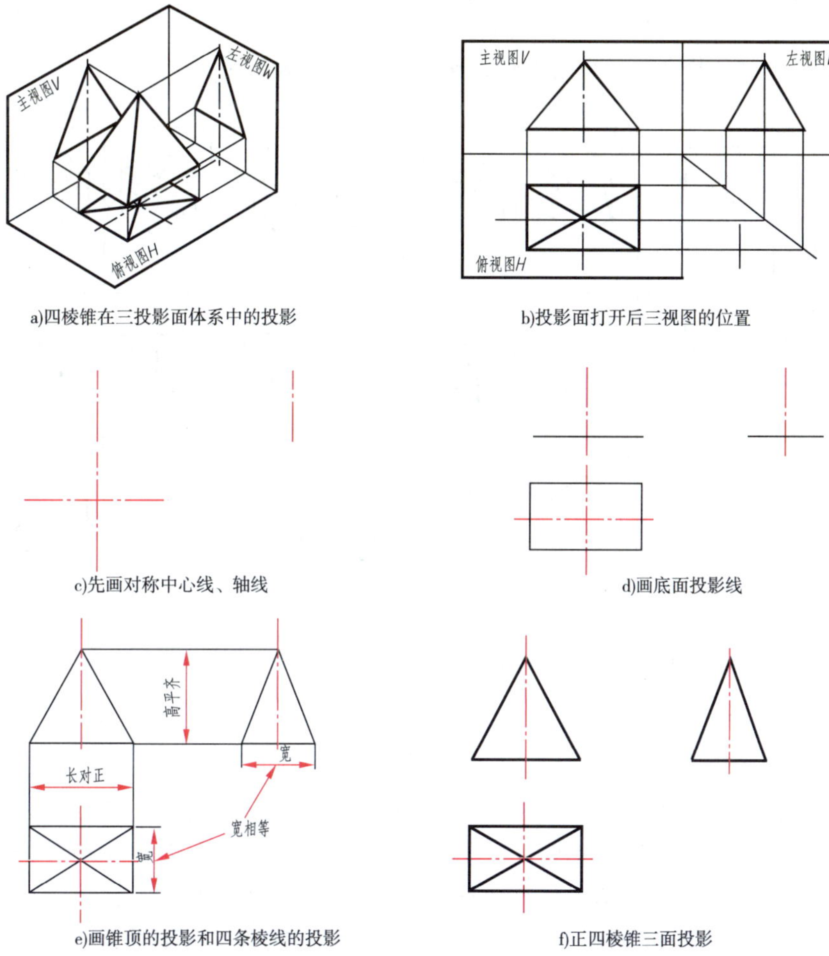

图1-16　正四棱锥的作图过程

小试身手：根据立体图画下列平面体的三视图（尺寸从图中量取）。

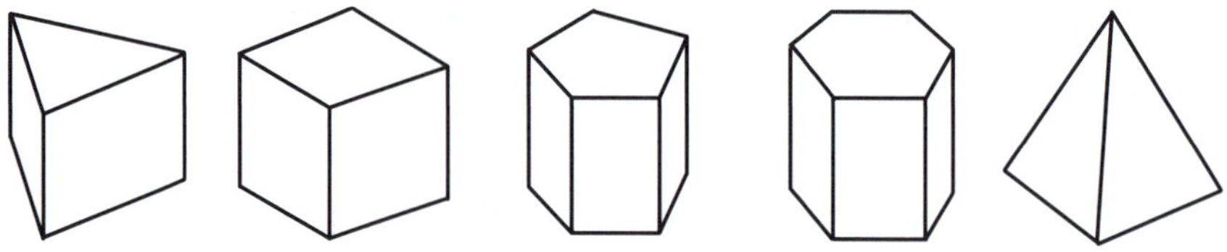

三棱柱　四棱柱　五棱柱　六棱柱　四棱锥

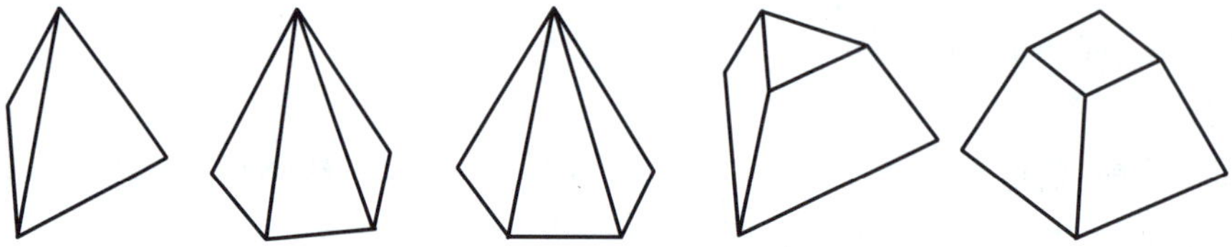

三棱锥　五棱锥　六棱锥　三棱台　四棱台

巩固练习:(1)选择与三视图对应的立体图编号填入括号内。

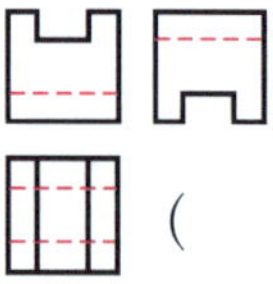 (　　)	 ①	 ②	 ③	 ④	 ⑤	 ⑥
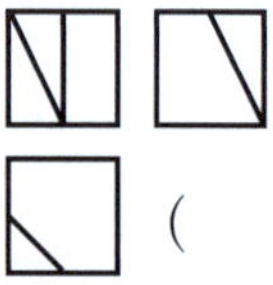 (　　)	 ①	 ②	 ③	 ④	 ⑤	 ⑥
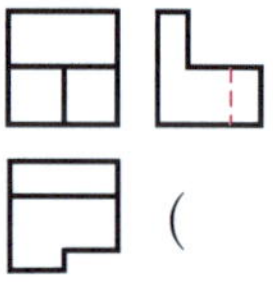 (　　)	 ①	 ②	 ③	 ④	 ⑤	 ⑥

(2)识读楔键零件图,回答下列问题:

①该零件的名称为____________,材料选用____________钢;表示的含义为____________,比例为____________,其含义是:____。

②该零件图所用线框的格式为:____________,粗实线的宽度为0.5mm,细虚线和细实线宽度为____________,图中汉字均按____________体书写。

③该零件的结构形状共用____________个视图表达,视图的名称为____________,其中哪几个视图长对正、高平齐、宽相等:____________;并在每个视图中分别标出四个方位。

④该零件由____________体通过切割所形成的形体。

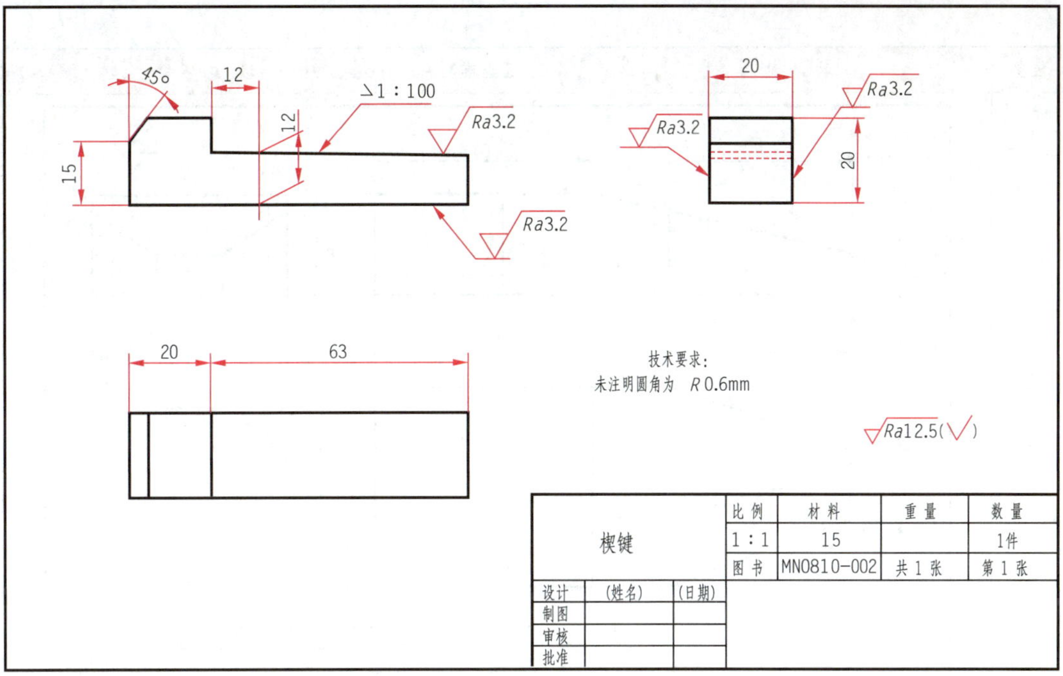

⑤零件的总长为______________，总宽为______________，总高为______________，主视图左上角的斜面与 *W* 面成______________角倾角。

⑥图中 $\sqrt{Ra12.5}(\surd)$ 表示____含义。

提示：⊿ 1:100 含义为：“⊿”是斜度符号，斜度表示一平面（直线）对另一平面（直线）的倾斜程度；1:100 表示斜面的高度与长度的比值为 1:100。

学习任务单 2　识读压板零件图

任务	识读压板零件图	任务学时	4
教学目标	1. 学会识读平面切割体一般方法和步骤； 2. 看懂压板的三视图； 3. 会平面切割平面体的投影作图		
知识点	1. 截交线、截断面、截平面的概念； 2. 点、直线、平面的投影； 3. 平面体表面上点的投影； 4. 平面切割平面体的投影作图		
提示	按照压板三视图相对独立的各部分内容分步完成作业要求		

续上表

<table>
<tr><td>任务</td><td>识读压板零件图</td><td>任务学时</td><td>4</td></tr>
<tr><td>压板三视图</td><td colspan="3">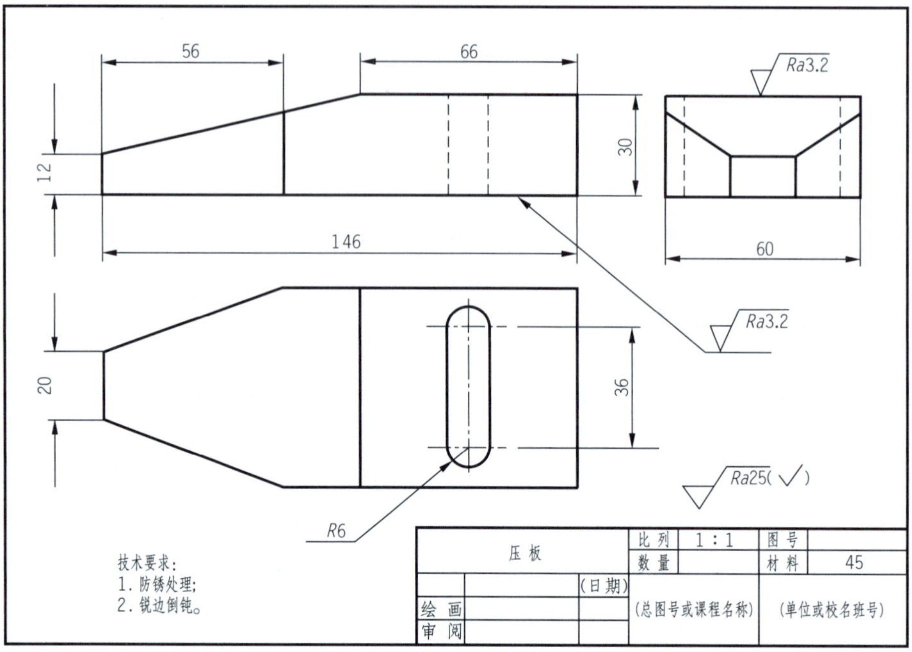
</td></tr>
<tr><td>思考</td><td colspan="3">压板是由何种几何体切割而成?</td></tr>
</table>

前面我们学习了国家标准中有关比例、图线、字体等规定和三视图的形成及投影规律等,这些都是识读零件图最基本、最重要的基本功,需要在以后的读图中熟练掌握。

一 看图,概括了解本零件图的名称、制造材料、绘图比例、用途等

1 看标题栏

通过看零件图的右下角标题栏就可以很快知道本零件图的名称、制造材料、绘图比例、用途等信息。例如,零件图的名称为“压板”;材料为45,表示含碳量为0.45%的优质碳素结构钢;比例为1:1。

2 压板的用途

这类零件主要是起夹持零件的作用,防止零件在加工时发生移动而影响加工。

二 分析视图,想象出零件的形状

1 初步分析压板的三视图

压板零件图中有三个视图,它们分别是主视图、左视图和俯视图,如图2-1所示。

想一想:指出压板三视图中哪个是主视图、左视图和俯视图。

看图时,几个视图必须联系起来识读才能确定物体的形状,因为每一个视图只能反映零件一个方向的形状。

由于压板三个视图的外形轮廓基本上都是长方形(补齐三个缺角后),如图 2-2 所示,所以大家可以想象压板是由长方体被多个平面切割和挖椭圆形槽而成。我们可以先想压板的基本形状为长方体[图 2-3a)],可以先画长方体的三视图[图 2-3b)、图 2-3c)]。

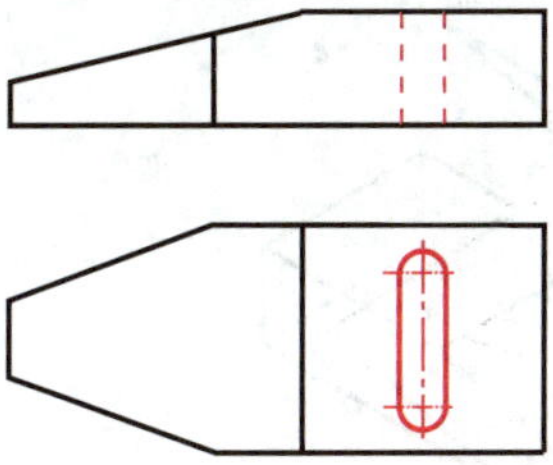

图 2-1　压板三视图

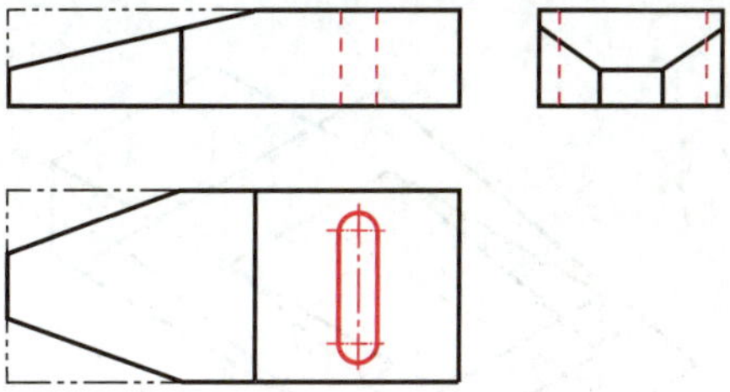

图 2-2　压板外形轮廓补齐三个缺角后的三个视图

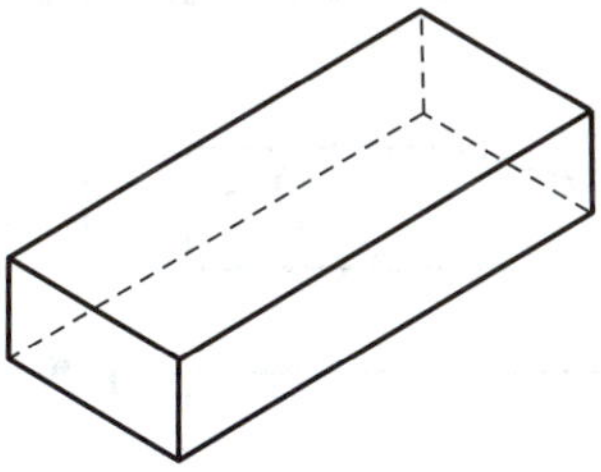

a)长方体的立体图

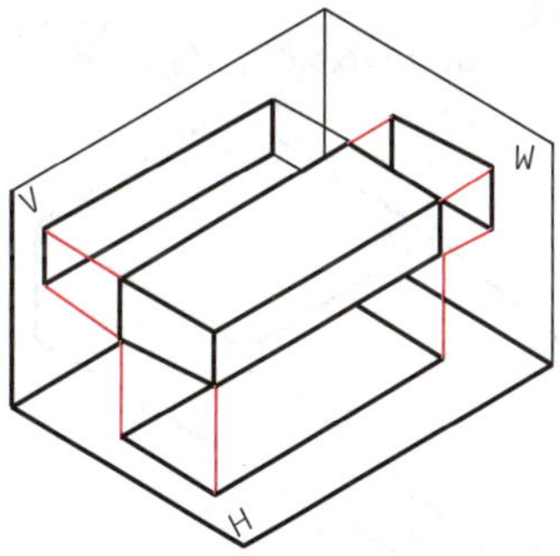

b)长方体在三投影面体系中的投影

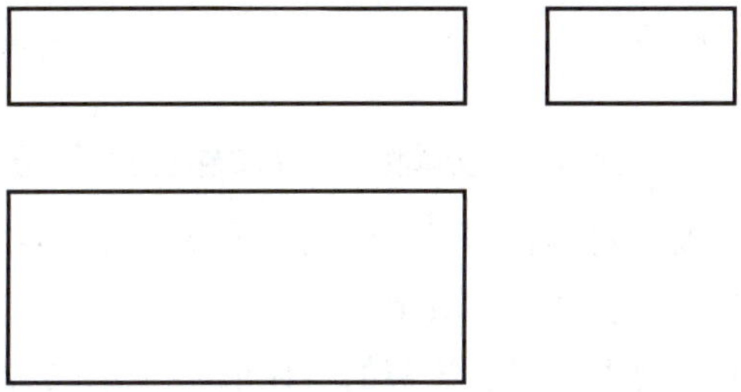

c)长方体的三视图

图 2-3　长方体的投影过程

图 2-2 中主视图的长方形缺一个角,说明长方体的左上方切去一块,如图 2-4a)所示。

用平面 *P* 切割长方体,其中平面 *P* 称截平面;平面与长方体表面的交线称截交线(*AB*、*CD*、*AD* 和 *BC* 线);由截交线围成的平面图形 *ABCD* 称为截断面,如图 2-4b)所示。画图时可在长方体三视图上接着画切去左上方部分的三视图,如图 2-4c)、图 2-4d)所示。

从图 2-2 所示得知,俯视图的长方形缺两个角,说明长方体左端前后各切去一块,如图 2-5a)所示。

想一想:图 2-5a)中,哪个是截交线?截断面是什么形状?

这时,我们在图 2-4d)的基础上再画出长方体左端前后各切去楔形块的三视图,如图 2-5d)所示。

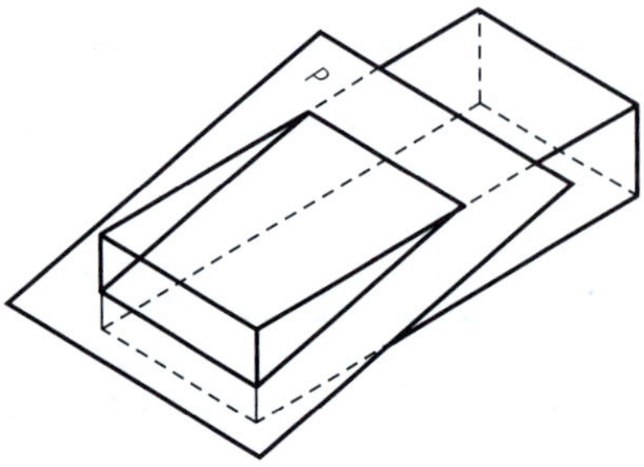

a)长方体被切割过程的立体图

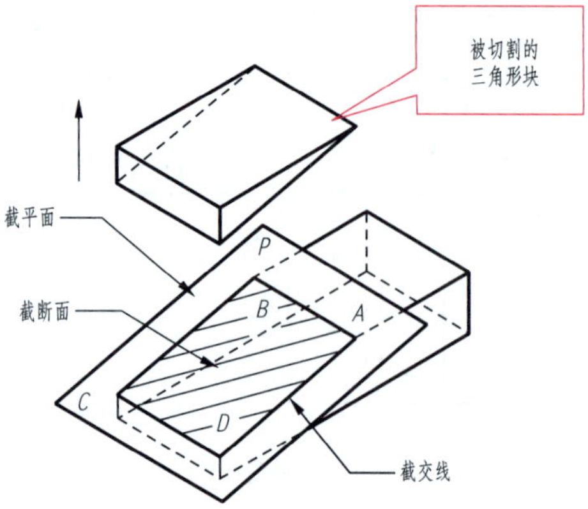

b)截交线、截断面、截平面的位置

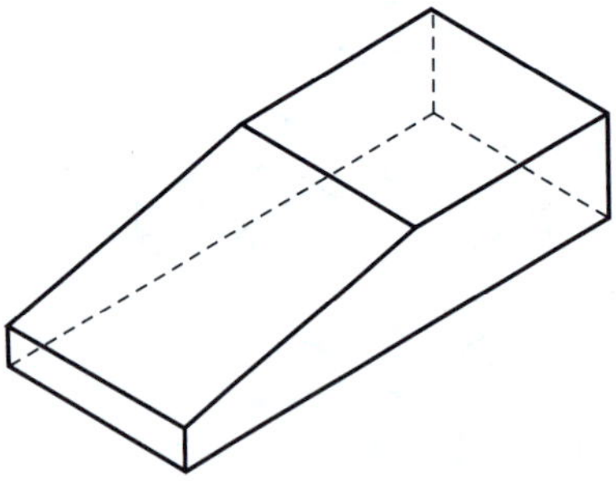

c)长方体被切割三角形块后的立体图

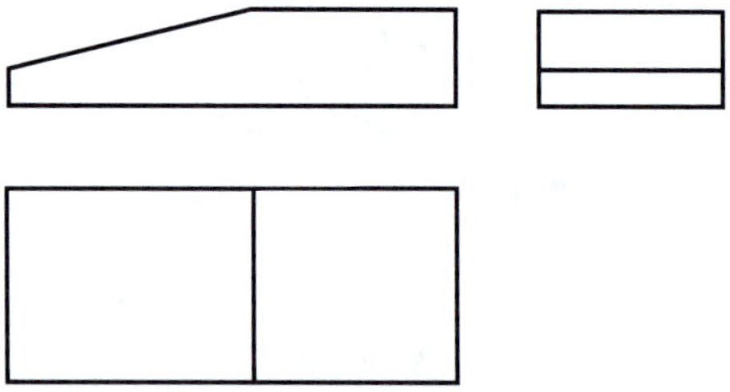

d)长方体被切割后的三视图

图2-4　长方体被切割三角形块后的投影过程

从主视图可看出压板中间偏右挖了一个椭圆形槽,如图2-6a)所示。最后画椭圆槽的三视图,如图2-6b)、图2-6c)、图2-6d)所示。

这样一步步综合起来便可以得出压板的整体形状,如图2-7所示。

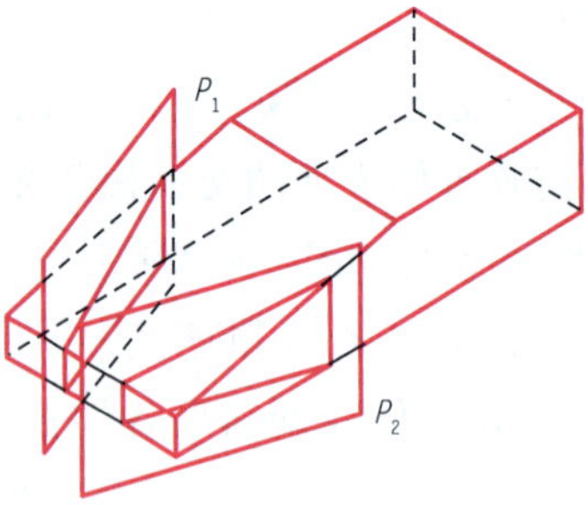

a)长方体被切割过程的立体图

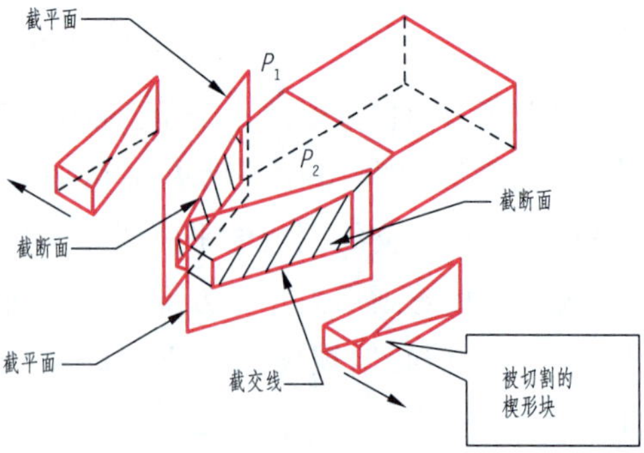

b)截交线、截断面、截平面的位置

图　2-5

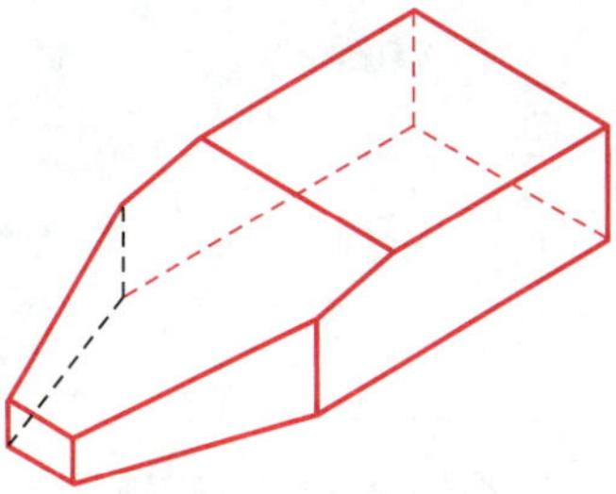

c)长方体被切割后的立体图

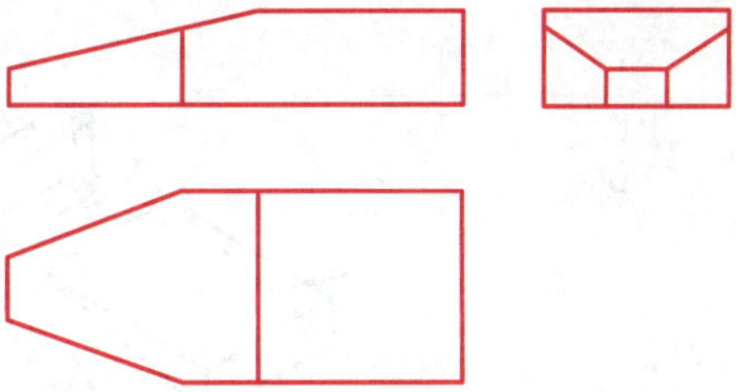

d)长方体被切割后的三视图

图 2-5　长方体被切割三角形块和楔形块后的投影过程

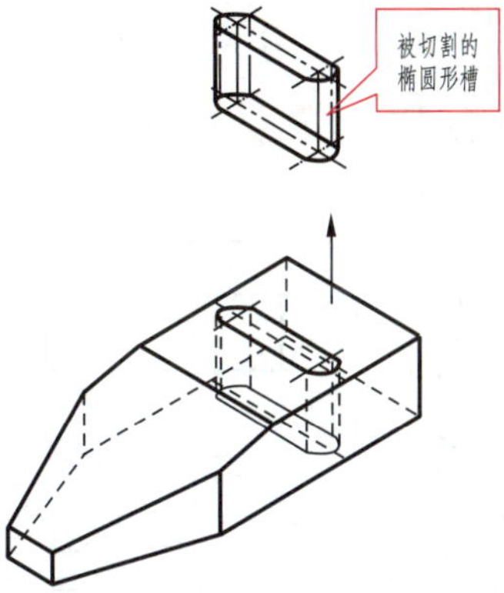

a)长方体被切割过程的立体图

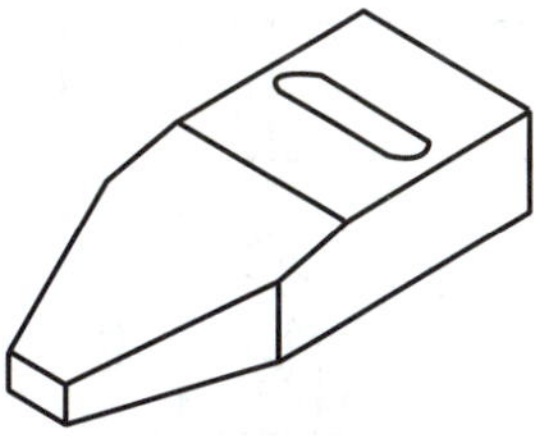

b)长方体被切割后的立体图

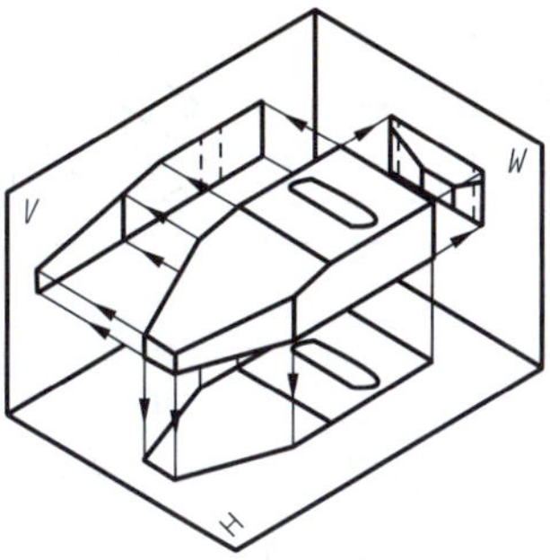

c)压板在三投影面体系中的投影

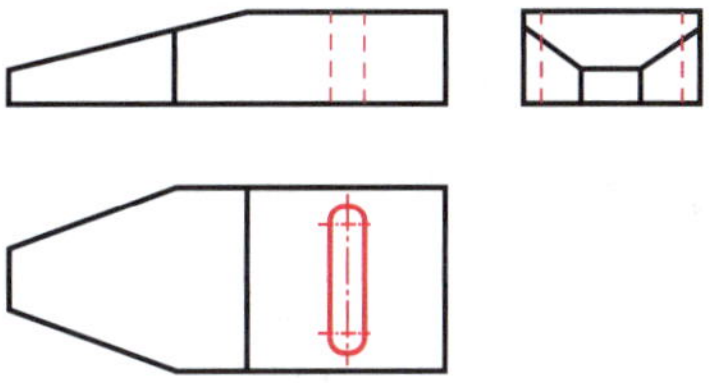

d)压板的三视图

图 2-6　压板再被切割椭圆形槽后的投影过程

提示:今后同学们只要遇到基本几何体被切割的立体,其看图或画图的步骤都可以按以上识读(或画)压板的步骤来进行。

通过以上对压板三视图的学习,我们知道画这类零件的三视图关键是识读(或画)出截断面或截交线三视图,而要画截断面主要是要画出截断面中的交点,如压板中的 A、B、C、D 四交点。找出空间点的三面投影,就可以画出截断面 $ABCD$ 三面投影。所以接下来我们要讲点、线、面的投影。

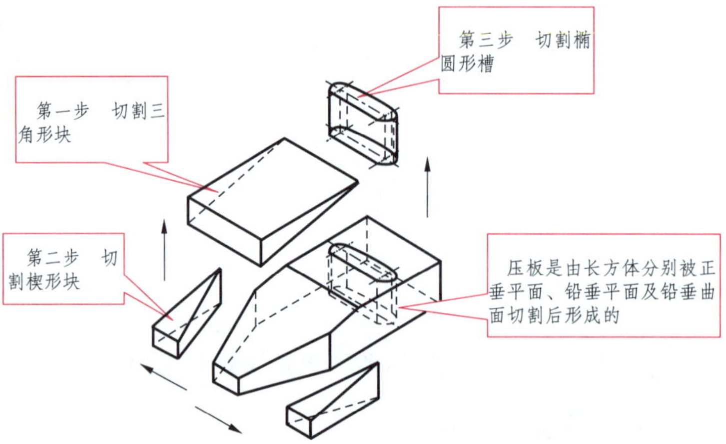

图2-7 压板切割过程

试一试:根据下图中的立体图补画出视图所缺的图线。

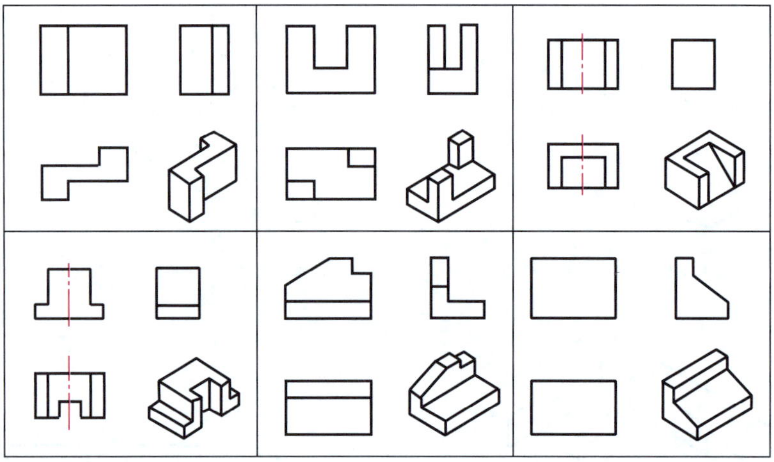

2 点、线、面的投影

1)点的投影

想一想:按照正投影法投影,点的三面投影都是点吗?点的投影会形成线段或者一个平面吗?通过研究我们发现点的投影只可能是点。点的三面投影如图2-8所示。

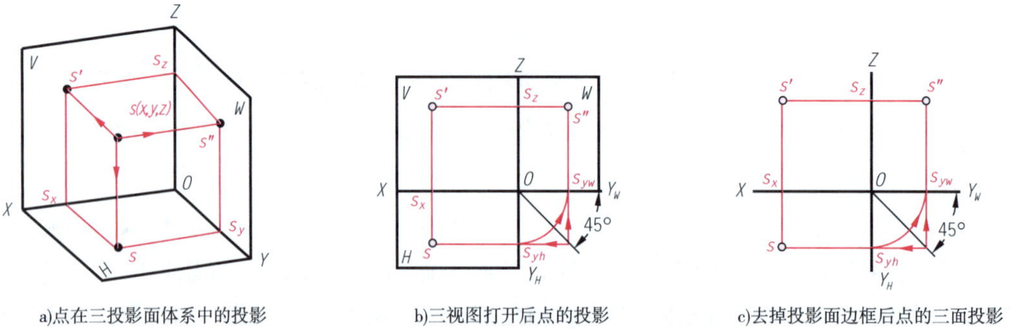

图2-8 点的三面投影过程

提示：我们规定空间一点用大写英文字母表示，例如：A、B、C、S……在 H 面、V 面和 W 面，S 点的投影分别规定用小写英文字母 s、s' 和 s'' 表示。点的两面投影的边线必会垂直于投影轴，即：$ss' \perp OX$；$s's'' \perp OZ$；$SS_{yH} \perp OY_H$；$S''S_{yw} \perp OY_w$。

【例 2-1】 已知点 A 的 V 面投影 a' 与 H 面投影 a，求作 W 面投影 a''，如图 2-9 所示。

分析：

根据点的投影规律可知 $a'a'' \perp OZ$，过 a' 作 OZ 轴的垂线 $a'a_z$（高平齐），并延长至 a'' 使 $a''a_z = aa_x$（宽相等），延长线端点 a'' 即为点 A 在 W 面投影 a''。

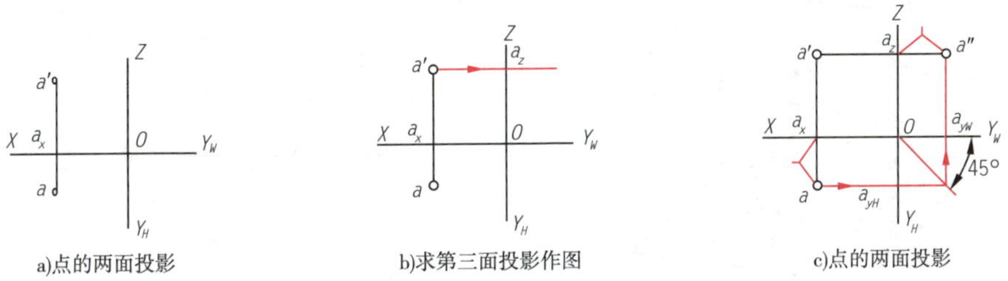

图 2-9 已知点的两面投影求第三面投影过程

作图：

(1) 过 a' 作 $a'a_z \perp OZ$，并延长，如图 2-9b) 所示。

(2) 量取 $a''a_z = aa_x$，即可求得 a''，如图 2-9c) 所示。亦可用 45°线作图求得 a''。

在三投影面体系中，点的位置可由点到三个投影面的距离来确定。如果将三个投影面作为三个坐标面，投影轴作为坐标轴，则点的投影和点的坐标关系如图 2-10 所示。

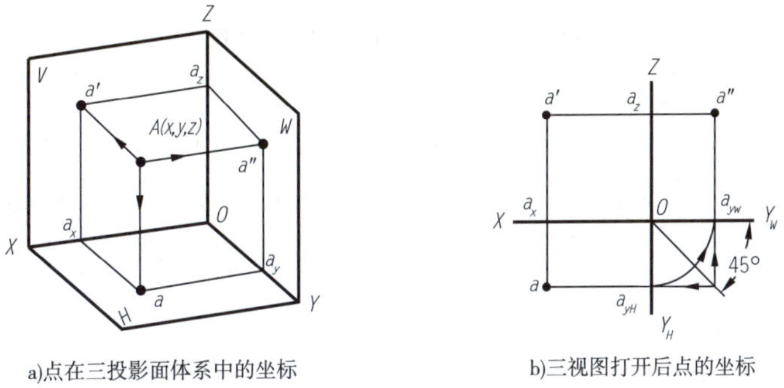

图 2-10 点的投影与直角坐标的关系

想一想：如图 2-10 所示，空间 A 点的 (x,y,z) 坐标，x、y、z 分别表示到哪个对应投影面的距离？

点 A 到 W 面的距离为 $Aa'' = a_xO = a'a_z = aa_y = X$ 的坐标；

点 A 到 V 面的距离为 $Aa' = a_yO = a''a_z = aa_x = Y$ 的坐标；

点 A 到 H 面的距离为 $Aa = a_zO = a''a_y = a'a_x = Z$ 的坐标。

空间一点的位置可由该点的坐标（x、y、z）确定。

因此，点 A 三投影的坐标分别为 $a(x、y)$、$a'(x、z)$、$a''(y、z)$。可见，任一投影都包含了两个坐标,故一点的两个投影必须包含确定该点空间位置的三个坐标,从而可以确定点的空间位置。

在投影图中,空间两点的相对位置可由它们同面投影的坐标值大小来判别。如图2-11所示,A点X坐标大于B点X坐标,A点在B点左侧;A点Y坐标大于B点Y坐标,A点在B点前方;A点Z坐标小于B点Z坐标,A点在B点下方。空间两点的上下和左右相对位置比较容易判别,所以要特别注意两点在H面和W面投影的前后相对位置的判别。

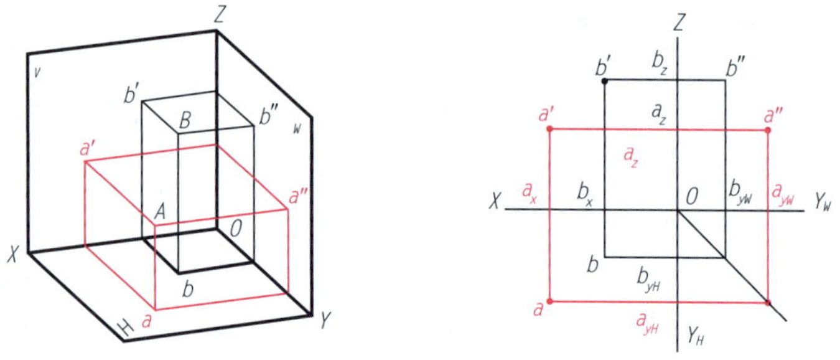

a)空间两点的相对位置的立体图　　b)空间两点位置的投影

图2-11　空间两点的相对位置

试一试:(1)已知空间A点的三个坐标是:$x=20$、$y=15$、$z=10$(单位为mm),也可表述为$A(20,15,10)$,求作A点的三面投影。

提示:作上题时,要根据已知条件,即:点A的三轴坐标,先作出该点的两个投影,然后,再求作另一个投影。动手试一试吧。

(2)根据下列各点的坐标$B(0,0,0)$、$C(10,0,0)$、$D(0,10,20)$,画出它们的三面投影,并指出其对应的空间位置。

如果C点和D点的X、Y坐标相同,C点Z坐标大于D点Z坐标,如图2-12所示,则C点和D点的H面投影c和d重合在一起,称为H面的重影点。重影点在标注时,将不可见的投影加括号,如C点在上,遮住了下面的D点,所以D点水平投影用(d)表示。

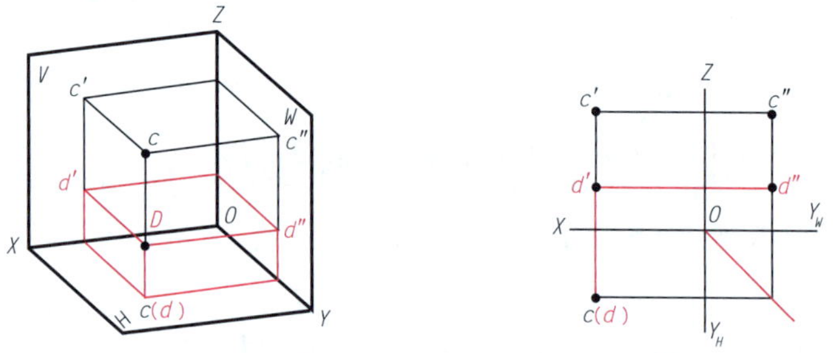

a)空间两重影点相对位置的立体图　　b)空间两重影点位置的投影

图2-12　重影点的投影

练一练:在下图中作出C、D两点的三面投影,并标注可见性(尺寸数从图中量出,取整数)。

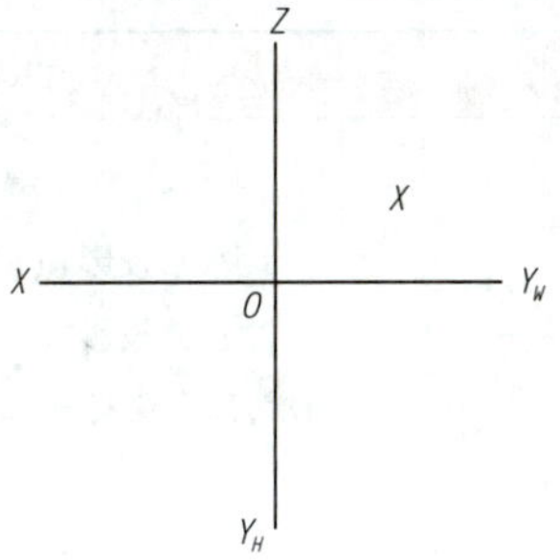

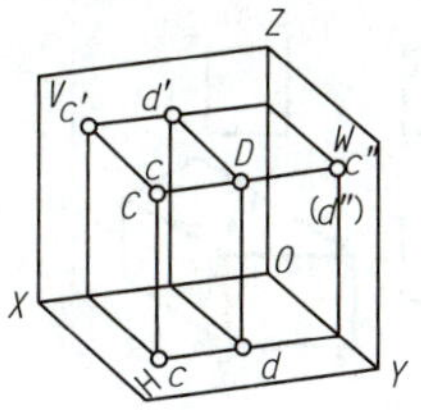

2)直线的投影

想一想:直线的投影一定是直线吗?直线的投影会形成一个点或者一个平面吗?

要搞清楚这个问题,首先我们来分析空间直线相对于一个投影面的位置有几种?通过分析我们知道有三种:一般位置、平行和垂直,如图2-13所示。

如果把这根直线放在一个三面投影体系中,其相对投影面的位置仍然是三种:一般位置、投影面平行线和投影面垂直线。

我们先来分析一般位置直线。所谓一般位置直线是指直线相对三个投影面均倾斜,如图2-14所示。

提示:空间两点可以决定一条直线,作直线投影时,只要作直线上任意两点的投影,然后将它们连接起来,就得到了直线的投影。

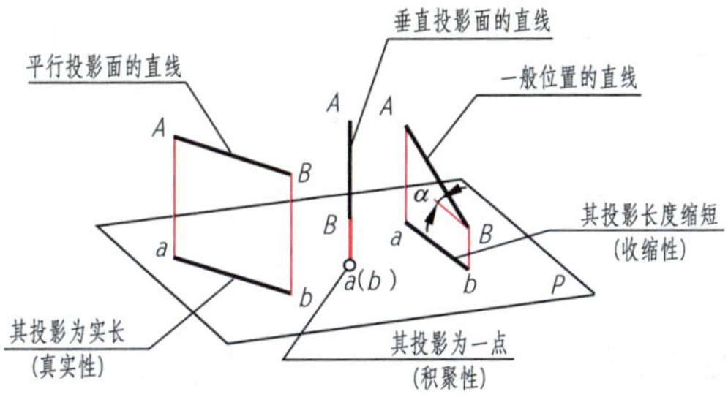

图2-13　空间直线相对一个投影面的位置

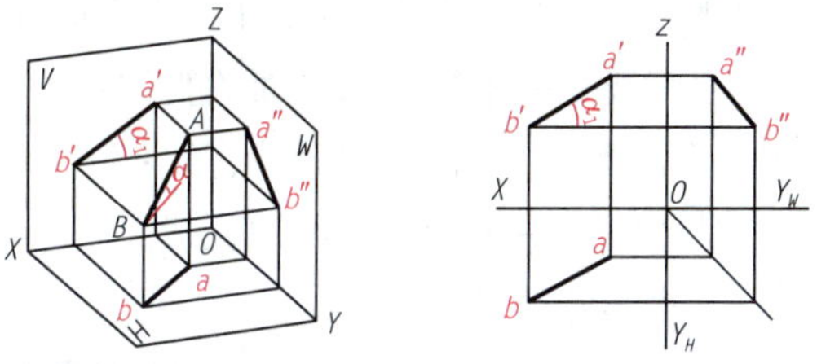

a)直线在三投影面体系中的投影　　b)直线的三投影

图2-14　一般位置直线投影

其投影没有积聚性,并且相对三个坐标轴均倾斜,其投影长度均小于实长。

那么什么情况下直线的投影会积聚为一点呢?前面讲过了当直线垂直于投影面时,在这个投影面上直线的投影会积聚为一点,又分为三种情况:

铅垂线——垂直于水平面的直线;

正垂线——垂直于正面的直线;

侧垂线——垂直于侧面的直线。

其投影特征见表2-1。

想一想:空间直线平行于某一投影面是否一定会与其他投影面垂直呢?什么情况下一定会垂直其他投影面呢?

投影面垂直线的投影特性 表 2-1

垂直线	三 视 图	投 影 图	投 影 特 性
铅垂线	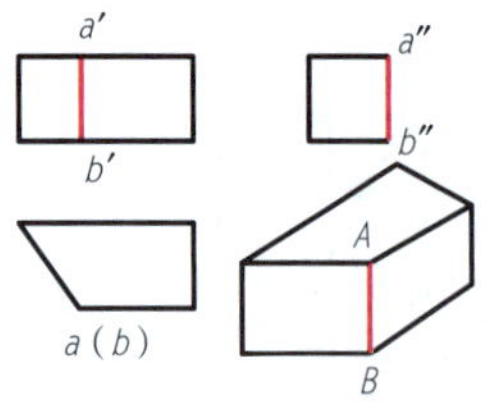	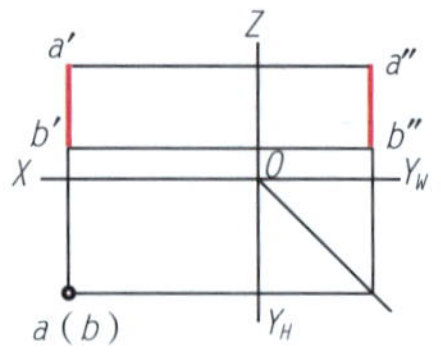	1. 水平投影 $a(b)$ 积聚成一点； 2. 正面投影 $a'b' /\!/ OZ$，侧面投影 $a''b'' /\!/ OZ$，都反映实长
正垂线	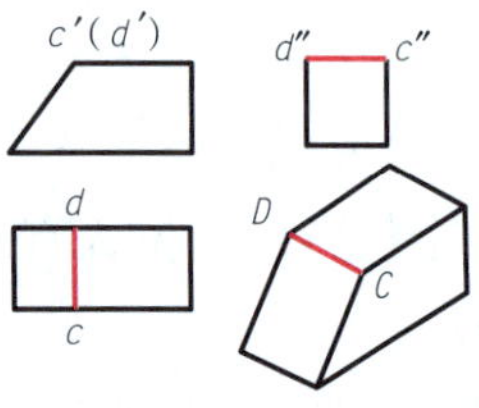	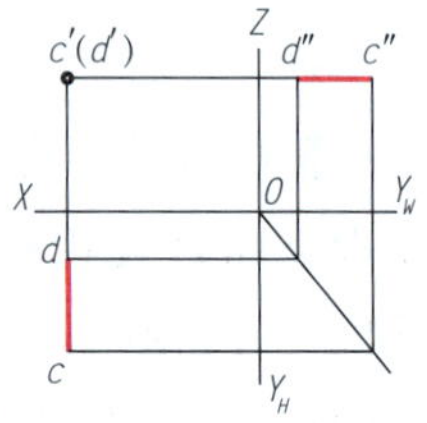	1. 正面投影 $c'(d')$ 积聚成一点； 2. 水平投影 $cd /\!/ OY_H$，侧面投影 $c''b'' /\!/ OY_W$，都反映实长
侧垂线	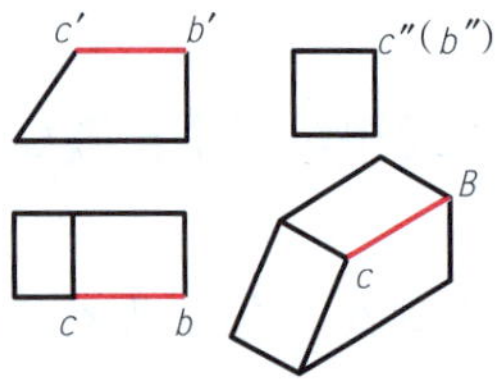	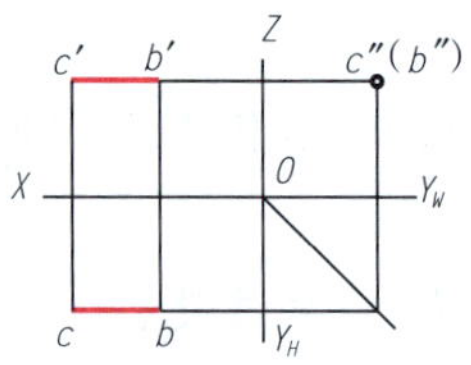	1. 侧面投影 $c''(b'')$ 积聚成一点； 2. 正面投影 $c'b' /\!/ OX$，水平投影 $cb /\!/ OX$，都反映实长

实际上投影面平行线的概念是直线平行于某一投影面，而对另外两个投影面倾斜。由于只平行于一个投影面，所以在三投影面体系中，也有三种位置：

水平线——平行于水平面的直线；

正平行——平行于正面的直线；

侧平线——平行于侧面的直线。

其投影特征见表 2-2。

投影面平行线的投影特性 表 2-2

平行线	三 视 图	投 影 图	投 影 特 性
水平线	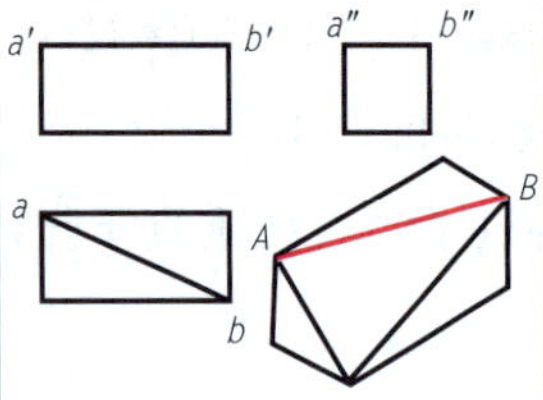	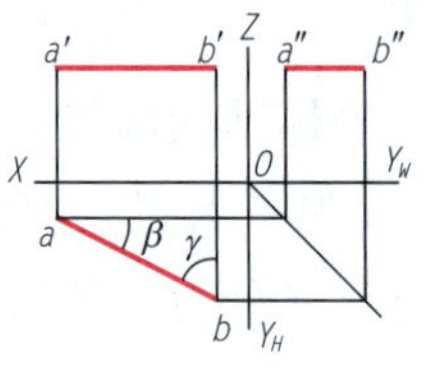	1. 水平投影 $ab = AB$； 2. 正面投影 $a'b' /\!/ OX$；侧面投影 $a''b'' /\!/ OY_W$，都不反映实长； 3. β、γ 反映直线对 V 面和 W 面倾角的真实大小，$\alpha = 0$
正平线	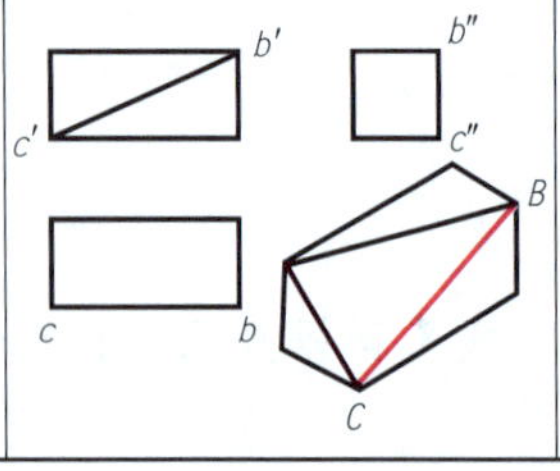	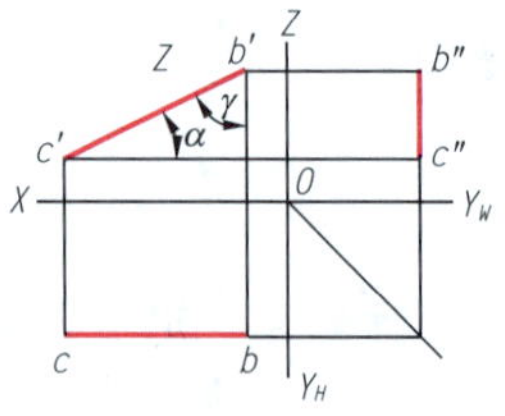	1. 正面投影 $c'b' = CB$； 2. 水平投影 $cb /\!/ OX$；侧面投影 $c''b'' /\!/ OZ$，都不反映实长； 3. α、γ 反映直线对 H 面和 W 面倾角的真实大小，$\beta = 0$

续上表

平行线	三视图	投影图	投影特性
侧平线	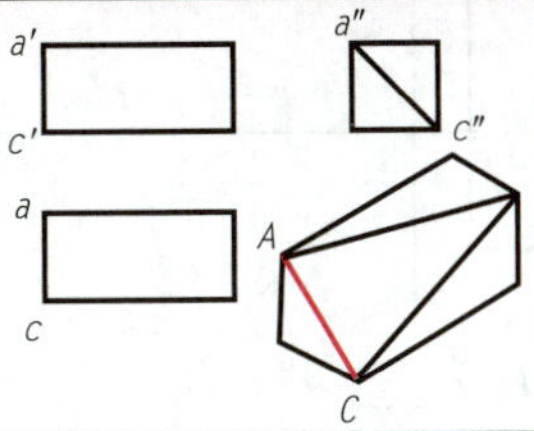	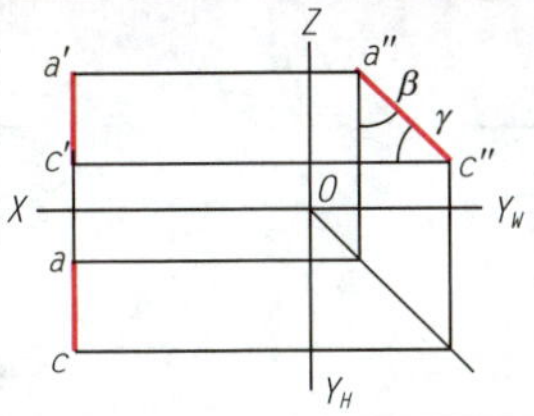	1. 侧面投影 $a''c''=AC$； 2. 正面投影 $a'c'$ // OZ；水平投影 ac // OY_H，都不反映实长； 3. α、β 反映直线对 H 面和 V 面倾角的真实大小，$\gamma=0$

想一想：如果空间一点 C 在空间直线 AB 上，那么该点 C 的三面投影是否会在直线 AB 的三面投影上呢？

同学们能用铅笔（作直线）和粉笔头（作点）比划出来空间点不在铅笔上而点的三面投影都在铅笔投影上吗？很显然，不能！如果点在直线上，则点的各投影必在该直线的同面投影上，如图2-15所示。

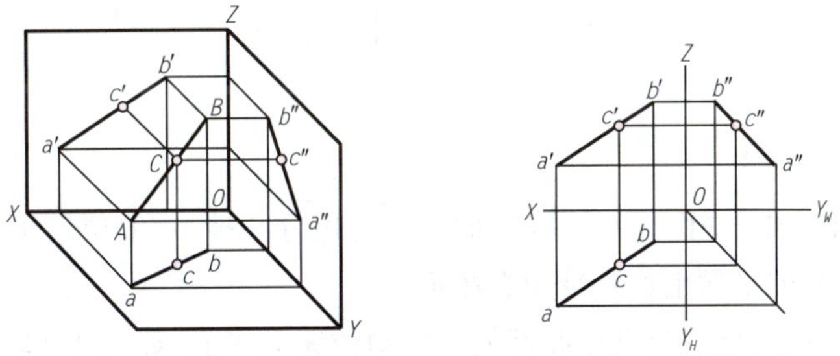

a)直线上的点在三投影面体系中的投影　　b)直线上点的投影过程

图2-15　直线上点的投影

如果空间点属于直线，可利用该特征，求点的投影。

【例2-2】　如图2-16所示，已知点 M 在直线 CD 上，求作它们的三面投影。

分析：

由于点 M 在直线 CD 上，所以点 M 的各投影必在 CD 的同面投影上。

作图：

如图2-16b）所示，先作出直线 CD 的侧面投影 $c''d''$ 后，即可在 cd 和 $c''d''$ 上确定点 M 的水平投影 m 和侧面投影 m''。

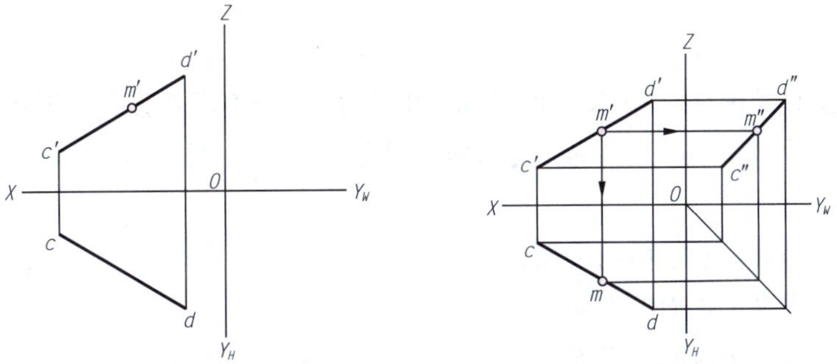

a)已知点的一面投影，直线的两面投影　　b)求直线上点的三面投影作图过程

图2-16　直线上点的投影作图

练一练:(1)根据下图所示直线的二面投影作出第三面投影并完成填空。

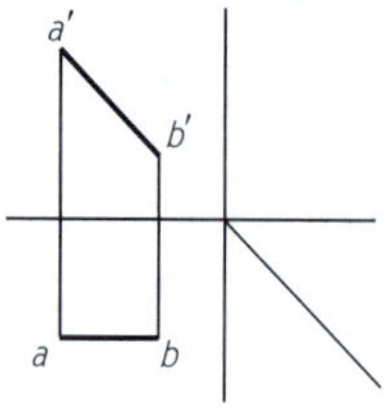

AB 为____线

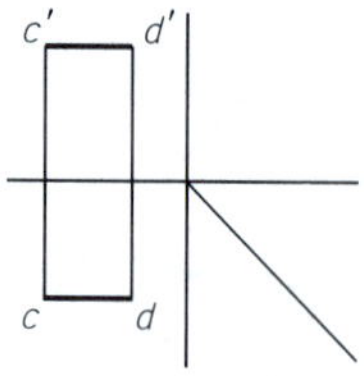

CD 为____线

(2)如下图所示,*EF* 为水平线,长度为 10mm,与 *V* 面的倾角 $\beta=30°$,*F* 点在 *E* 点的右前方,完成 *EF* 的三面投影。

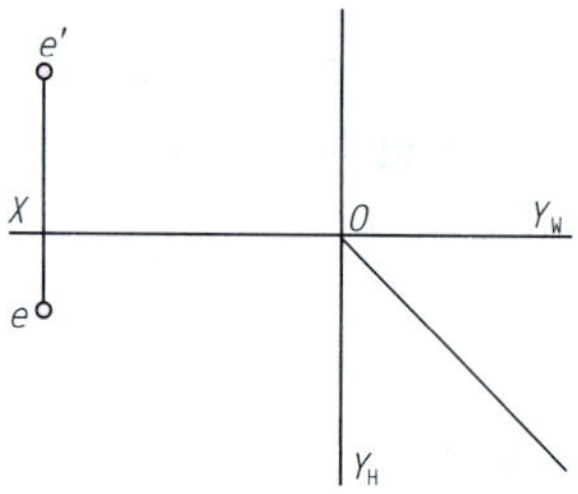

3)平面的投影

在三投影面体系中,平面相对于投影面的位置也分三种:一般位置平面、投影面平行面、投影面垂直面(后两类平面也称特殊位置平面)。

一般位置平面——与三个投影面都处于倾斜位置的平面,如图 2-17 所示。

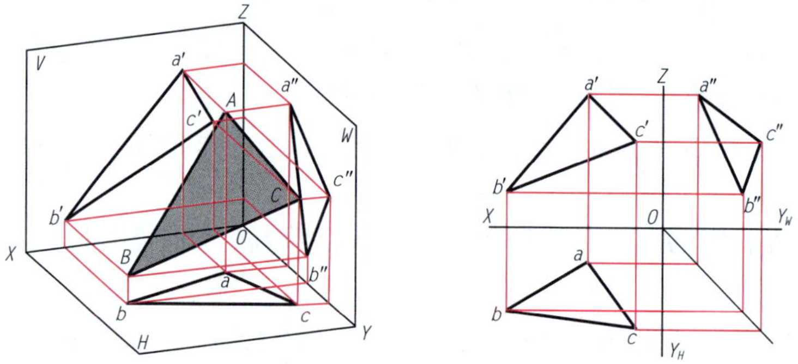

a)一般位置平面在三投影面体系中的投影 b)一般位置平面投影作图过程

图 2-17 一般位置平面

其投影都没有积聚性,均为比空间平面小的类似形,即不反映其真实形状。

当空间平面垂直于某一投影面,而倾斜于其他两个投影时,我们把它叫作投影面垂直面,也有三种位置。

铅垂面——垂直于水平面的平面;

正垂面——垂直于正面的平面;

侧垂面——垂直于侧面的平面。

投影特征见表 2-3。

投影面垂直面及其投影特性　　表2-3

	三　视　图	投　影　图	投影特性
铅垂面	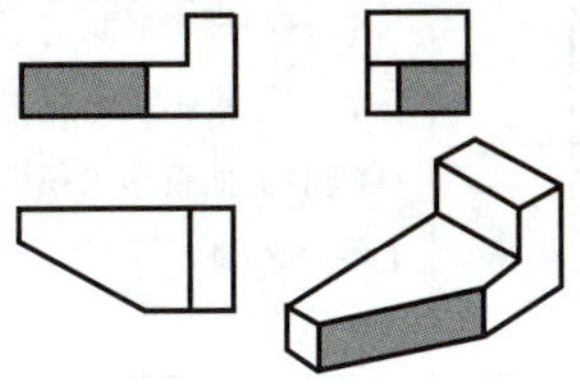	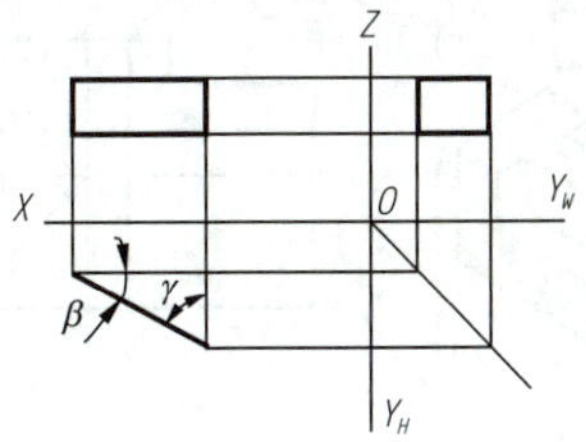	1. 水平投影积聚成直线，β、γ 反映对 V 面、W 面倾角的真实大小，$\alpha=90°$； 2. 正面投影和侧面投影为平面的类似形
正垂面	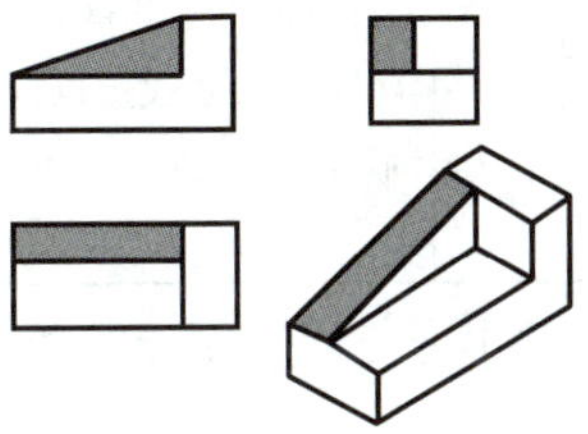	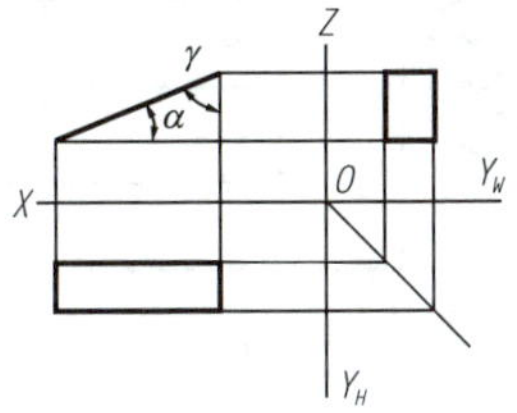	1. 正面投影积聚成直线，α、γ 反映对 H 面、W 面倾角的真实大小，$\beta=90°$； 2. 水平投影和侧面投影为平面的类似形
侧垂面	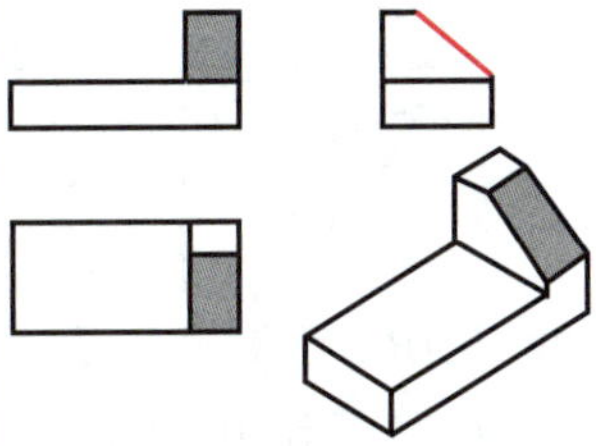	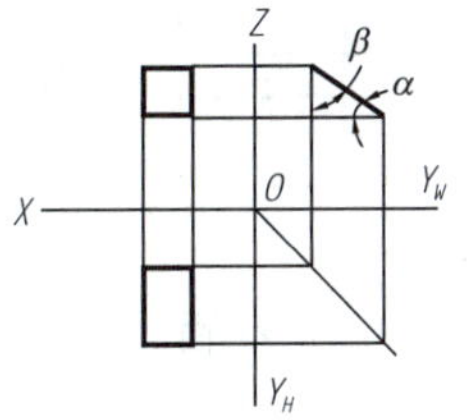	1. 侧面投影积聚成直线，α、β 反映对 H 面、V 面倾角的真实大小，$\gamma=90°$； 2. 水平投影和正面投影为平面的类似形

当空间平面平行于一个投影面，一定会垂直于另外两个投影面，我们把这样的平面叫投影面平行面，也有三种位置。

水平面——平行于水平面的平面；

正平面——平行于正面的平面；

侧平面——平行于侧面的平面。

其投影特征见表2-4。

投影面平行面及其投影特性　　表2-4

	三　视　图	投　影　图	投影特性
水平面	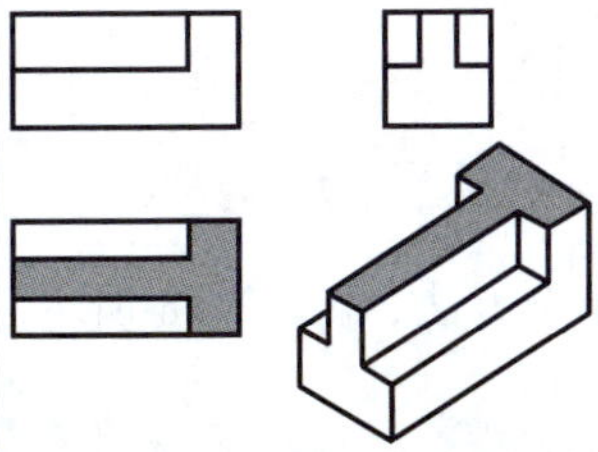	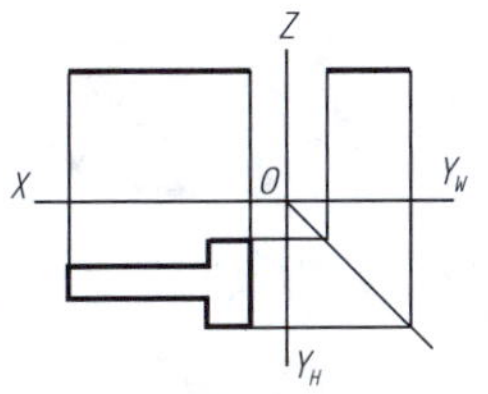	1. 水平投影反映实形； 2. 正面投影积聚成直线且平行于 OX 轴；侧面投影也积聚成直线且平行于 OY_W 轴

续上表

	三视图	投影图	投影特性
正平面	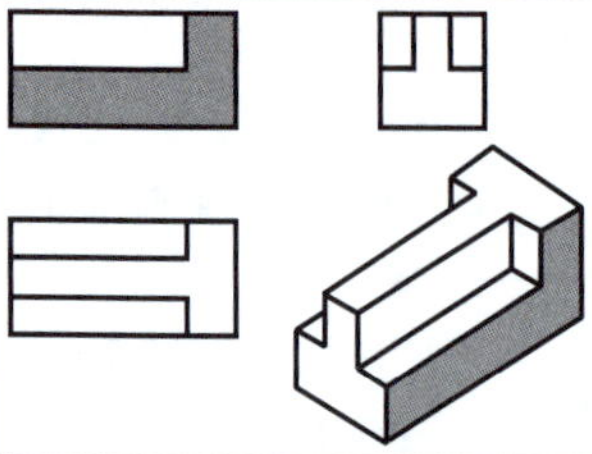	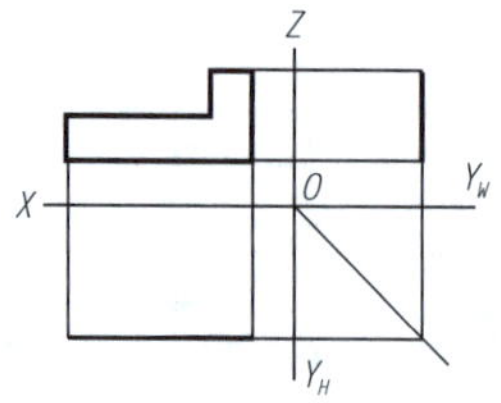	1. 正面投影反映实形; 2. 水平投影积聚成直线且平行于 OX 轴;侧面投影也积聚成直线且平行于 OZ 轴
侧平面	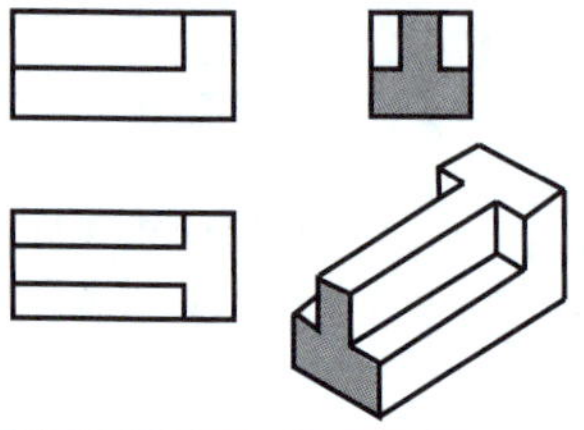	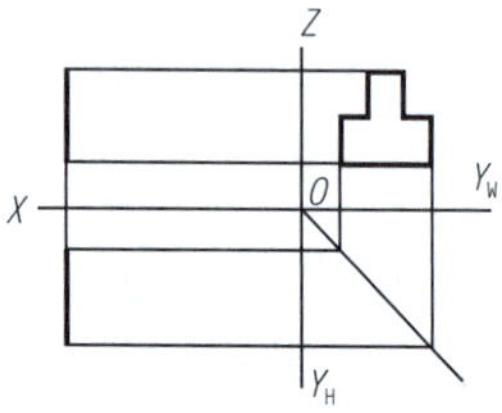	1. 侧面投影反映实形; 2. 水平投影积聚成直线且平行于 OY_H 轴;正面投影也积聚成直线且平行于 OZ 轴

试一试:如下图所示,已知平面的两个投影面的投影,作其第三投影面上的投影。

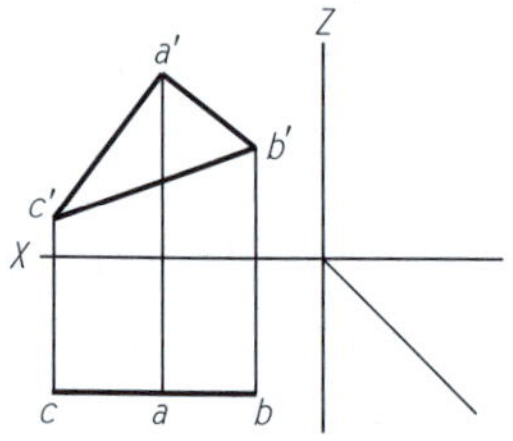

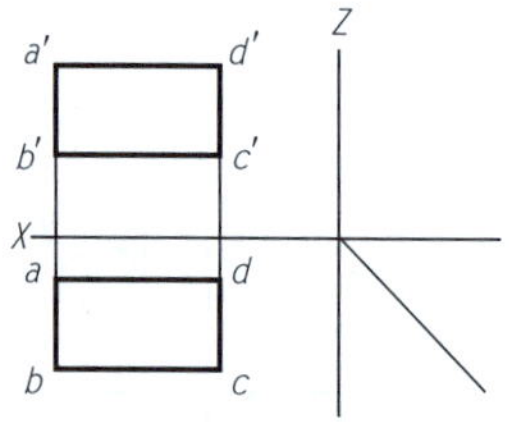

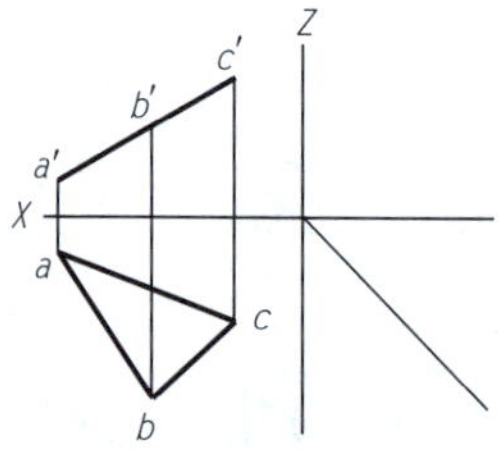

△ABC 面是____面;　□$ABCD$ 面是____面;　△ABC 面是____面

任何物体其表面都可以看成是由点、线、面所组成,这样我们可利用所学点、线、面的投影来读、画物体的投影。我们从最简单的基本体讲起。

3 学习平面体的投影

所谓平面体是指组成物体的表面全部为平面,而没有一个曲面,如棱柱、棱锥、棱台等。如果至少有一个表面是曲面,则是曲面体,如圆柱、圆锥、球等。

想一想:下图所示几何体哪些是平面体?哪些是曲面体?

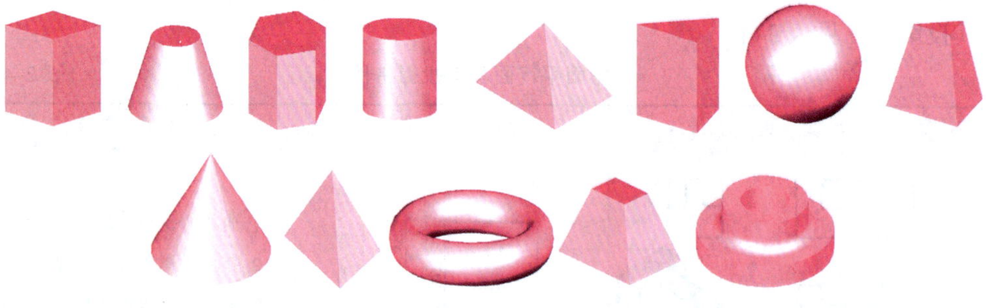

【例 2-3】 下面以六棱柱为例,分析其投影特征和作图方法,如图 2-18 所示。

分析:

图 2-18a)所示的正六棱柱的顶面和底面是相互平行的正六边形,六个棱面均为矩形,且

与顶面和底面垂直。为作图方便，选择将正六棱柱的顶面和底面平行于水平面，并使前、后两个棱面与正面平行。

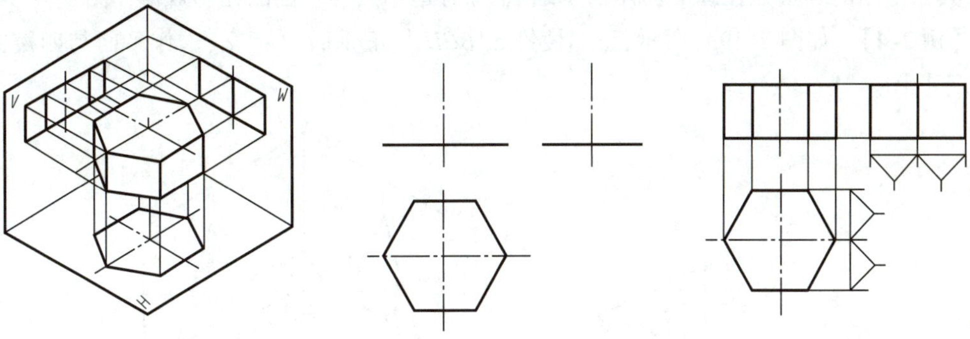

a)正六棱柱在三投影面体系中的投影　　b)正六棱柱作图过程　　c)正六棱柱的投影

图 2-18　正六棱柱的投影作图

正六棱柱的投影特征是：顶面和底面的水平面投影重合（提示：重合部分都只画一个投影），并反映实形——正六边形，六个棱面在水平面上的投影都积聚为直线，它们的投影重合在正六边形的六条边上，所以正六棱柱的水平面投影为正六边形，如图 2-18b）所示。前后两个棱面的正面投影重合，并反映实形——矩形，其余四个棱面不平行于正面，在正面的投影虽仍为矩形，但都小于原形。顶面和底面平行于水平面而与正面垂直，在正面的投影积聚为与其余四个棱面的投影重合的上下两条平行线上，所以正六棱柱的正面投影为三个矩形，如图 2-18c）所示。四个垂直于水平面的棱面均不平行于侧面，在侧面的投影虽仍为矩形，但都小于原形；前后两个棱面、顶面和底面都垂直于侧面，在侧面的投影积聚为与其余四个棱面的投影重合的长方形的四条边上，所以正六棱柱的侧面投影为两个矩形，如图 2-18c）所示。

作图：

（1）作正六棱柱的对称中心线和底面基线，先画出最具有轮廓特征的俯视图——正六边形，如图 2-18b）所示。

（2）按长对正的投影关系，并量取正六棱柱的高度画出主视图，再按高平齐、宽相等的投影关系画出左视图，如图 2-18c）所示。

练一练：画出下图所示的正三棱柱、正五棱柱的三视图（尺寸从图中量取）。

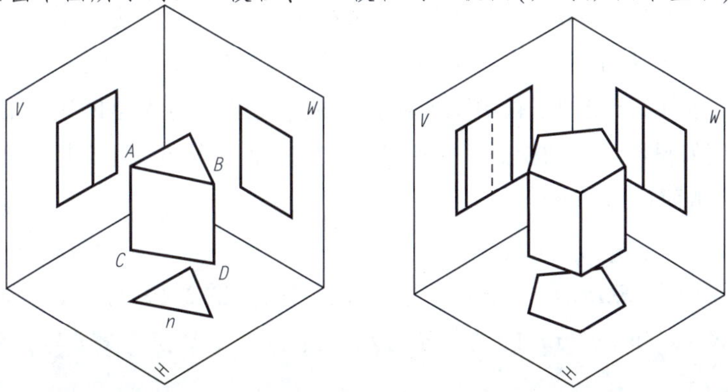

4 平面切割平面体作图

其三视图的画法是在画平面体的基础上,综合运用点、线、面的投影规律作图。

【例2-4】 如图2-19a)所示,正四棱锥 *SABCD* 与正垂面 *P* 相交,求作平面与四棱锥交线的三视图。

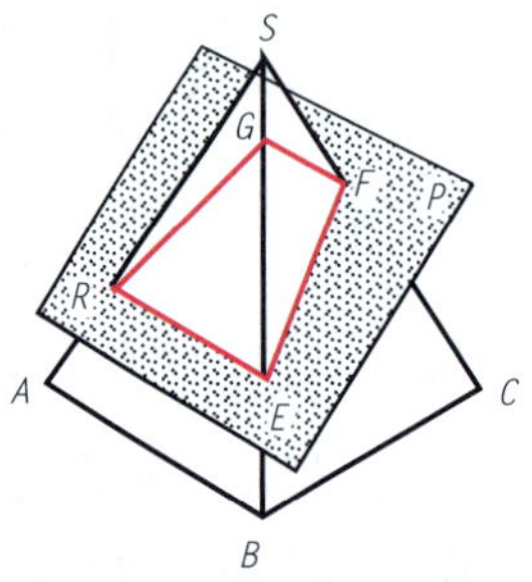

a)正四棱锥被正垂面切割

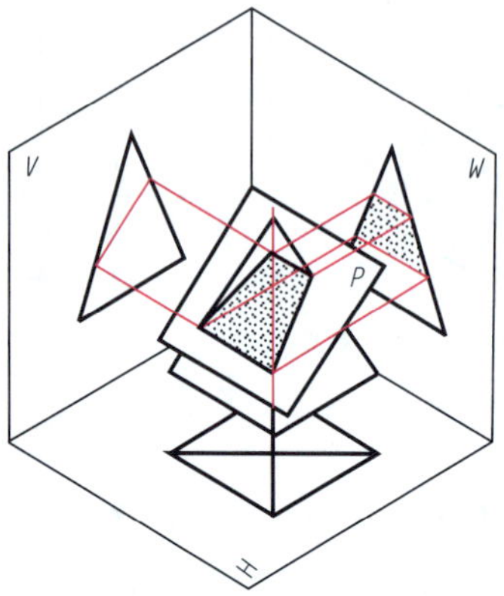

b)正四棱锥在三投影面体系中的投影

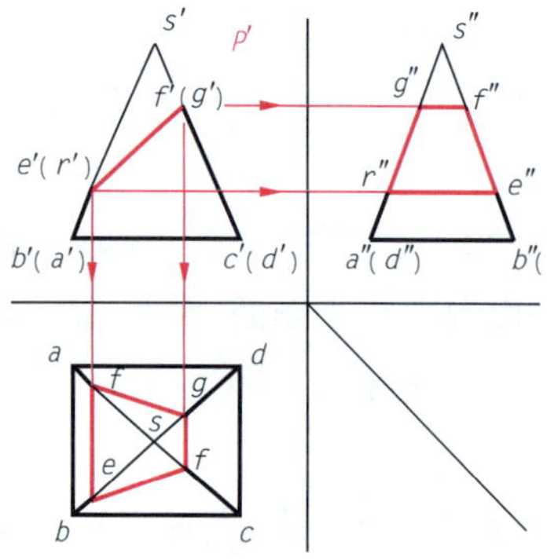

c)正四棱锥被正垂面切割的作图过程

图2-19 正四棱锥与正垂面相交及其交线的投影

分析:

正垂面 *P* 与正四棱锥 *SABCD* 的四条棱边都相交,所以截交线构成了一个四边形 *EFGR*,其顶点分别为 *E*、*F*、*G*、*R* 是各条棱边与平面 *P* 的交点,如图2-19a)所示。

如图2-19c)所示,交线的正投影积聚在 p' 上,e'、r'、f'、g' 分别是四边形 *EFGR* 四个顶点 *E*、*F*、*G*、*R* 在正面的投影与 p' 的交点。运用直线上点的投影特性,则可由交线的正面投影作出其水平投影和侧面投影。

作图:

(1)作出正四棱锥 *SABCD* 的三视图以及 p' 的位置,如图2-19c)所示。$s'a'$ 和 $s'b'$ 与 p' 的交点分别为 e'、r',$s'c'$ 和 $s'd'$ 与 p' 的交点分别为 f'、g',$s''a''$、$s''b''$、$s''c''$、$s''d''$ 与 p'' 交点分别为 e''、f''、g''、r''。

(2)因为正四棱锥的底平面平行于水平面,其前、后两个侧平面是侧垂面,左、右两侧平面是正垂面,平面 *P* 是正垂面与正四棱锥斜交,如图 2-19b)所示。所以,连接各点得到的交线 *ER* 与 *FG* 在正面投影有积聚性,而侧面的投影,则遵循高平齐,水平投影 *er*、*fg* 与侧面投影 *e″r″*、*f″g″*均反映实长。

(3)平面 *P* 与正四棱锥前、后平面的交线 *EF* 与 *GR* 是一般位置直线,但它们在侧面上的投影与前、后平面侧面投影有积聚性。红线部分即为交线的三面投影。

练一练:求作平面 *P* 与 *L* 型立体相交,如下图所示。求作其三面投影。(尺寸从图中量取)

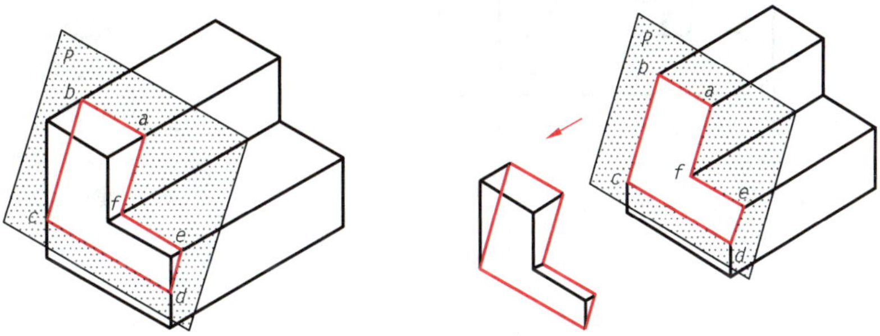

三 知道零件的尺寸要求

我们以上只是看图想出了压板的形状,若要了解其大小还必须仔细察看其所标的尺寸,如图 2-20 所示。

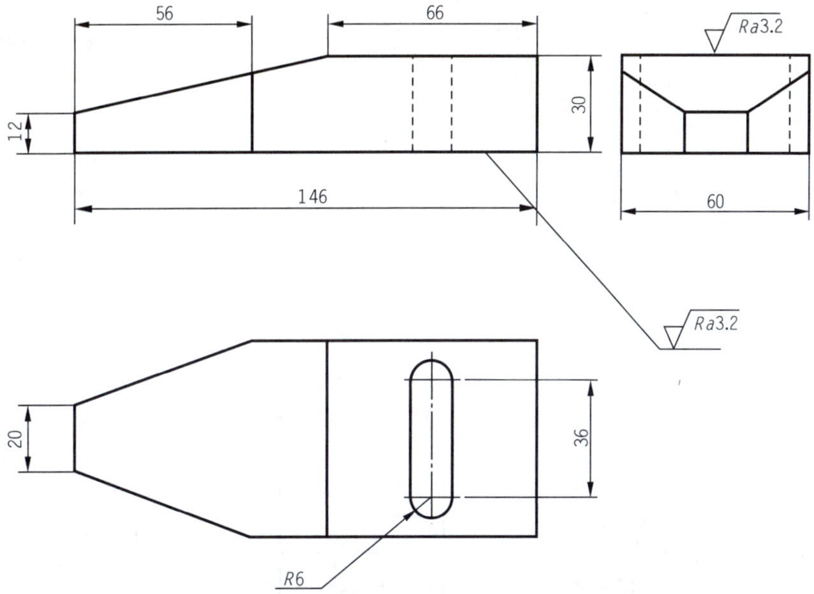

图 2-20　压板的三视图及标注的尺寸

压板总长、总宽和总高分别为 146、60 和 30;压板被距右端面 66 和底面 12 的正垂面切割；还被距左端面56，前后相距20的两对称铅垂面切割；其通槽半径为*R*6，槽长36。常用的尺寸标注见表2-5，尺寸简化标注示例见表2-6。

尺寸标注法示例 表2-5

项目	图例	说明
尺寸界线	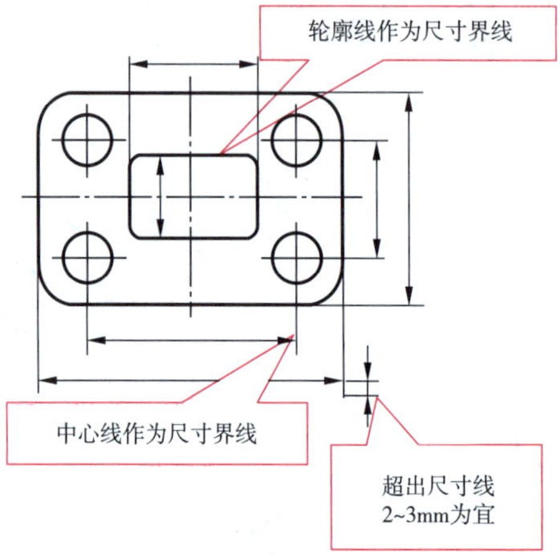	尺寸界线应由图形的轮廓线、轴线或对称中心线处引出，也可利用轮廓线、轴线或对称中心线作为尺寸界线；尺寸界线一般应与尺寸线垂直且超出尺寸线2～3mm
尺寸线	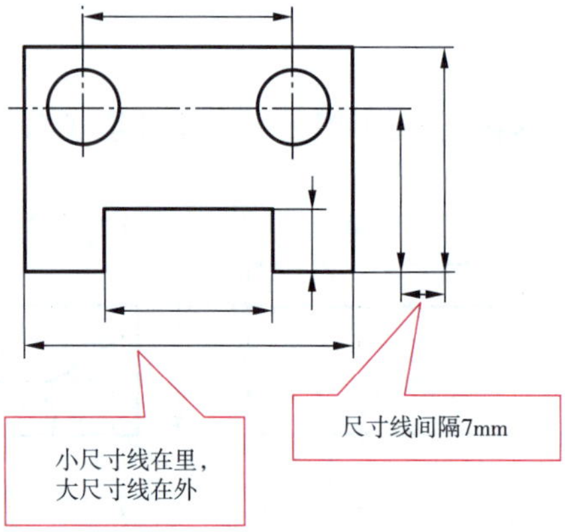	尺寸线不能用其他图线代替，一般也不得与其他图线重合或画在其他图线的延长线上； 尺寸线应平行于被标注的线段，其间隔及两平行的尺寸线间隔约为7mm； 尺寸线间或尺寸线与尺寸界线之间应尽量避免相交
尺寸数字	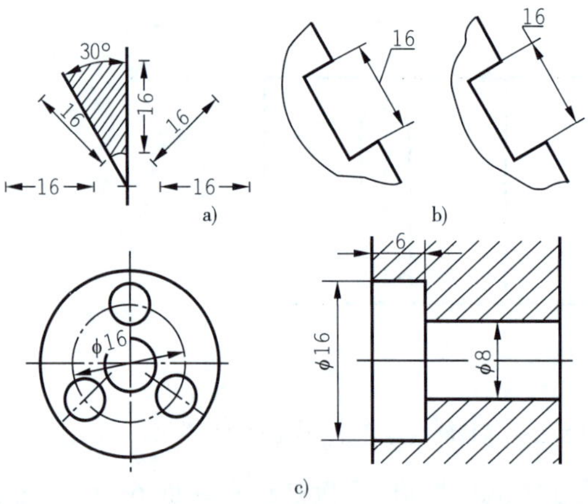	尺寸数字一般书写在尺寸线上方或中断处； 线型尺寸数字的注写方向如图a）所示，并尽量避免在30°范围内标注尺寸，当无法避免时，可按图b）所示的形式标注； 尺寸数字不能被图样上的任何图线所通过，当不可避免时，必须将图线断开，如图c）所示

续上表

项目	图　　例	说　　明
直径和半径	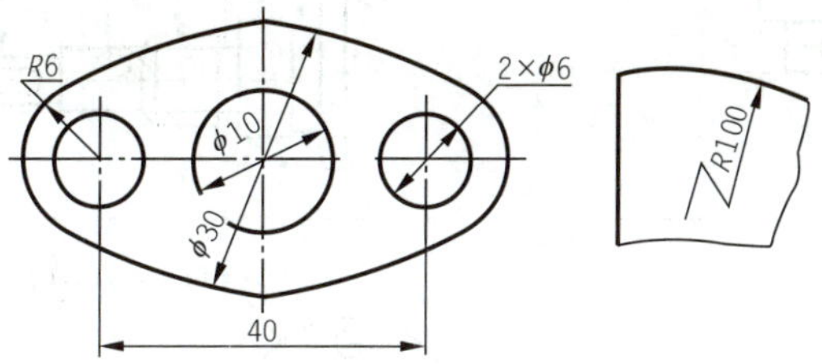 a)　　　　b)	标注直径时，在尺寸数字前加注符号“ϕ”，标注半径时在尺寸数字前加注符号“R”，其尺寸线应通过圆心，尺寸线终端应画成箭头，如图a)所示； 当圆弧半径过大或在图纸范围内无法标出其圆心位置时，可按图b)的形式标注
角度	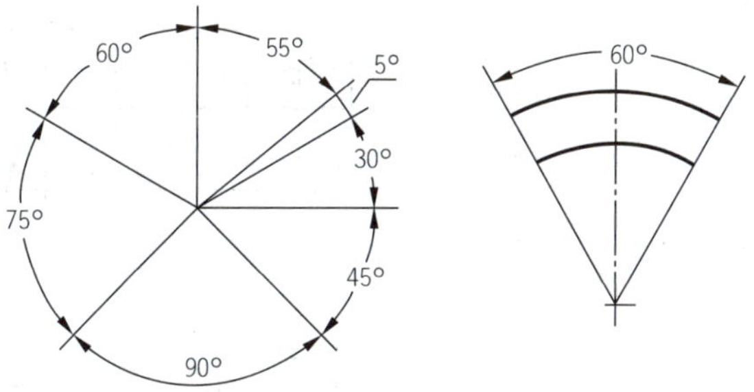	标注角度尺寸的尺寸界线应沿径向引出，尺寸线是以角度顶点为圆心的圆弧线，角度数字应水平注写，角度较小时也可用指引线引出标注
小尺寸	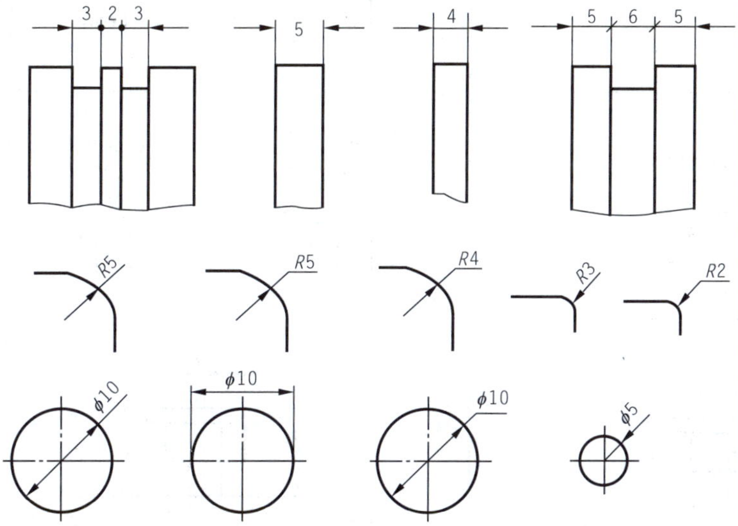	没有足够地方画箭头或注写尺寸数字的较小尺寸，可按图示形式进行标注

尺寸的简化标注示例(GB/T 6675.2—2012)　　表2-6

<table>
<tr><th>简　化　前</th><th>简　化　后</th></tr>
<tr><td>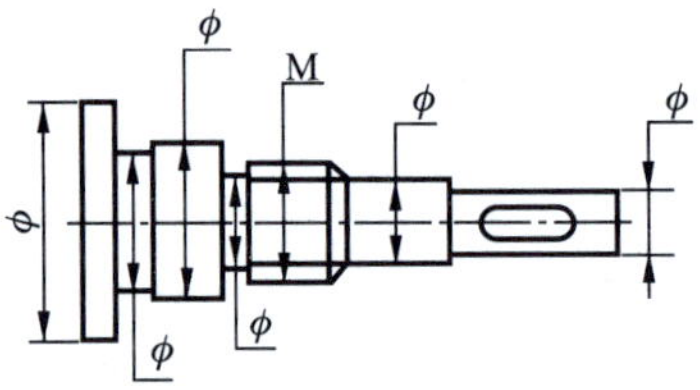
</td><td>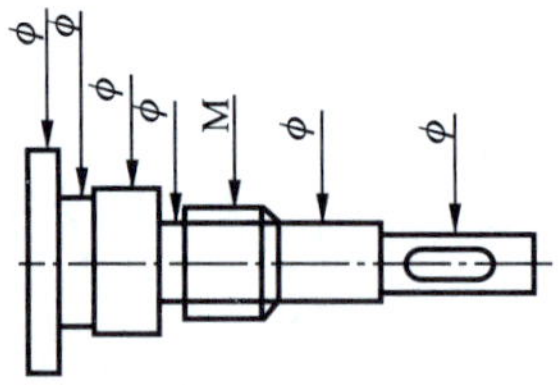
</td></tr>
<tr><td>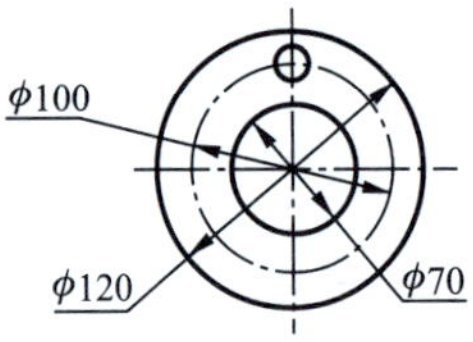
</td><td>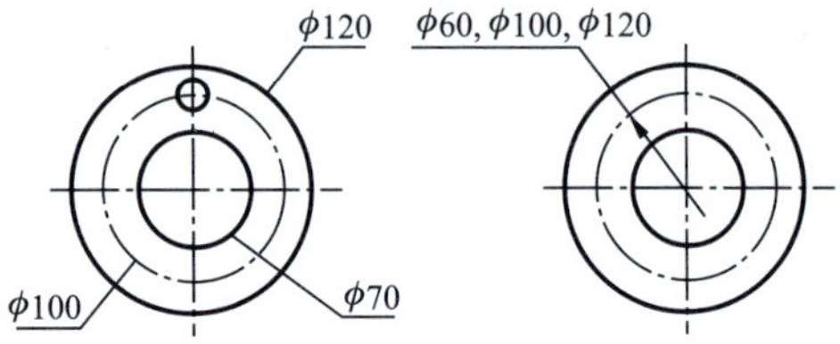
</td></tr>
<tr><td>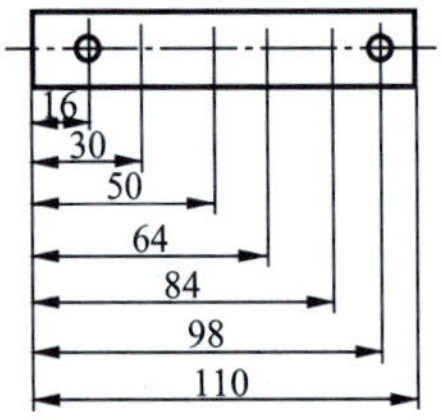
</td><td>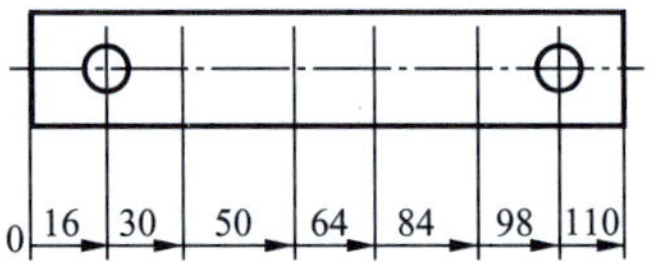
</td></tr>
<tr><td>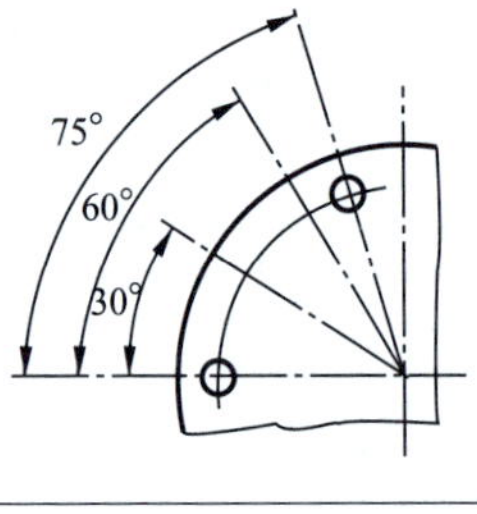
</td><td>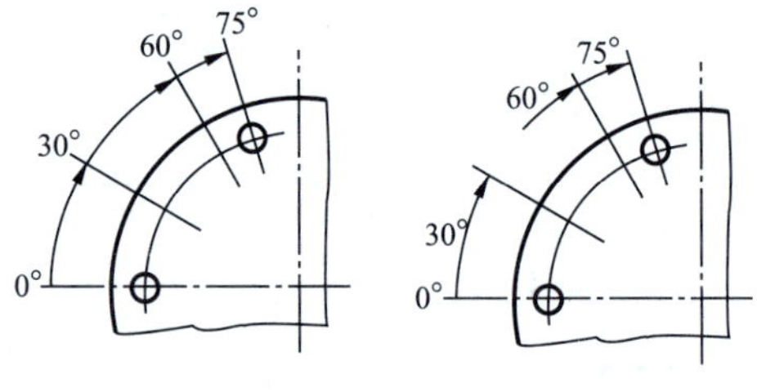
</td></tr>
<tr><td>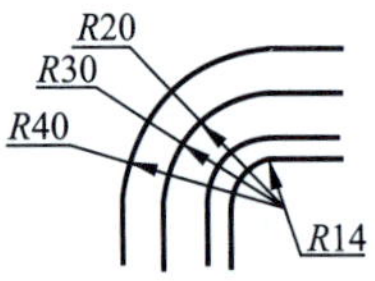
</td><td>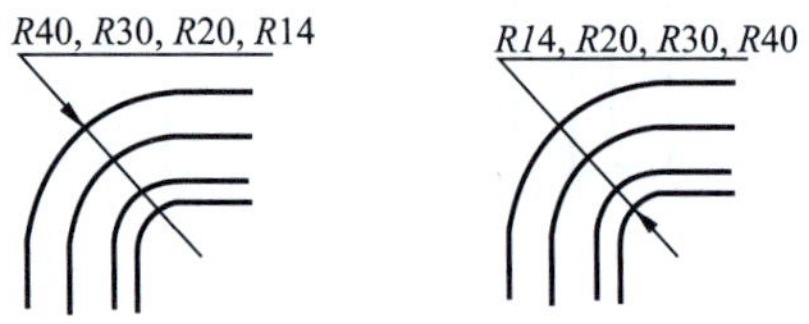
</td></tr>
<tr><td>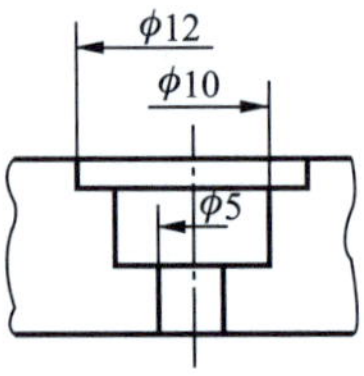
</td><td>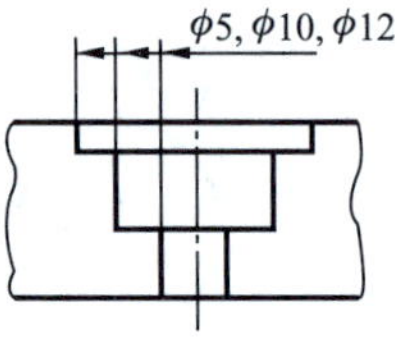
</td></tr>
</table>

提示:常用尺寸标注符号和缩写词,见表2-7。

常用尺寸标注符号和缩写词 表2-7

序号	名称	符号或缩写词	序号	名称	符号或缩写词
1	直径	ϕ	9	深度	↧
2	半径	R	10	沉孔或锪平	⌴
3	球直径	$S\phi$	11	埋头孔	⌵
4	球半径	SR	12	弧长	⌒
5	厚度	t	13	斜度	∠
6	均布	EQS	14	锥度	◁
7	45°倒角	C	15	展开①	○→
8	正方形	□			

注：①展开符号○→标在展开图上方的名称字母后面(如：A-A ○→)；当弯曲成形前的坯料形状叠加在成形后的视图画出时，则该图上方不必标注展开符号，但图中的展开尺寸应按照“○→ 200”(其中200为尺寸值)的形式注写。

练一练：(1)完成下图线性尺寸练习和角度标注。

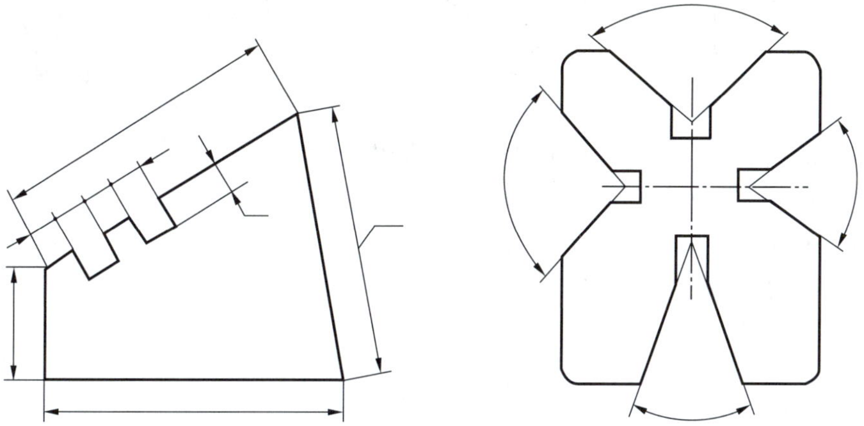

(2)下图左图中的标注有错误，请在右图中把全部尺寸正确标注出来。

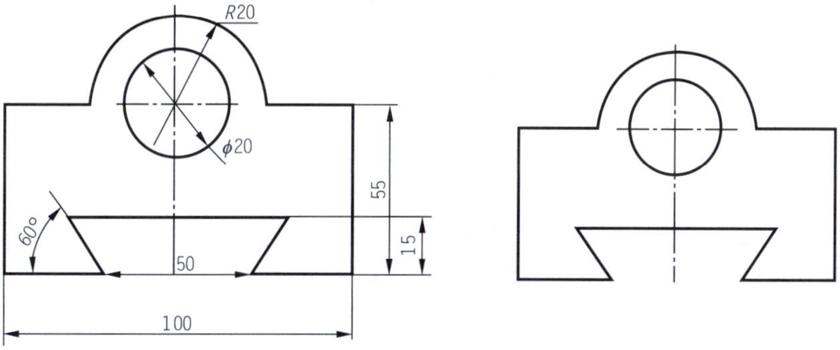

四 看懂技术要求

压板零件图中没有标注尺寸公差和形位公差要求，只标注了表面粗糙度要求。其表面粗糙度要求为：顶面和底面都为√Ra3.2，其表示为表面粗糙度用去除材料的方法获得，Ra 的上限值为 3.2μm。“三角形”符号“√‾‾”尖端指向哪个平面或其延长线就表示对那个平面有表面粗糙度要求。

压板零件图中右下角的“√Ra25(√)”表示压板除顶面和底面要求表面粗糙度为√Ra3.2外，其余所有表面都要求粗糙度为√Ra25。

综合归纳零件的形状、尺寸及技术要求，我们读懂了压板的零件图。

巩固练习：(1)如图 2-21a)、图 2-21b)所示，请注出直线 *AB*、*CD* 直线的另一面投影符号，在立体图中标注字母 *A*、*B*、*C*、*D*，并填空说明其空间位置。

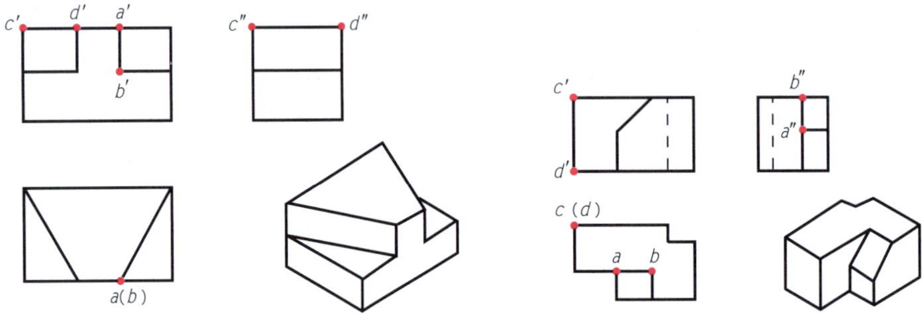

a)　　b)

图 2-21　在立体图中标注字母

图 2-21a)中：*AB* 为________线；*CD* 为________线。

图 2-21b)中：*AB* 为________线；*CD* 为________线。

(2)如图 2-22 所示，补画左视图并填空。

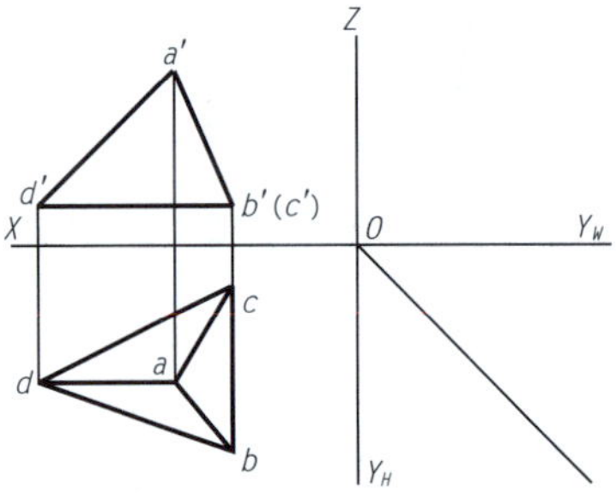

图 2-22　已知平面二视图补画左视图

AB 是________线，*AD* 是________线，*BC* 是________线。

(3)在图 2-23 所示的三视图中，标出平面 *P*、*Q* 和直线 *AB*、*CD* 的三面投影，并根据其对投影面的相对位置填空。

图 2-23a)中：

AB 是________线，*CD* 是________线，*P* 面是________面，*Q* 面是________面。

图 2-23b)中：

AB 是________线，*CD* 是________线，*P* 面是________面，*Q* 面是________面。

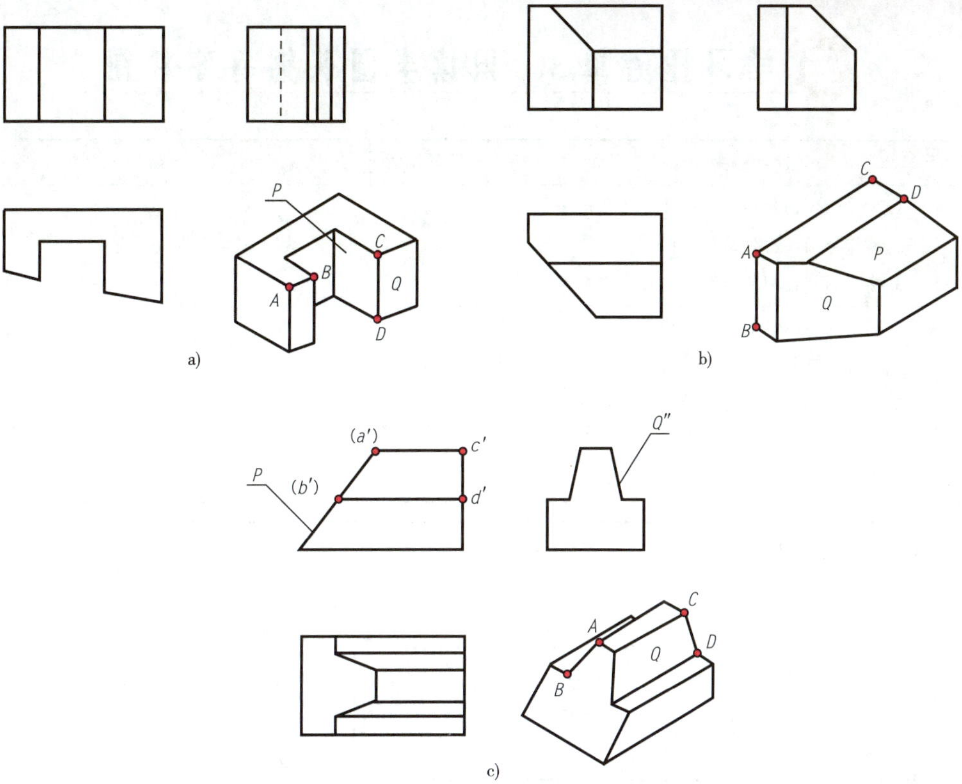

图 2-23　根据立体图在三视图中标出平面和直线的三面投影

图 2-23c) 中：

AB 是________线，*CD* 是________线，*P* 面是________面，*Q* 面是________面。

(4) 根据图 2-24 中的立体图辨认其相应的两个视图，并补画出视图所缺的第三个视图。

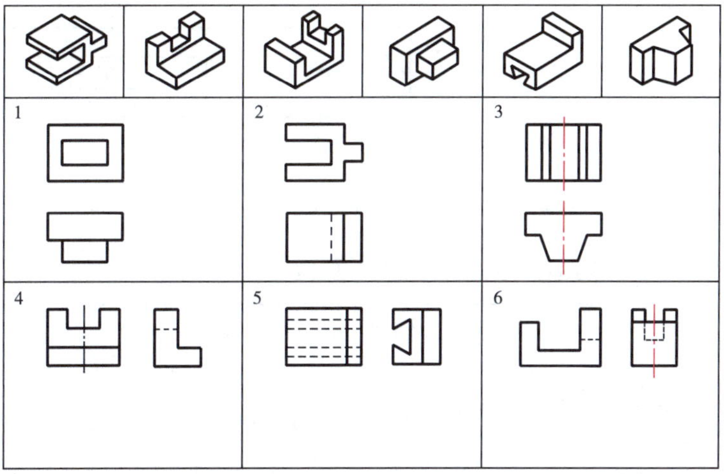

图 2-24　根据立体图辨认相应视图

学习任务单 3　识读半圆头铆钉零件图

任务	识读半圆头铆钉零件图	任务学时	4
教学目标	1. 学会识读回转曲面体一般方法和步骤； 2. 看懂半圆头铆钉零件图； 3. 会平面切割回转曲面体的投影作图		
知识点	1. 回转曲面体表面上点的投影； 2. 平面与圆柱相交、平面与圆锥相交、平面与圆球相交； 3. 零件图的基本内容及看图的方法及步骤		
提示	按照零件图相对独立的各部分内容分步完成作业要求		
零件图	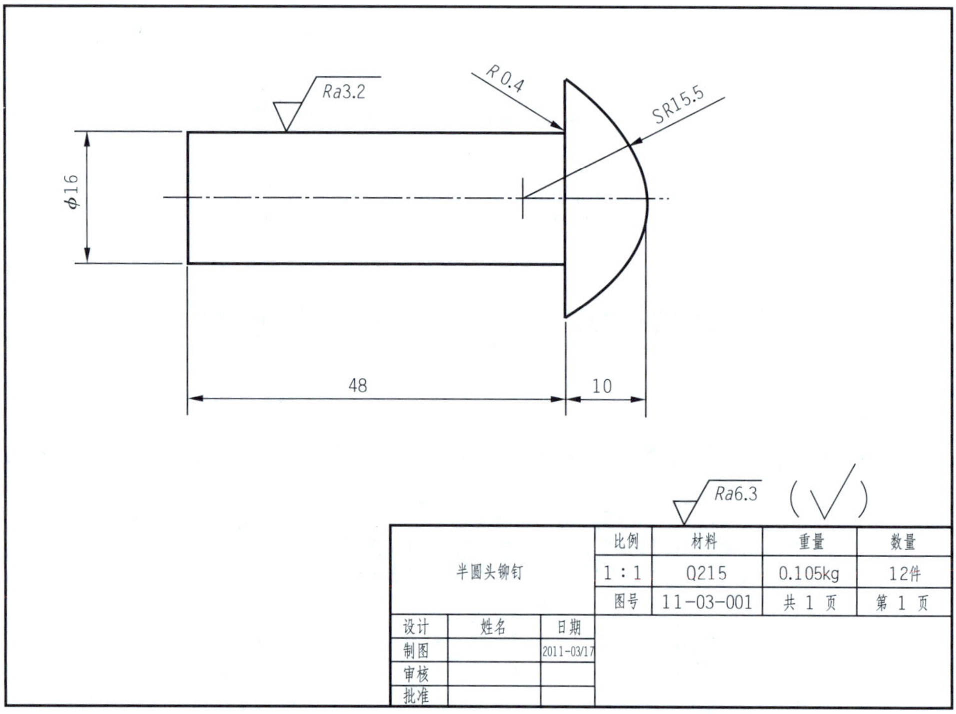		
说明	此零件图幅面为 A3 号图，因篇幅有限按比例进行了缩小		

在识图中，我们经常遇到类似铆钉的零件，对于这类零件图，我们如何来识读呢？

一　识读零件图的基本内容

1　看标题栏

我们先从图纸幅面、格式开始。从图纸的幅面的长度和宽度尺寸，我们很快就知道了这幅半圆头铆钉零件工作图幅面是 A3 号图，格式为横取向，且有装订边。

从标题栏的格式和内容中我们知道:零件名称为半圆头铆钉;图形比例为1:1;构成铆钉零件的材料为Q215,其含义表示屈服强度为215MPa的普通碳素结构钢;重量为0.105kg;用以表达半圆头铆钉图形的图线等。有关这些内容我们在前面的学习任务中已经学习过了,这里仅提示一下,不再作详细阐述了。

提示:学习机械识图,我们必须熟知国家标准《技术制图 图纸幅面和格式》(GB/T 14689—2008)、《技术制图 标题栏》(GB/T 10609.1—2008)、《机械制图 图样画法图线》(GB/T 4457.4—2002)、《技术制图 字体》(GB/T 14691—1993)的规定。

2 铆钉的用途

像螺栓连接一样起连接作用,属不可拆连接。

二 看图的方法及步骤

我们来看看半圆头铆钉零件图所表达出的实形吧,如图3-1所示。

从圆头铆钉的实形,我们可以很清楚地看出圆头铆钉是由一个圆柱体与一个圆球的一部分(即球缺)组成,如图3-2所示。由于铆钉零件形状简单,只要一个视图加上标注的尺寸。例如:$\phi16$,由于有"ϕ"就只可能是圆柱体;还有$SR15.5$,由于有"SR"就只可能是半球,就可表达清楚其形状。圆头铆钉的实形是如何画成铆钉零件图的呢?为了搞清这个问题,就让我们从圆柱体与球面体(包括球缺)是回转曲面体说起吧!那么,什么是回转曲面体?它有什么特征?其三视图及其表面上点投影规律是什么样的呢?当我们搞清了这些问题,看图的方法及步骤也就学会了。

图3-1 圆头铆钉的实形

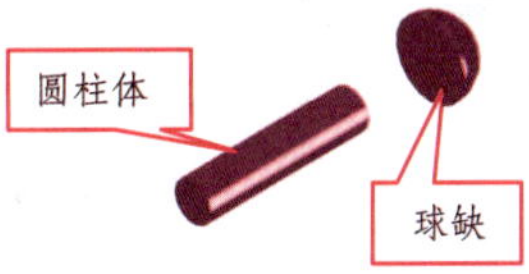

图3-2 圆头铆钉的立体分解图

三 识读半圆头铆钉类零件图应具备的知识

1 回转曲面体的概念、特征、三视图及其表面上点的投影

1 回转曲面体的概念与特征

我们先做试验,拿一根钢丝绕一轴线旋转一周,如图3-3所示,粗实线代表直钢丝(或弯成圆形),点划线代表轴心线,按箭头方向旋转一周,这时钢丝在旋转过程中,我们观察钢丝的运动轨迹形成了什么样的曲面体,如图3-3所示。

试验使我们得出了回转曲面体的概念和回转曲面体的特征。对于试验中形成曲面轨迹的钢丝,我们在定义中称其为母线。

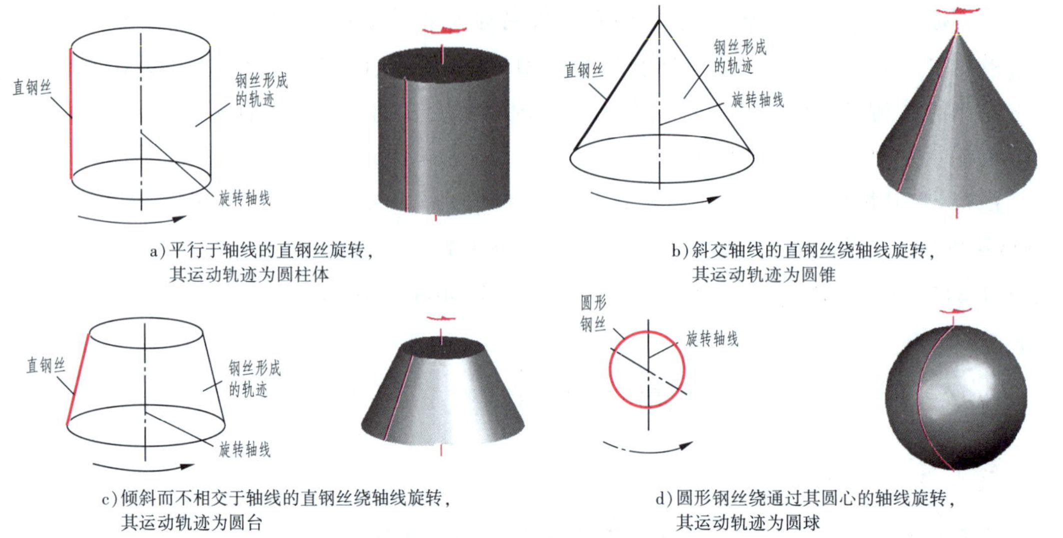

图3-3　回转曲面体形成过程试验

表面是由母线绕其轴线旋转形成的曲面和平面或者全部由旋转得到的曲面构成的形体(至少要有一个表面是曲面),这样形成的基本体我们就把它叫作回转曲面体。

它们有一个共同的特征那就是它们都有一条形成曲面的母线(也叫素线,母线可以是直线,也可以是任意曲线或平面图形)和一条与其有一定位置关系的回转轴。常见的基本回转曲面体有圆柱、圆球、圆锥、圆环、圆台等,如图3-4所示。

图3-4　基本回转曲面体

2 回转曲面体的三视图及其表面上点的投影

1)圆柱体

圆柱体是由圆柱面与上下两底面围成。圆柱面可看作是由一条母线绕平行于它的轴线旋转而成。圆柱面上任意一条平行于轴线的直母线,称为圆柱面的素线,如图3-5a)所示。

圆柱表面上点的投影有什么特点和规律呢?那么,让我们进行一下投影分析吧!

(1)投影分析。

当圆柱轴线垂直于水平面时,圆柱上、下两底面的水平投影反映实形为圆形,正面和侧面投影积聚成直线。圆柱面的水平投影积聚在圆周上,与圆柱上、下两底面水平投影外轮廓重合。在正面投影中前后两半圆柱面的投影重合为一矩形,矩形的两条竖线分别是圆柱面最左与最右素线的投影,同时也是圆柱面前、后分界的转向轮廓线。在侧面投影中,左、右两半圆柱面的投影重合为一矩形,矩形的两条竖线分别是圆柱面最前、最后素线的投影,也是圆柱面左、右分界的转向轮廓线,如图3-5b)、图3-5c)所示。

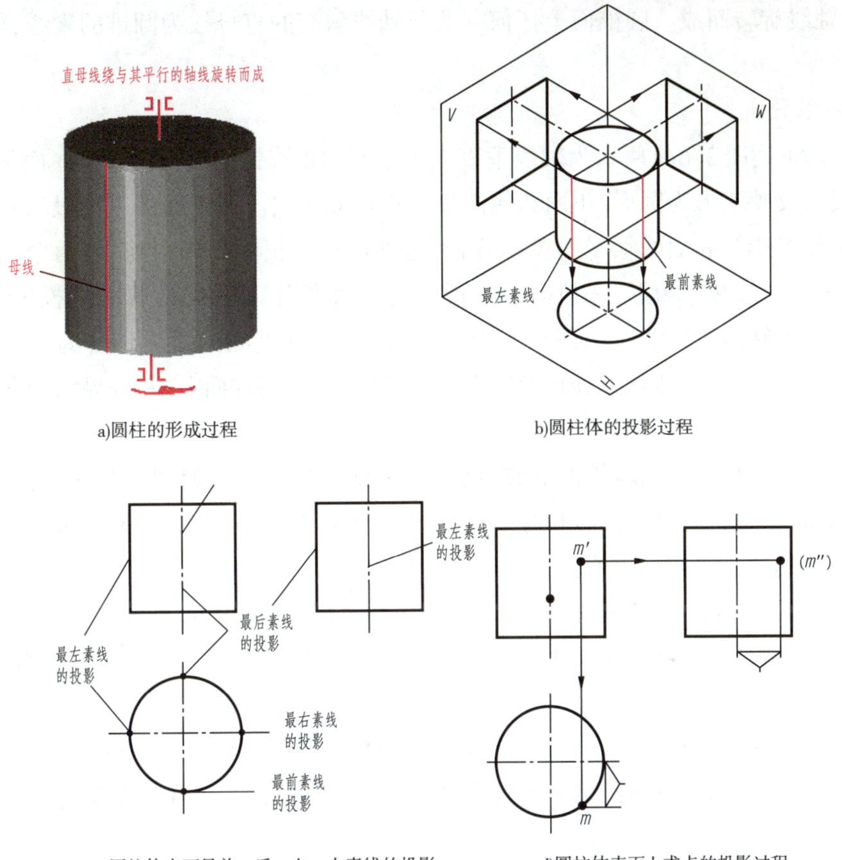

a)圆柱的形成过程　b)圆柱体的投影过程

c)圆柱体表面最前、后、左、右素线的投影　d)圆柱体表面上求点的投影过程

图3-5　圆柱的三视图及其表面上点的投影

(2)圆柱体的作图方法。

画圆柱体的三视图时，先画出投影的所有中心线(细点划线)，再画为圆形的俯视图，然后根据圆柱体的高度画出另外两个视图，如图3-5d)所示。

(3)圆柱体表面上点的投影。

通过圆柱体的投影分析及其作图，我们了解了圆柱体三视图的特征，进一步由已知圆柱面上的点 M 的正面投影 m'，求作 m 和 m''。

首先根据圆柱面水平投影的积聚性作出 m，由于 m' 是可见的，则点 M 必在前半圆柱面上，侧面投影在圆柱面的右半圆柱面上，其投影 m'' 是不可见的。注意：在画圆柱体的三视图和 M 点的投影过程中，一定要符合投影规律，那就是：长对正、高平齐、宽相等，如图3-5d)所示。

想一想：参考图3-5d)所示，若已知圆柱面上点 N 的正面投影 n'，试一试，分析求作 n 和 n''，并判断其可见性。

2)圆锥

由前面的试验知道，圆锥体由圆锥面和底面围成。而圆锥面可看作是由一条直母线绕它斜交的轴线旋转而成。圆锥面上任何一条与轴线斜交的直母线为圆锥的素线,如图3-6a)所示。

(1)投影分析。

如图3-6b)、图3-6c)所示为轴线垂直于水平面的正圆锥的三视图。锥底面平行于水平面,水平投影反映实形为圆形,正面和侧面投影积聚成直线。圆锥面的三个投影都没有积聚性,其水平面投影与底面的水平面投影重合,全部可见。正面投影由前、后两个半圆锥面的投影重合为一个等腰三角形,三角形的两腰分别是圆锥面最左、最右素线的投影,也是圆锥面前、后分界的转向轮廓线。侧面投影由左、右两个半圆锥面的投影重合为一个等腰三角形,三角形的两腰分别是圆锥最前、最后素线的投影,也是圆锥面左、右分界的转向轮廓线。

(2)作图方法。

画圆锥的三视图时,先画各投影的中心线(细点划线),再画俯视图为圆的投影,然后根据圆锥体的高度画出锥顶的投影和等腰三角形,完成圆锥的三视图,如图3-6c)所示。

(3)圆锥体表面上点的投影。

如图3-6d)所示,已知圆锥表面上点 M 的正面投影 m',求作 m 和 m''。

根据 M 点的位置和可见性,可确定点 M 在前、右圆锥面上,点 M 的三面投影均是可见的。

辅助作图方法有两种:

①辅助素线法。如图3-6d)所示,根据点在直线上的投影法则,过锥顶 S 和点 M 作辅助素线 $s'e'$,然后作出该辅助素线的水平面和侧面的投影 se 和 $s''e''$,再由点在直线上投影关系作出 m 和 m''。

②辅助纬圆法。如图3-6d)所示,过 M 点在圆锥面上作垂直于圆锥轴线的水平辅助纬圆,点 M 的各投影必在该圆的同面投影上。过 m' 作圆锥轴线的垂直线,交圆锥左、右轮廓线于 a'、b',$a'b'$ 即为辅助纬圆的正面投影,以顶点的投影为圆心,以 $a'b'$ 为直径,作辅助纬圆的水平投影,由 m' 求得 m,再由 m' 和 m 求得 m''。

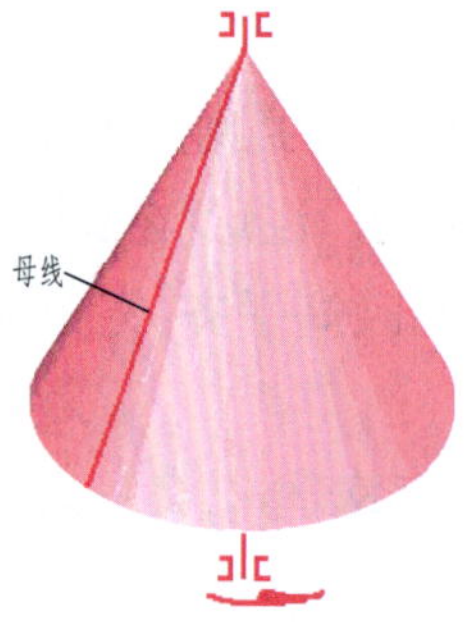

a)圆锥的形成过程

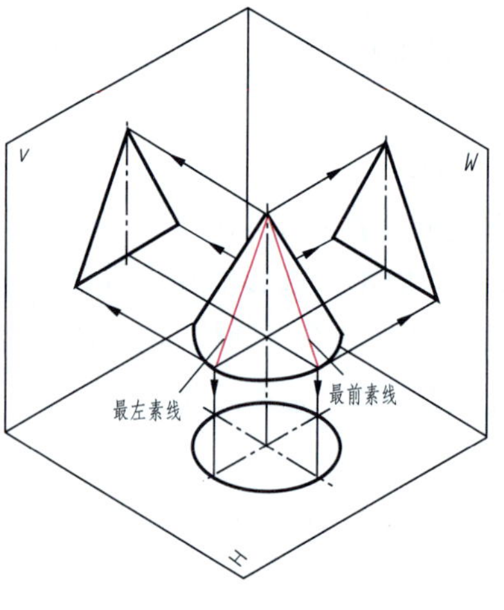

b)圆锥体的投影过程

图 3-6

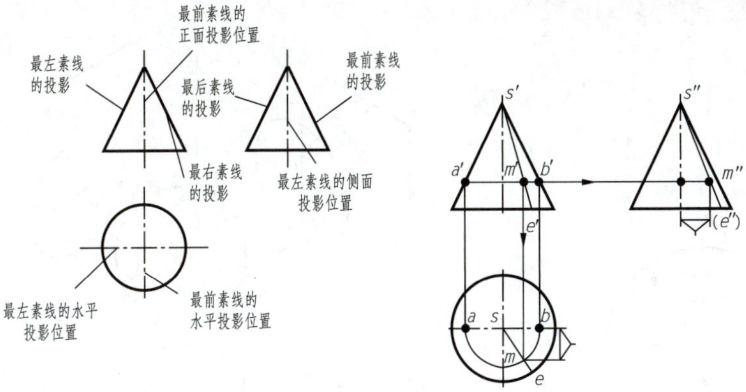

c)圆锥体表面最前、后、左、右素线的投影　　d)圆锥体表面上求点的投影过程

图3-6　圆锥的三视图及其表面上点的投影

想一想：参照图3-6d)，若点 M 的位置是在后、右圆锥面上，你能根据圆锥表面上点 M 的正面投影 m'，作出 m 和 m'' 吗？

试一试：根据圆柱与圆锥形成过程及其表面上点的投影特性和规律，那么你一定能总结出圆台的形成及其表面上点的投影特性和规律了。请画出圆台的三视图和根据圆台表面上任意点 M 的正面投影 m'，求作 m 和 m''。

3)圆球

圆球的表面可看作同一条圆母线绕其直径旋转而成，如图3-7a)所示。

(1)投影分析。

从图3-7b)可以看出，圆球的三个视图都是等径圆，并且是圆球上平行于相应投影面的三个不同位置的最大轮廓圆。正面投影的轮廓圆是前、后两半球面可见与不可见的分界线；水平投影的轮廓圆是上、下两半球面可见与不可见的分界线；侧面投影的轮廓圆是左、右两个半球面可见与不可见的分界线。

(2)作图方法。

先画三面投影的十字中心线(细点划线)，以中心点为圆心分别画出三个与球等径的圆，如图3-7c)所示。

(3)圆球表面上点的投影。

如图3-7d)所示，已知圆球表面上点 M 的正面投影 m'，求作 m 和 m''。

由于球面的三个投影都没有积聚性，可利用辅助纬圆法求解。过 m' 作水平辅助纬圆的正面投影 $a'b'$，再作出其水平投影 ab(以 O 为圆心，$a'b'$ 为直径画圆)。在该圆的水平投影上求得 m，由于 m' 不可见，所以点 M 在后半球面上。再由 m' 和 m 求得 m''。由于点 M 在左半球面上，m'' 为可见。

试一试：(1)参照图3-7d)，若点 N 在圆球的前、上球面位置，已知圆球表面上点 N 的正面投影 n'，求作 n 和 n''。请试一试。

(2)学到这里，你一定明白了圆头铆钉的图形是怎样画出来了吧！有兴趣，不妨动手试一试。

提示：在作回转曲面体表面上点的三面投影时，往往要借助于辅助作图法求解。

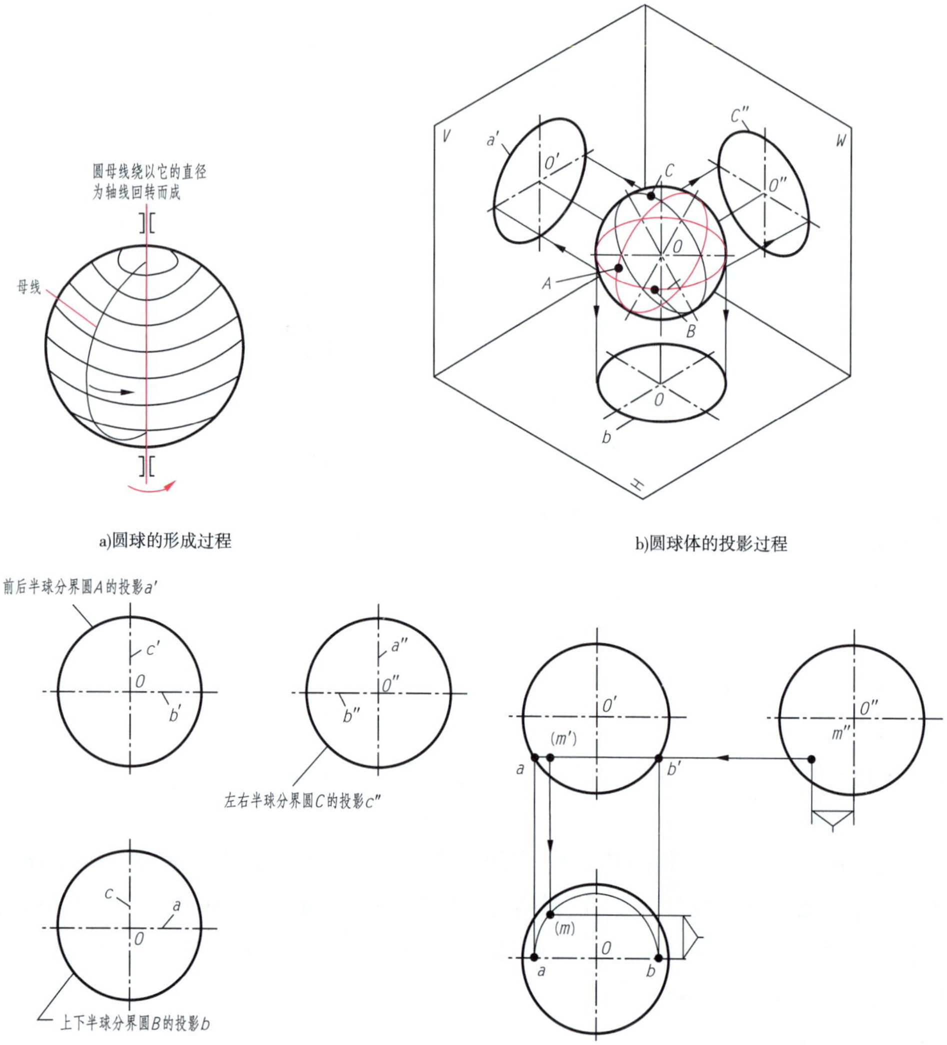

a)圆球的形成过程　　b)圆球体的投影过程

c)圆球表面A、B、C轮廓圆的三面投影　　d)圆球表面上求点的投影过程

图 3-7　圆球的三视图与其表面上点的投影

2 平面切割曲面体作图

在识图中,我们经常遇到的零件并不是一个完整的圆柱、圆球、圆锥等,而是其被平面切割的曲面体(表3-1)。对这类形状的零件其三视图的画法和识读我们举例说明。

平面切割回转曲面体　　表3-1

说　明	类　型	图　例
平面切割圆柱体,由于截平面与圆柱轴线的相对位置不同,圆柱被平面截切后产生的截交线有圆、矩形和椭圆三种形状	当截平面平行于圆柱轴线,截交线为矩形	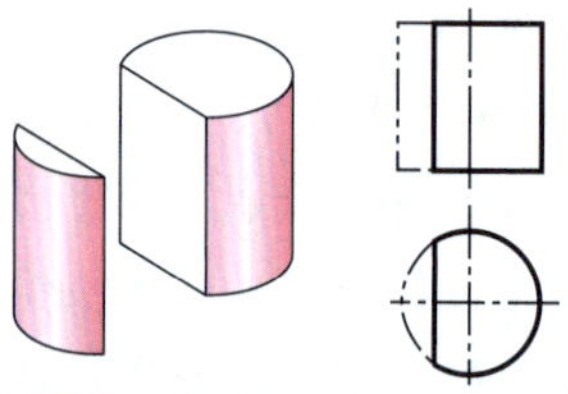

续上表

说　明	类　型	图　例
平面切割圆柱体，由于截平面与圆柱轴线的相对位置不同，圆柱被平面截切后产生的截交线有圆、矩形和椭圆三种形状	当截平面垂直于圆柱轴线，截交线为圆	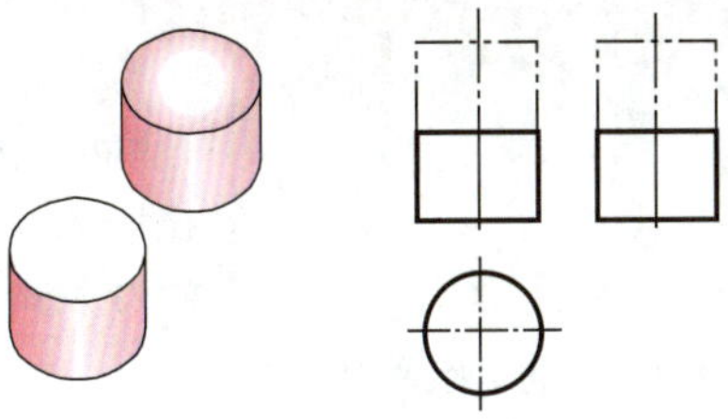
	当截平面倾斜于圆柱轴线，截交线为椭圆	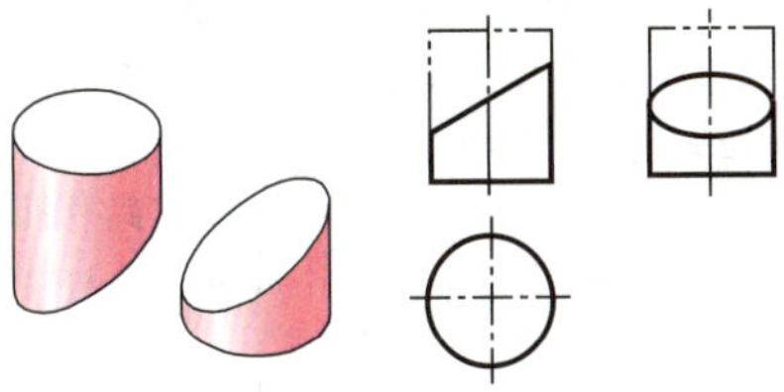
截平面与圆锥相交时，根据截平面与圆锥轴线不同的相对位置可形成五种不同形状的截交线。（截平面与底面夹角为 α，圆锥素线与底面夹角为 β）	当截平面平行于圆锥轴线（$\alpha = 90°$）时，截交线为双曲线加直线	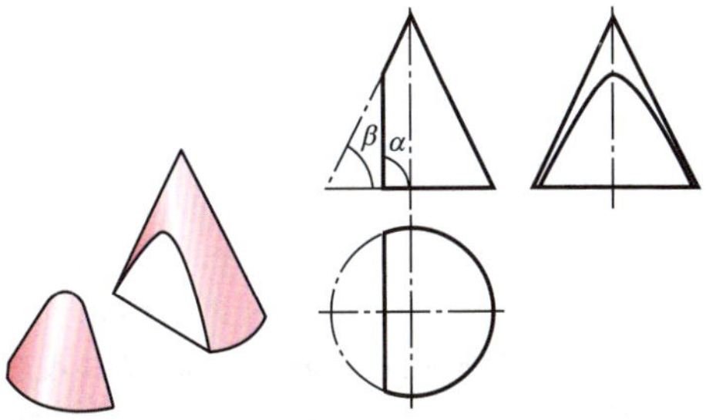
	当截平面平行于圆锥面上一条素线（$\alpha = \beta$）时，截交线为抛物线加直线	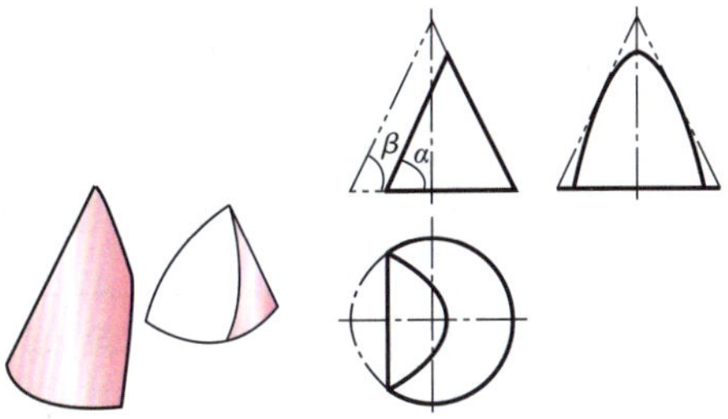
截平面与圆锥相交时，根据截平面与圆锥轴线不同的相对位置可形成五种不同形状的截交线。（截平面与底面夹角为 α，圆锥素线与底面夹角为 β）	当截平面垂直于圆锥轴线（$\alpha = 0°$）时，截交线为圆	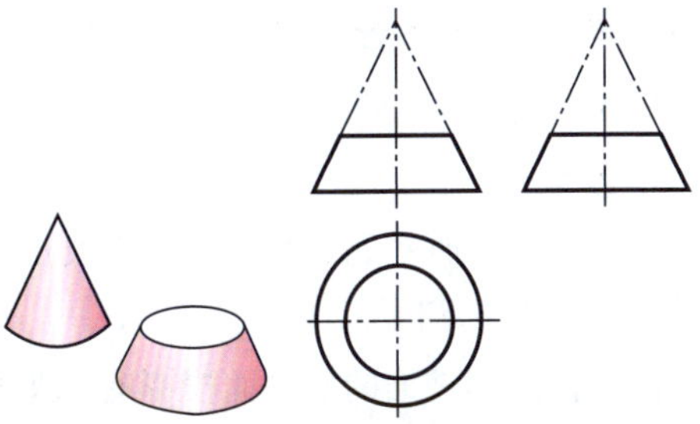

续上表

说明	类型	图例
截平面与圆锥相交时,根据截平面与圆锥轴线不同的相对位置可形成五种不同形状的截交线。(截平面与底面夹角为α,圆锥素线与底面夹角为β)	当截平面倾斜于圆锥轴线($\alpha<\beta$)时,截交线为椭圆	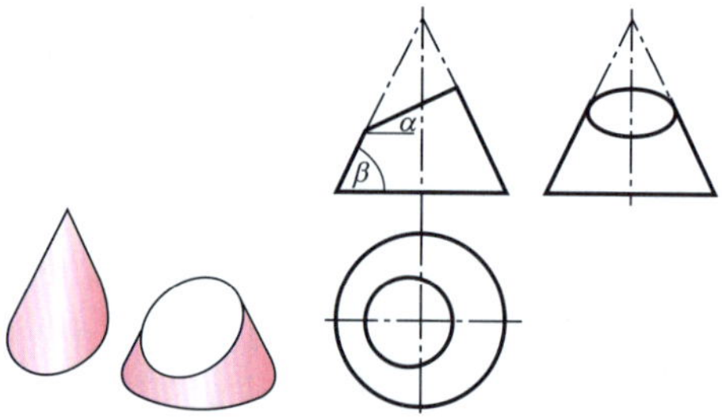
	当截平面过圆锥锥顶时,截交线为三角形	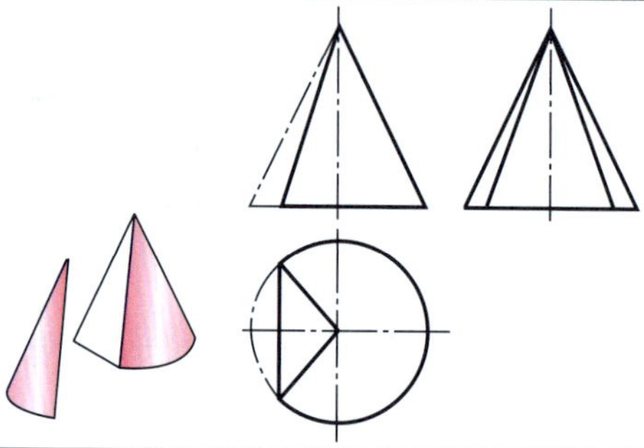
平面与圆球相切割时,其交线均为圆,但圆的大小取决于截平面与球心的距离	当平面平行于投影面时,在该投影面上交线圆的投影反映实形,另外两个投影面上的投影积聚成直线	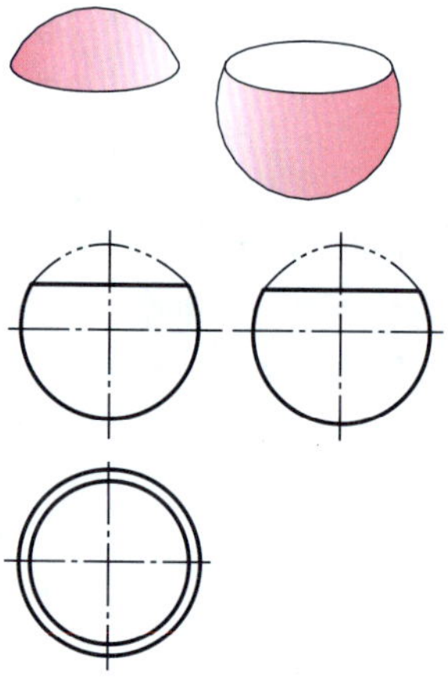

画图举例1: 如图3-8a)所示,圆柱体被正垂面P截割,求作截平面切割圆柱后的三视图。

我们在日常生活中做菜时,用菜刀在砧板上斜切黄瓜或香肠,切出来的黄瓜片或香肠片均是椭圆形的;若是先横切成圆柱,再纵向切,切出来的就是矩形的片。我们把菜刀看作是一个截平面,黄瓜或香肠看作是一个圆柱体,而砧板就视为投影面,假设菜刀在切菜时是垂直于砧板的,这样我们就不难理解正垂面切割圆柱体其截交线的形状了。

1)分析

如图3-8a)所示,直立的圆柱体被正垂面P切割,正垂面P相对于圆柱轴线倾斜,其截交线就是一个椭圆了。

圆柱体的圆柱面的水平面投影有积聚性,所以交线的水平投影积聚在其圆周上。截平面的正面投影积聚成一条直线并与直立的圆柱体最左、最右素线正面的投影相交,交点为a'、b',

与其最前和最后的素线交点是 c'、d'，而交点 d' 不可见，这些点也称为特殊点的投影。根据点的投影长对正、高平齐、宽相等的原则，可以求得交点的水平面投影 a、b、c、d 和侧面投影 a''、b''、c''、d''。单凭这些特殊点的投影作出侧面的光滑曲线的投影——椭圆是很困难的，必须采用立体表面求点的方法作出中间点的投影，然后光滑连成曲线才行，如图 3-8c）所示。

2）作图方法

（1）按如图 3-8a）所示位置，先用细实线将完整的圆柱体的三视图及正垂截面 P 的正面投影 p'（倾斜）画出。

（2）求特殊点，即截平面 P 与圆柱最左、最右、最前、最后素线的交点正面投影 a'、b'、c'、d' 和侧面投影 a''、b''、c''、d''。

（3）求中间点，采用立体表面求点法，利用积聚性，在正面投影上定出 e'、f'、g'、h'，然后根据点的投影规则：高平齐、长对正、宽相等，分别求出它们的正面投影 e、f、g、h 和侧面投影 e''、f''、g''、h''。

（4）用光滑的曲线连接各点，即得出了截交线的侧面投影——椭圆。按国家制图图线标准的规定，加深图线，擦去辅助线，即为求作正垂面截割圆柱体后的三视图，如图3-8d）所示。

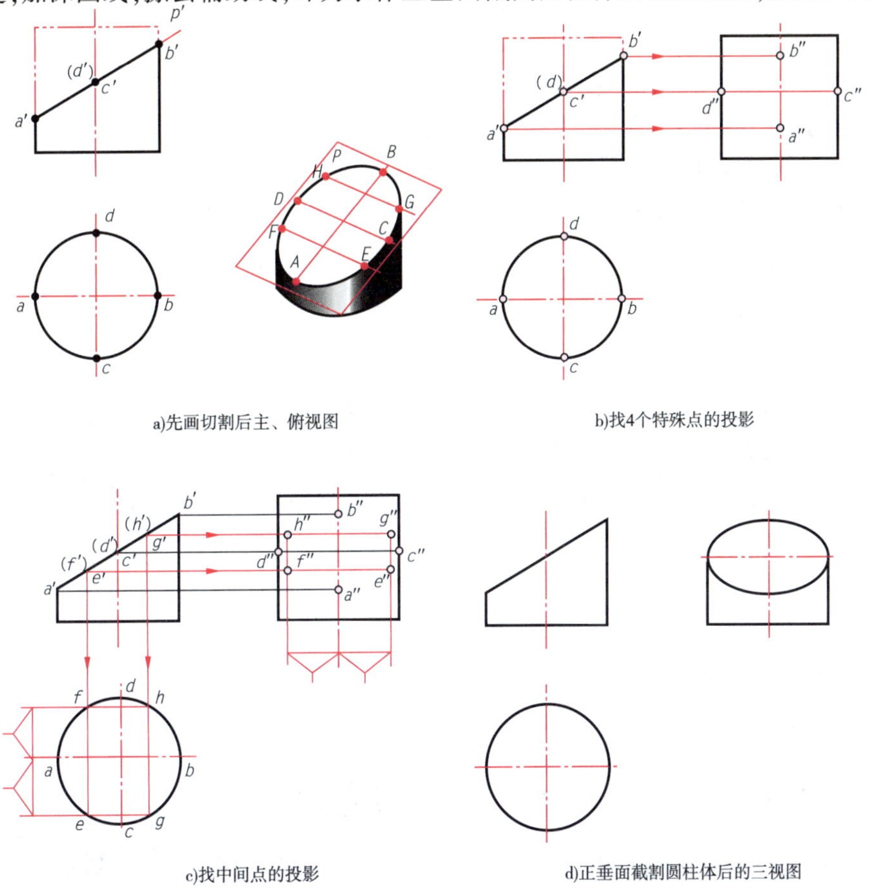

a)先画切割后主、俯视图　　b)找4个特殊点的投影

c)找中间点的投影　　d)正垂面截割圆柱体后的三视图

图 3-8　求作正垂面截割圆柱体后的三视图步骤

提示:从前面的例题分析与作图,识读截交线的投影,我们应该掌握以下分析要点:

①要分析在投影图中是什么基本体被什么平面截切;

②截平面与被截切基本体的相对位置以及截平面与投影面的相对位置;

③截交线的空间形状与特殊点、中间点等;

④截交线在各投影图中的投影特性:真实性、积聚性、类似性。

画图举例2:如图3-9a)所示,画出圆锥被平行于轴线侧平面切割后的三视图,并进行识读。

1)分析

截平面P为侧平面,圆锥底面平行于水平面。实际上,截平面P处于平行于圆锥轴线位置来截切圆锥,其截交线是双曲线加直线,其侧面投影反映实形,水平投影和正投影积聚成直线,我们可用辅助纬圆法或辅助素线法作出交线的侧面投影,如图3-9b)所示。

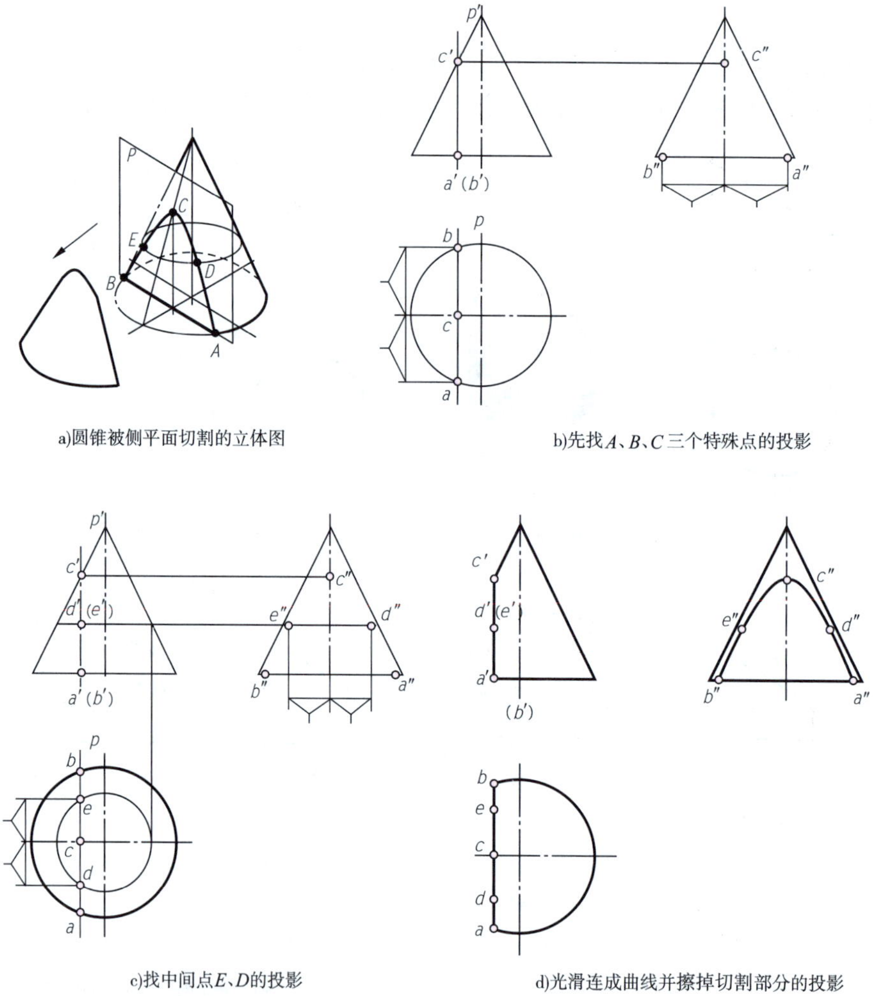

a)圆锥被侧平面切割的立体图

b)先找A、B、C三个特殊点的投影

c)找中间点E、D的投影

d)光滑连成曲线并擦掉切割部分的投影

图3-9　圆锥被平行于其轴线侧平面截割后的三视图与识读

2)作图

(1)求特殊点。最高点 C 是圆锥最左素线与 P 面的交点,利用积聚性作出正面投影 c' 和水平投影 c,再由正面投影 c' 和水平投影 c 作出侧面投影 c'';最低点 A、B 是圆锥底面与 P 面的交点,直接作出 a、b 和 a''、b''。

(2)求中间点。在适当的位置作水平纬圆,该圆的侧面投影与 P 面的交点 d''、e'' 即为交线上两点的正面投影,再作出 d、e 和 d'、e'。

(3)依次光滑连接 a''、d''、c''、e''、b'' 即为交线的侧面投影。

画图举例 3:如图 3-10a)所示,已知半球体被正平面切割的主视图,按提示求作其俯视图和左视图。

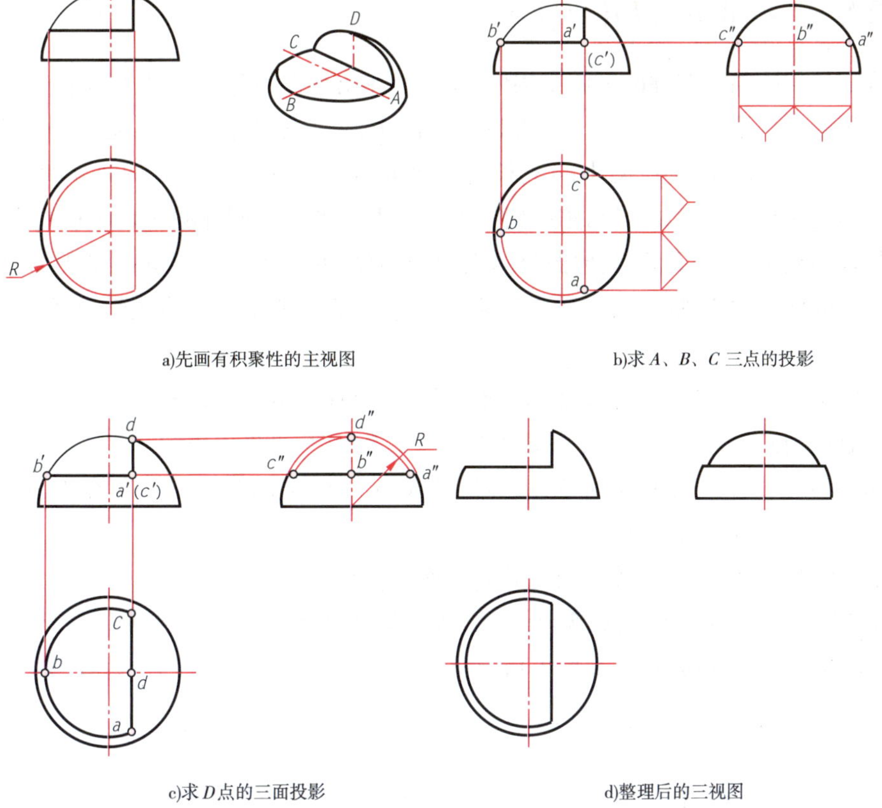

a)先画有积聚性的主视图　　b)求 A、B、C 三点的投影

c)求 D 点的三面投影　　d)整理后的三视图

图 3-10　平面切割半球体交线的三视图

1)分析

如图 3-10a)所示,主视图是由一个水平面和一个侧平面切割半球体所组成。水平面与半球相交部分的水平投影是一段水平圆弧 abc,其侧面投影积聚成一条直线 $a''b''c''$;而侧平面与半球表面的交线在侧面上的投影同样也是一段圆弧 $a''d''c''$,它的水平投影则积聚成一条直线 adc。

2)作图

(1)作水平面与半球表面交线的俯视图,水平面与半球表面交线的水平投影为一段圆弧,其半径可从正面投影量取,与半球表面交线的侧平面投影积聚成一条直线,如图3-10b)所示。

(2)作侧平面与半球表面相交的侧视图,侧平面与半球表面交线的侧面投影为一段圆弧,其半径可从正面投影量取,水平面与半球表面交线的侧平面投影积聚成一条直线,如图3-10c)所示。

(3)如图3-10d)所示,即为所求俯视图和侧视图。

通过学习回转曲面体和平面切割曲面体的投影作图,我们就学会了这类零件的识读和画图方法。

四 知道零件的尺寸和技术要求

一张零件图除画出零件的形状结构外,还要标注出零件的各部分尺寸大小,同时还要标注出表面粗糙度要求等。学习任务单铆钉零件图中,表达零件各部分尺寸大小的尺寸标注有(单位mm):圆柱部分的直径尺寸ϕ16、长度尺寸48、球面半径*SR*15.5、球缺高度尺寸10,以及球缺平面与圆柱一端面结合处的过渡圆角半径尺寸*R*0.4。而标注的表面粗糙度要求有:圆柱面的表面粗糙度为$\sqrt{Ra3.2}$,其他部分的表面粗糙度为$\sqrt{Ra6.3}$($\sqrt{}$)。中心的点划线表达了这两曲面部分的回转中心轴线。(有关表面粗糙度等内容,将在后面的有关学习任务中进行详细阐述。)

综合归纳零件的形状、尺寸及技术要求,我们就读懂了铆钉零件图。

想一想:零件图的基本内容及看图的方法及步骤,你悟出来了吗?

巩固练习:(1)根据图3-11所示,求作圆柱表面上点的投影,并指出包含*B*点的素线是圆柱体表面上什么位置的素线?

(2)如图3-12所示,补画左视图并作其表面上点的投影。

(3)根据图3-13a)所示,补画俯视图;根据图3-13b)所示,补画主视图。

(4)正截平面*P*截切圆锥,如图3-14所示,请完成截交线在主视图上的投影。

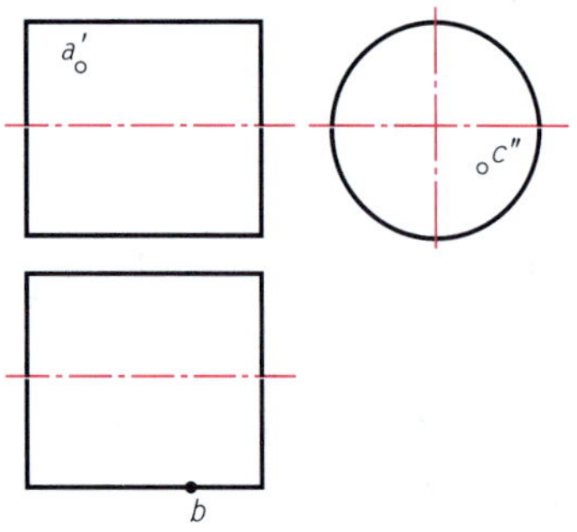

图3-11 求作圆柱表面上点的投影

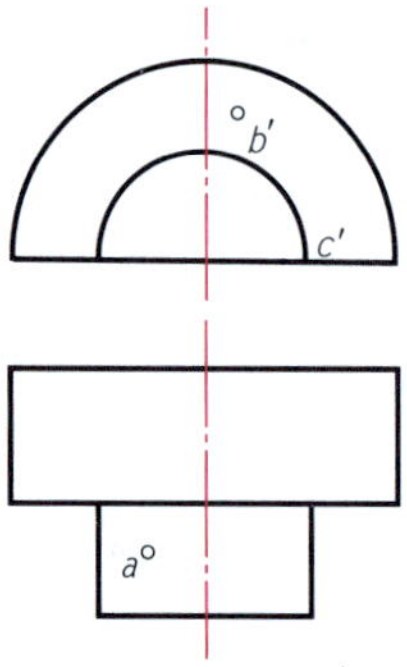

图3-12 已知主、俯视图,补画左视图并找点的投影

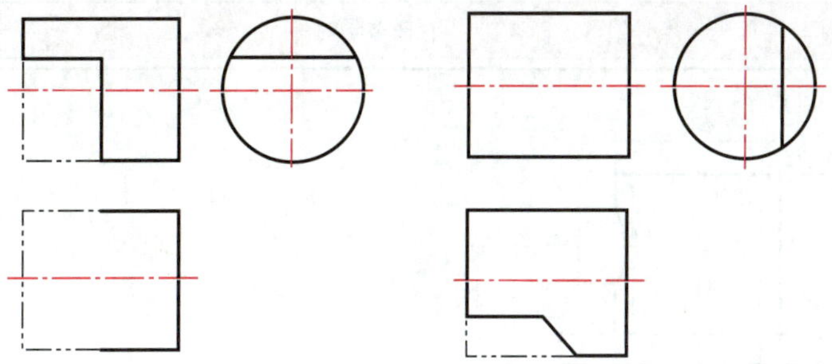

a)已知主、左视图，补画俯视图所缺的线　　b)已知俯、左视图，补画主视图所缺的线

图 3-13　补画视图中所缺的线

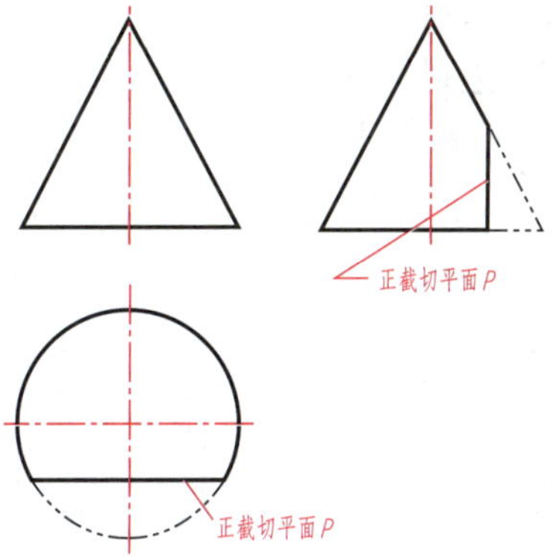

图 3-14　完成在主视图上的投影

学习任务单4　识读歧管支座零件图

任务	识读歧管支座零件图	任务学时	4
教学目标	1. 会用积聚性求圆柱和圆柱相交的投影作图； 2. 能看懂歧管支座零件图； 3. 能看懂零件相贯线部分的投影		
知识点	1. 圆柱和圆柱相交的投影； 2. 相贯线的特殊情况投影； 3. 零件图的基本内容及看图的方法及步骤		
提示	按照零件图相对独立的各部分内容分步完成作业要求		

续上表

<table>
<tr><td>任务</td><td>识读歧管支座零件图</td><td>任务学时</td><td>4</td></tr>
<tr><td>零件图</td><td colspan="3">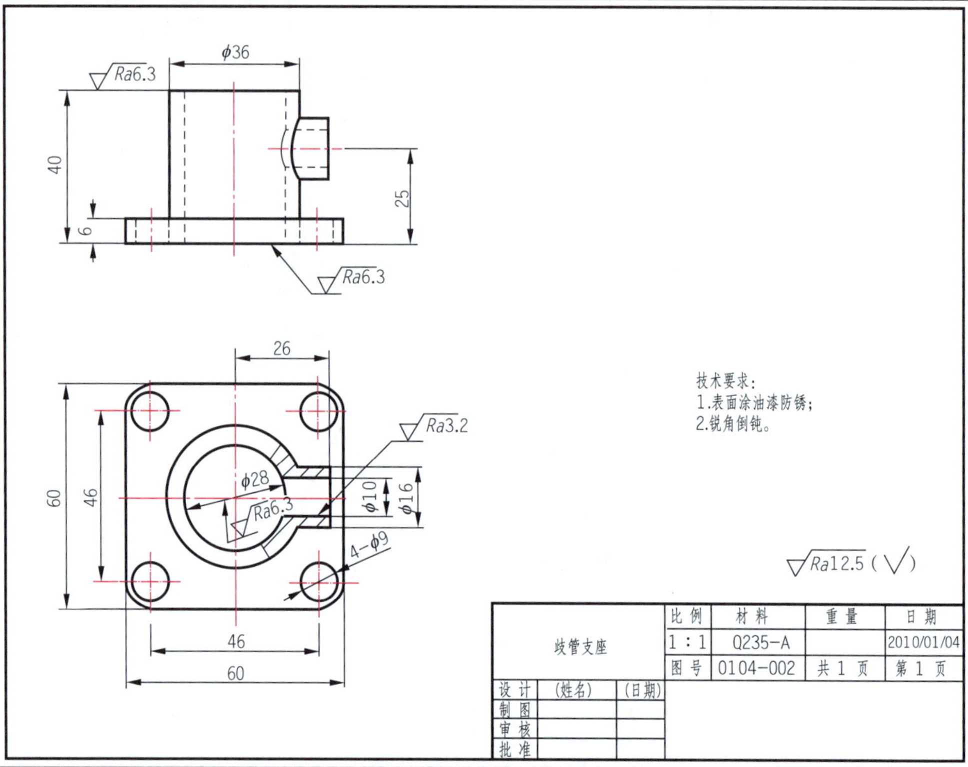
</td></tr>
<tr><td>说明</td><td colspan="3">此零件图幅面为 A4 号图，因篇幅有限按比例进行了缩小</td></tr>
</table>

在识图中，我们经常遇到类似歧管支座的零件，对于这类有相贯线的零件图，我们如何来识读呢？

一 识读零件图的基本内容

1 看标题栏了解零件名称、比例、材料等

从标题栏中，我们知道零件的名称：歧管支座、图形比例为1∶1、材料为Q235-A等。

2 歧管支座的用途

这类零件起管道连接作用，类似于凸缘零件。

二 分析视图，想象出零件的形状

1 看图形想实形

1）看视图，抓住特征，综合起来想整体

先搞清图样上有几个视图，后分清其他视图与主视图之间的关系。从最能代表机件形状特征的视图入手，再结合看其他的视图，对物体的空间形状就会有一个初步的了解。

这个歧管支座零件图只有主视图和俯视图,我们联系起来看,这两个视图已经将歧管支座结构表达清楚了,所以左视图被省略了。请大家注意的是:视图中的每一条图线,在空间不一定是一条线,可能是整个立体表面积聚为一条直线,或两平面交线的投影,也可能是曲面转向轮廓线的投影。

提示:识读图一般的顺序是:先识读主要部分,后识读次要部分;先识读容易确定的部分,后识读难于确定的部分;先整体后细节。

我们可以想象出歧管支座是由底板1、垂直于底板的圆柱筒体2和水平圆柱筒体3组成,如图4-1a)所示。在看图时,我们可以把歧管支座分3个部分来看,先想出底板的形状,底板上平面与下底面在水平面上的投影重叠,反映实形,底板左、右、前、后四个平面在水平面上的投影都积聚成直线;上、下两正方形平面和左、右侧平面的正面投影都积聚在矩形线框上;再逐步想出筒体2和筒体3的形状,搞清楚它们的相互位置关系,最后想出歧管支座的整体形状,如图4-1b)所示。

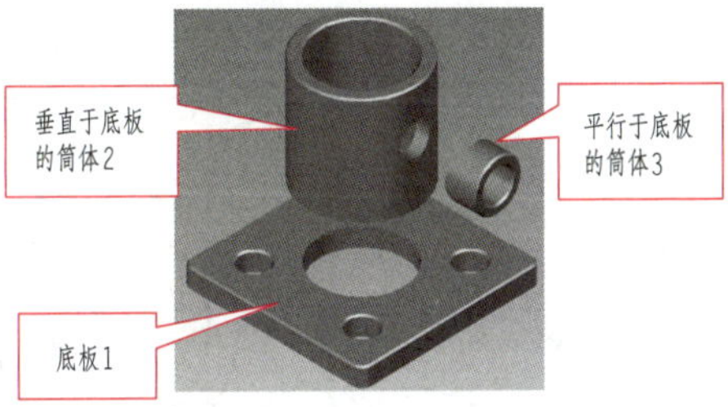

a)歧管支座的组成部分

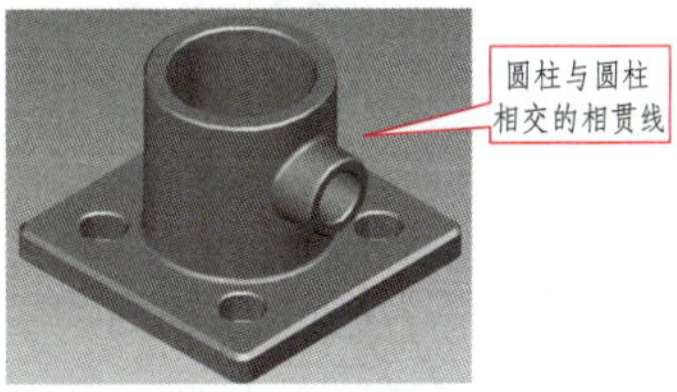

b)歧管支座相贯线的位置

图4-1　歧管支座的立体分解图

2)分析视图,看懂相贯线的投影

这里给我们提出了一个问题,两个圆柱体垂直相交称正交,它们表面的交线称为相贯线,其有什么特性,如何看懂相贯线的投影呢?通过分析我们发现:“相贯线在空间是一条封闭曲线,属于两个圆柱体表面的共有线,如图4-1b)所示。相贯线上的点即是大圆柱体表面上的点,同时也是小圆柱体表面上的点。”我们上一节已学习了圆柱体的投影特性与规律,当圆柱轴线垂直于水平面时,圆柱上、下两底面的水平投影反映实形为圆形,在正面和侧面的投影积聚成直线;圆柱曲面的水平投影积聚在圆周上。在正面投影中,前、后两个半柱圆面的投影重合为一矩形,矩形的两条竖线分别是圆柱面最左与最右素线的投影;在侧面投影中,左、右两半圆柱面的投影重合为一矩形,矩形的两条竖线分别是圆柱面最前、最后素线的投影。圆筒体3的投影同学们自己分析,如图4-2a)所示。

提示:在画圆筒2和圆筒3的三视图时,除相贯线外,其余部分按前面学过的圆柱三视图画法分别画出。

在画相贯线时,找出相贯线上的几个特殊点:

(1)圆筒3最上素线与圆筒2最右素线的交点 A 的正面投影为 a'。

(2)圆筒3最前素线与圆筒2表面素线的交点 B 的正面投影为 b'。

(3)圆筒3最下素线与圆筒2最右素线的交点 C 的正面投影为 c'。

(4)圆筒3最后素线与圆筒2表面素线的交点 D 的正面投影为 d'。

它们的水平投影分别为点 a、b、c、d,相贯线水平面的投影有积聚性,与圆筒2的圆柱面的水平面投影重叠;相贯线正面的投影同样也有积聚性,与圆筒3的圆柱面的正平面投影重叠,如图4-2a)、图4-2b)所示。详细的作图我们将在画图举例中阐述。

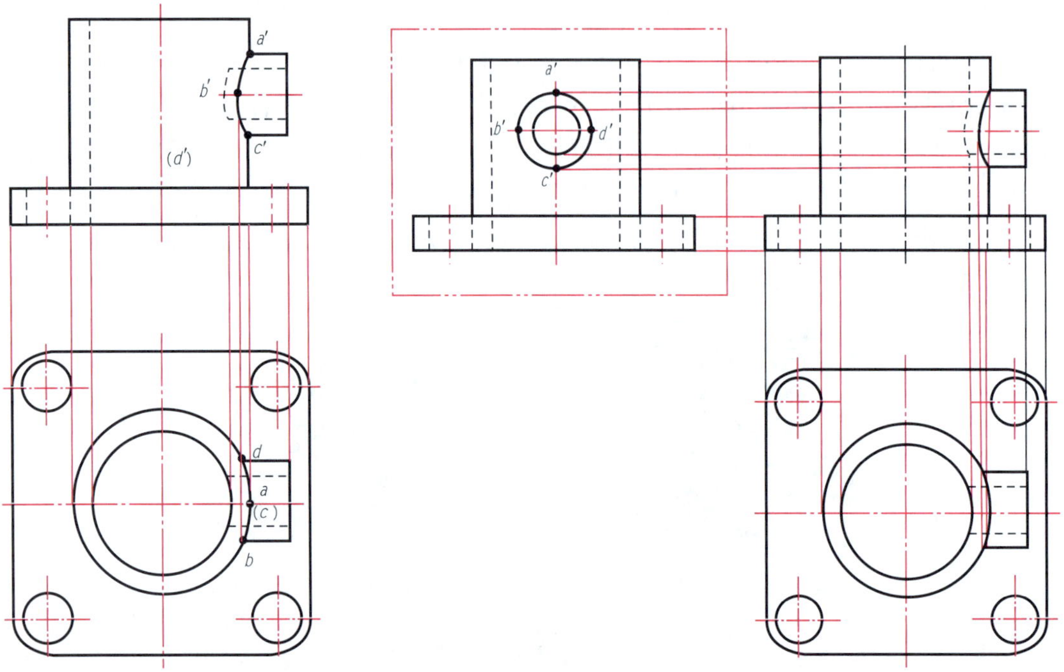

a)　　　　b)

图4-2　歧管支座的投影

提示:任何复杂的机器零件,都可以看成是由多个简单的基本几何体经过叠加、切割、穿孔、相交、相切等综合而成的。

为了进一步看清楚歧管支座内部的形状,我们可以假想将歧管支座切割一部分,如图4-3所示,这部分知识以后再讲。

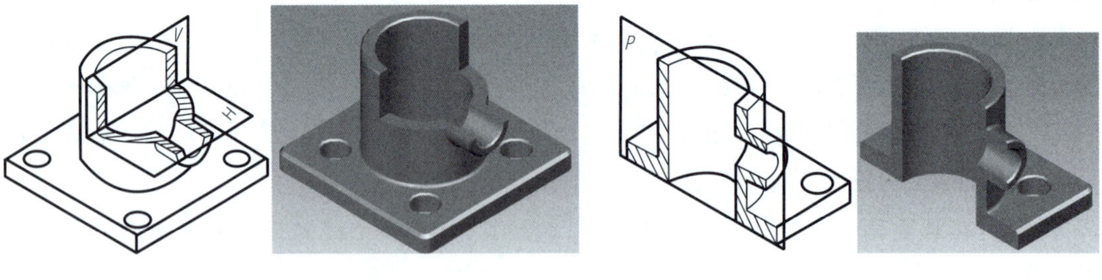

a)歧管支座被水平面切割的立体图　　　　b)歧管支座被侧平面切割的立体图

图4-3　歧管支座两种切割后的立体图

试一试:根据下图的提示,应用识读视图的基本方法,试描述其读图的过程。

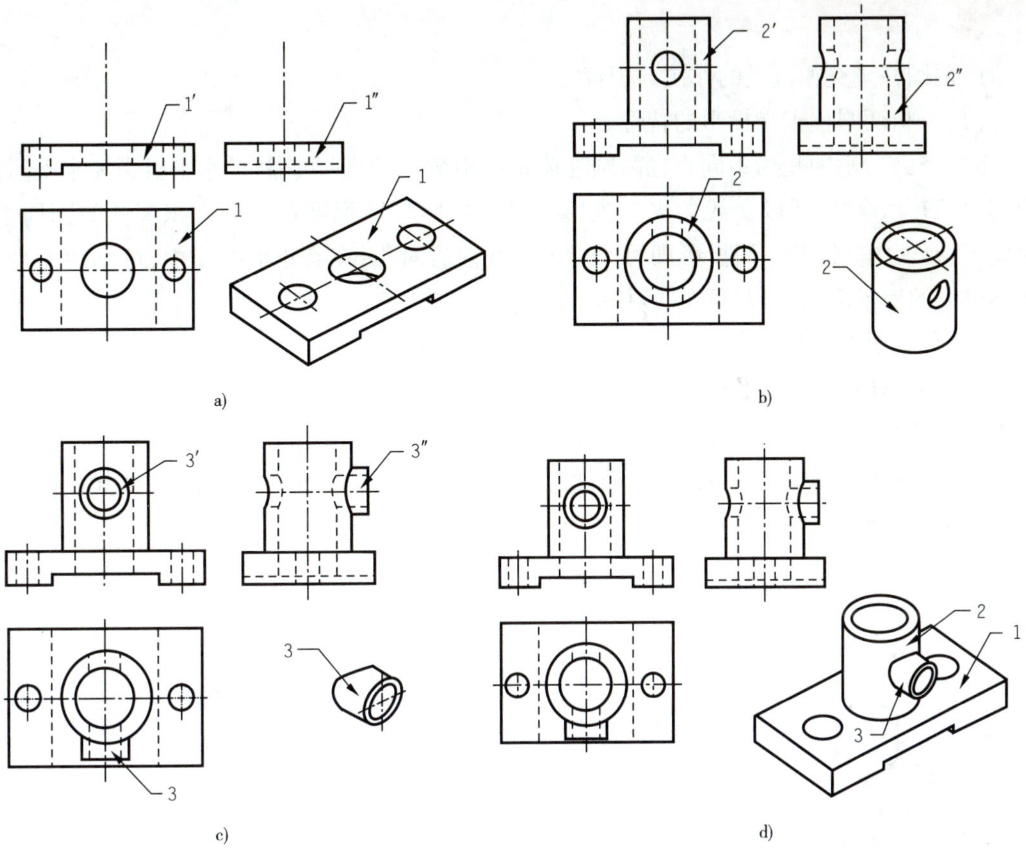

2 相贯线的概念及其特性

(1)相贯线的概念。

两回转体相交,最常见的是圆柱与圆柱相交、圆锥与圆柱相交和圆柱与圆球相交,其表面形成的交线称为相贯线,如图4-4所示。由前面识读歧管支座零件图,我们已经接触过了,不难理解。相贯线的形状取决于两回转体各自的形状、大小和相对位置。

图4-4　相贯线的示例

(2)相贯线的特性。

①相贯线一般为封闭的空间曲线,特殊情况下也可能是平面曲线和直线;

②相贯线是两回转体表面的共有线,相贯线上的点是两立体表面上的共有点。

回转体相交的相贯线的作图,实际就是求作其表面上共有点的连线。掌握相贯线的特性就有利于我们更好地作图与识读。

3 圆柱与圆柱正交的相贯线

1)两圆柱正交相贯线的作图与识读

(1)分析两圆柱正交投影的特性。

图4-5a)所示的是为不同直径两圆柱体垂直相交,由于直立圆柱的水平投影和水平圆柱的侧面都有积聚性,所以交线的水平投影和侧面投影分别积聚在它们有积聚性的圆周上。因此,只要求作交线的正面投影即可。因为交线前后对称,在其正面投影中,可见的前半部与不可见的后半部重合,并且左右对称。

(2)作相贯线的步骤。

①先求作特殊点:水平圆柱的最高素线与直立圆柱最左、最右素线的交点 A、B 是交线上的水平圆柱的最高点,也是直立圆柱最左、最右点。因此,a'、b',a、b 和 a''、b'' 均可直接作出。C 点是交线上直立圆柱的最低点,也是直立圆柱的最前点,c'' 和 c 可直接作出,再由 c''、c 求得 c',如图4-5b)所示。

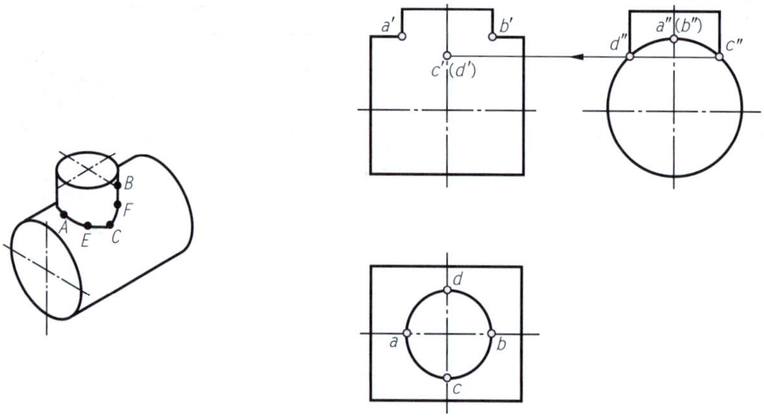

a)两圆柱正交立体图　　b)先找 A、B、C、D 四个特殊点的投影

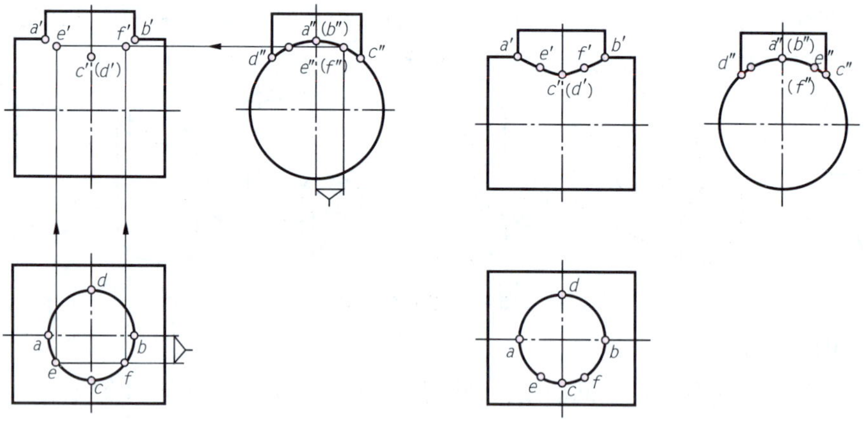

c)找中间点的投影　　d)光滑连成曲线

图4-5　两圆柱体正交相贯线的投影与画法

②求中间点:利用积聚性,在侧面投影和水平投影上定出 e''、f''和 e、f,再由 e''、f''和 e、f 求得 e'、f',如图 4-5c)所示。同样的方法可再作出相贯线上一系列点的投影(取点多交线就较为光滑)。光滑连接各点即为相贯线的正面投影,如图 4-5d)所示。

提示:两圆柱体相交,可在交线上取若干点,先求作特殊点,再利用积聚性求中间点,光滑连接各点即为相贯线的投影。

2)圆柱穿孔的交线的作图与识读

如图 4-6 所示,是两个带穿孔的圆柱正交。圆柱面与圆柱面相交时,外表面会形成交线。两圆柱孔相交时,其内表面也会形成交线。歧管支座零件图中就是两个带圆柱孔的圆柱正交,其内孔表面同样也会相交出相贯线,它的作图与识读的方法、步骤和两圆柱外表面的相贯线的作图与识读的方法、步骤完全相同。我们把其外表面形成的相贯线称为外相贯线;其内表面形成的相贯线称为内相贯线,如图 4-6b)、图 4-6c)所示。

a)外相贯线立体图

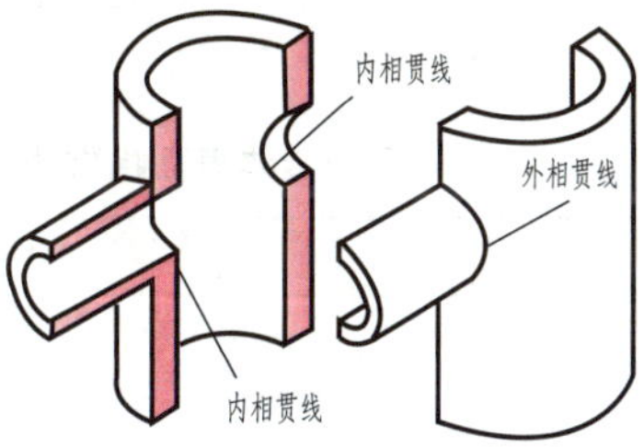

b)内相贯线立体图

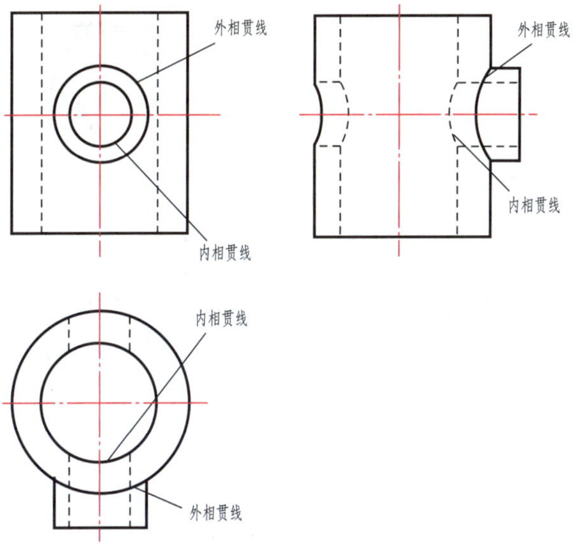

c)内、外相贯线的三面投影

图 4-6 圆柱穿孔的表面交线与识读

4 两圆柱垂直相交,相贯线的简易画法

在工程上,经常遇到两圆柱垂直相交的情况,为了简化作图,允许用圆弧代替非圆曲线。

如图 4-7 所示,相贯线的正面投影可以用大圆的半径为半径画圆弧即可。

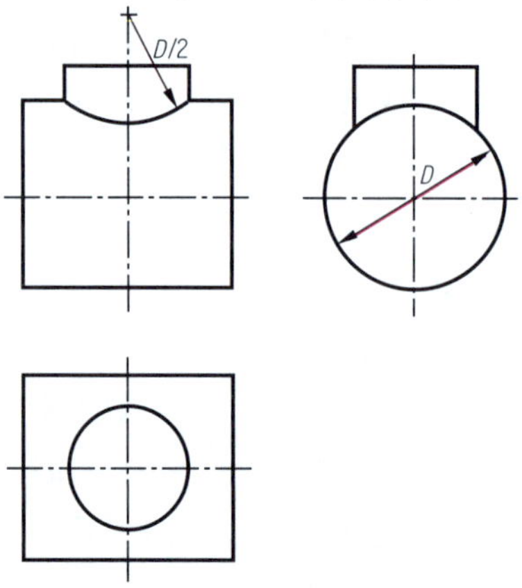

图 4-7　相贯线的简易画法

5 两回转体表面相贯线的一些特殊情况(表 4-1)

两回转体表面相贯线的一些特殊情况　　表 4-1

说　明	图　例
圆柱与圆柱正交,当两圆柱直径相等,相贯线正面投影为两条相交等长直线,且前后重叠;水平面投影为圆形曲线,且有积聚性	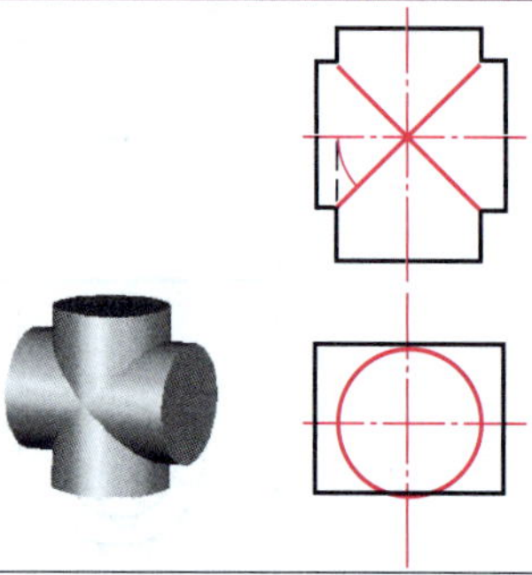
轴线平行相交两圆柱面的相贯线为直线	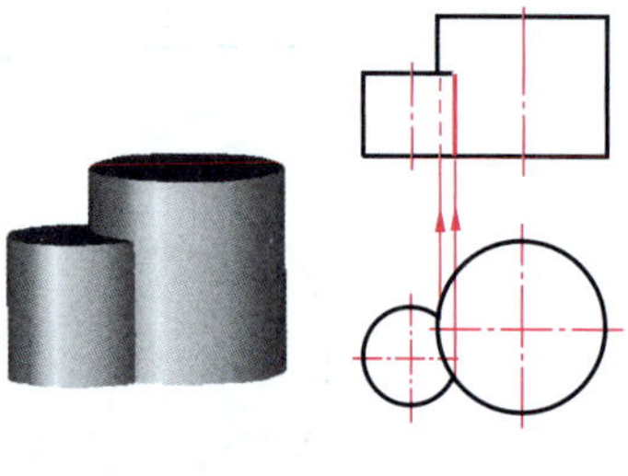
同轴的圆柱与球面体相交,其表面的相贯线为垂直于该轴线的圆	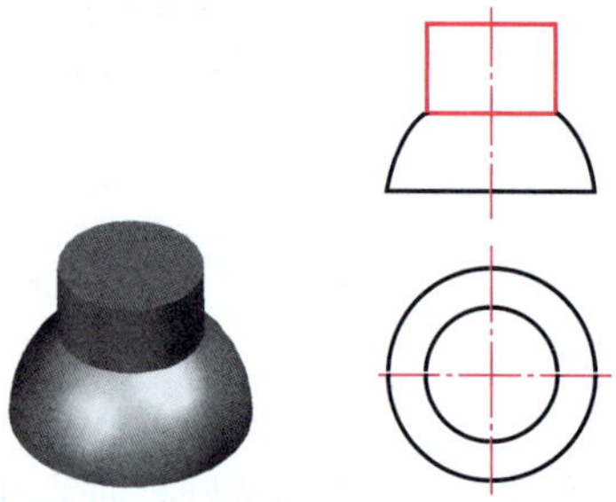

通过学习相贯线的投影作图，我们就学会了歧管支座这类零件的识读和画图方法。

三 知道零件的尺寸和技术要求

我们只是看图想出了歧管支座的形状，想知道其大小还必须仔细察看其所标的尺寸大小，同时还要注意表面粗糙度要求等。学习任务单中歧管支座零件图所示歧管支座总长、总宽和总高分别为：60、60 和 40。底板厚 6，长 × 宽为 60 × 60；底板有 4 个 $\phi9$ 的通孔，孔距 46 × 46；底板上正中有一个外径为 $\phi36$，通孔内径为 $\phi28$ 的圆筒，它与另一个外径为 $\phi16$，通孔内径为 $\phi10$ 的圆筒相贯；外径为 $\phi16$ 的圆筒的位置距底板底面高 25，距中心线长 26（单位 mm）。歧管支座表面粗糙度要求有：顶面、底面和内径 $\phi28$ 的内圆柱表面有“√Ra6.3”的表面粗糙度要求；内径 $\phi10$ 的内圆柱表面有“√Ra3.2”的表面粗糙度要求。歧管支座零件图中右下角的“√Ra12.5(√)”表示除以上的表面粗糙度要求外其余所有表面要求都是√Ra12.5。

巩固练习：(1)如图 4-8 所示，已知主、俯视图，选出其相贯线正确的左视图（在括号内打上“√”）。

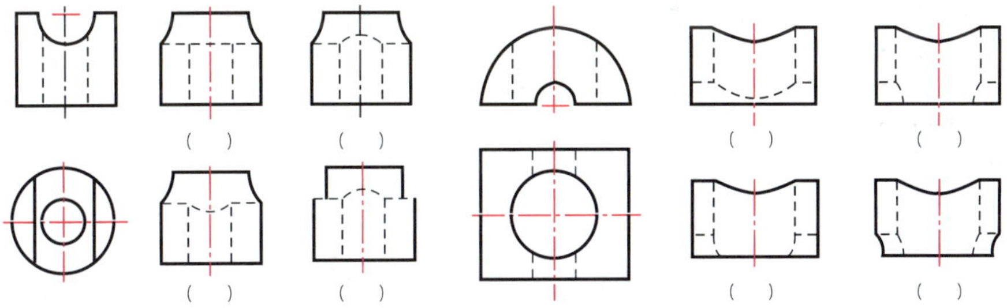

a)　　　　b)

图 4-8　已知主、俯视图，选出其相贯线正确的左视图

(2)如图 4-9 所示，分别求作出其相贯线的正面投影的主视图，请总结一下你的发现好吗？

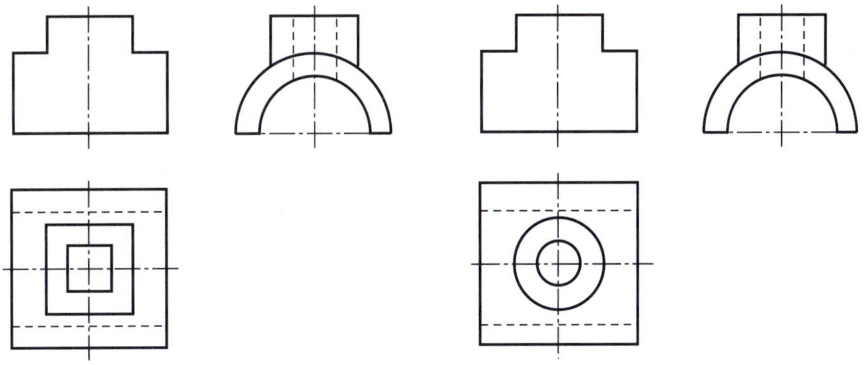

a)　　　　b)

图 4-9　补画主视图所缺的相贯线

学习情境 2 Chapter 2

识读零件图中的一般表达方法

<table>
<tr><td>学习情境名称：识读零件图中的一般表达方法</td><td>任务学时：24</td></tr>
<tr><td colspan="2">学　习　目　标</td></tr>
<tr><td colspan="2">1. 会组合体的读图方法和步骤；
2. 会识读零件的表达方法，明确视图的种类、适用范围、看图方法及读尺寸标注的有关规定；
3. 会判断剖视图的种类、适用范围，会画剖视图及标注尺寸；
4. 会判断断面图的种类、适用范围，会画断面图及标注尺寸；
5. 能识读机械图样的其他表达方法；
6. 能识读机械图样技术要求；
7. 能严格按《机械制图》国家标准的有关规定作图；
8. 会识读轴承座等七个零件图；
9. 作图时能保持图面清晰、整洁和作图环境的整洁，并保证作图室工具和仪器摆放整齐；
10. 能主动与学习小组成员沟通，与教师和同学建立良好的人际关系</td></tr>
<tr><td>知　识　点</td><td>技　能　点</td></tr>
<tr><td>1. 绘制和识读组合体的三视图；
2. 六个基本视图的投影规律及方位关系；
3. 向视图、斜视图、局部视图的识读；
4. 剖视图、断面图、其他表达方法的识读；
5. 机械图样技术要求</td><td>1. 对组合体进行形体分析；
2. 画出组合体的三视图；
3. 识读轴承座等七个零件图的表达方法；
4. 对照实物把主视图改画为剖视图或半剖视图；
5. 正确使用外径千分尺和夹座、游标卡尺、百分表和磁性表座、量缸表、V 形块、平板、虎钳、钳桌；
6. 正确使用刀口尺、厚薄规检测汽缸盖平面度；
7. 气门杆工作面斜向圆跳动的检测和曲轴凸缘端面圆跳动的检测；
8. 汽缸直径、圆度和圆柱度误差测量；
9. 根据表面粗糙度样块估计零件表面粗糙度</td></tr>
<tr><td>教 学 方 法</td><td>教具、工具与媒体</td></tr>
<tr><td>1. 以直观感知为主的教学法；
2. 以学生为主、老师为辅的教学法；
3. 愉快教学法；
4. 任务驱动教学法；
5. 理实一体教学法</td><td>工具台套数按学生人数匹配：
轴承座实物；轴承座零件挂图；基本几何体、组合体等模型；汽车排气门、变速器拨叉轴等零件；外径千分尺和夹座；游标卡尺；百分表和磁性表座；量缸表；刀口尺；厚薄规；V 形块；平板；虎钳；钳桌；表面粗糙度样块；多媒体教学设备；教学课件、软件；维修资料；视频教学资料；网络教学资源</td></tr>
</table>

学习任务单 5　识读轴承座零件图

任务	识读轴承座零件图	任务学时	6
教学目标	1. 能读懂组合体的组合方式； 2. 会对组合体型零件进行形体分析； 3. 会画简单组合体的三视图； 4. 能读懂零件图中尺寸标注； 5. 读懂零件图中表面粗糙度符号的含义		
知识点	1. 组合体的组合形式与形体分析法； 2. 识读组合体视图		
提示	按照零件图相对独立的各部分内容分步完成作业要求		
零件图	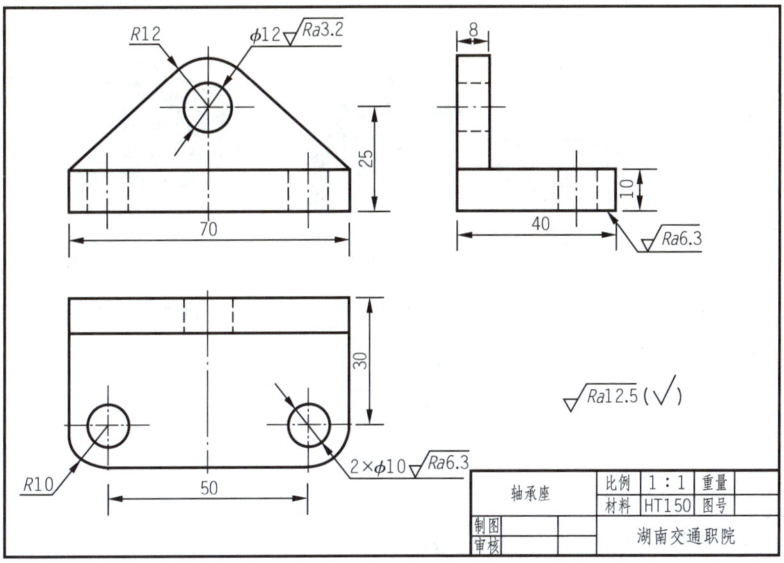		
说明	此零件图幅面为 A3 号图，因篇幅有限按比例进行了缩小		

零件图是表示零件结构、大小及技术要求的图样。一张完整的零件图包含以下基本内容：(1)标题栏——零件名称、材料、比例、数量、设计者、制图者、审核者、日期等；(2)一组视图——完整、正确、清晰、简洁地表达零件的结构形状等特征；(3)齐全尺寸——正确、齐全、合理地标注全部所需的尺寸；(4)技术要求——表达零件制造的质量要求(表面粗糙度、尺寸公差、形状和位置公差、热处理以及工艺说明和要求等)。

在识图时，我们经常遇到组合体类零件，对于这类零件图，我们如何来识读呢？下面通过阅读轴承座零件图掌握读图的相关知识。

一 识读轴承座零件图的基本内容

1 看标题栏了解零件名称、比例、材料等

在读零件图前,要先对零件图的名称、比例、材料、设计单位等予以了解。请同学们对照零件图标题栏在下表中填写相关信息。

零件名称	零件图中采用的比例	制造轴承座零件的材料	设计单位

2 轴承座的用途

滑动轴承座的用途是支承轴。

二 看图的方法及步骤

由图5-1可分析可知,轴承座由底板和立板两简单形体叠加而成,是叠加型组合体,两形体左右及后面是对齐的,底板是在四棱柱基础上开了两个圆形通孔,前方左右角进行了圆角处理;立板是在三棱柱的基础上,开一圆形通孔,顶部进行了圆角处理。

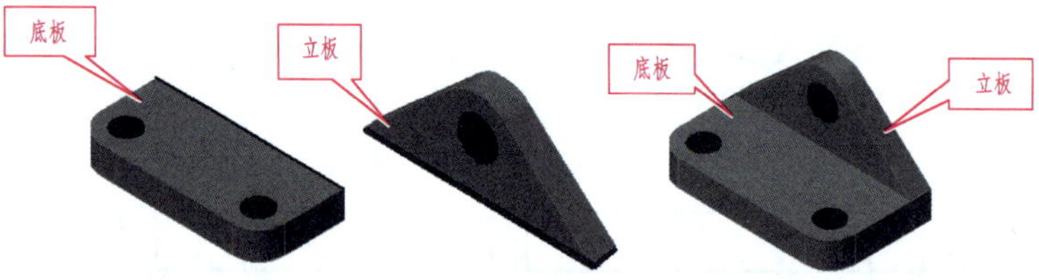

图5-1　轴承座立体图

那么,什么又是组合体?它有什么组合形式?其组合后线条有何变化呢?当我们搞清了这些问题,就能看懂组合体类零件图。

三 识读组合体类的零件的视图应具备的知识

1 组合体的组合形式和相邻表面连接关系

任何复杂的机器零件,从形体分析都可以看成是由多个简单的基本几何体经过叠加、切割、穿孔等或者综合而成。这种由两个以上基本体组合构成的整体,称为组合体。

1 组合体的组合形式

组成形式包括叠加、切割和综合,如图5-2所示。

a)叠加型　b)切割型　c)综合型

图5-2　组合体的组合形式

2 组合体上相邻表面间关系

1）平齐或不平齐

当两基本体表面平齐时，结合处不画分界线。当两基本体表面不平齐时，结合处应画出分界线，如图5-3所示。

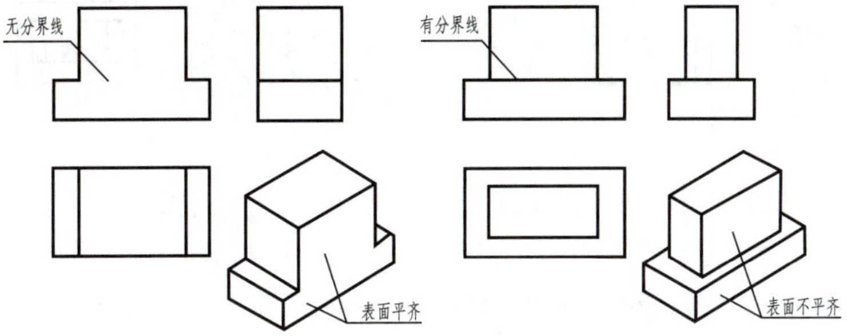

a)表面平齐　　b)表面不平齐

图5-3　表面平齐和不平齐的画法

2）相切

当相邻两表面相切时，在相切处不画分界线，如图5-4所示。

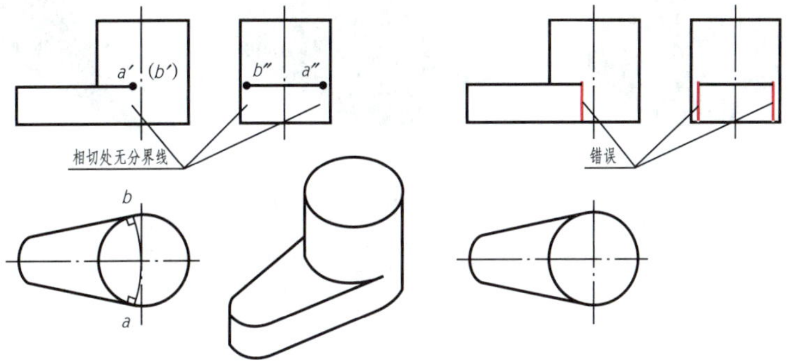

a)正确画法　　b)错误画法

图5-4　表面相切的画法

3）相交

当相邻两表面相交时，在相交处应画出分界线，如图5-5所示。

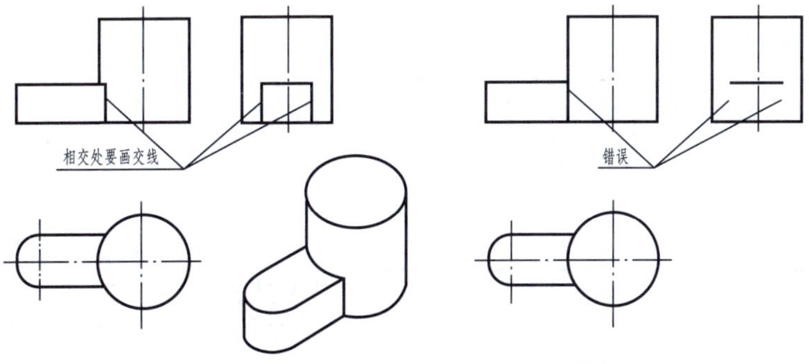

a)正确画法　　b)错误画法

图5-5　表面相交的画法

试一试:根据下图中的立体图补画出视图所缺的图线。

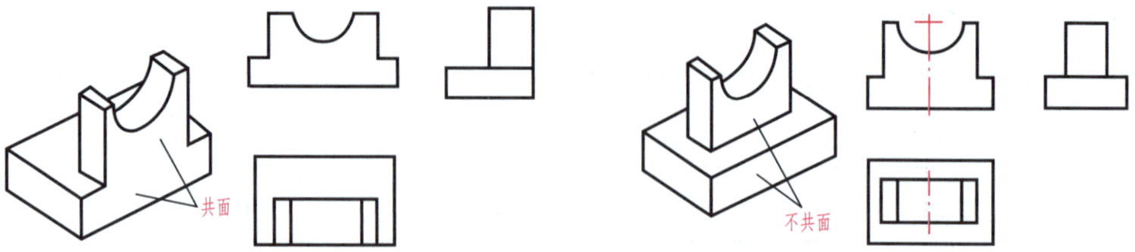

2 形体分析法

形体分析法是绘制、阅读组合体视图及标注组合体尺寸的重要分析方法。

假想将一个组合体分解为若干基本形体,逐个分析各基本形体的形状、组合形式、相对位置及相邻表面间关系,弄清组合体的形体特征,这种分析方法称为形体分析法。如图5-6所示,轴承座可假想分解成上下两个部分,是综合型组合体。

提示:注意:组合体是假想分开的。

图5-6 轴承座立体分解图

想一想:任务单5中轴承座的组合形式是什么?底板和立板是组合体吗?

3 识读组合体视图的方法

识读零件图视图的目的是为了清楚零件的形状结构。在阅读组合体视图时需要注意下列几个事项。

1 读图时,需要结合组合体的几个视图才能确定物体形状

请同学们观察图5-7,反映六个不同的形体,看看它们是否具有相同的主视图或者俯视图。

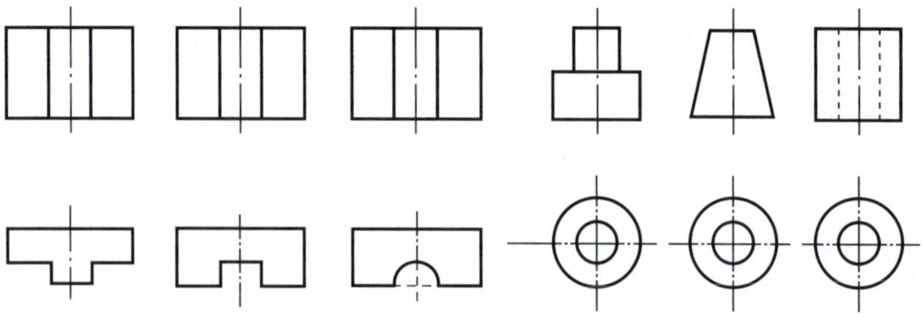

图5-7 几个视图结合才能确定物体形状

2 在读图时，要正确理解视图中图线和线框的含义

如图5-8所示，视图上每一个封闭线框，通常都是物体上一个表面（平面或曲面）的投影。若两线框相邻或者大线框中套有小线框，则表示物体上不同位置上的两个表面。既然是不同表面，那么就有上下、左右或前后之分，或者是两个表面相交。

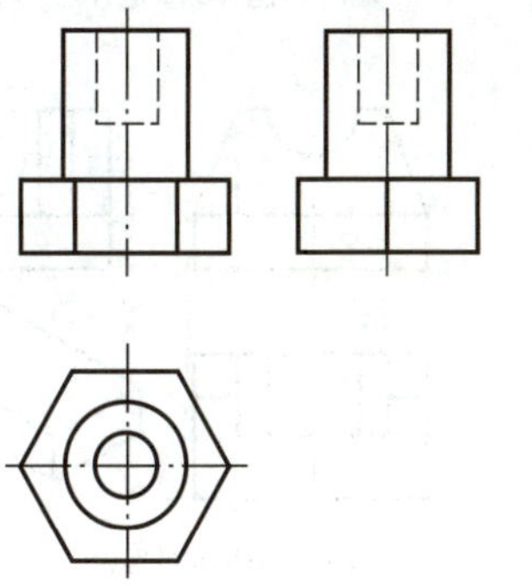

图5-8　正确理解视图中线框的含义

视图上的图线，可能是立体表面有积聚性的投影，或两平面交线的投影，也可能是曲面转向轮廓线的投影。

3 读图时，要从反映形体特征的视图入手

一般主视图能较多反映组合体的形状特征，所以读图时常从主视图入手。为了正确、迅速、准确地读懂组合体视图，必须熟练掌握基本形体的形体表达特征。

如图5-9所示，三视图中若有两个视图外形轮廓为矩形，则该基本体为柱；若为三角形，则该基本体为锥；若为梯形，则该基本体为棱台或圆台。

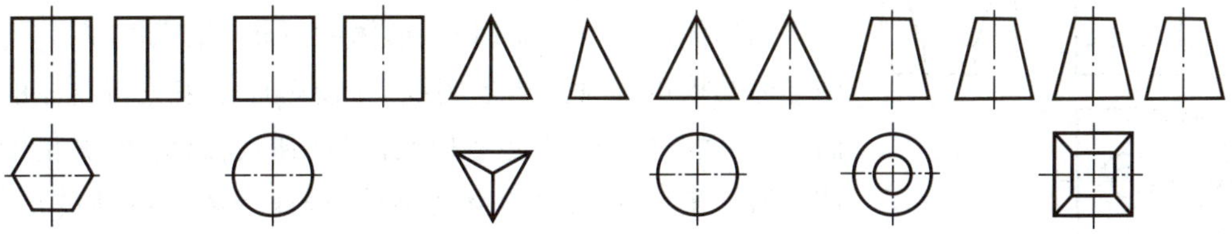

a)六棱柱　b)圆柱　c)三棱锥　d)圆锥　e)圆台　f)四棱台

图5-9　基本形体的形体特征

要明确判断基本体到底是棱柱（棱锥、棱台）还是圆柱（圆锥、圆台），还必须借助第三个视图的形状。若为多边形，该基本体为棱柱（棱锥、棱台）；若为圆，则该基本体为圆柱（圆锥、圆台）。

4 读图的方法

读组合体视图的主要方法有形体分析法和线面分析法，以形体分析法为主。

1 形体分析法读图

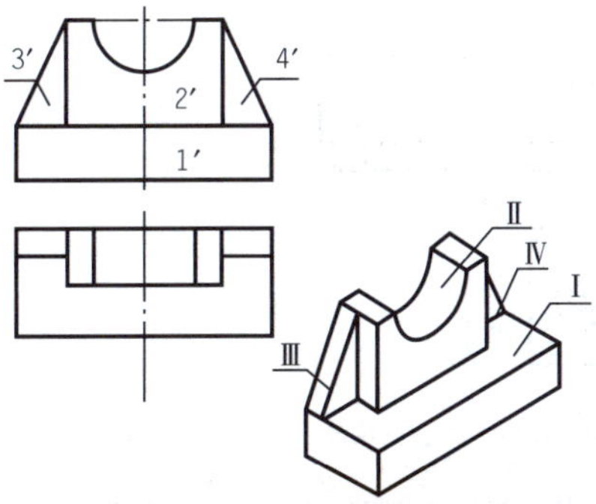

图5-10　将主视图划分为4个部分

一般是从反映物体形状特征的主视图着手，对照其他视图，初步分析出该物体是由哪些基本形体以及通过什么组合方式形成的。然后按照投影特性逐个找出各基本体在其他视图中的投影，以确定各基本体的形状和它们之间的相对位置，最后综合想象出物体的总体形状。其看图步骤如下。

（1）分线框，对投影。如图5-10所示为组合体的主、俯视图和立体图，在主视图上将组合体分成四个线框1′、2′、3′、4′，对应其四个形体的位置如图中Ⅰ、Ⅱ、

Ⅲ、Ⅳ所示,然后在俯视图上找到对应的各个形体的投影。

(2)识形体,定位置。根据各个形体的主、俯视图确定各形体的形状和相对位置。

(3)综合起来想总体。根据各形体的形状和相对位置确定总体形状,如图5-11所示。

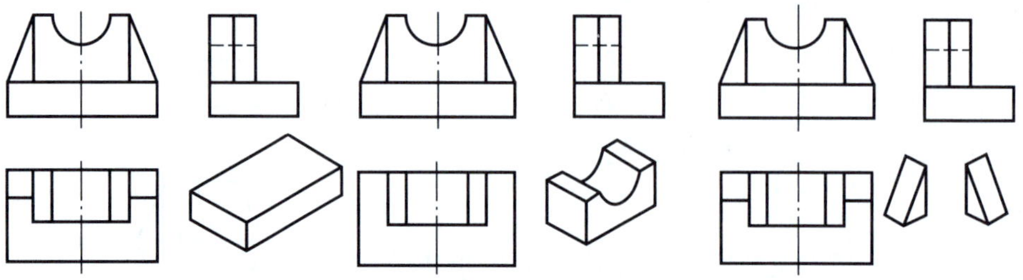

a)对投影想底板形状　b)对投影想立板形状　c)对投影想三角块形状

图5-11　运用形体分析法读图过程

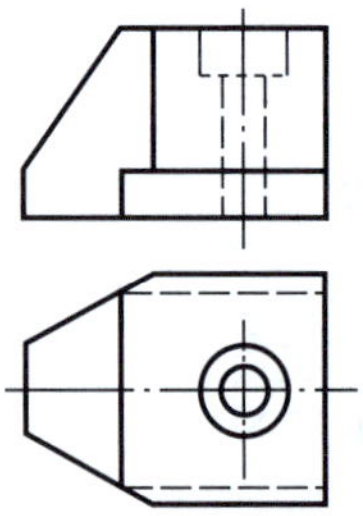

图5-12　压板三视图

2 线面分析法(适应切割型组合体,如图5-12所示)

当形体被多个平面切割、形体的形状不规则或在某视图中形体结构重叠时需要运用线、面投影理论来分析物体的表面形状、面与面的相对位置以及面与面的表面交线,并借助立体的概念来想象线面的空间形状,进而想象出物体的形状。需要强调的是除组合体三个视图外,也包括组合体上的各个点、线、面都符合三视图投影规律。其看图步骤如下。

(1)分线框,识面形。图5-12为压板的三视图,从三视图可看出这是切割型组合体,是一个四棱柱经多个面切割后形成的。现将视图分成四个线框,对应压板上的四个平面,根据各线框对应的投影,找到另外两个视图上的投影,根据平面的三个视图确定各个平面的类型和空间形状,如图5-13a)、图5-13b)、图5-13c)所示。

(2)识交线,想形状。确定各面相交的交线的位置和形状,最后通过面线位置和形状想象出物体的形状,如图5-13d)所示。

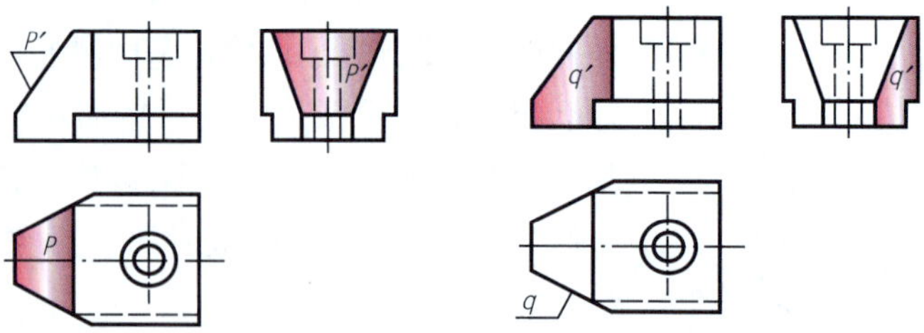

a)判断P面的形状和空间位置　b)判断Q面的形状和空间位置

图　5-13

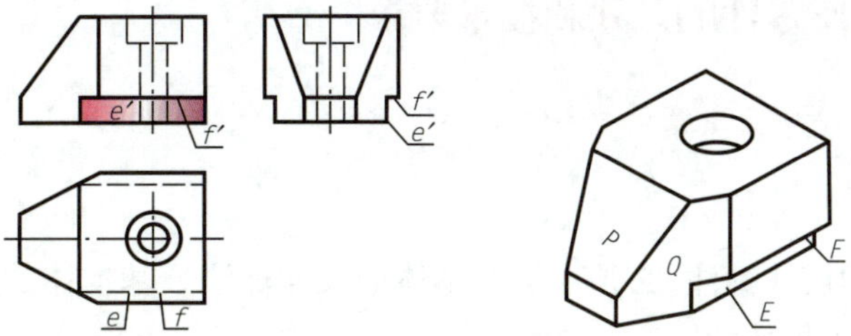

c)判断 *E*、*F* 面的形状和空间位置　　d)压板的立体图

图 5-13　压板的读图过程

5 补画组合体三视图中的漏线(用于强化组合体识图能力)

补画组合体三视图中漏线的过程如图 5-14 所示。

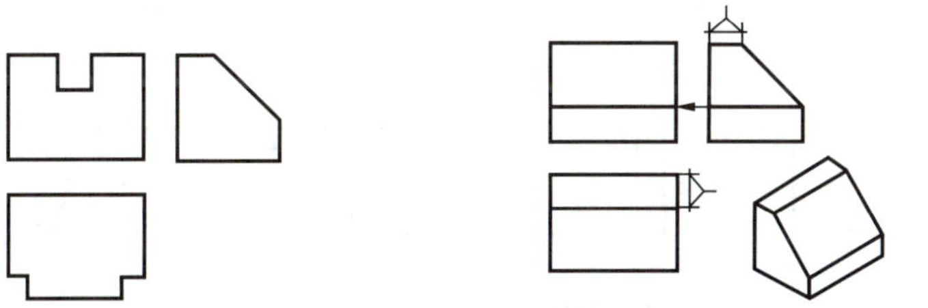

a)不完整的组合体三视图　　b)先画长方体被侧垂面切割后的三视图

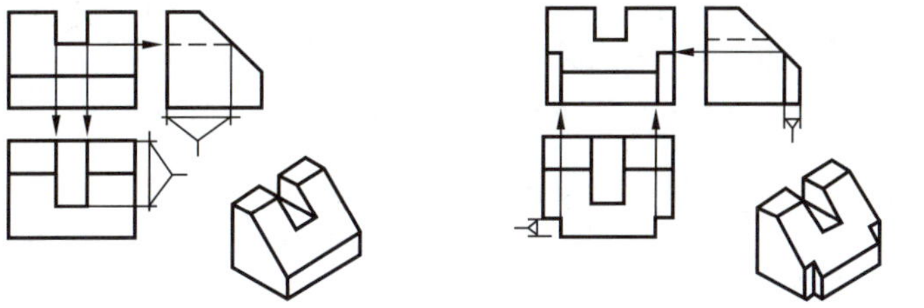

c)再画立体切割槽后的三视图　　d)最后画立体切割左、右两块的三视图

图 5-14　补画三视图中漏线的过程

根据立体图找出 *A* 面、*B* 面三视图的过程如图 5-15 所示。

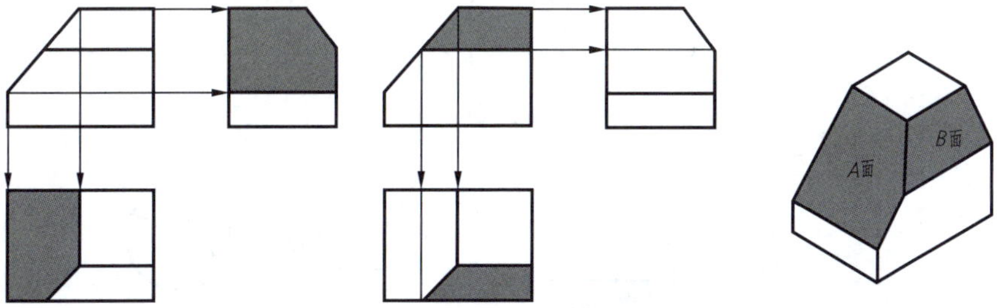

a)判断*A*面的形状和空间位置　　b)判断*B*面的形状和空间位置　　c)立体形状

图 5-15　分析面的形状

四 识读轴承座零件的尺寸和技术要求

1 识读组合体尺寸应具备的知识

1 基本体的尺寸标注

要掌握组合体的尺寸标注,必须了解基本体的尺寸标注。基本体的大小通常是由其长、宽、高三个尺寸标注来表达的。

(1)平面体的尺寸标注。

平面体的尺寸标注应根据平面体具体形状标注。如图5-16a)所示为三棱柱的底面尺寸和高度尺寸;六棱柱的底面尺寸有两种注法,一种是注出正六边形的对角线尺寸(外接圆直径),另一种是注出正六边形的对边的尺寸(内接圆直径),常用的是后一种方法,而将对角尺寸作为参考尺寸,加上括号,如图5-16b);正五棱柱的底面为正五边形,只需标注其外接圆直径,如图5-16c)所示。四棱台则必须标出上、下底的长、宽尺寸和高度尺寸,如图5-16d)所示。

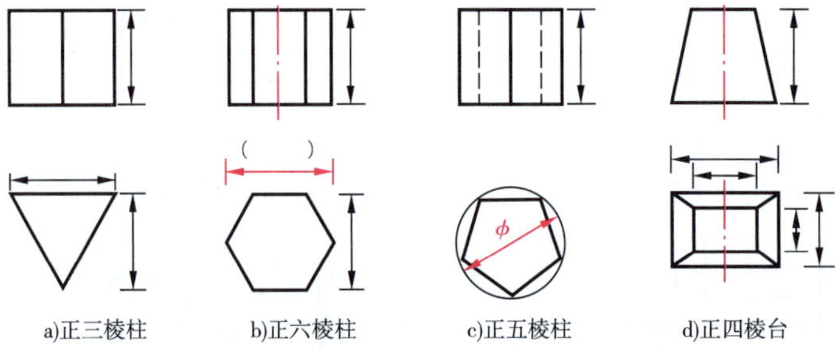

图5-16 平面体尺寸标注

(2)曲面体的尺寸标注。

如图5-17a)、图5-17b)所示,圆柱(或圆锥)应注出底圆直径(ϕ底)和高度尺寸(h),圆台还要注出顶圆直径(ϕ底)。在标注直径尺寸时,在数字前加注字母"ϕ";如图5-17c)所示,圆环要注出母线圆及中心圆直径尺寸(ϕ_1)(值得注意的是,当完整标注了圆柱、圆锥、圆环的尺寸后,只要用一个视图就能确定其尺寸和大小,其他视图就可省略不画了);如图5-17d)所示,圆球只作一个视图加注尺寸就行了,但圆球在直径数字之前应加注"$S\phi$"。

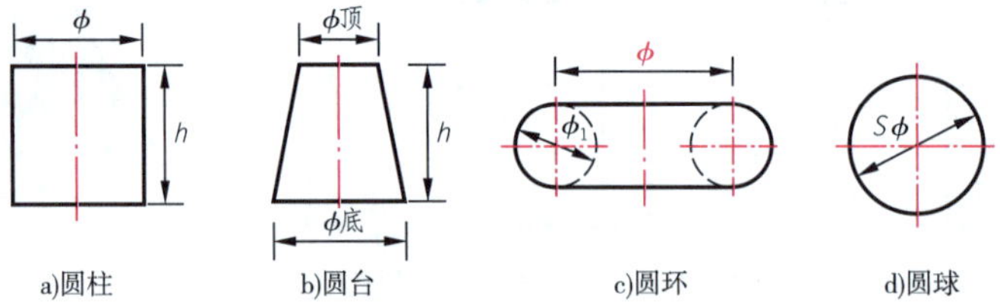

图5-17 曲面体尺寸标注

2 带切口形体的尺寸标注

对于带切口的形体，除了基本体尺寸外，还要注出确定切平面位置的尺寸。由于形体与切平面的相对位置确定后，切口的交线就完全确定了，因此不必在交线上标注尺寸。如图 5-18所示，打有“ ×”的为多余尺寸。

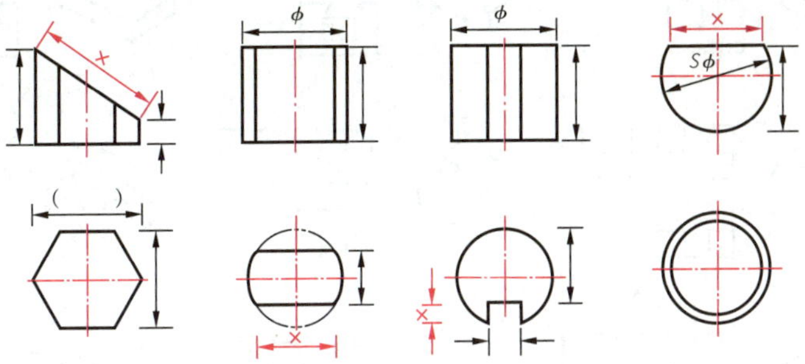

图 5-18　带切口形体尺寸标注

2 识读轴承座零件图的尺寸

轴承座零件图上标注有 11 处尺寸，综合反映轴承座的大小及尺寸基准，长、宽、高三个主要尺寸基准分别是底板左右对称面、底板后表面和底板底面。图中 8 个定形尺寸是：40、70、$R10$、$2\times\phi10$、8、10、$R12$ 和 $\phi12$，3 个定位尺寸是 50、30 和 25。底板长 70，宽 40，高 10，有 2 个 $R10$ 的圆角，底板有 2 个 $\phi10$ 的通孔，孔距为 50，立板有 1 个 $\phi12$ 的通孔，顶部有 $R12$ 的圆角。其余尺寸请同学们自己分析。

3 识读轴承座零件图的表面粗糙度要求

零件图中还标注了表面粗糙度要求，以反映零件各表面加工的结构要求，图中所标 $\sqrt{Ra6.3}$ 符号，反映底板底面的表面粗糙度要求，是通过采用去除材料的方法获得的零件表面，表面粗糙度 Ra 值是 6.3μm。底板 2 个 $\phi10$ 孔的圆柱内表面是通过采用去除材料的方法获得的零件表面，表面粗糙度 Ra 值也是 6.3μm。立板 $\phi12$ 孔的圆柱内表面是通过采用去除材料的方法获得的零件表面，表面粗糙度 Ra 值是 3.2μm。$\sqrt{Ra12.5}$ ($\sqrt{}$)表示其余未注表面粗糙度的表面 Ra 值都为 12.5μm（表面粗糙度的内容在任务 6 中会仔细讲）。

综合归纳零件的形状、尺寸及技术要求，我们读懂了轴承座的零件图。

想一想：请同学自己总结识读零件图的方法和步骤。

巩固练习：(1) 如图 5-19 所示，试分析支座是如何构成的，属于何类型的组合体。

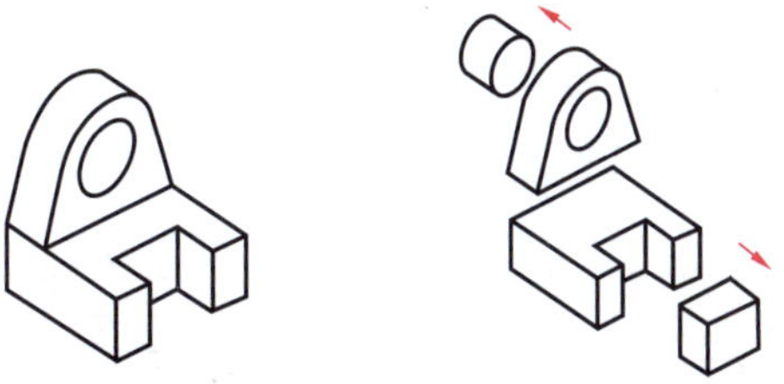

a)支座立体图　　b)支座的构成

图 5-19　支座（组合体）分解图

(2)如图5-20所示,识读组合体的三视图,说明每组视图各有什么不同?

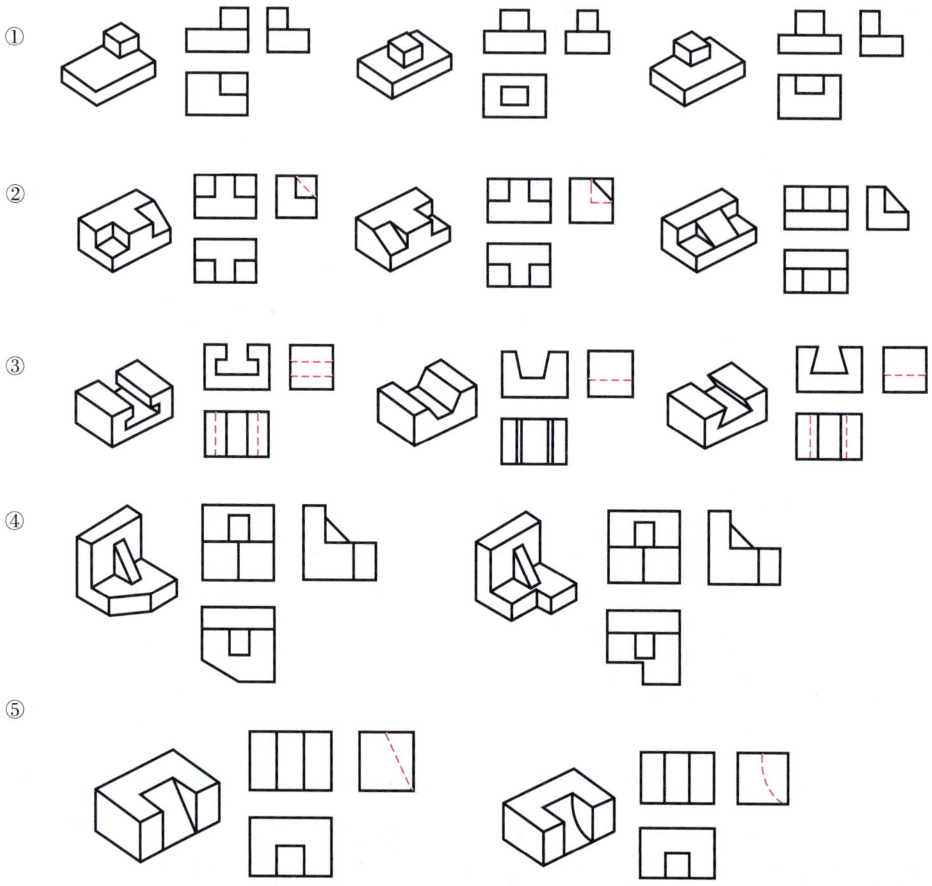

图5-20　组合体的构成与其三视图

学习任务单6　识读滑动轴承座零件图中表面粗糙度要求

任务	识读滑动轴承座零件图中表面粗糙度要求	任务学时	2
教学目标	1. 能读懂滑动轴承座零件图中的结构形状及尺寸标注; 2. 重点是能识读零件图中表面粗糙度的含义		
知识点	表面粗糙度要求及其标注		

续上表

<table>
<tr><td>任务</td><td>识读滑动轴承座零件图中表面粗糙度要求</td><td>任务学时</td><td>2</td></tr>
<tr><td>零件图</td><td colspan="3">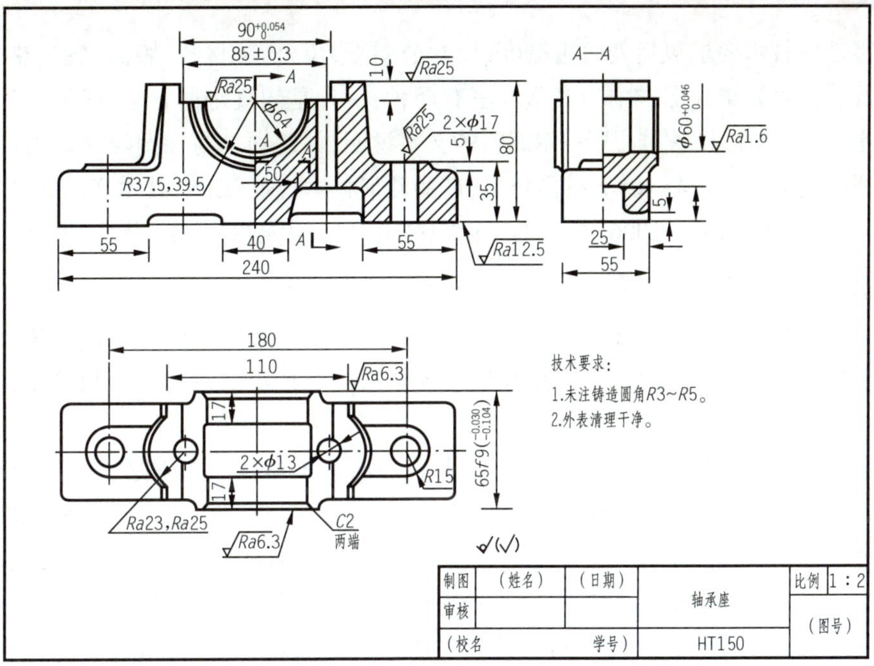
</td></tr>
<tr><td>思考</td><td colspan="3">图中 Ra12.5 是什么意思？具体说明</td></tr>
</table>

一 首先我们来识读轴承座零件图的基本内容

1 看标题栏了解零件名称、比例、材料等

学习任务单中表示的滑动轴承座零件图。绘图比例是 1∶2，零件材料是 HT150，零件是综合型组合体，主要作用是支承回转轴并保证其回转灵活。图中用三个基本视图反映轴承座形状，用尺寸反映零件的大小，用表面粗糙度等指标反映零件的相关加工要求。

2 轴承座的用途

轴承座是滑动轴承的主要零件，它与轴承盖通过两组螺栓和螺母紧固，压紧上、下轴衬；轴承盖上部的油杯给轴衬加润滑油；轴承座下部的底板，在安装滑动轴承时起支撑和固定作用。图 6-1是滑动轴承的轴测分解图。轴承座是其重要零件。

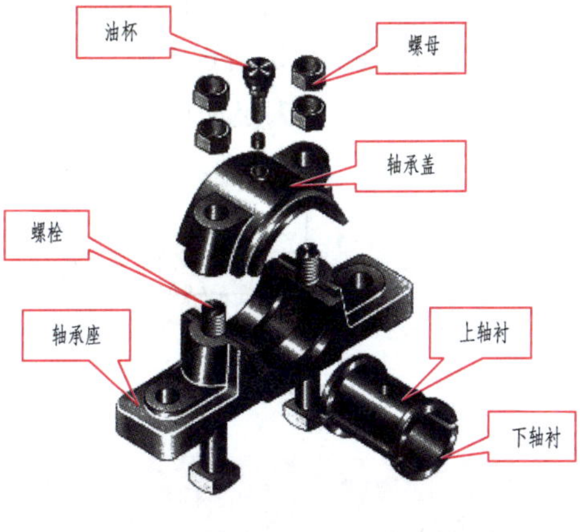

图 6-1　滑动轴承的轴测分解图

练一练：请同学们根据前面学过的知识自己看懂轴承座的三视图，想出其结构形状并搞

清楚尺寸要求(图中 $90^{+0.054}_{0}$、85 ± 0.3 等的含义会在学习任务8中讲解)。

二 识读轴承座零件图的表面粗糙度要求应具备的知识

零件的技术要求包括表面粗糙度、尺寸公差、形位公差、材料、表面涂镀、热处理和表面处理等。技术要求在图样中的表示方法有两种,一种是用规定的符号、代号标注在视图中,一种是在"技术要求"的前提下,用简明的文字说明,并逐项书写在图样的适当位置(一般在标题栏的上方或左边)。以下主要介绍《产品几何技术规范(GPS)技术产品文件中表面结构的表示法》(GB/T131—2006)规定的表面粗糙度符号、代号及其在图样上的标注方法。

1 表面结构的基本概念

表面结构是指零件表面的几何形貌,即零件的表面粗糙度、表面波纹度、表面纹理、表面缺陷和表面几何形状的总称。这里我们主要学习的是广泛应用的表面粗糙度的符号、代号在图样上的表示方法与识读方法。

表面粗糙度是评定零件表面结构要求的一项重要参数。在满足零件表面功能的前提下,应合理选用表面粗糙度,标注在零件相应的加工表面上。评定零件表面结构时普遍采用的是轮廓参数。在这里我们重点学习粗糙度轮廓(*R* 轮廓)中高度方向上的参数 *Ra* 和 *Rz*。

零件经过机械加工后的表面看似光滑平整,可在显微镜下看到的是许多微小的峰顶和峰谷。零件加工表面具有较小间距的峰谷所组成的微观几何形状特征,称为表面粗糙度。表面粗糙度的形成与工件的材料、加工方法、刀具、设备、环境条件等因素均有密切的关系。表面粗糙度对于零件的配合、耐磨性、抗腐蚀性及密封性都有明显的影响。粗糙度值越高,零件表面性能就越差;粗糙度值越低,则表面性能就越好,但加工成本也随之增加。因此,为了便于在保证使用功能的前提下,选用较为经济的评定参数值,国家标准规定了零件表面粗糙度的评定参数。

1 轮廓算术平均偏差 *Ra*

在取样长度 *l* 内,沿测量方向(*Z* 方向)轮廓线上的点与基准线之间距离绝对值的算术平均值,用 *Ra* 表示,如图6-2所示。*Ra* 值越小,表面质量越好,但加工成本也越高;*Ra* 值越大,表面越粗糙。在满足使用要求的条件下,应尽可能选用较大的 *Ra* 值,以降低生产成本。

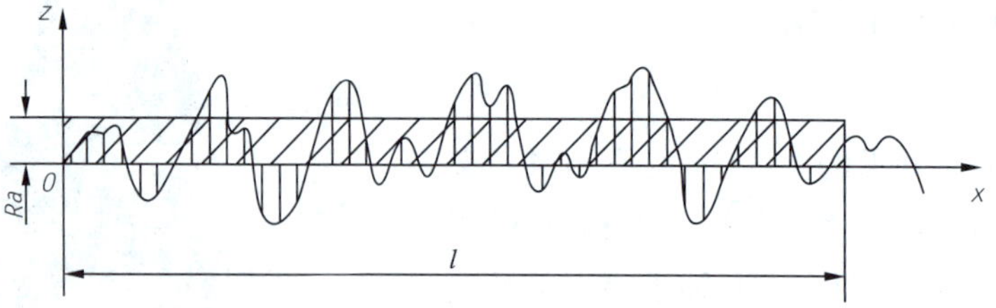

图6-2 轮廓算术平均偏差 *Ra*

计算公式:

$$Ra=\frac{1}{l}\int_{0}^{l}|Z|\,dx$$

或

$$Ra \approx \frac{1}{n}\sum_{i=1}^{n}|Z_i|$$

Ra 参数能充分反映表面微观几何形状高度方面的特性，并且所用仪器（电动轮廓仪）的测量比较简便，因此是国家标准推荐的首选评定参数。*Ra* 的数值见表6-1。

提示：零件加工表面 *Ra* 值越大，其表面越粗糙，表面性能越差。

轮廓算术平均偏差 *Ra* 的数值（单位：μm）　　表6-1

0.012	0.20	3.2	50
0.025	0.40	6.3	100
0.050	0.80	12.5	
0.100	1.60	25	

2 轮廓最大高度 *Rz*

Rz 是在取样长度内，轮廓峰顶线与谷底线之间的距离，如图6-3所示。

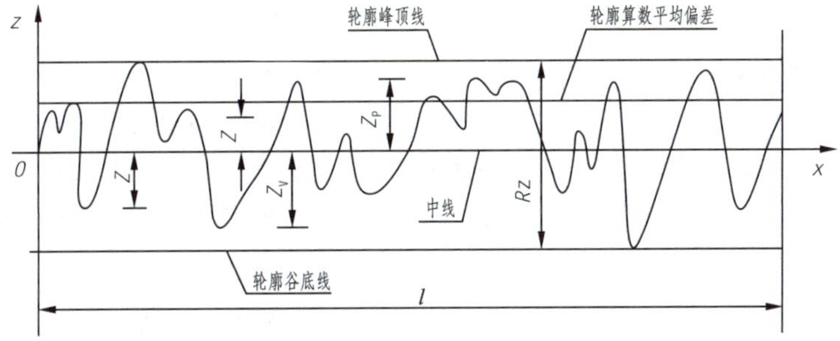

图6-3　轮廓最大高度 *Rz*

在设计时，通常只采用轮廓算术平均偏差 *Ra*，只有在特定要求时才采用轮廓最大高度 *Rz*，*Rz* 的取值见表6-2。

轮廓最大高度 *Rz* 的数值（单位：μm）　　表6-2

0.025	0.40	6.3	100	1600
0.050	0.80	12.5	200	
0.100	1.60	25	400	
0.20	3.2	50	800	

提示：新标准《产品几何技术规范（GPS）技术产品文件中表面结构的表示法》（GB/T131—2006），适用于所有产品对表面结构有要求的标注，与原标准《机械制图表面粗糙度符合、代号及其注法》（GB/T131—1993）相比，技术内容有了很大的变化，贯彻标准时，要加以注意。原标准的表面粗糙度参数 *Rz*（十点高度）已不再认可为标准代号，新的 *Rz* 为原 *Ry*（轮廓最大高度）的定义，原标准的 *Ry* 不再使用。

2 表面粗糙度的符号与代号的识读

1 表面结构图形的符号及其含义

在图样中对零件表面结构的要求,可用几种不同的图形符号表达,GB/T131—2006 规定了表面结构的图形符号,分为基本图形符号、扩展图形符号、完整图形符号、工件轮廓表面图形符号。图样及文件上所标注的表面结构符号应是完整图形符号。各图形符号及其含义见表 6-3。

表面结构图形的符号及其含义 表 6-3

序号	分　类	图形符号	含义说明
1	基本图形符号		表示表面未指定工艺方法。通过一个注释时可单独使用,没有补充说明时不能单独使用
2	扩展图形符号		表示表面是用不去除材料的方法获得。例如通过铸、锻、冲压、冷轧、热轧、粉末冶金等工序形成的表面
			表示表面是用去除材料的方法获得。例如车、刨、磨、钻、剪切、抛光、腐蚀、电火花加工气割等。当其含义是“被加工表面时”可单独使用
3	完整图形符号		在三个符号的长边上加一横线,用来标注有关参数和补充信息。左图的三个完整图形符号还可分别用文字表达为 APA、MRR 和 NMR,用于报告和合同的文本中
4	工件轮廓表面图形符号		视图上构成封闭轮廓的各表面有相同的表面结构要求时的符号。如果标注引起歧义时,各表面分别标注

2 表面结构图形的代号的组成

在表面结构的基本符号周围,注上表面粗糙度值、单一要求和补充要求,如图 6-4 所示。

位置 a——注写表面结构的单一要求;

位置 a 和 b——注写两个或多个表面结构要求;

位置 c——注写加工方法;

位置 d——注写表面纹理和方向;

位置 e——注写加工余量。

表面粗糙度符号尺寸如图6-5所示，H_1 为字高，H_2 为高度最小值（取决于标注的内容）；h 为数字与字母高度。

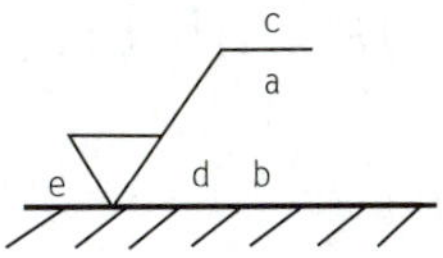

图6-4　表面结构的图形代号组成

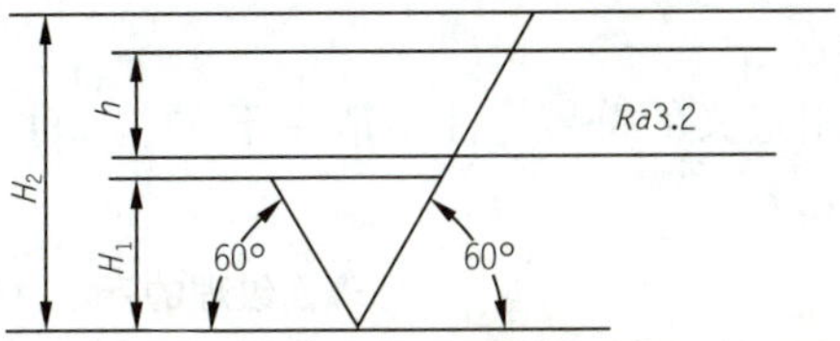

图6-5　表面粗糙度符号

3 常用表面粗糙度符号的标注及其含义

表面结构的图形上，注有表面粗糙度的参数和数值及有关规定，称为表面粗糙度代号，如图6-4所示。常用表面粗糙度符号的标注及其含义，见表6-4。

常用表面粗糙度符号的标注及其含义　　表6-4

符　号	含　义	符　号	含　义
*Rz*0.4	不允许去除材料，轮廓粗糙度 *Rz* 最大高度值为0.4μm	*Ra*0.8	轮廓算术平均偏差值 *Ra* 为0.8μm
*Rz*6.3	轮廓粗糙度最大高度值 *Rz* 为6.3μm	*Rz*max0.2	轮廓最大高度的最大值 *Rz* 为0.2μm
*Ra*0.8	不允许去除材料，轮廓算术平均偏差值 *Ra* 为0.8μm	U*Rz*0.2 L*Ra*0.8	轮廓上限最大高度的最大值 *Rz* 为1.6μm，下限算术平均偏差值 *Ra* 为0.8μm

4 加工方法和相关信息的注法

轮廓曲线的特征对实际表面的表面结构参数值影响很大，加工工艺在很大程度上决定了轮廓曲线的特征，因此，一般还应标注加工工艺。

零件表面结构轮廓曲线的特征标注的参数代号、参数值只作为表面结构的要求，有时不能完全准确地表示出表面功能。加工工艺在很大程度上决定了轮廓曲线的特征，因此一般应用文字注明加工工艺，如图6-6a）所示。表示同样加工方法在图样上的注法，如图6-6b）所示。带有补充注释符号的标注，见表6-5。

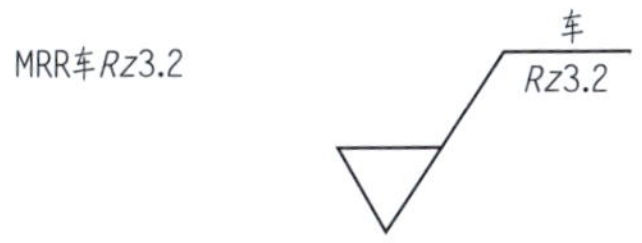

a)文本上注法　　b)图样上注法

图6-6　加工工艺和表面粗糙度要求的注法

带有补充注释的符号　　表6-5

符　号	含　义	符　号	含　义
铸	加工方法为铸造		在投影视图上封闭的轮廓线所表示的各表面有相同的表面结构要求
M	表面纹理呈多方向	3	加工余量为3mm

5 表面纹理的注法

若需要控制表面加工纹理及其方向,可以在图形符号右侧加注相应的符号,如图6-7所示。

采用定义的符号标注不适用于文本标注。国家标准规定的常见的加工纹理及其方向符号见表6-6。

表面纹理的标注(GB/T131—2006摘录)　　　　表6-6

符　号	解释和示例	
=	纹理平行于视图所在的投影面	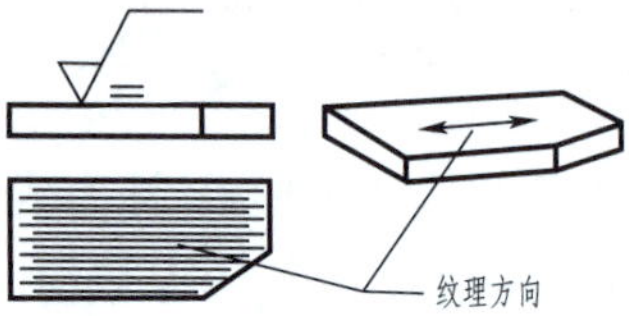
⊥	纹理垂直于视图所在的投影面	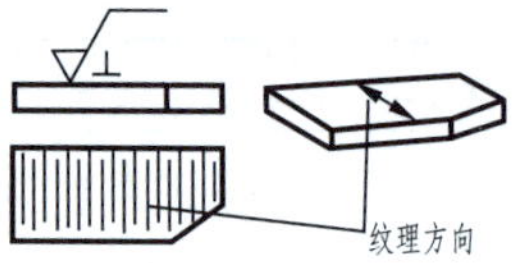
×	纹理呈两斜向交叉且与视图所在的投影面相交	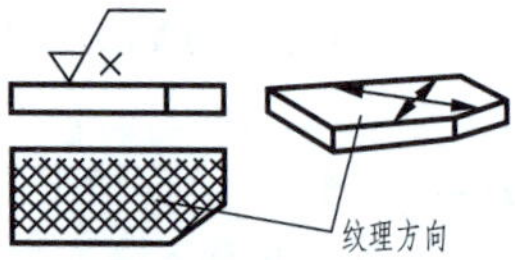

6 加工余量的注法

在同一图样中,有多个加工工序的表面,可标注加工余量,例如在表示完工零件形状的铸、锻件图样中给出加工余量,如图6-8所示。图中给出加工余量的方式不适用于文本。加工余量可以是加注在完整符号上的统一要求,也可以同表面结构要求一起标注。

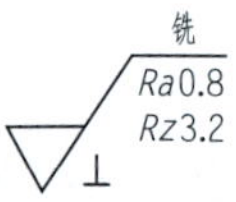

图6-7　表面纹理方向的注法

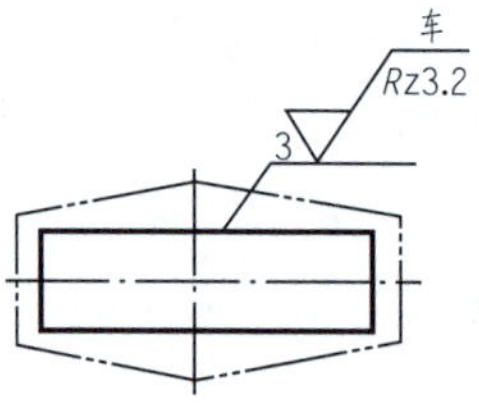

图6-8　给出加工余量的注法

3 图样上表面结构要求的标注与识读

1 表面结构符号、代号的标注方法

(1)同一图样中,零件的每一表面上,一般粗糙度只标注一次,并尽可能注在相应的尺寸及其公差的同一视图上。除非另有说明,所标注的表面结构要求是对完工零件的要求。

(2)表面结构符号、代号标注的位置示例。

①表面结构代号应标注在零件可见轮廓线、尺寸线、尺寸界线或它们的延长线上，如图6-9所示。

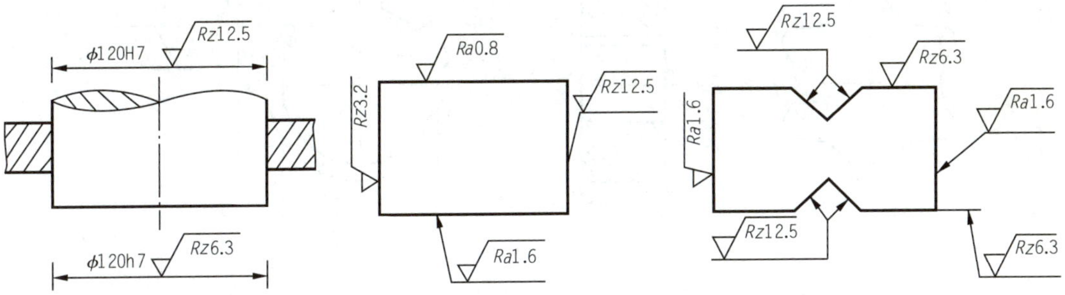

a)表面结构要求标注在尺寸线上　b)表面结构要求标注方向　c)表面结构要求标注在延长线上

图6-9　表面结构要求的注写方向和位置

②表面结构代号必要时可用带黑点或箭头的指引线引出标注，如图6-10所示。表面结构代号也可以标注在形位公差框格上方，如图6-11所示。

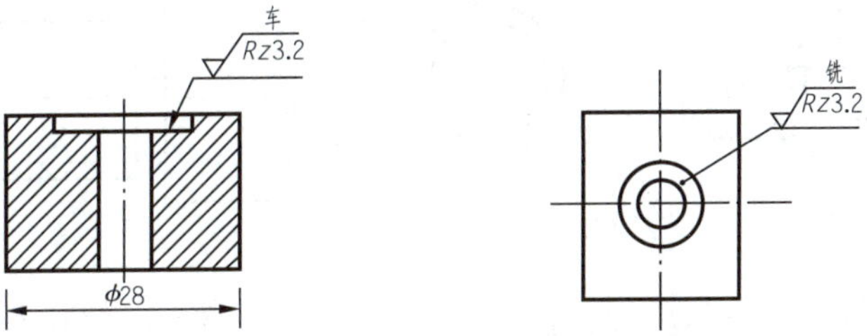

a)箭头的指引线引出标注　b)可带黑点的指引线引出标注

图6-10　用指引线注出表面结构要求

a)标注在形位公差框格上方　b)标注在形位公差框格上方

图6-11　表面结构要求标注在形位公差框格上

③对零件上的连续表面及重复要素（如孔、槽、齿等）的表面，以及用细实线连接的不连续的同一表面（螺纹工作表面），其表面结构代号只标注一次，如图6-12～图6-14所示。

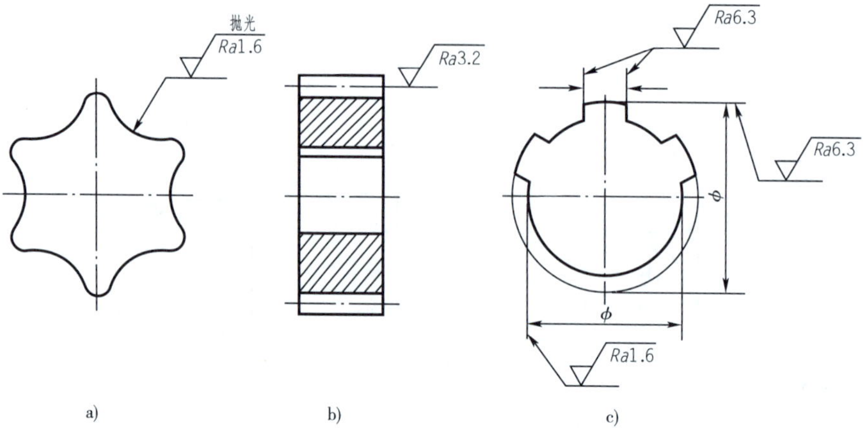

图6-12 连续表面结构及重复要求的标注

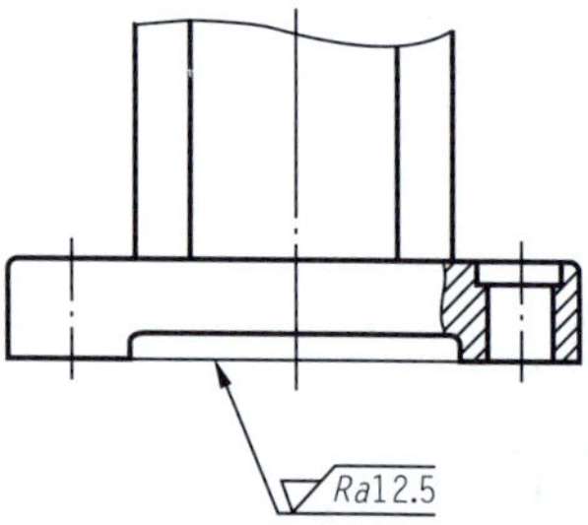

图6-13 不连续的同一表面的注法

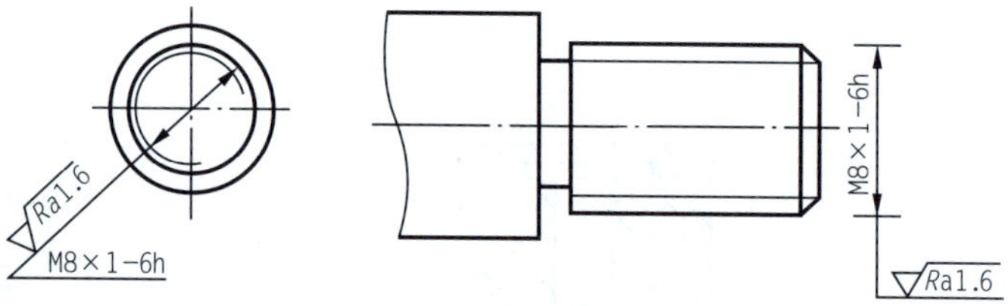

图6-14 螺纹工作表面的注法

④圆柱和棱柱的表面结构要求只注一次,如图6-15所示;如果每个圆柱和棱柱表面有不同的表面结构要求,则应单独标注,如图6-16所示。

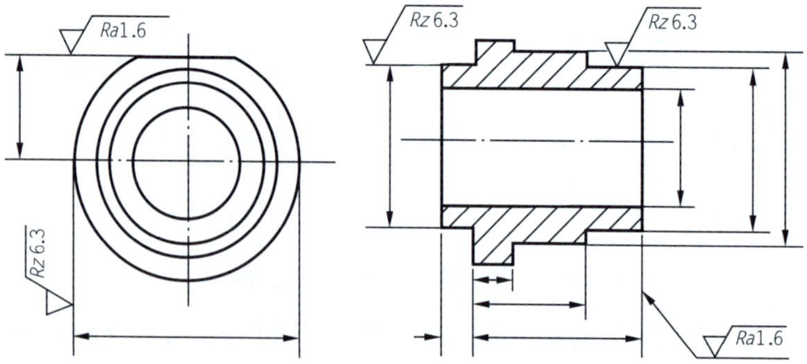

图6-15 标注在圆柱特征的延长线上

⑤对同一表面,但有不同的表面粗糙度值要求时,须用细实线画出其分界线,并注出相应的表面结构代号和数值,如图 6-17 所示。

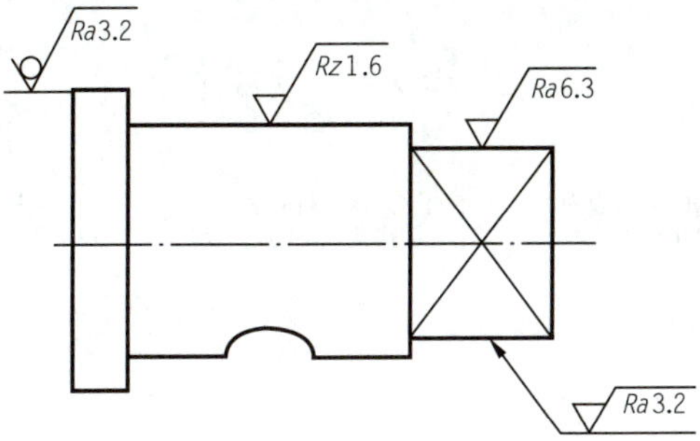

图 6-16 圆柱和棱柱表面结构要求的标注

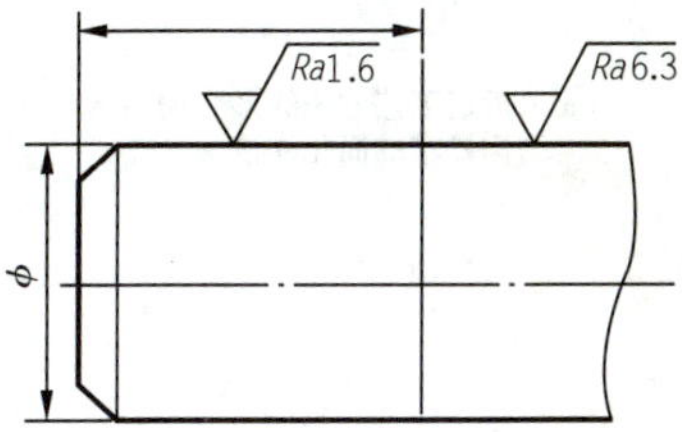

图 6-17 同一表面有不同表面结构要求的标注

2 表面结构要求的简化注法

(1)相同表面结构要求的简化注法。

当零件的多数表面(或所有表面)具有相同的表面结构要求时,其表面结构要求可统一注写在图样标题栏附近,而表面结构要求的符号后面应有圆括号,圆括号内给出无任何其他标注的基本符号,如图 6-18 所示;或在圆括号内给出不同的表面结构要求,如图 6-19 所示。不同的表面结构要求应直接标注在图形中,如图 6-18、图 6-19 所示。

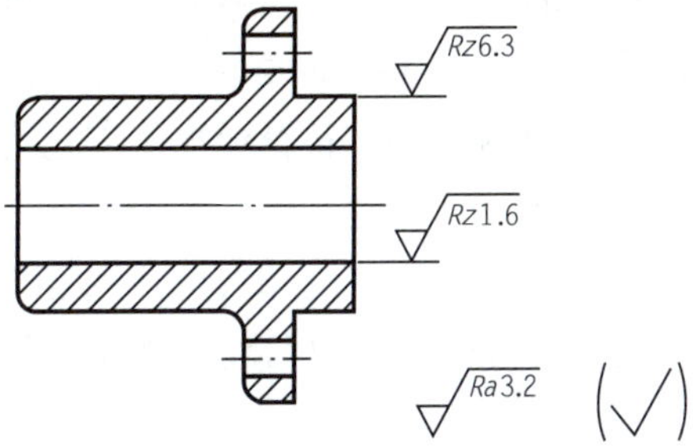

图 6-18 表面结构要求的简化注法(一)

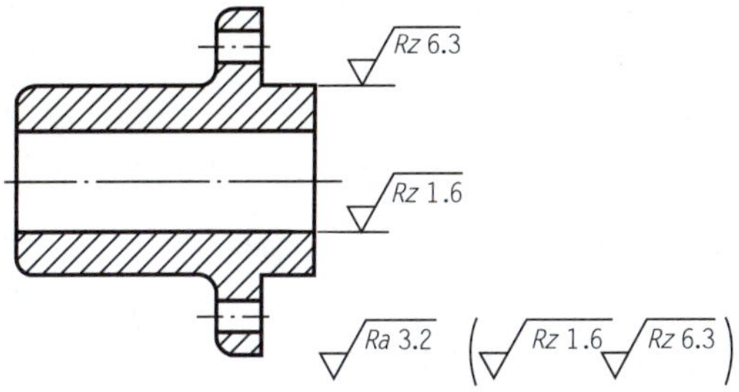

图 6-19 表面结构要求的简化注法(二)

(2)简化注法。

当多个表面有相同的表面结构要求,或图纸空间有限时,可以采用简化标注。

①可用带字母的完整图形符号,以等式的形式给出对多个表面共同的表面结构要求,如图 6-20 所示。

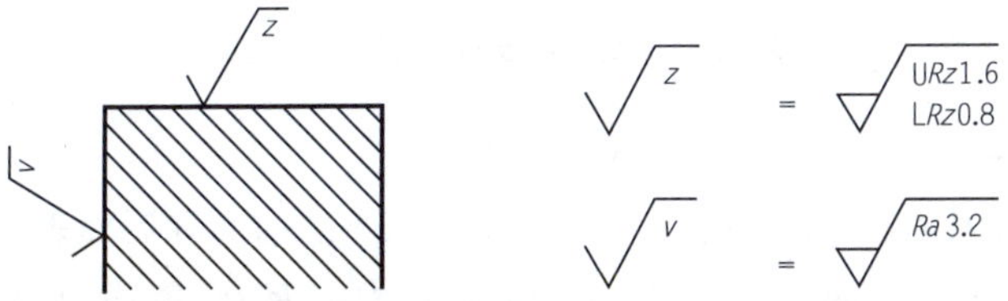

图 6-20 图纸空间有限时的简化标注

②当采用基本图形符号、扩展图形符号即可说明表面结构要求时,可直接用标注表面结构的基本图形符号和扩展图形符号的简化方式,并以等式的形式说明相应的表面结要求,如图6-21所示。

a)未指定工艺方法的多个表面结构要求的简化注法　b)要求去除材料的多个表面结构要求的简化注法　c)不去除材料的多个表面结构要求的简化注法

图6-21　用基本图形符号、扩展图形符号的简化标注

3 有镀(涂)覆、热处理和其他表面处理要求的表面粗糙度的标注与识读

表面处理是泛指镀覆和化学处理。镀覆是使零件表面增加一镀层;化学处理是指用化学或电化学处理零件,使其表面发生化学反应。通过表面处理,可提高零件的抗蚀性、耐磨性、导电性、零件表面美观性等。

热处理是将零件毛坯或半成品加热至一定的温度后保持一段时间,再以不同的方式冷却,以改变金属材料内部组织结构,从而改善材料力学性能(强度、硬度、韧性或切削性能等)的方法。

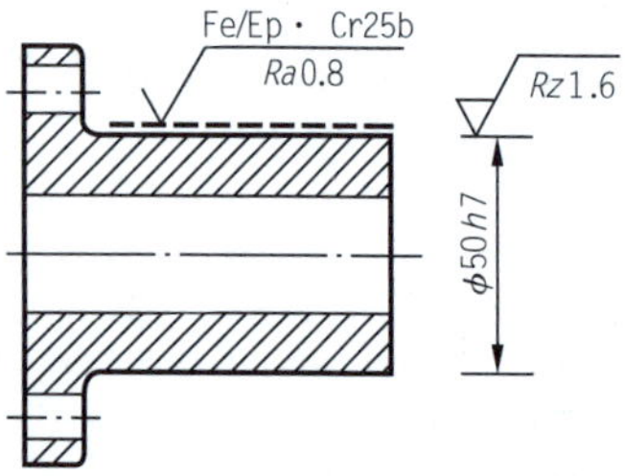

图6-22　有表面处理要求的表面粗糙度标注

GB/T131—2006规定了热处理和其他表面处理的标注方法。

(1)多种工艺获得的同一表面,当需要明确每种工艺方法的表面结构要求时,可以同时标注,如图6-22所示(图中Fe表示基体材料为钢,Ep表示加工工艺为电镀, Cr表示为电镀铬元素)。

(2)需要零件局部热处理或镀涂时,应用粗点划线画出其范围,并标注相应的尺寸,也可将其要求注写在表面结构符号内,如图6-23所示。

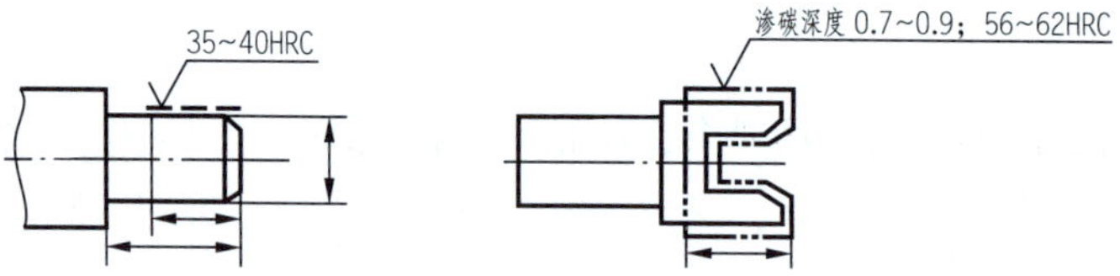

图6-23　热处理要求的表面粗糙度标注

4 识读轴承座零件图中的表面粗糙度要求

综合上面的粗糙度相关知识,可以分析出该轴承座的前面和后面表面粗糙度均为 *Ra* 值均为6.3μm;顶面及向下10mm表面和 $2\times\phi17$ 通孔内表面 *Ra* 值均为25μm;底面表面粗糙度 *Ra* 值为12.5μm;$\phi60$ 圆弧内表面表面粗糙度 *Ra* 值为1.6μm;其余未标注的表面粗糙度

均为用不去除材料的方法获得。

巩固练习:(1)如图 6-24 所示,按 1:1 从图中量取尺寸数字,取整数标注尺寸,并按表 6-7 中的表面粗糙度参数值,分别在图中标注相应的表面粗糙度要求。

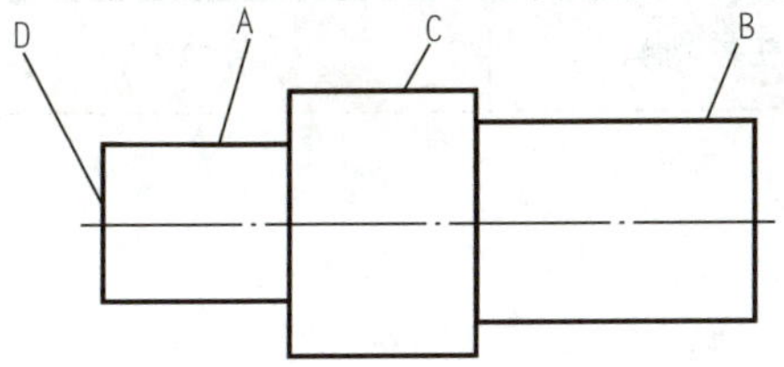

图 6-24　按表 6-7 中的表面粗糙度参数标注表面粗糙度要求

表面粗糙度参数值　表 6-7

表面	A	B	C	D	其余
Ra	6.3	12.5	3.2	6.3	25

(2)识读飞块零件图(图 6-25),回答下列问题。

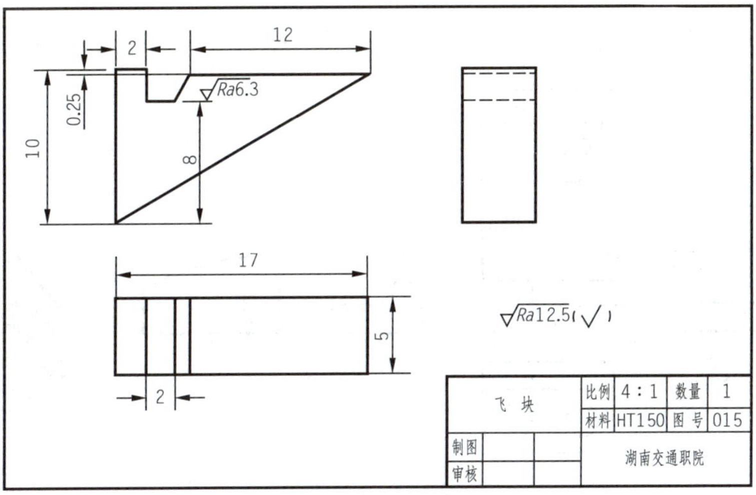

图 6-25　飞块零件图

①该零件的名称为________,材料选用________;比例为________,其含义是:____。

②粗实线的宽度为 0.5,细虚线和细实线宽度为粗实线的________,图中汉字均按________体书写。

③该零件的结构形状共用________个视图表达,视图的名称为________,其中________视图长对正、高对齐、宽相同;并在每个视图中分别标出四个方位。

④该零件由________体通过切割所形成的形体。

⑤零件的总长为________,总宽为________,总高为________。图中符号 $\sqrt{Ra12.5}$(✓)表示________要求,该零件宽为 2mm 的切割槽槽底面粗糙度要求为________。

学习任务单7 识读机械图样外部表达方式——视图

任务	识读机械图样外部表达方式——视图	任务学时	2
教学目标	1. 能看懂视图的各种外部表达方式； 2. 能根据表达需要灵活运用视图的各种外部表达方式； 3. 能根据立体图画出六个基本视图、局部视图和斜视图		
知识点	1. 基本视图、向视图、局部视图和斜视图的基本概念； 2. 向视图、局部视图和斜视图的标注画法； 3. 视图相关的国标及规定		
学习内容	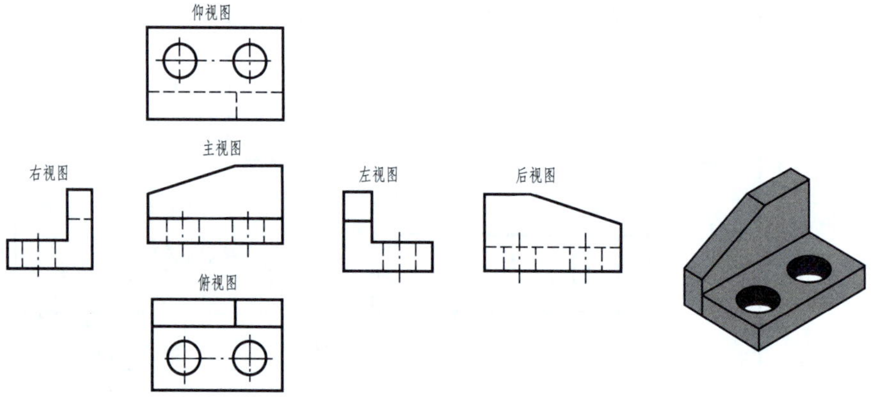 a)六个基本视图 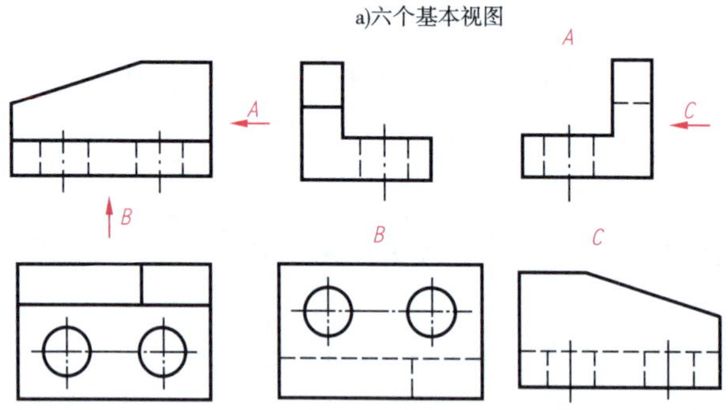 b)向视图 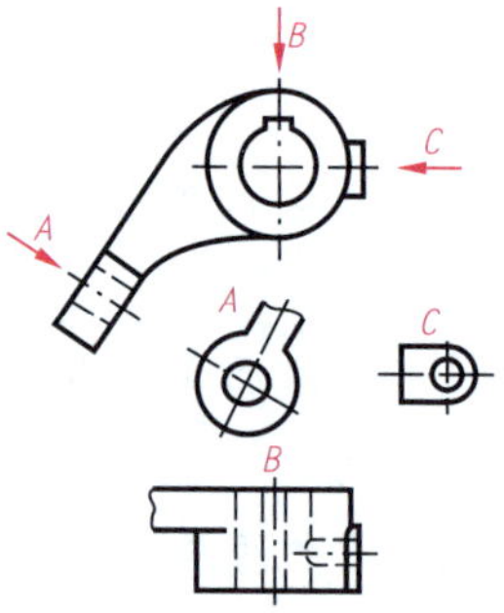 c)斜视图和局部视图		
提示	按学习内容分部完成		

在实际生产中，汽车的机件结构形状是多种多样的，有时仅用三视图不能清楚表达，还需要采取更多有效表达方法。为此，国家标准《机械制图》中规定了其他表示法。前面讲过

视图是用正投影法将机械零件向投影面投射所得到的图形，主要是用来表达机械零件的外部结构形状，一般仅表达出机件的可见部分，不可见部分必要时用虚线表达出。表达机械零件外部形状的视图主要有基本视图、向视图、局部视图和斜视图四种。下面我们来学习这些视图的基本概念和表达方法。

一 基本视图

机件向基本投影面投射所得到的视图，称为基本视图。基本视图共有六个，除了我们已经学到过的主视图、俯视图和左视图外，还有从右向左投射所得到的右视图，从下向上投射所得到的仰视图以及从后面向前投射所得到期的后视图，如图7-1a)所示。

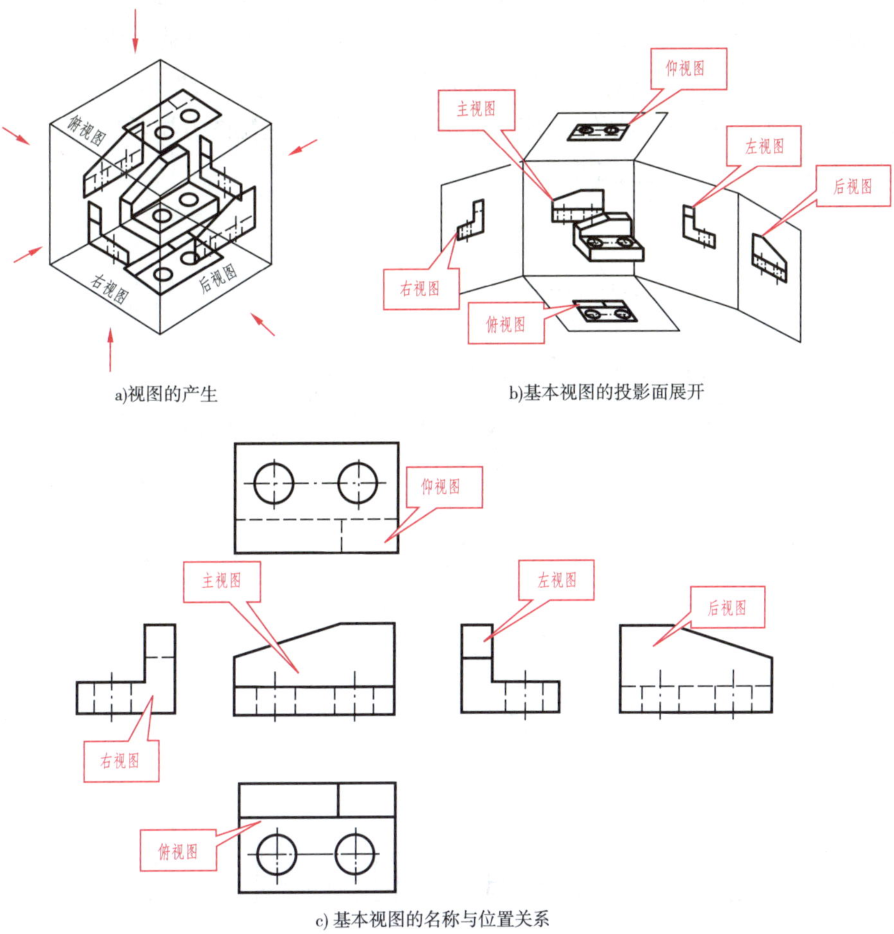

a)视图的产生　b)基本视图的投影面展开　c) 基本视图的名称与位置关系

图 7-1　六个基本视图的配置与形成

六个基本投影面展开时，规定正面不动，其他投影面按图 7-1b）所示的方向展开至和正面处于同一平面上。

六个基本视图按图 7-1c）所示配置时，一律不注明视图名称，它们仍遵循："长对正、高平齐、宽相等"的投影关系。

主视图——由前向后投射得到的视图；

左视图——由左向右投射得到的视图;
俯视图——由上向下投射得到的视图;
右视图——由右向左投射得到的视图;
仰视图——由下向上投射得到的视图;
后视图——由后向前投射得到的视图。

提示:(1)在实际绘图时,应根据零件结构的复杂程度选用合适的基本视图,不是任何零件都需要六个基本视图,原则是用最少的视图、最简练视图把零件表达清楚即可。

(2)基本视图的投影规律——主视图、俯视图和仰视图、后视图长相等;主视图、左视图和右视图、后视图高平齐;俯视图、左视图和仰视图、右视图宽相等。

做一做:同学自己动手按图7-1a)所示,制作一个能打开和合拢的六投影面体系模型。然后观察六投影面体系打开后六个视图方位的变化情况。

通过观察我们发现六投影面体系打开后除正面因没动,主视图方位没发生变化外,其他视图都有两个方位发生了变化,如图7-2所示。

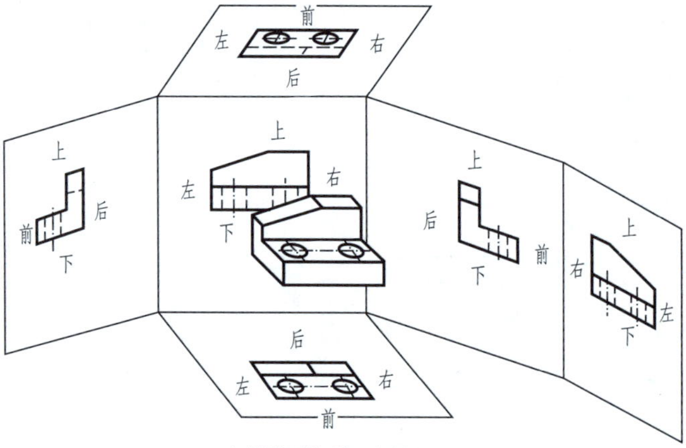

a)六投影面体系打开过程

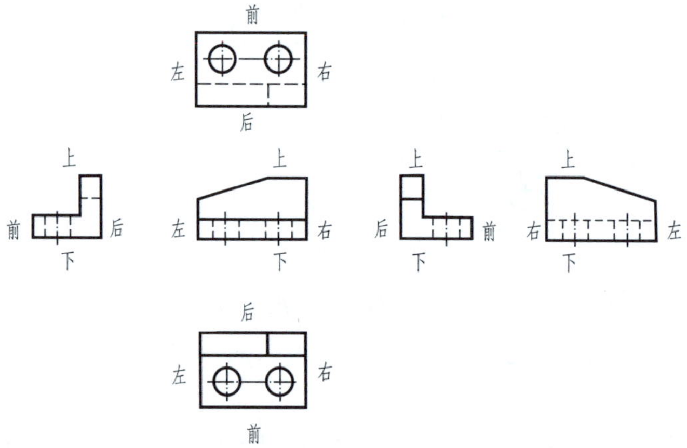

b)六个视图打开后对应的位置和方位

图7-2 六个视图的方位对应关系

试一试：请同学们按下图所示已知的三视图补画右视图、后视图和仰视图。

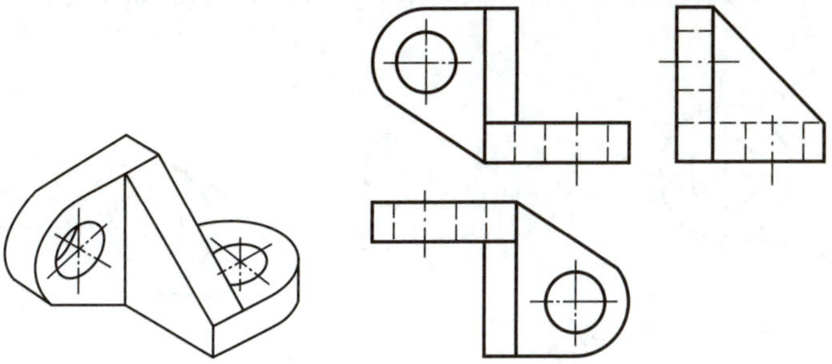

二 向视图

向视图是可以自由配置位置的视图，即未按规定位置配置的基本视图。为便于识读和查找自由配置后的向视图，应在向视图的上方用大写拉丁字母标出该向视图的名称（*A*、*B*、*C* 等），并在相应的视图附近用箭头指明投射方向，注上相同的字母，如图 7-3 所示。

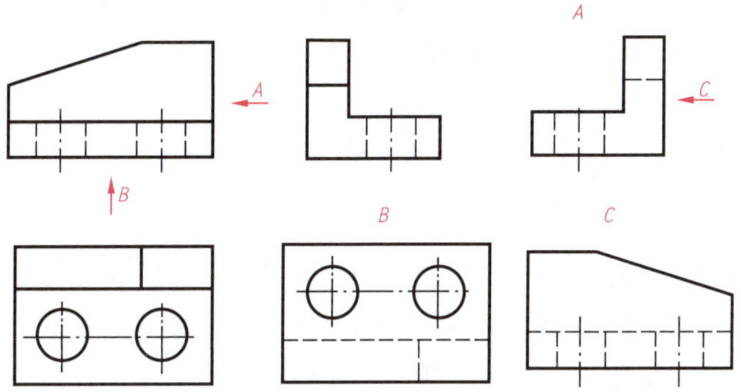

图 7-3　向视图

想一想：向视图与基本视图的异同都有哪些？

三 局部视图和斜视图

1 局部视图的配置与表达方法

将零件的某部分向基本投影面投射所得的视图称为局部视图，如图 7-4a）所示。在采用一定数量的基本视图后，机械零件上仍有部分结构形状尚未表达清楚，而又没必要再画出完整的其他基本视图时，可考虑采用局部视图来表达。

局部视图的配置、标注及画法：

（1）局部视图的断裂边界用波浪线或双点划线表示，如图 7-4a）所示。但当所表示的局部结构是完整的，其图形的外形轮廓封闭时，波浪线可省略，如图 7-4a）的 *C* 向视图。

（2）局部视图可按基本视图的配置形式配置，如果中间没有其他视图隔开时，如图 7-4b）所示，位于俯视图处的局部视图不必标注；局部视图也可按向视图的形式配置在适当位置,画法和标注如图7-4a)中的C向局部视图;局部视图也可配置在需要表示的局部结构附近,如图7-4b)中压紧杆右端凸台。此时,应用细点划线连接两图形,且不必标注。

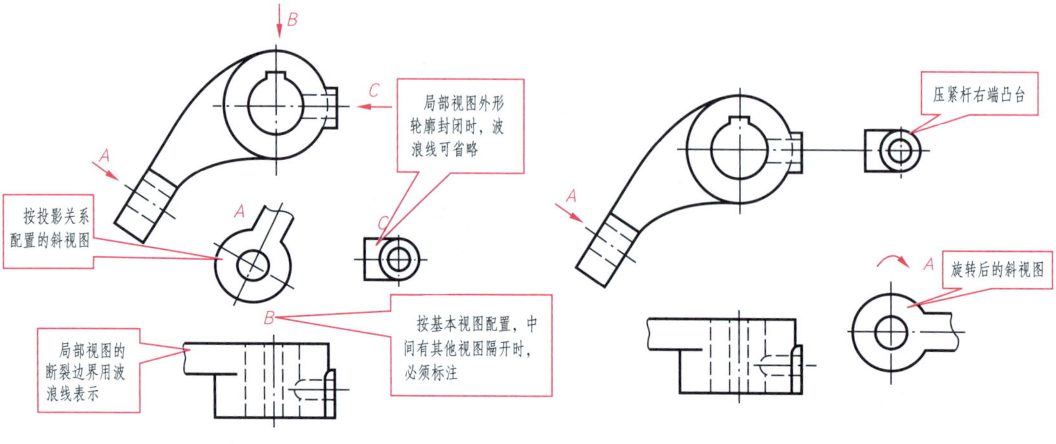

a)A方案　　b)B方案

图7-4　压紧杆局部视图与斜视图

比较图7-4a)与图7-4b)中压紧杆的两种表达方案,显然,图7-4b)的视图布局更紧凑些。

提示:注意看图7-4a)、图7-4b)中斜视图的不同配置方法。

2 斜视图的配置与表达方法

图7-5a)所示的是压紧杆三视图,压紧杆的耳板是倾斜的,所以它的俯视图和左视图均不能反映实形,表达不清楚,不便于识读。为表达压紧杆的倾斜结构,可如图7-5b)所示,加一个平行于耳板的正垂面作为辅助投影面,沿垂直于正垂面的A向投射,在辅助平面上就可得到倾斜结构的实形。这种将机件向不平行于任何基本投影面的平面投射得到的视图称为斜视图。

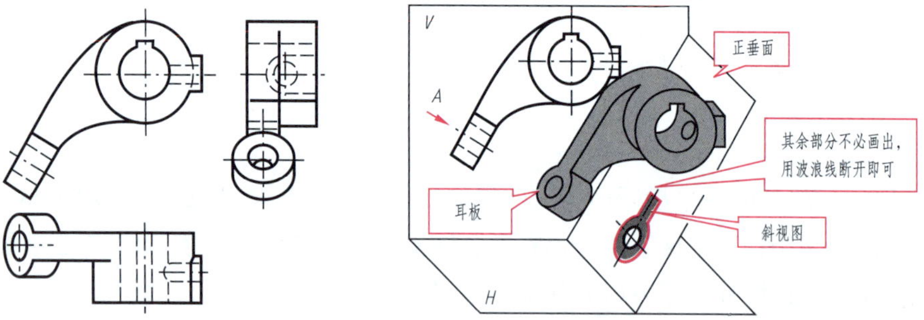

a)压紧杆三视图　　b)压紧杆耳板斜视图的形成

图7-5　压紧杆三视图与斜视图的形成

提示:表达与识读斜视图时应注意如下方面。

(1)斜视图常用于表达零件上的倾斜结构,在表达倾斜结构的实形时,零件的其他部分不必画出，用波浪线断开即可，如图7-5b)所示。

(2)斜视图的配置和标注一般按向视图相应的规定，必要时，允许将斜视图旋转配置，此时应加注旋转符号(为“×↶”或“↷”)，如图7-4b)所示。

试一试：请同学们参照立体图画斜视图。

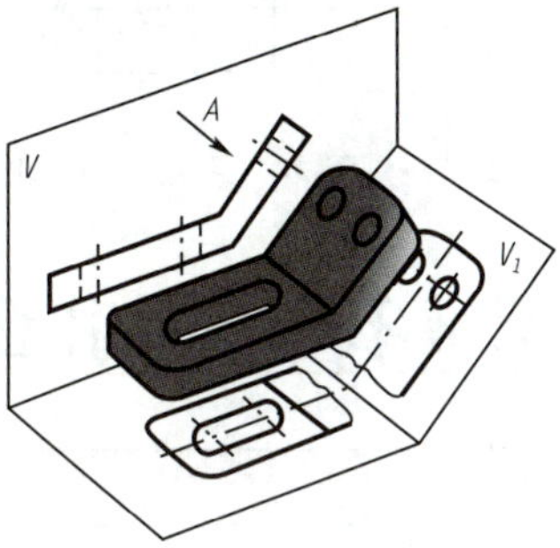

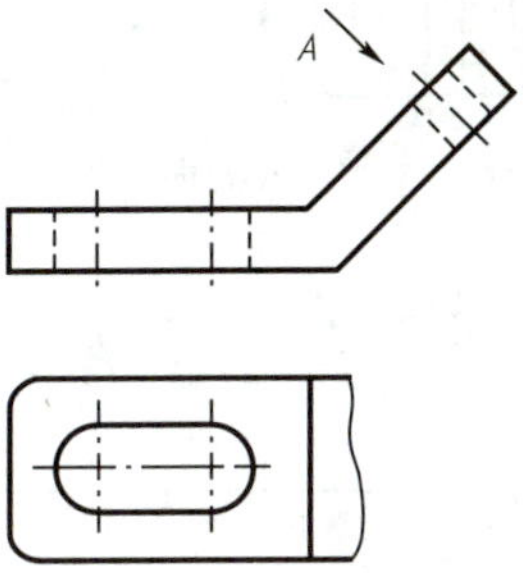

想一想：请同学们按下表提问填空。

问题	视图			
	基本视图	向视图	斜视图	局部视图
是向基本投影面投射所得到的视图吗？				
是零件整体向投影面投射所得到的视图吗？				

巩固练习：(1)根据图7-6所示的主、俯、左视图，补画右、后、仰三个视图。

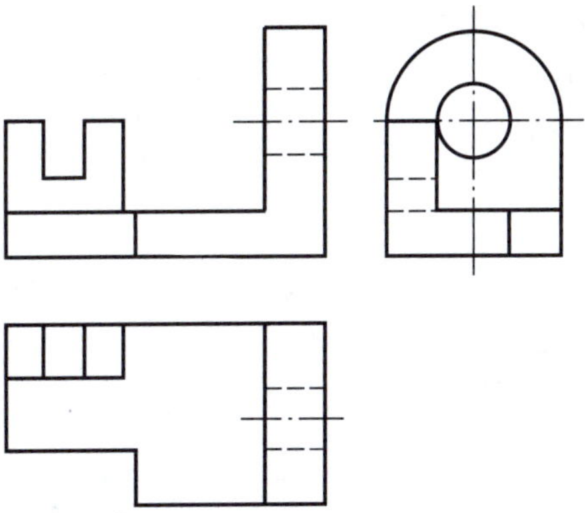

图7-6　补画右、后、仰三个视图

(2)完成图7-7中的C、G向视图。

(3)在图7-8中按投影关系进行必要的标注。

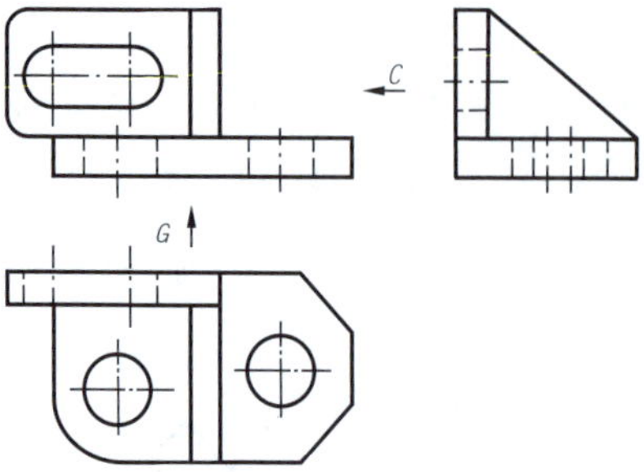

图7-7 完成C、G向视图

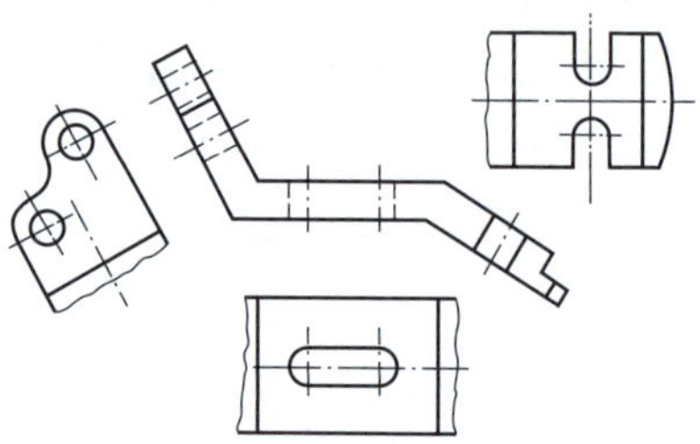

图7-8 补必要的标注

学习任务单8 识读右端盖零件图

任务	识读右端盖零件图	任务学时	6
教学目标	1. 能根据表达需要灵活运用剖视图表达方式和看懂各种剖视图； 2. 能识读零件图和装配图中公差与配合要求； 3. 能读懂右端盖零件图		
知识点	1. 全剖视图、半剖视图、局部剖视图的概念与配置标注的基本要素和基本要求； 2. 剖视图和公差与配合相关的国家标准及其标注的规定； 3. 零件公差与配合基本概念		
零件图	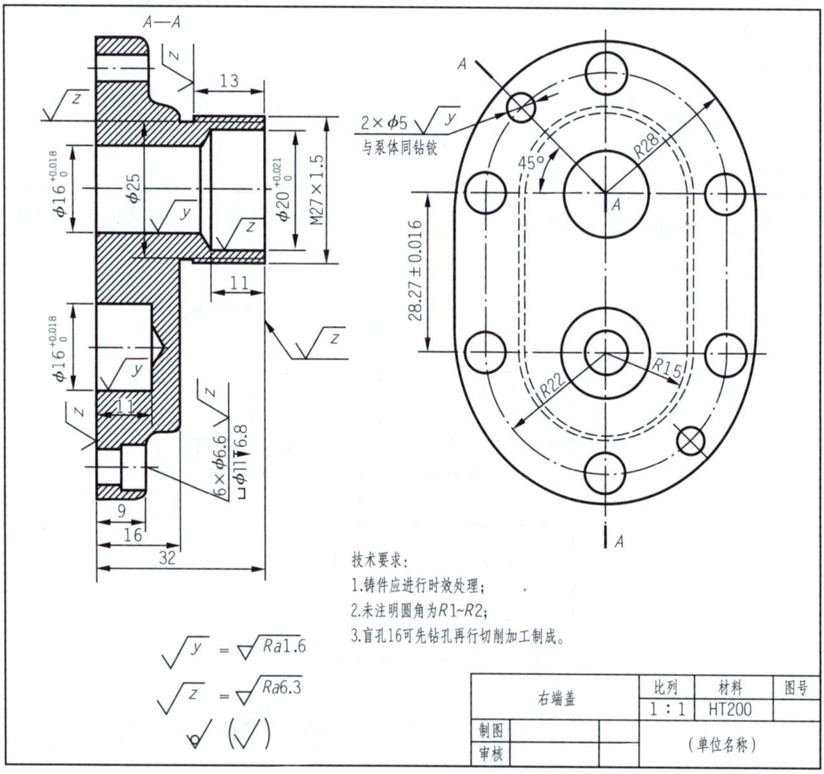		
说明	此零件图幅面为A3号图，因篇幅有限按比例进行了缩小		

首先同学们看标题栏，了解零件的名称、材料以及视图采用的比例。然后看视图，通过观察我们发现只有两个视图：主视图和左视图。先看左视图，我们看到右端盖有很多内孔，按前面学过的知识，主视图看不见内孔结构应该为虚线，细心的同学可能已发现主视图中应该为虚线的部分是粗实线。如图 8-1 所示，这是怎么回事呢？

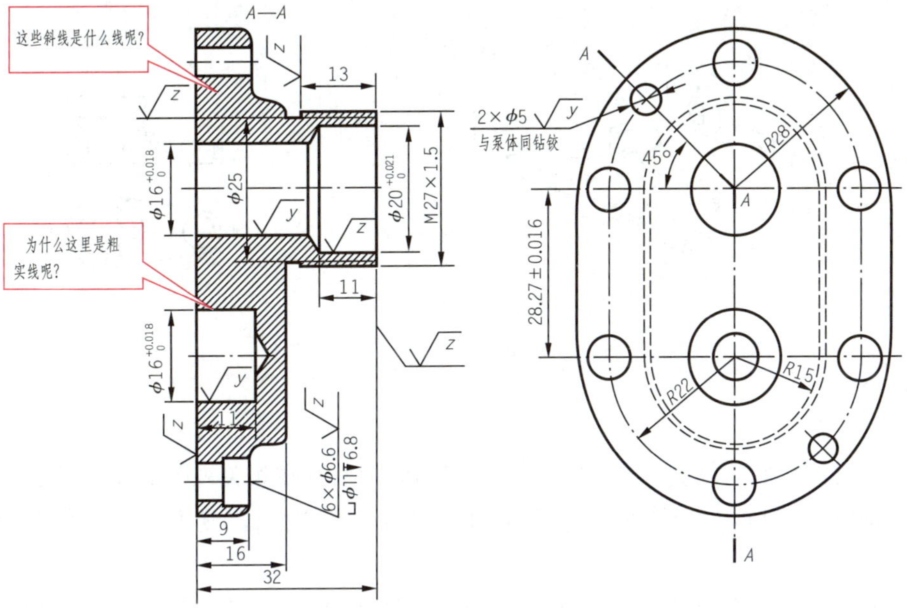

图 8-1　右端盖视图

要搞清楚这些问题，我们必须从剖视图的基本概念讲起。

一 识读有剖视图的这类零件图应具备的知识

1 剖视图的概述(GB/T 17452—1998、GB/T 4458.6—2002)

用视图表达机件形状时，对于机件上不可见的内部结构(孔、槽等)要用虚线表示，如图 8-2a)所示支架的主视图。但如果机件的内部结构比较复杂，图上的虚线较多，有些与外形轮廓重叠，既不便画图和读图，也不便于标注尺寸。因此，可按国家标准规定采用剖视图来表达机件的内部形状。

1 剖视图及形成

假想用剖切面剖开机件，将处在观察者与剖切面之间的部分移去，而将其余部分向投影面投射所得到的图形称为剖视图，简称剖视。剖视图的形成过程，如图 8-2b)所示。剖切面一般是平面或圆柱面，而平面用得最多。表达机件内部的真实形状，剖切面一般通过孔、槽的轴线或对称面，且使剖切面平行或垂直于某一投影面。

想一想：比较图 8-2a)和图 8-2c)，哪个表达得更清晰？

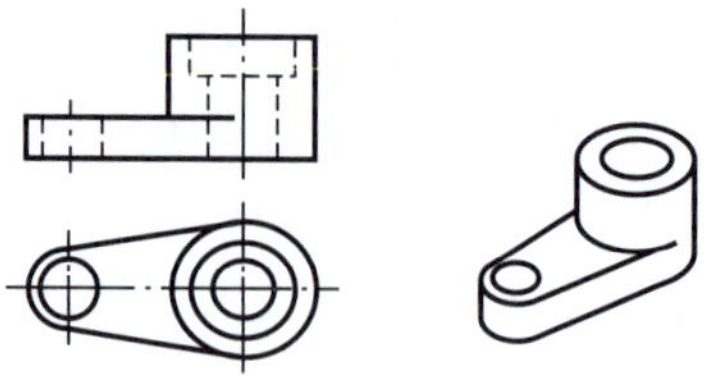

a)视图的表达

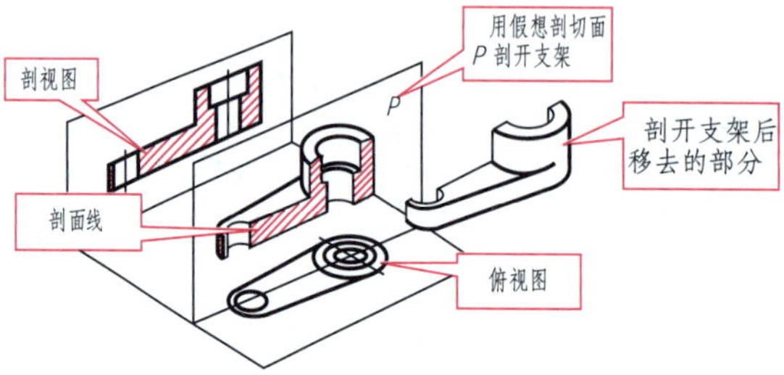

b)剖视图的形成

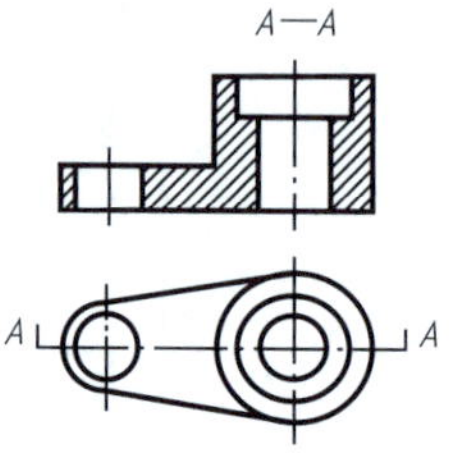

c)剖视图表达

图8-2　支架剖视图的形成过程

2 剖视图画法

(1)确定剖切面的位置。先确定在哪个视图作剖视,并在相关视图上确定标注剖切面的位置。如图8-2b)所示,选取平行于正面的对称面为剖切面,剖切开支架,主视图画成剖视图。

(2)画剖视图。剖开机件,移走前半部分,将剖切面截切支架所得断面及支架的后半部分向正面投射,如图8-2b)所示,画出如图8-2c)所示的剖视图。

(3)零件被假想剖开后,剖切面与零件的接触部分(即剖面区域)要画出与材料相应的剖面符号,以便区别机件的实体与空腔部分,如图8-1和图8-2c)中的主视图所画剖面线。

当不需要在剖面区域中表示材料的类别时,剖面符号可采用通用的剖面线表示。通过剖面线为间隔相等的平行实线,绘制时最好与图形主要轮廓线或剖面区域的对称线成45°,如图8-3所示,必要时,剖面线也可画成与主要轮廓线成适当角度,如图8-3b)所示。

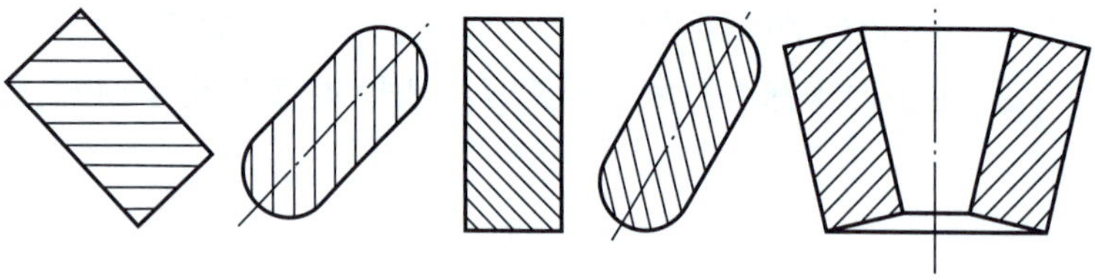

a)

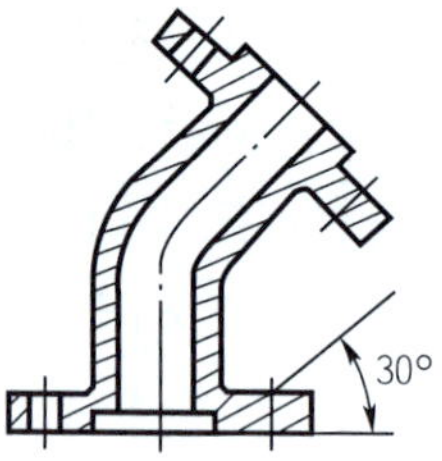

b)

图8-3　剖面线的方向

提示:同一零件的剖面线在各个剖视图中的倾斜方向和间隔都必须一致,如图8-4c)所示。

当需要在剖面区域中表示材料类别，对应采用特定的剖面符号表示。国家标准规定了各种材料类别的剖面符号，见表 8-1。

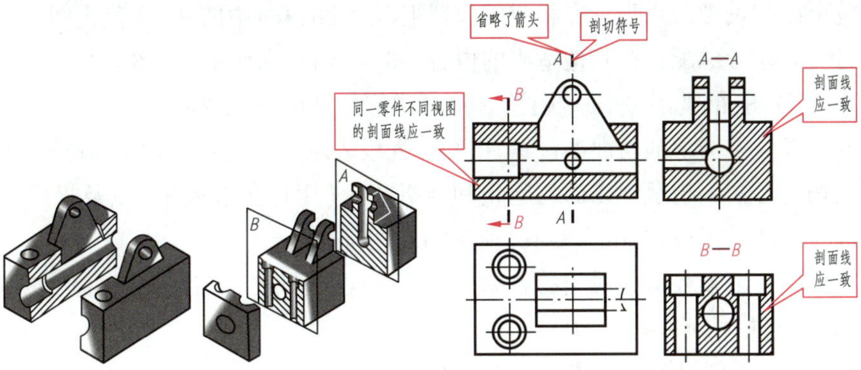

a)横向剖切立体图　　b)纵向剖切立体图　　c)剖视图应注意的问题

图 8-4　剖视图的配置与标注

剖面符号（GB 4457.5—2013）　　表 8-1

类　型	图　例	类　型	图　例
金属材料（已规定剖面符号除外）	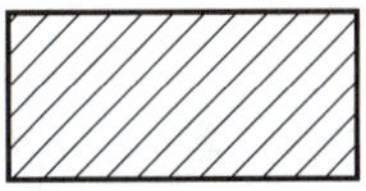	混凝土	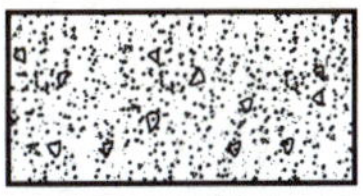
非金属材料（已规定剖面符号除外）	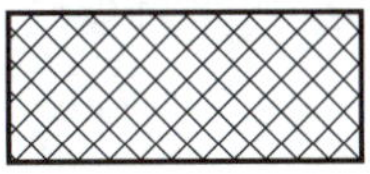	钢筋混凝土	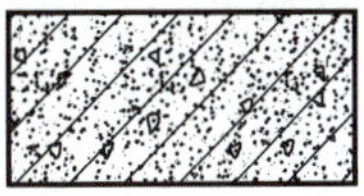
型砂、填砂、粉末冶金、砂轮、陶瓷刀片、硬质合金刀片等	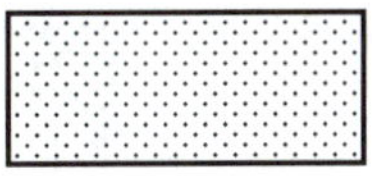	转子、电枢、变压器和电抗器等叠钢片	
砖	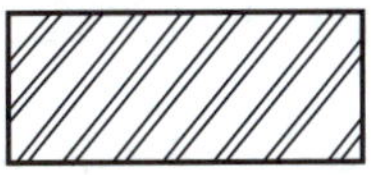	玻璃及其他透明材料	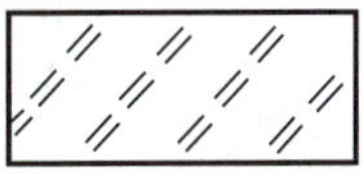
木质胶合板（不分层数）	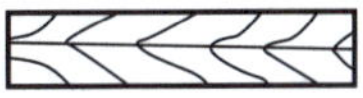	网格（筛网、过滤网等）	
木材　纵断面		液体	
木材　横断面			

注：（1）剖面符号仅表示材料的类别，材料的代号和名称必须另行注明。

（2）叠钢片的剖面线方向，应与束装中叠钢片的方向一致。

（3）液面用细实线绘制。

3　剖视图的配置与标注

剖视图位置配置有三种形式。

(1)剖视图应首先考虑配置在基本视图的位置,如图 8-1 和图 8-4c)中的主视图位置。

(2)也可以按投影关系配置在相应的位置上,如图 8-4c)中的 *A—A* 剖视图。

(3)必要时才考虑配置在其他适当的位置,如图 8-4c)所示的 *B—B* 位置。

为了便于读图,剖视图一般应标注,标注的内容包括以下三要素。

(1)剖切线——指示剖切面的位置,用细点划线表示。剖视图中通常省略不画。

(2)剖切符号——指示剖切面的起止和转折位置(用粗实线表示)以及投影的方向(用箭头表示)的符号,如图 8-1 和图 8-4c)所示的剖切符号。

(3)字母——用来表示剖视图的名称,用大写拉丁字母注写在剖视图的上方,如图8-1中的 *A—A* 和 8-4c)中的 *A—A*、*B—B*。

在下列情况下,剖视图的标注可简化或省略。

(1)当单一剖切面通过机件的对称平面或基本对称平面,且剖视图是按投影关系配置,中间没有其他图形隔开时,可不标注,图 8-4c)中的主视图未标注。

(2)当剖视图按基本视图或投影关系配置时,可省略箭头,如图 8-1 和图 8-4c)中所示。

提示:(1)剖视图只是假想剖开机件,所以将一个视图画成剖视图后,其他视图仍应完整地画出。所以图 8-5 中俯视图仍完整地画出。

(2)剖视图后面的可见部分应全部画出,不可省略或漏画,如图 8-5 所示。

(3)视图一般不画虚线,只有对尚未表达清楚的结构才用虚线表示。

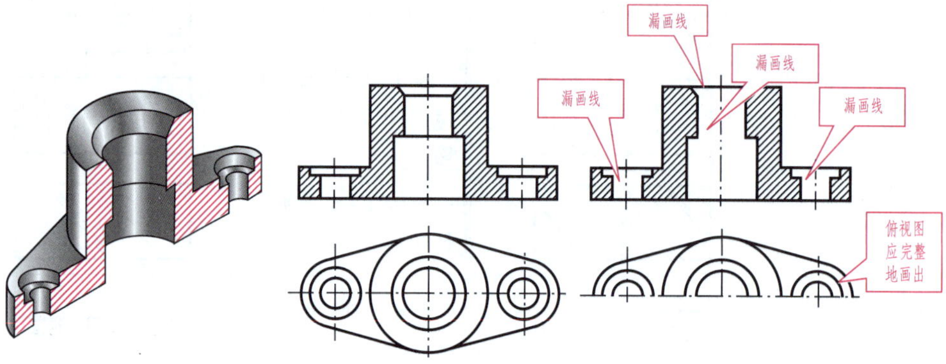

图 8-5　剖切面后面的可见轮廓线不能漏画

做一做:参照立体图,补画剖视图中所缺的图线。

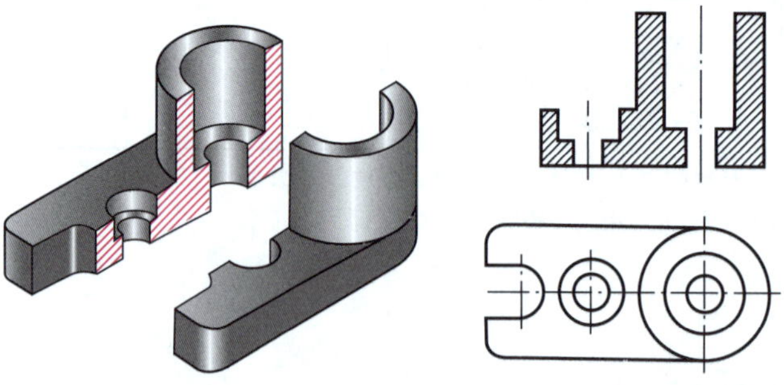

2 剖视图的种类及其应用

根据剖视图的剖切范围，可分为全剖视图、半剖视图和局部剖视图三种。前面讲的剖视图画法和标注，对三种剖视图都适用。

1 全剖视图

全剖视图是用剖切面完全地剖开机件所得到的剖视图，适用于表达外形比较简单，而内部结构较为复杂且不对称的机件，如图 8-1 和图 8-6b) 中的主视图。

同一机件可以假想进行多次剖切，画出多个剖视图，如图 8-4b) 和图 8-6 所示。

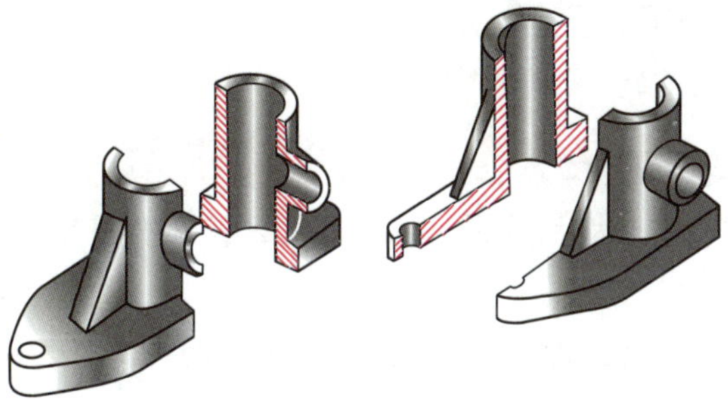
a)纵、横向剖切立体图

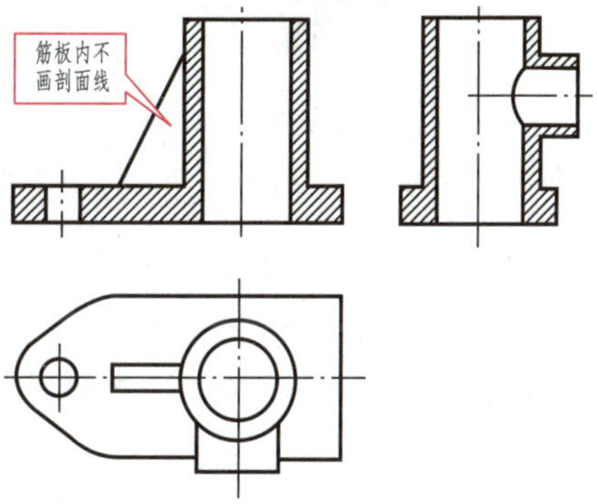

b)纵向剖切肋板的画法

图 8-6　全剖视图

提示：应注意的是，由于剖切平面通过机件上的三角形肋板，按国家标准规定，对于机件的肋、轮辐及薄壁等，如按纵向剖切，这些结构都不画剖面符号，而以粗实线将它们与其邻接部分分开，如图 8-6 所示主视图中肋板的轮廓范围内不画剖面线。

练一练：将上图的主视图画成全剖视图。

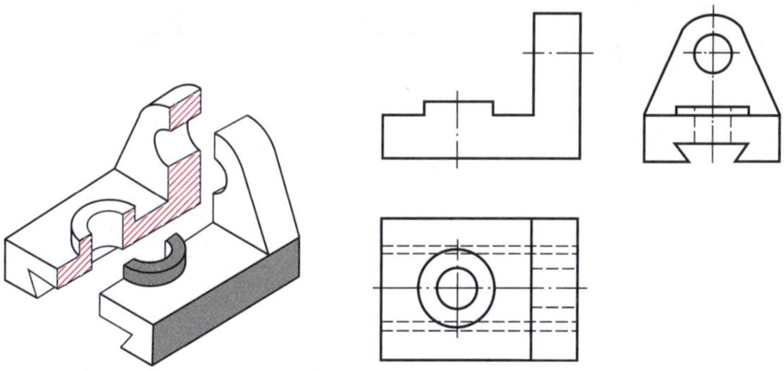

2 半剖视图

当机件具有对称平面时，向垂直于对称平面的投影面上投射所得的图形，可以用对称中心线为界，一半用剖视图表示，另一半用视图来表示，这种剖视图称为半剖视图。如图8-7所示，机件左右及前后均对称，所以，它的主视图、俯视图和左视图都可用半剖视图表达。半剖视图主要用于内外形状都比较复杂的对称机件的表达。

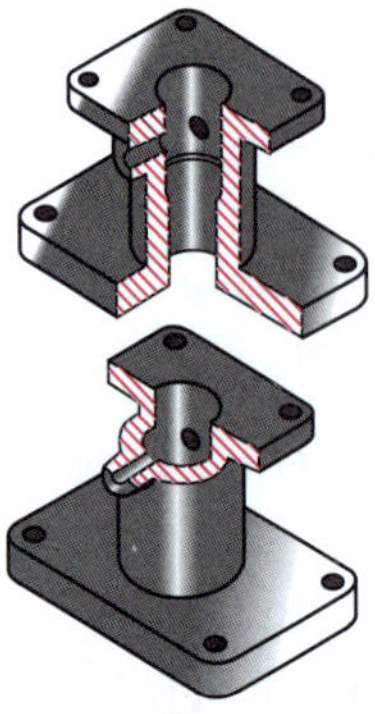

a)两种半剖切位置立体图

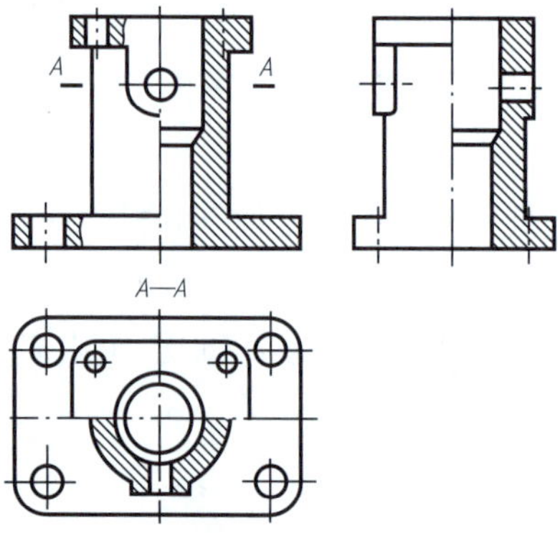

b)半剖视图的画法

图8-7 半剖视图(一)

提示:机件内部形状在半剖视图中已经清楚表达时,在另一半视图中不应画出表示内部对称结构的虚线,如图8-7所示。

当机件的形状接近对称时,且不对称部分另有图形表达清楚时,可用半剖视图来表达,如图8-8所示。

试一试:已知俯视图,请分别在下图a)、b)、c)中选出你认为正确的主视图,在(　)画√。

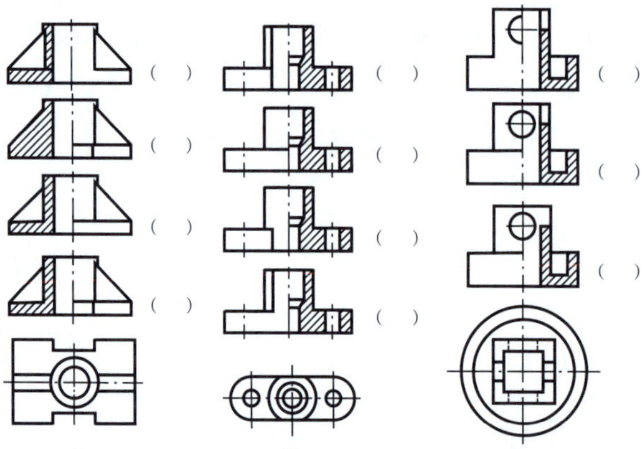

a)　　b)　　c)

3 局部剖视图

局部剖视图是用剖切面局部地剖切机件所得到的剖视图。

如图8-9所示的箱体,其顶部有个矩形孔,底板上有四个安装孔,箱体的上、下、左、右、前、后都不对称。兼顾内外结构形状的表达,将主视图画成两个不同剖切位置的局部剖视图。俯视图上,为保留顶部的外形,采用A—A剖切位置的局部剖视图。

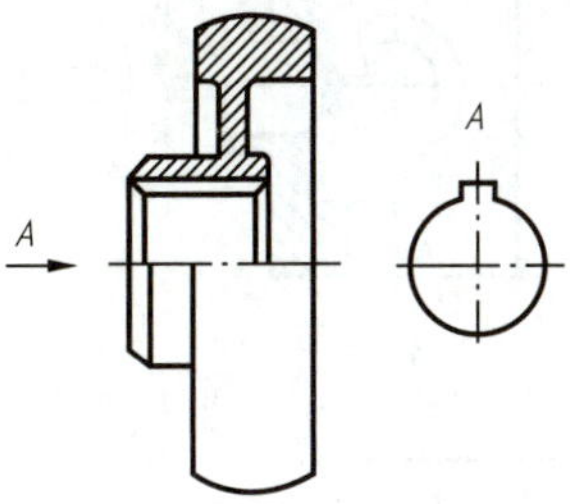

图8-8　半剖视图(二)

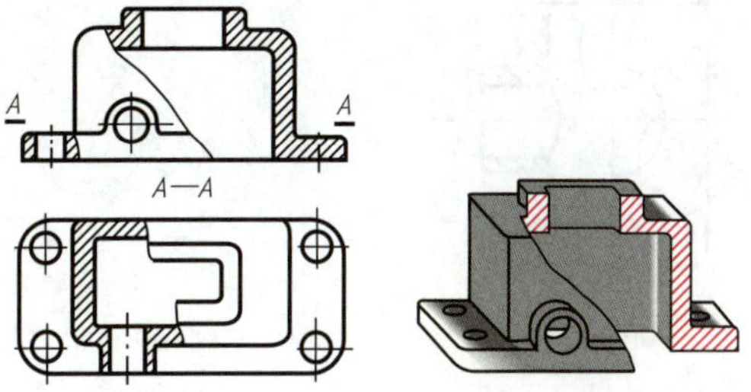

a)局部剖视图的画法　　b)局部剖视位置立体图

图8-9　局部剖视图(一)

局部剖视图的标注与全剖视图相同,当只用一个剖切平面且剖切位置明确时,局部剖视图不必标注。

局部剖视图的剖切位置和剖切范围根据需要确定,是一种比较灵活的表达方法,运用得当,可使图形简洁而清晰。局部剖视图通常用于以下情况。

(1)当不对称机件的内外形状均需要表达,或者只有局部结构内形需剖切表达,而又不宜采用全剖视时,如图8-9所示。

(2)当对称机件的轮廓线与中心线重合,而又不宜采用半剖视时,如图8-10所示。

(3)当实心机件如轴、杆等上面的孔或槽等局部结构需剖开表达时,如图8-11所示。

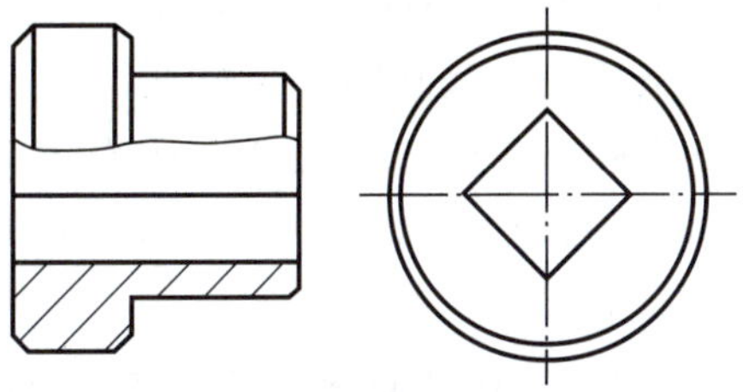

图8-10　局部剖视图(二)

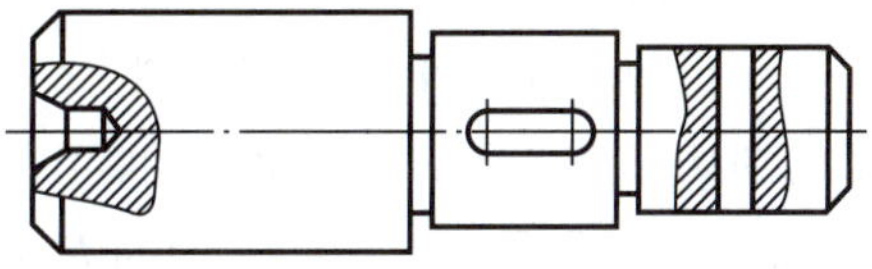

图8-11　局部剖视图(三)

提示:(1)波浪线是局部视图中视图和剖视图的分界线,波浪线只能画在机件的实体上,如图8-12b)所示。

(2)波浪线不能画在轮廓线的延长线上,也不得用轮廓线代替波浪线,如图8-12d)所示。

(3)局部剖视图也可以用双折线代替波浪线分界,如图8-13所示。

3 剖切面的选择

1 单一剖切面

当机件的内部结构位于一个剖切平面上时,可选用单一剖切平面。单一剖切面包括单

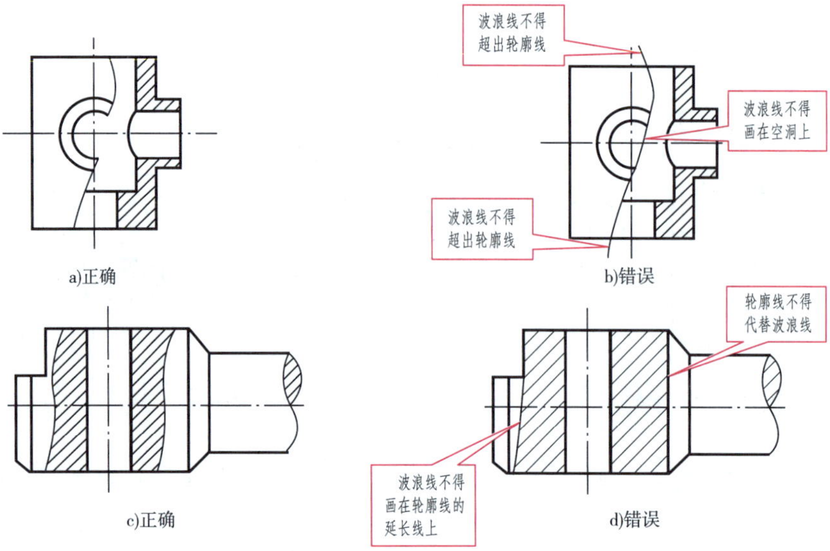

图 8-12　局部剖视图波浪线画法

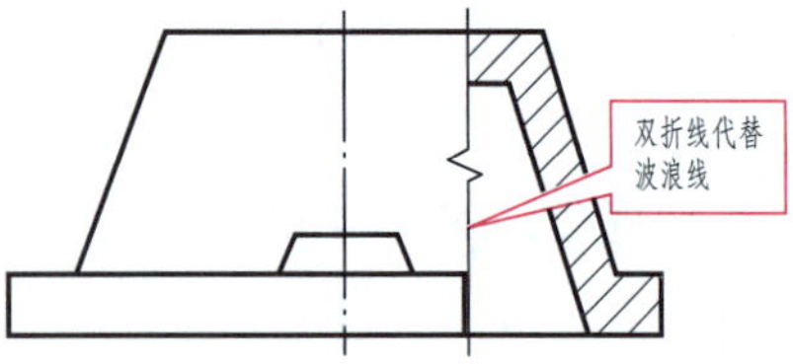

图 8-13　局部剖视图用双折线代替波浪线分界

一的剖切平面和柱面，应用最多的是单一剖切平面。单一剖切平面一般为投影面的平行面。上述的全剖视图、半剖视图、局部剖视图示例都是采用平行于某一基本投影面的单一剖切平面剖开机件的，可见单一剖切平面剖切的方法应用最为普遍。

当机件需要表达具有倾斜结构的内部形状时，如图 8-14 所示，若采用平行于投影面的剖切平面剖切，将不能反映倾斜结构内部的实形。这时，可采用一个与倾斜部分的主要平面平行且垂直于某一基本投影面的单一剖切平面剖切，再投影到与剖切平面平行的投影面上，即可得到该部分内部结构的实形。必要时允许将图形转正，并加注旋转符号，如图 8-14 中的 *B—B* 剖视图。

单一剖切平面还包括单一圆柱面，如图 8-15 所示。采用柱面剖切时，机件的剖视图应按展开方式绘制，如图 8-15“*A—A* 展开”所示。

2 几个平行剖切面

当机件的内部结构位于几个平行平面上时，可采用几个平行平面剖切，如图 8-16 所示。

如图 8-16 所示，机件上几个孔的轴线不在同一平面内时，如果用单一剖切平面在对称处切开，则上端小孔没有剖切到，若用两个互相平行的剖切平面剖切，就可在一个剖视图上把几个孔的形状表达清楚了。

提示：内部结构相同的部分剖切一处即可。

采用这种剖切平面画剖视图时应注意。

(1) 因为是假想的，所以在剖视图上不能画出剖切平面转折的界线，如图 8-16c) 所示。

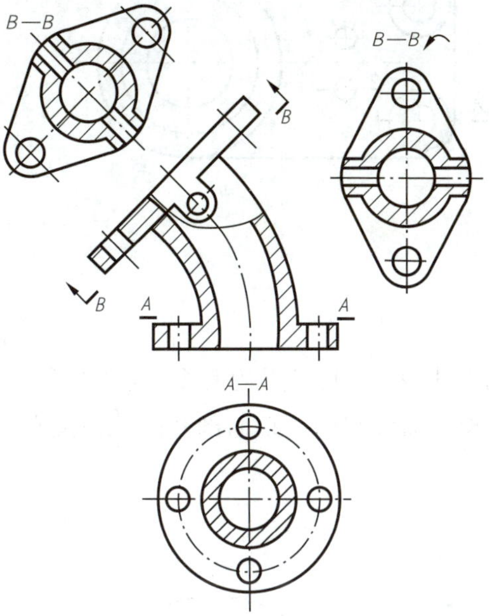

图 8-14　不平行基本投影面的单一剖切面

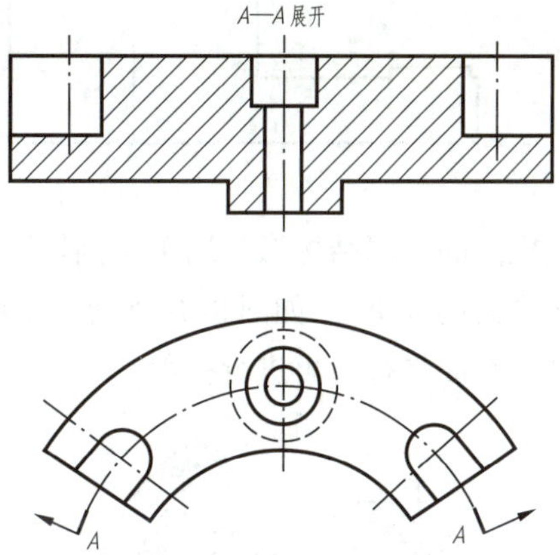

图 8-15　单一圆柱剖切面

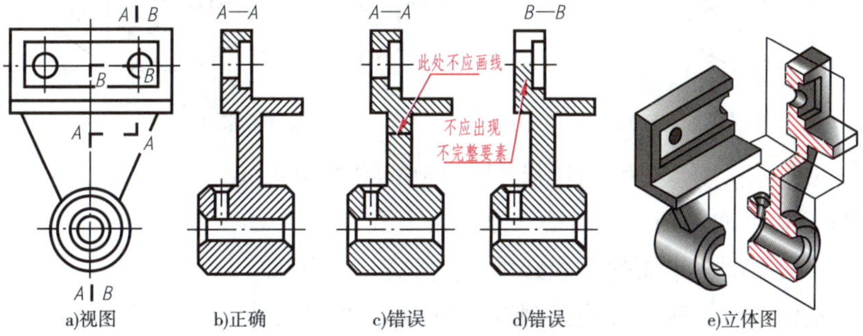

图 8-16　用两个平行的剖切平面剖切

(2) 在剖视图中不能出现不完整要素，如图 8-16d) 所示。仅当两个要素在图形上具有公共对称中心或轴线时，方可各画一半，如图 8-17 中的“*A—A*”。

(3)这种剖视图的标注方法，如果剖切符号的转折处位置有限时，可以省略，如图 8-17 所示。

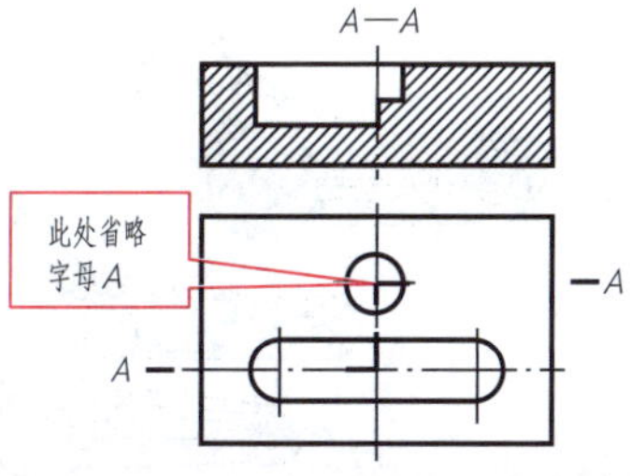

图 8-17　各画一半的图例

试一试：依据下图所示的视图，用几个平行的剖切平面将主视图画成全剖视图。

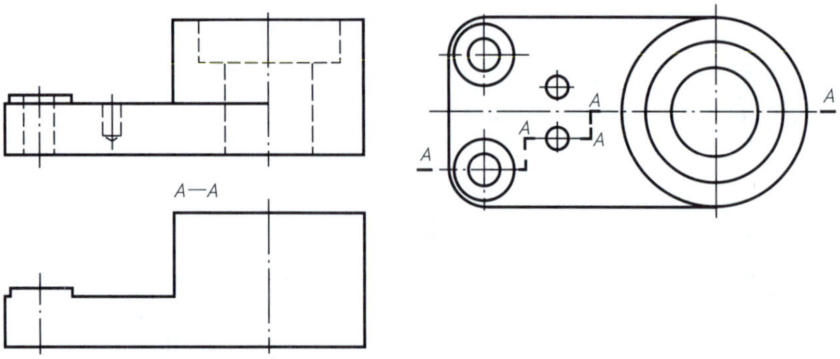

3 几个相交的剖切面(交线垂直于某一投影面)

当机件的内部结构形状用单一剖切面不能完整表达时,可采用两个(或两个以上)相交的剖切平面剖开机件,如图 8-18 所示,并将与投影面倾斜的剖切面剖开的结构及有关部分旋转到投影面平行后再进行投射。

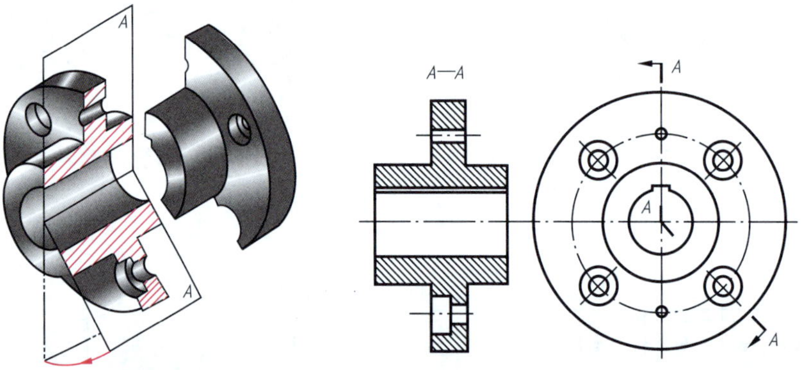

a)剖切示意图　　b)旋转剖视图

图 8-18　用两个相交的剖切平面剖切(一)

采用这种剖切平面画剖视图时应注意如下方面。

(1)几个相交的剖切平面的交线必须垂直于某一投影面。

(2)应按先剖切后旋转的方法绘制剖视图,如图 8-18 和图 8-19 所示。

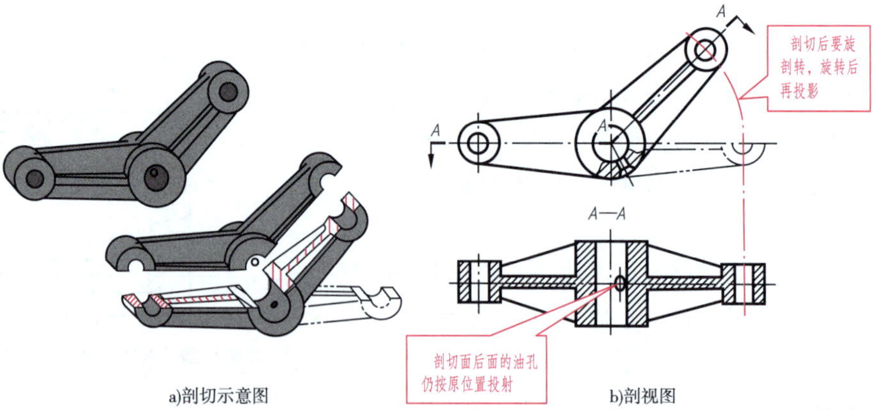

a)剖切示意图　　b)剖视图

图 8-19　用两个相交的剖切平面剖切(二)

(3)剖切面后面的结构,一般仍按原来的位置投射,如图 8-19 中的油孔。

图 8-20 所示是采用三个相交剖切平面剖开机件来表达其内部结构的剖视图。

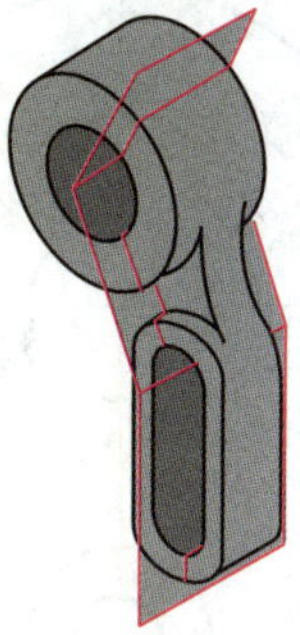

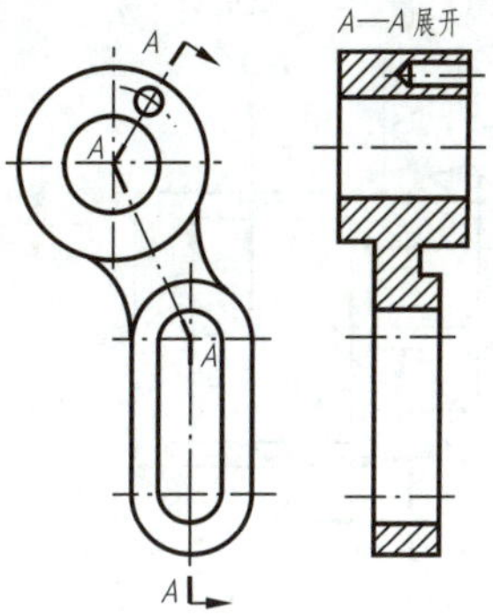

图 8-20　用三个相交的剖切平面剖切时的剖视图

二 识读右端盖零件图的形状、尺寸和粗糙度要求

1 分析视图,想象出右端盖零件的形状

如图 8-21 所示,右端盖零件共有 2 个视图,主视图采取了全剖视图,采用两个相交的剖切平面剖开机件,沿 *A*—*A* 剖切,所有的内部结构都表达清楚了。左视图为基本视图,表达了右端盖外部基本形状为椭圆形,所有的孔的形状为圆形,其中有 2 个 $\phi5$ 的通孔;有 6 个 $\phi6.6$ 通孔,沉孔为 $\phi11$,深 6.8;中间有 2 个 $\phi16$ 的孔,下面 $\phi16$ 的孔为盲孔,上面 $\phi16$ 的孔为通孔,其后连着 1 个 $\phi20$ 的孔;有 1 个带螺纹的圆形凸台。其具体形状如图8-22 所示。

2 搞清楚右端盖零件的尺寸要求

请同学们看图 8-21 填空。

(1)右端盖总长______________,总宽______________,总高______________。

(2)右端盖上 $\phi16$ 的盲孔深______________,2 个 $\phi16$ 孔中心距为______________,$\phi20$ 孔深为______________。

(3)矮凸台长______________,宽______________,高______________;带螺纹的圆形凸台高______________,直径为______________。

3 搞清楚右端盖粗糙度要求

请同学们看图 8-21 填空。

A、*B*、*C*、*D*、*E*、*F* 面的粗糙度要求分别为______________、______________、______________、______________、______________、______________。

三 识读右端盖零件图的尺寸公差要求

在看右端盖零件的尺寸要求时,我们发现有这样的标注:$\phi16\ ^{+0.018}_{\ \ 0}$、$\phi20\ ^{+0.021}_{\ \ 0}$ 和

28.27±0.016。这些标注如何识读呢?要搞清这些问题,我们必须学习这方面的知识。

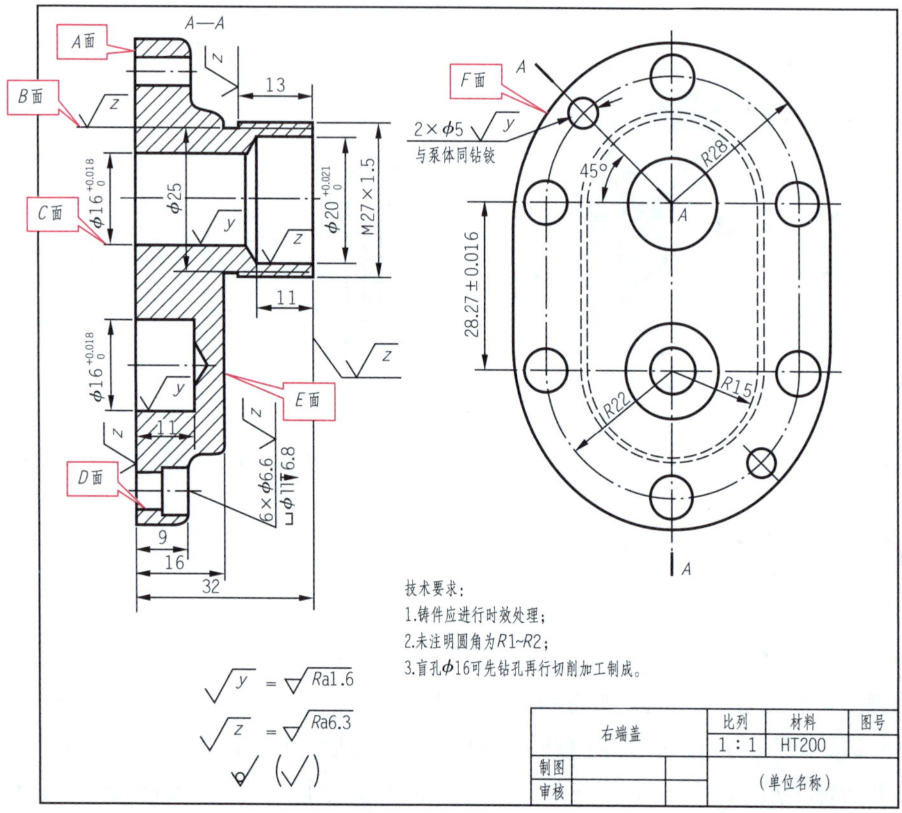

图8-21　右端盖零件图

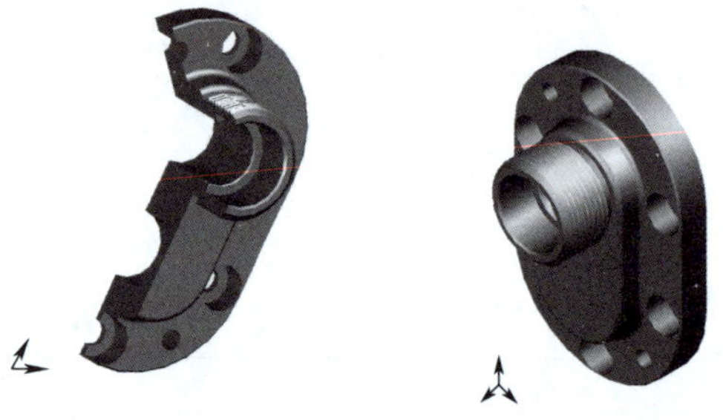

a)右端盖A—A位置剖视立体图　　b)右端盖实物图

图8-22　右端盖立体图

1 识读零部件图中的公差与配合所必须具备的知识

在实际生产中,零件的尺寸不可能加工得绝对准确,例如,生产6件φ50的实心光轴,加工出来的尺寸不可能正好是φ50.0000000,生产出来的尺寸可能是:φ50.03、φ50.02、φ50.01、φ49.97、φ49.98、φ49.99。我们需要的是φ50的尺寸,这些尺寸的产品合格吗?如果不给出合格范围,就不知道合不合格。既然加工误差是绝对的,就必须给出允许的误差范围。如果设计者规定 $\phi49.96 \sim \phi50.04$ 的尺寸都合格，那么已生产出来的6件零件就都合格。其中 $\phi49.96$ 称为合格允许的下极限尺寸，$\phi50.04$ 称为合格允许的上极限尺寸，它们是允许尺寸变动的两个极限值或界限值。很明显合格范围越宽，越容易达到。这个允许尺寸变动的（范围）量称为尺寸公差。

1 尺寸公差

现代化大规模生产要求零件具有互换性——从同一规格的一批零件中任取一件，不经修配就能装配到机器或部件上，并能保证使用要求。为满足零件的互换性，就必须制定和执行统一的标准。国家标准制定了相应的规定。总结上面所讲的例子，我们可以很好地理解这些规定、尺寸的术语和定义。

1）公称尺寸、极限尺寸、极限偏差与尺寸公差

（1）公称尺寸——设计者根据需要给定的尺寸，如图8-23中孔、轴的直径 $\phi30$。

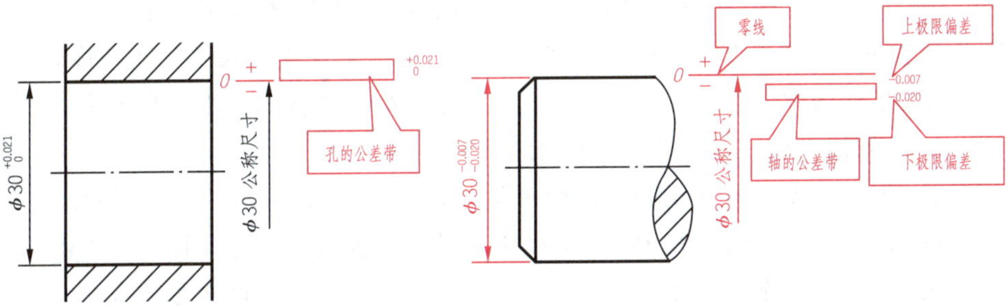

a)孔尺寸公差和公差带图　　b)轴尺寸公差和公差带图

图8-23　孔与轴的尺寸公差及公差带

（2）实际尺寸——通过测量得到的尺寸。

（3）极限尺寸——允许尺寸变动的两个界限值。

（4）上极限尺寸——合格允许的最大尺寸。

（5）下极限尺寸——合格允许的最小尺寸。

在图中写 $\phi49.96 \sim \phi50.04$ 的尺寸都合格，太不简练，规定统一写成：

或写成：$\phi50 \pm 0.04$

很显然，上极限尺寸 = 上极限偏差 + 公称尺寸；

下极限尺寸 = 下极限偏差 + 公称尺寸。

提示：若实际尺寸在上和下极限尺寸之间，即为合格零件。

（6）上极限偏差——上极限尺寸减公称尺寸所得的代数差。

（7）下极限偏差——下极限尺寸减公称尺寸所得的代数差。

孔的上、下极限偏差代号用大写的字母ES、EI来表示；

轴的上、下极限偏差代号用小写的字母 es、ei 来表示,如图 8-23 所示。

孔:上极限偏差 $ES=30.021-30=0.021$

下极限偏差 $ES=0$

轴:上极限偏差 $es=29.993-30=-0.007$

下极限偏差 $ei=29.980-30=-0.020$

(8)尺寸公差——零件尺寸的允许变动量。

公差 = 上极限尺寸 - 下极限尺寸 = 上极限偏差 - 下极限偏差,如图 8-23 所示。

孔的公差 $=30.021-30=0.021$ 或 $+0.021-0=0.021$

轴的公差 $=29.993-29.980=0.013$ 或:

轴的公差 $=-0.007-(-0.02)=0.013$

想一想:公差值必定是正值吗? 公差能为"0"或负值吗?

2)公差带、公差带图与零线

为形象、直观地表达公差值的大小和位置,我们用公差带图表示:以公称尺寸为基准(零线),用夸大了间距的两条直线表示上、下极限偏差,这两条直线所限定的区域称为公差带。用这种方法画出的图称为公差带图。它表达了尺寸公差的大小和相对零线(公称尺寸线)的位置。图 8-23 表达了孔和轴直径尺寸的公差带图。

公差带图中,零线是确定正、负偏差的基准线,零线以上为正偏差,零线以下为负偏差。在零件图上标注尺寸公差,其上、下极限偏差有时都是正值,有时都是负值,有时则是一正一负。上、下极限偏差值中可以有一个值是"0",但不得两个值都是"0"。

3)标准公差(IT)与基本偏差

公差带的两个要素:公差带的大小和公差带的位置。理论上是可以任意确定的,但为了生产和管理方便,规定了标准公差和基本偏差。

标准公差分 20 个等级,即 IT01、IT0、IT1 ~ IT18。其中 IT01 公差值最小,精度最高;IT18 公差值最大,精度最低。常见的标准公差数值见本书最后面的附表 E。

提示:在满足使用要求的前提下,尽可能选用较低的公差等级。

在公差带图中,公差带的大小是由公差值确定的:公差带相对零线的位置是由基本偏差确定的。国家标准规定,用以确定公差带相对零线位置的极限偏差称为基本偏差。基本偏差通常是指靠近零线的那个偏差,它可以是上极限偏差,也可以是下极限偏差。如图 8-23 所示,孔的基本偏差为下极限偏差等于 0,轴的基本偏差为上极限偏差等于 -0.007。

当孔与轴配合时,为使轴、孔之间具有不同的松紧程度,国家标准分别对孔与轴各规定了 28 个不同基本偏差。它们的代号,如图 8-24 所示。

从图 8-24 中可以看出,当公差带位于零线上方时,基本偏差为下极限偏差;当公差带位于零线下方时,基本偏差为上极限偏差。基本偏差系列图只表达公差带的位置。

4)公差带代号识读

由基本偏差代号(字母)和标准公差等级代号(数字)组成。孔、轴的尺寸公差可用公差代号表示。例如:

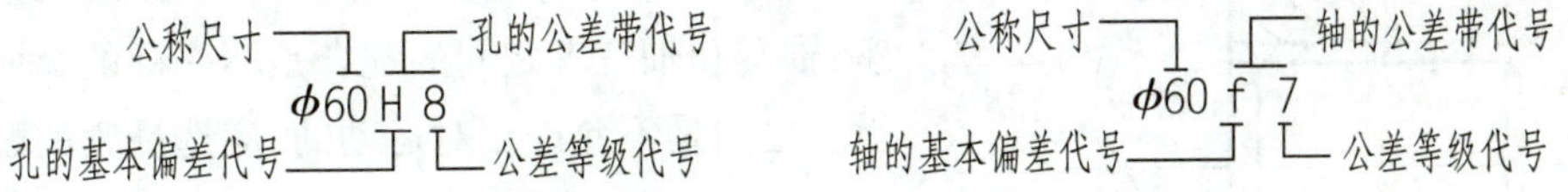

ϕ60H8 的含义：公称尺寸为 ϕ60，基本偏差为 H 的 8 级孔。

ϕ60f7 的含义：公称尺寸为 ϕ60，基本偏差为 f 的 7 级轴。

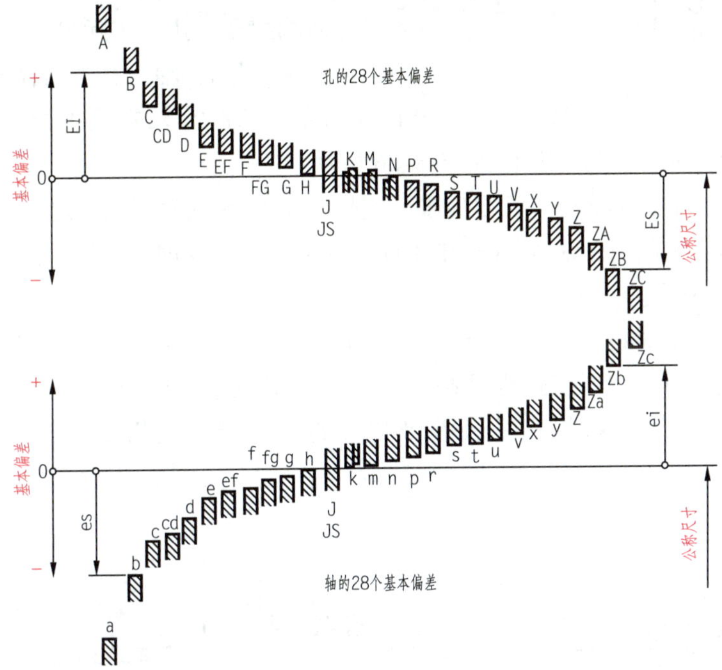

图 8-24 基本偏差系列

提示：只标注了公称尺寸而未注公差的尺寸并不是没有公差要求，而是“国标”另有规定，见表 8-2。

线性尺寸的极限偏差数值 表 8-2

公差等级	尺寸分段							
	0.5～3	>3～6	>6～30	>30～120	>120～400	>400～1000	>1000～2000	>2000～4000
f(精密度)	±0.05	±0.05	±0.1	±0.15	±0.2	±0.3	±0.5	—
m(中等级)	±01	±0.1	±0.2	±0.3	±0.5	±0.8	±1.2	±2
c(粗糙级)	±0.2	±0.3	±0.5	±0.8	±1.2	±2	±3	±4
v(最粗级)	—	±0.5	±1	±1.5	±2.5	±4	±6	±8

2 配合的类型

公称尺寸相同而相互结合的孔与轴公差带之间的关系称为配合。按照使用的要求不

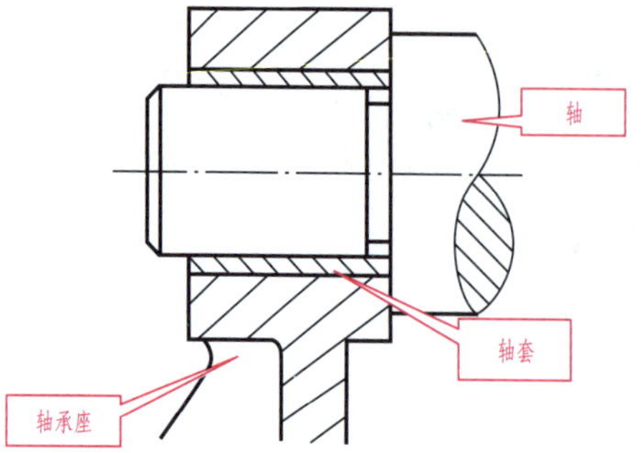

图8-25 配合的概念

同,孔与轴的配合有松有紧。如图8-25所示轴承座、轴套和轴三者之间的配合是不一样的,轴套与轴承座之间是不允许相对运动的,应选择紧的配合;轴与轴套之间要求能转动,应选择松动的配合。国家标准规定了三种配合:间隙配合、过盈配合、过渡配合。

(1)间隙配合。孔的实际尺寸总比轴的实际尺寸大,装配在一起后,轴与孔之间存在间隙(包含最小间隙为零的情况),轴在孔中能作相对运动。这时,孔的公差带在轴的公差带之上,如图8-26所示。

(2)过盈配合。孔的实际尺寸总比轴的实际尺寸小,装配时需用一定的外力才能将轴压入孔中,轴与孔装配在一起后,轴在孔中不能作相对运动。这时,轴的公差带在孔的公差带之上,如图8-27所示。

(3)过渡配合。轴的实际尺寸比孔的实际尺寸有时小,有时大。轴与孔装配在一起后,可能出现间隙,或出现过盈,但间隙或过盈都相对较小。这种介于间隙和过盈之间的配合,称为过渡配合。这时,孔的公差带与轴的公差带出现相互重叠部分,如图8-28所示。

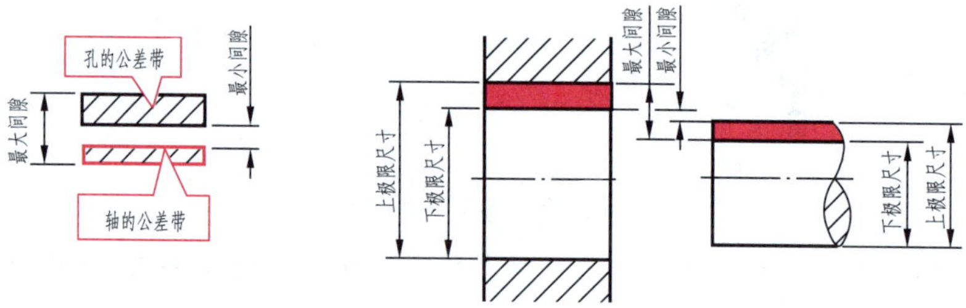

a)公差带图

b)孔与轴的间隙配合示意图

图8-26 孔与轴的间隙配合

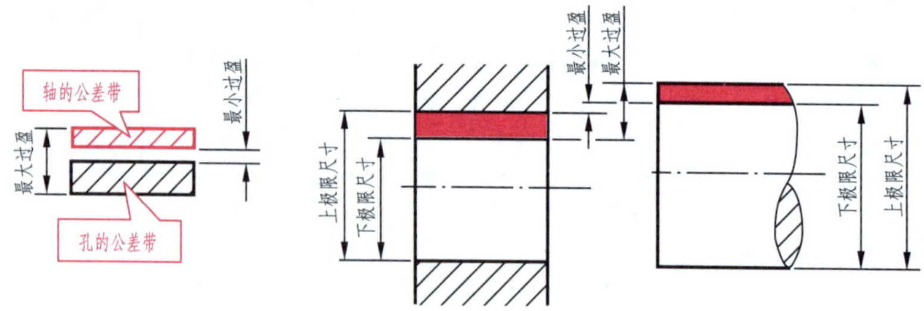

a)公差带图

b)轴与孔的过盈配合示意图

图8-27 轴与孔的过盈配合

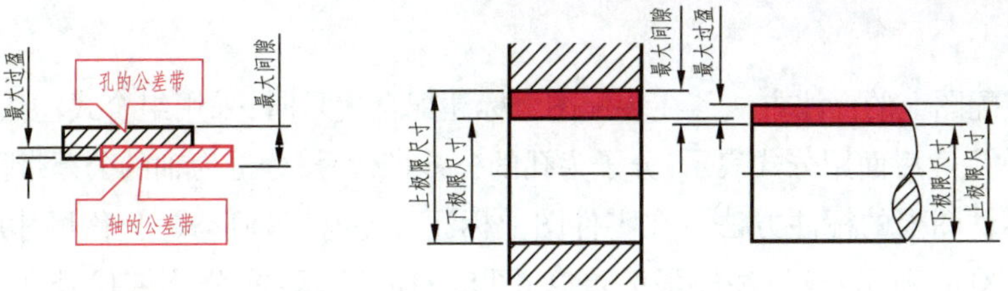

a)公差带图　　b)轴与孔的过渡配合示意图

图8-28　轴与的孔过渡配合

提示:过渡配合中出现了间隙,或出现了过盈,不能叫间隙配合或过盈配合,只能叫过渡配合。为什么呢? 因为只有确保轴与孔之间一定有间隙,才能叫间隙配合;一定有过盈,才能叫过盈配合;而过渡配合的间隙或过盈是随机的。

3 配合制

孔和轴公差带形成配合的一种制度,称为配合制。为了统一基准件的极限偏差,从而达到减少零件加工定值刀具和量具的规格数量,国家标准中规定,配合制度分为两种:基孔制和基轴制。

(1)基孔制配合。指基本偏差为一定值的孔的公差带,与不同基本偏差的轴的公差带形成各种配合的一种制度。也就是在公称尺寸相同的配合中,将孔的公差带位置固定,通过变换轴的公差带位置来得到不同的配合,如图8-29所示。国家标准规定基准孔的下极限偏差为零,即下极限尺寸等于公称尺寸。基准孔的基本偏差代号为“H”。

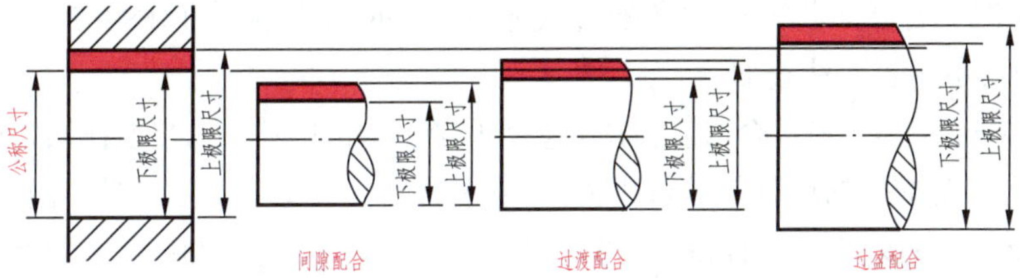

a)基准孔　　b)配合轴

图8-29　基孔制配合

(2)基轴制配合。指基本偏差为一定值的轴的公差带,与不同基本偏差的孔的公差带形成各种配合的一种制度。国家标准规定基准轴的上极限偏差为零,即上极限尺寸等于公称尺寸,如图8-30所示。基准轴的基本偏差代号为“h”。

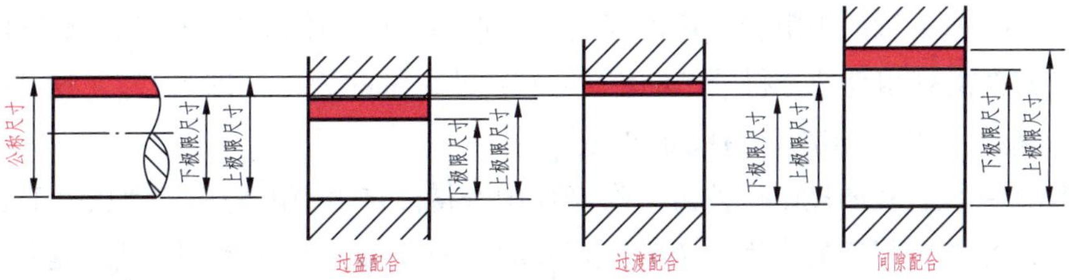

a)基准轴　　b)配合孔

图8-30　基轴制配合

4 极限与配合的标注与查表

(1)在装配图上的标注方法。在装配图上标注配合代号时,采用组合式注法,如图8-31a)所示。在公称尺寸后面用分式表示,分子为孔的公差带代号,分母为轴的公差带代号。

(2)在零件图上的标注方法。在零件图上标注公差有三种形式,公称尺寸后面只注公差代号,如图8-31b)所示;或只注极限偏差,如图8-31c)所示;或公差带代号和极限偏差都有标注,如图8-31d)所示。

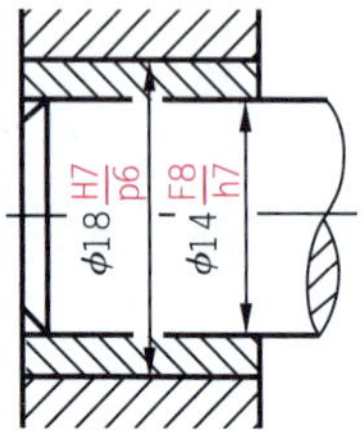

a)装配图上的标注方法

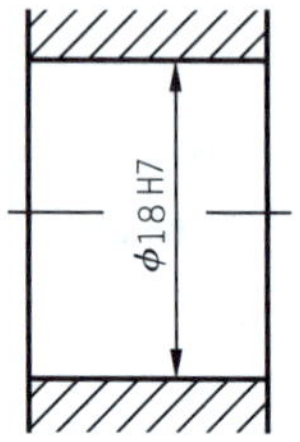

b)零件图上只注公差代号的标注方法

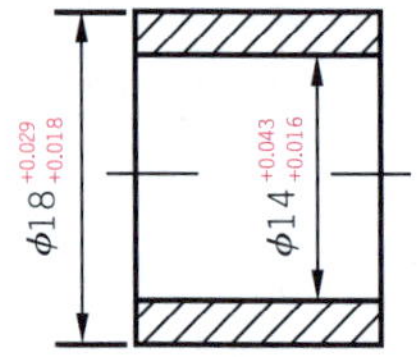

c)零件图上只注极限偏差的标注方法

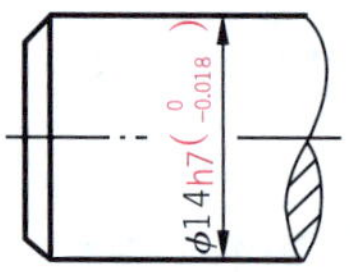

d)零件图上公差带代号和极限偏差都标注

图8-31 图样上的极限与配合标注方法

(3)查表法。若已知公称尺寸和配合代号,例如 φ16H7/p6、φ18F8/h7,需要知道孔、轴的极限偏差时,可用查表法查取。

①φ16H7/p6是基孔制配合,其中H7是基准孔的公差带代号,p6是配合轴的公差带代号。

φ16H7——基准孔的极限偏差可由附表G中查得。在表中由公称尺寸从大于14~18的行与公差带H7的列相交处查得 $^{+18}_{0}$(单位为μm),改以mm为单位即为 $^{+0.018}_{0}$,这就是基准孔上、下极限偏差,所以φ16H7可写成 $\phi16^{+0.018}_{0}$。

φ16p6——配合轴的极限偏差可由附表F中查得。在表中由公称尺寸从大于14~18的行与公差带p6的列相交处查得 $^{+29}_{+18}$(单位为μm),改以mm为单位即为 $^{+0.029}_{+0.018}$,这就是配合轴上、下极限偏差,所以φ16P6可写成 $\phi16^{+0.029}_{+0.018}$。

②φ18F8/h7是基轴制配合,其中h7是基准轴的公差带代号,F8是配合孔的公差带代号。

φ18h7——基准轴的极限偏差可由附表F中查得。在表中由公称尺寸从大于14~18的行与公差带h7的列相交处查得 $^{0}_{-18}$(单位为μm),改以mm为单位即为 $^{0}_{-0.018}$,这就是基准轴上、下极限偏差,所以φ18h7可写成 $\phi18^{0}_{-0.018}$。

φ18F8——配合孔的极限偏差可由附表G中查得。在表中由公称尺寸从大于14~18的行与公差带F8的列相交处查得 $^{+43}_{+16}$(单位为μm),改以mm为单位即为 $^{+0.043}_{+0.016}$,这就是配合孔上、下极限偏差,所以φ18F8可写成 $\phi18^{+0.043}_{+0.016}$。

提示:(1)国家标准推荐孔比轴低一级相配合,如H8/f7、N7/h6。

(2)采用基孔制可以减少定值刀具、量具的品种和数量,降低生产成本,国家标准规定优先选用基孔制配合。

国家标准规定了孔、轴公差带的配合标准。有优先、常用和一般用途的孔和轴公差配合形式,它们的选用顺序是:选用优先配合,其次是常用配合,在不能满足要求时才选用一般孔、轴公差配合,见本书附表 H 和附表 I。

练一练: 查表写出 $\phi60\frac{H7}{n6}$、$\phi20\frac{H7}{s6}$、$\phi30\frac{H8}{f7}$、$\phi60\frac{C7}{h6}$、$\phi75\frac{R7}{h6}$和 $\phi50\frac{H6}{h5}$的偏差数值,并说明属于何种配合制度和配合类别。

2 识读右端盖零件图中的尺寸公差要求

通过学习公差与配合所必须具备的知识,我们可以读懂 $\phi16^{+0.018}_{0}$、$\phi20^{+0.021}_{0}$、28.27 ± 0.016 的含义,见表 8-3。

尺寸公差识读举例　　表 8-3

名　称	项　目		
	$\phi16^{+0.018}_{0}$	$\phi20^{+0.021}_{0}$	28.27 ± 0.016
公称尺寸	16	20	28.27
上极限尺寸	16.018	20.021	28.286
下极限尺寸	16	20	28.254
上极限偏差	+0.018	+0.021	+0.016
下极限偏差	0	0	-0.016
公差	+0.018	+0.021	0.032

综合归纳零件的形状、尺寸及技术要求,我们读懂了右端盖零件图。

巩固练习: (1)在图 8-32 中,选择正确的剖视图并在括号里打"√"。

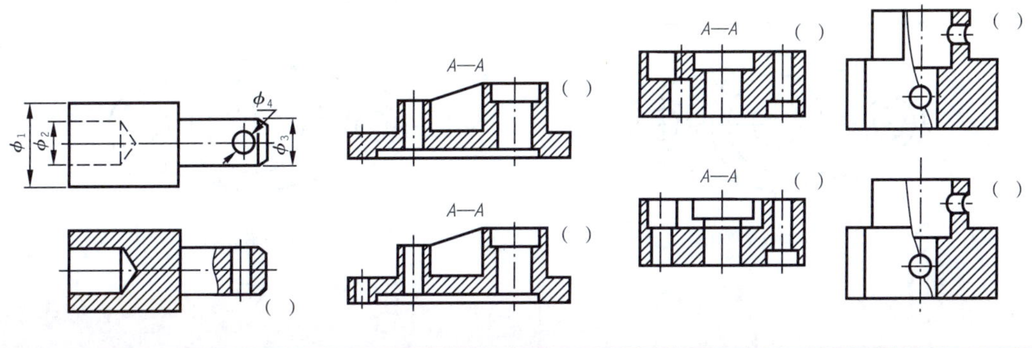

图　8-32

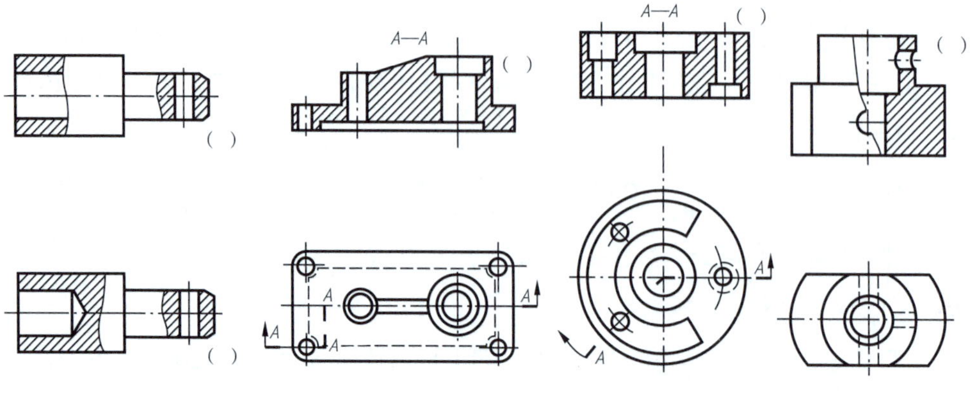

a) b) c) d)

图 8-32　选择正确的剖视图并在括号里打“√”

(2)按图 8-33 要求,完成剖视图。

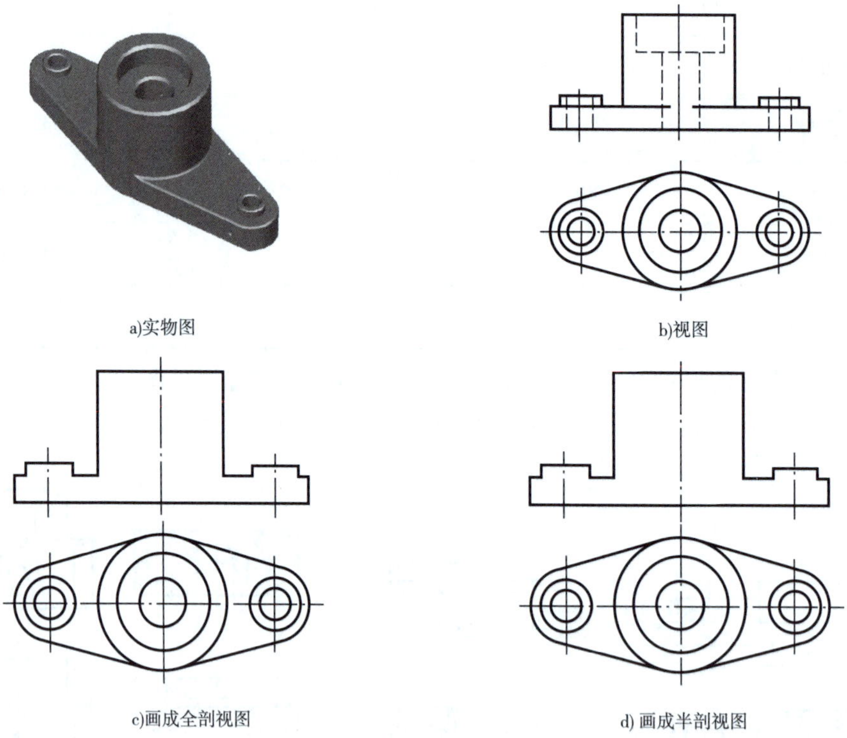

a)实物图　b)视图　c)画成全剖视图　d)画成半剖视图

图　8-33

(3)在图 8-34 和图 8-35 中,用几个平行的剖切平面将主视图画成全剖视图。

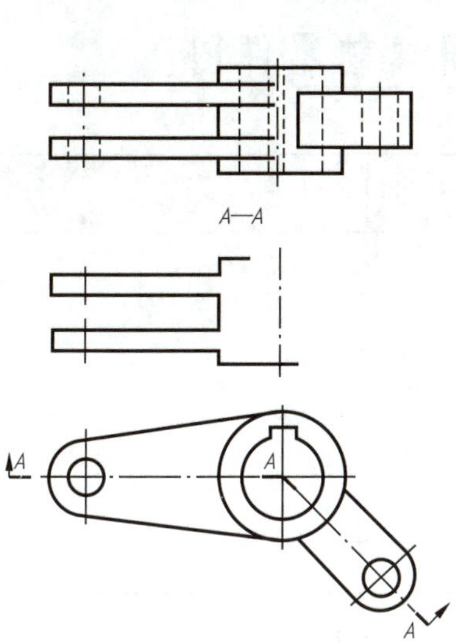

图8-34　将主视图改画成全剖视图(一)

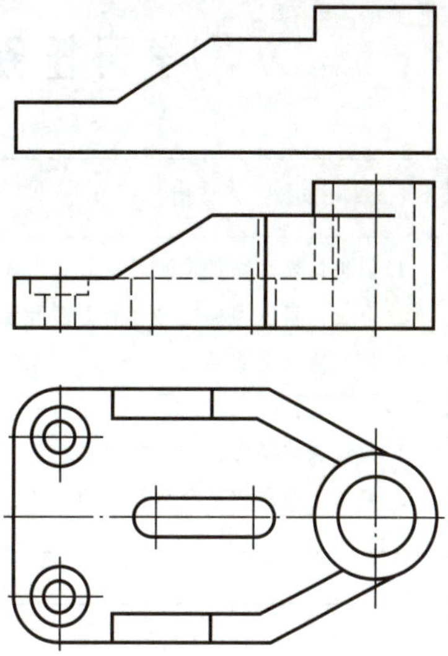

图8-35　将主视图改画成全剖视图(二)

(4)描述一下:公称尺寸、极限尺寸、尺寸偏差、尺寸公差、公差带、公差带图、零线的含义。

(5)读懂图8-36中尺寸公差与配合的标准,解释其含义,计算相关数值并填在空格内。

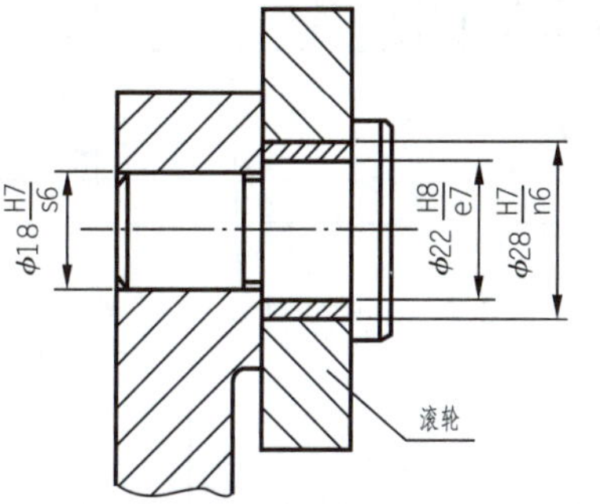

图8-36　解释图中尺寸公差的含义

①φ18H7/s6为基______制的______配合。

②φ22H8/e7为基______制的______配合。

③φ28H7/n6中:

孔的公差带代号为____________,公差带等级为____________级,基本偏差代号为____________,上极限偏差为____________,下极限偏差为____________,公差值为____________,上极限尺寸为____________,下极限尺寸为____________。轴的公差带代号为____________,公差带等级为____________级,基本偏差代号为____________,上极限偏差为____________,下极限偏差为____________,公差值为____________,上极限尺寸为____________,下极限尺寸为____________。

学习任务单9　识读轴零件图

任务	识读轴零件图	任务学时	2
教学目标	1. 能根据表达需要灵活运用断面图表达方式和看懂断面图; 2. 会正确画出和标注移出断面图和重合断面图; 3. 能读懂轴类零件图		
知识点	1. 断面图的概念、作用、种类; 2. 移出断面图和重合断面图的配置、标注和应用		
零件图	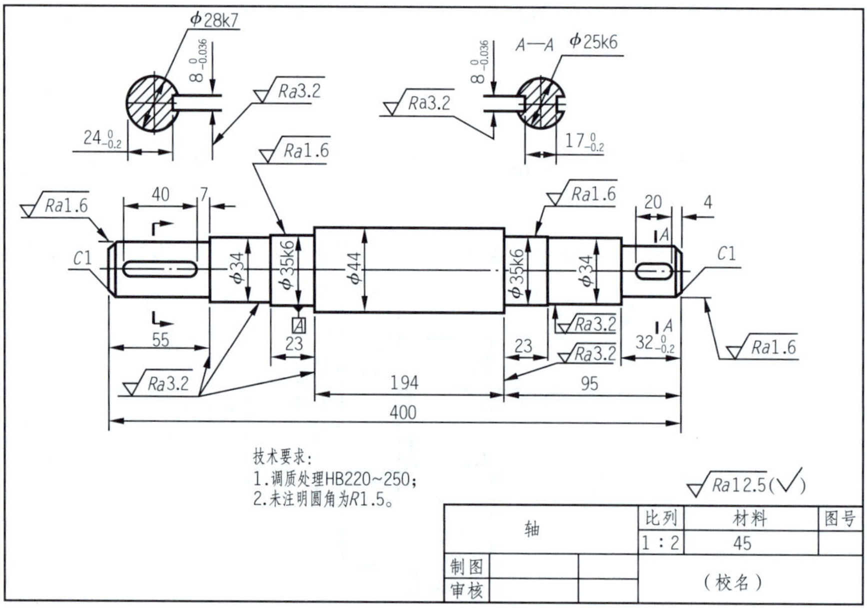		
说明	此零件图幅面为A3号图,因篇幅有限按比例进行了缩小		

同学们首先看轴的标题栏,了解零件的名称、材料,视图采用的比例。然后看视图,通过观察我们发现只有一个主视图和两个未按投影规律配置的视图,这是什么视图呢?如何看懂这些视图呢?

要搞清楚这些问题,我们必须从断面图的基本概念讲起。

一 识读有断面图的这类零件图应具备的知识

1 断面图的概念

假想用剖切平面将机件的某处切断,仅画出剖切面与机件接触部分的图形称为断面图,简称断面，如图 9-1a）所示的小轴，为了把轴上的键槽表达清楚，假想一个垂直轴线的剖切平面在键槽处将轴切断，只画出断面的图形，并画上剖面符号，即为断面图，如图 9-1b）所示。

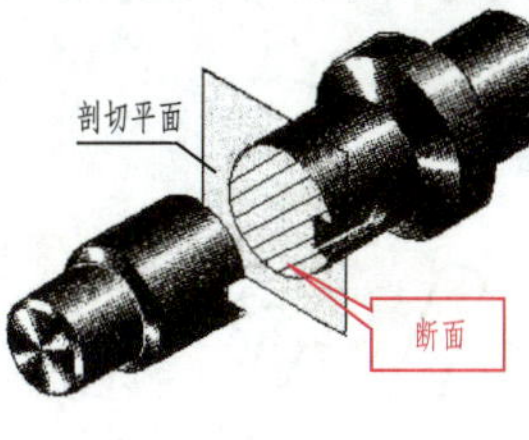

a)假想剖切平面

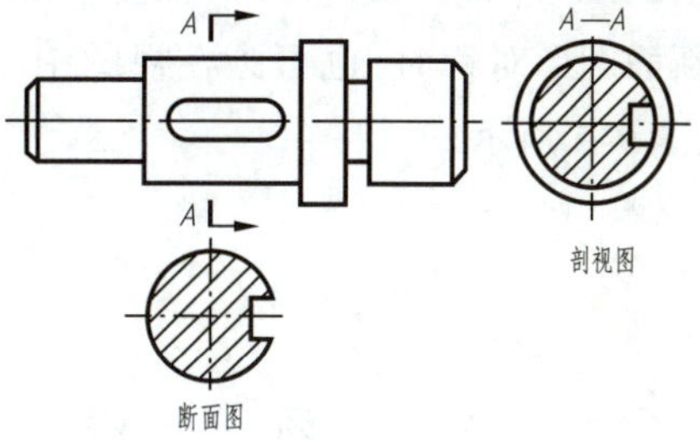

b)轴的断面图与剖视图

图 9-1　断面图的形成

提示：(1) 断面图是一种假想画法，机件本身并没有被切断。

(2) 剖切面与物体接触部分的图形，就是断面。

(3) 同一零件的剖面线在各个断面图中，其倾斜方向和间隔都必须一致。

2 断面图的作用

断面图主要用于表达机件上某些部分的断面形状，如型材断面形状、机件上的肋板、轮辐、实心杆、孔和槽等。

提示：断面图与剖视图的区别：断面图只画出机件被剖切后的断面形状，剖视图除了画出断面的形状外，还必须画出机件上位于剖切面之后的形状，如图 9-1b) 所示。

3 断面图的种类

按断面图配置的位置不同，断面图可分为移出断面图和重合断面图两种。

1 移出断面图——画在视图轮廓线之外的断面图

1）移出断面图的画法

（1）移出断面图的轮廓线用粗实线画出，并尽量画在剖切符号或剖切面轨迹线的延长线上，如图 9-1b）所示。必要时也可将移出断面图画在其他位置，如图 9-2 所示，标出相应的 *A—A* 断面图。

（2）当剖切平面通过由回转面而形成的孔或坑槽的轴心线时，如图 9-2 所示，这些结构应按剖视表达。

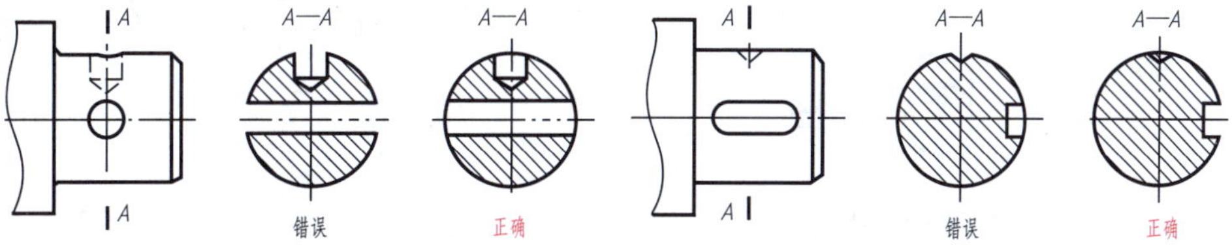

图 9-2　移出断面图的表达(一)

(3)当剖切平面通过非圆孔会导致完全分离的断面时,如图9-3所示,也应按剖视图表达。

(4)剖切平面应与被剖切部分的主要轮廓线垂直。由两个(或多个)相交的剖切平面剖切得到的移出断面,中间一段应断开,如图9-4所示。

(5)当断面图形对称时,也可画在视图中的断面处,此时,视图应用波浪线(或双点划线)断开,如图9-5所示。

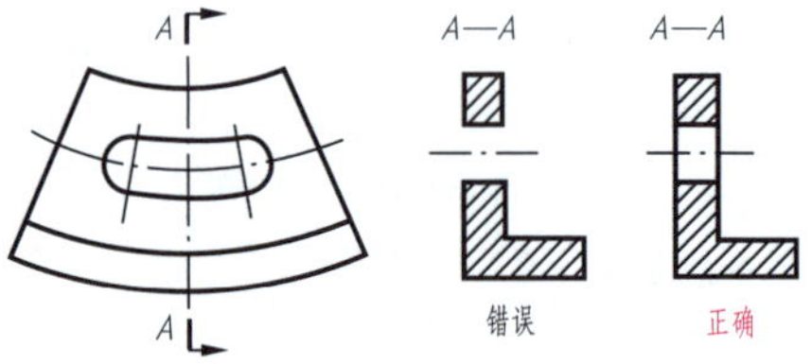

图9-3 移出断面图的表达(二)

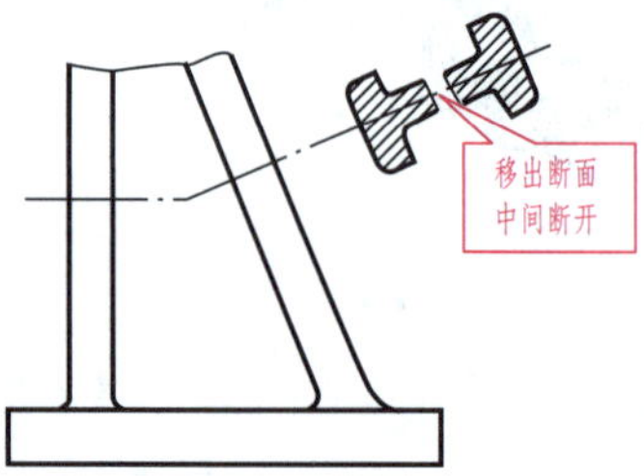

图9-4 移出断面图的表达(三)

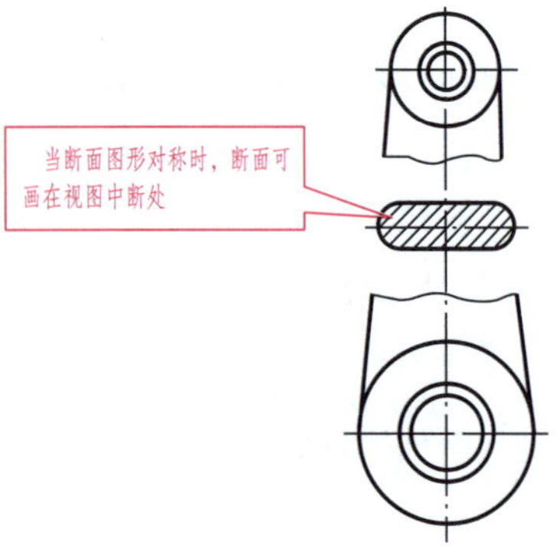

图9-5 移出断面图的表达(四)

2)移出断面图的配置和标注

(1)未配置在剖切线延长线上的移出断面图,当图形不对称时,要用剖切符号表明剖切位置,画出箭头指示投射方向,并注写字母,如图9-6a)中的"*A*—*A*"所示;如果图形对称,则可省略指示箭头,如图9-6a)中的"*B*—*B*"所示。

(2)配置在剖切符号的延长线上的移出断面图,当图形不对称时,可省略字母,如图9-6b)所示。若图形对称时可以不标注,如图9-6a)所示。

(3)按投影关系配置的移出断面图也可省略箭头,如图9-6b)中的"*A*—*A*"所示。

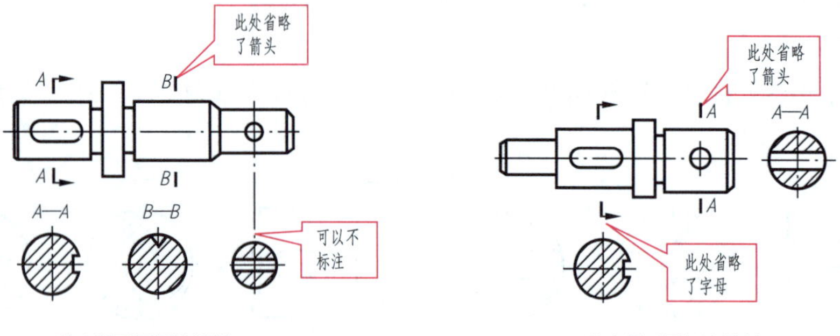

a)移出断面图标注举例1

b)移出断面图标注举例2

图9-6 移出断面图的配置与标注

试一试：下图中，哪个是正确的？说明理由。

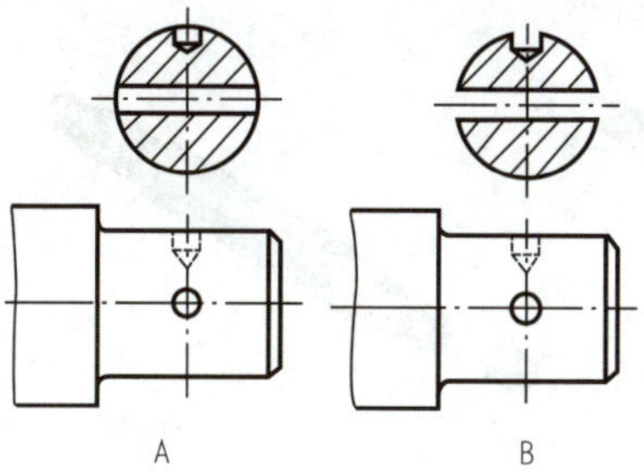

2 重合断面图——画在视图轮廓线之内的断面图

1）重合断面图的画法

重合断面图的轮廓线用细实线绘制。当视图中的轮廓线与重合断面图的图形重合时，视图中的轮廓线仍应连续画出，不可间断，如图9-7所示。

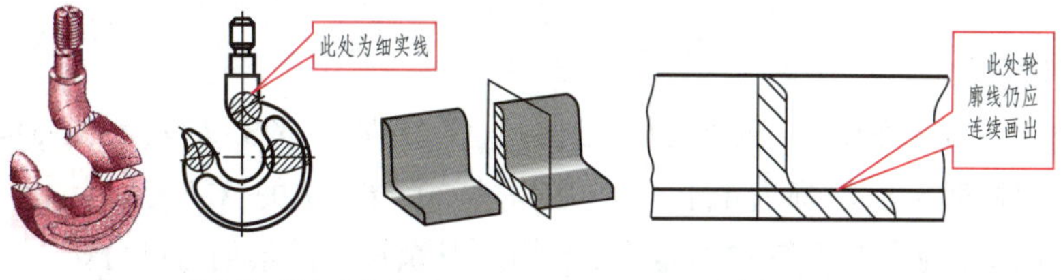

a)重合断面图表达方法1　　b)重合断面图表达方法2

图9-7　重合断面图画法

2）重合断面图的标注

对称的重合断面不必标注，如图9-7所示。不对称的重合断面要标出剖切符号和表示投影方向的箭头，可省略字母；在不致引起误解时，也可省略标注，如图9-7b)所示。

试一试：画出下图中剖切线处的移出断面图。

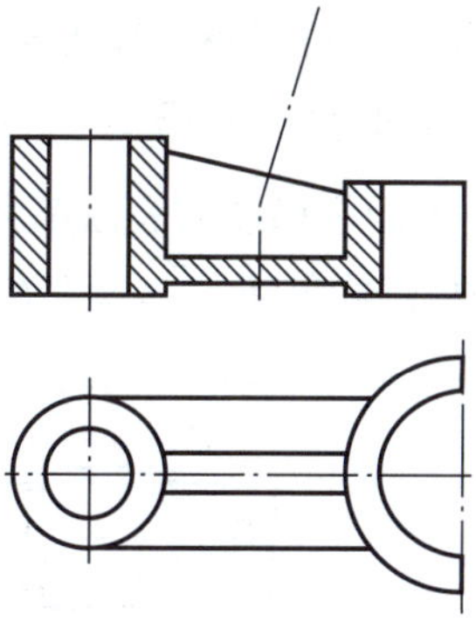

二 识读轴零件图的形状、尺寸和技术要求

1 分析视图，想象出轴的形状

如轴的零件图所示，两个未按投影规律配置的视图有如下信息：主视图上方是两个移出

断面图,表达轴左、右端两个键槽的形状和深度。同学们自己根据主视图想象出其他部分形状及轴的整体形状,如图 9-8 所示。

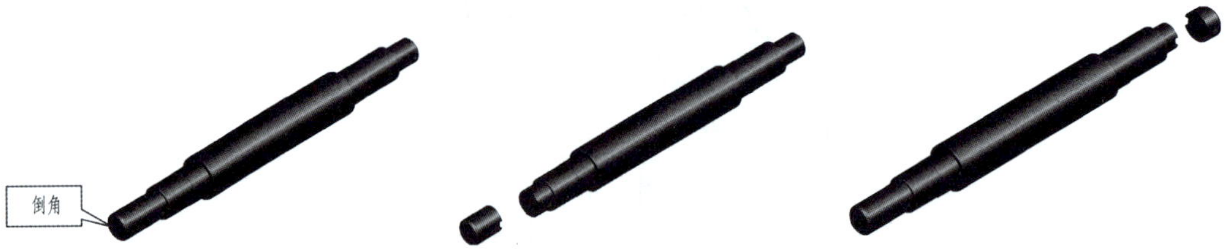

a)轴的外轮廓立体图　　b)轴的不同位置剖切立体图

图 9-8　轴的立体图

当遇到与轴零件图的主体结构形状相似的零件时,如轴、套、轮、圆盘等,这类零件的表达一般是:在主视图上将主体沿轴线水平放置,必要时再用断面图、局部剖视图、局部放大图等方法来表达局部结构形状。

2 搞清楚轴零件的尺寸和技术要求(所有未注单位都为 mm)

1)轴零件的尺寸

轴的总长为 400。轴是阶梯轴,从左到右直径分别是 $\phi28$、$\phi34$、$\phi35$、$\phi44$、$\phi35$、$\phi34$、$\phi25$。两个键槽宽都为 8,深都为 4,长分别为 40 和 20。C1 中的“C”表示为 45°倒角,1 表示倒角长为 1(这部分内容在任务 12 中会仔细讲)。其余尺寸同学们自己分析。

2)轴零件的技术要求

(1)尺寸公差要求:键槽宽为 $8^{\ 0}_{-0.036}$ 表示公称尺寸为 8,上极限偏差为 0,下极限偏差为 −0.036,公差为 0.036。$\phi28k7$ 表示直径的公称尺寸为 28,k7 由附录 F 中查得:上极限偏差为 +23μm(0.023mm),下极限偏差为 +2μm(0.002mm)。公差为 0.023mm − 0.002mm = 0.021mm,7 级精度。其余尺寸公差为未注公差。余下的尺寸公差同学们自己分析。

(2)表面粗糙度要求:直径为 $\phi28$、$\phi35$、$\phi25$ 的外圆柱表面,表面粗糙度要求都为 $\sqrt{Ra1.6}$;两个 $\phi34$ 的外圆柱表面,表面粗糙度要求都为 $\sqrt{Ra3.2}$;$\phi44$ 的左、右端面,表面粗糙度要求都为 $\sqrt{Ra3.2}$;$\phi28$ 的轴肩,表面粗糙度为 $\sqrt{Ra3.2}$;键槽的所有表面,表面粗糙度要求都为 $\sqrt{Ra3.2}$;$\sqrt{Ra12.5}$ ($\sqrt{}$) 表示其余未注表面粗糙度的表面都为 $\sqrt{Ra12.5}$。

综合归纳零件的形状、尺寸及技术要求,我们读懂了轴的零件图。

巩固练习:(1)试画出图 9-9 中指定位置的断面图,左端键槽深 4mm,右端键槽深 3mm。

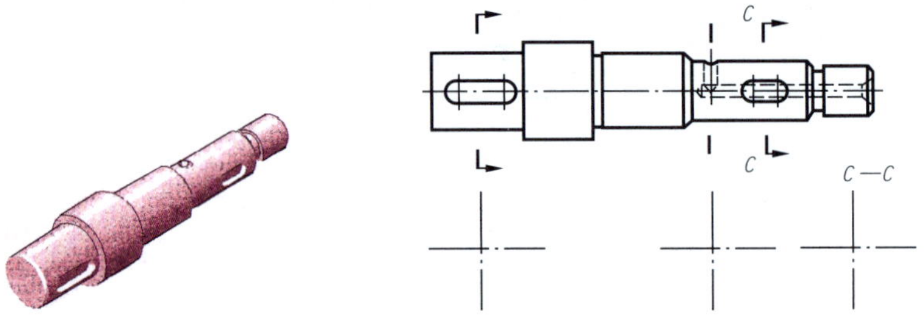

图 9-9　补画指定位置的断面图

(2)画出图9-10中指定位置的断面图。

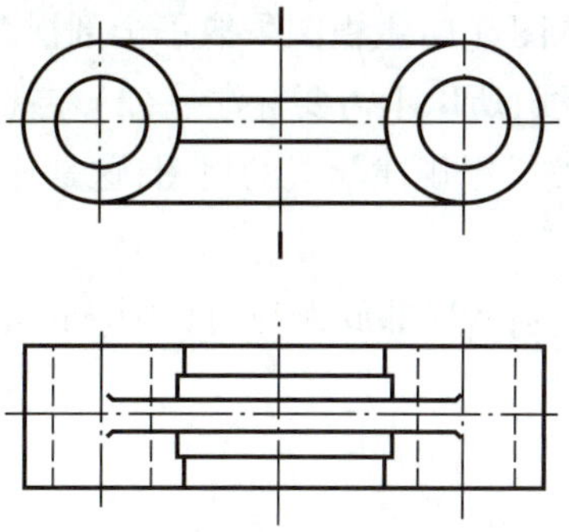

图9-10　补画指定位置的断面图

学习任务单10　识读端盖零件图

任务	识读端盖零件图	任务学时	2
教学目标	1. 能根据表达需要灵活运用局部放大图和简化画法； 2. 能识读局部放大图和各种简化画法； 3. 能读懂端盖零件图		
知识点	1. 局部放大图和简化画法的概念和配置规定； 2. 局部放大图和简化画法有关的国家标准及其标注的规定； 3. 局部放大图和简化画法的运用		
零件图	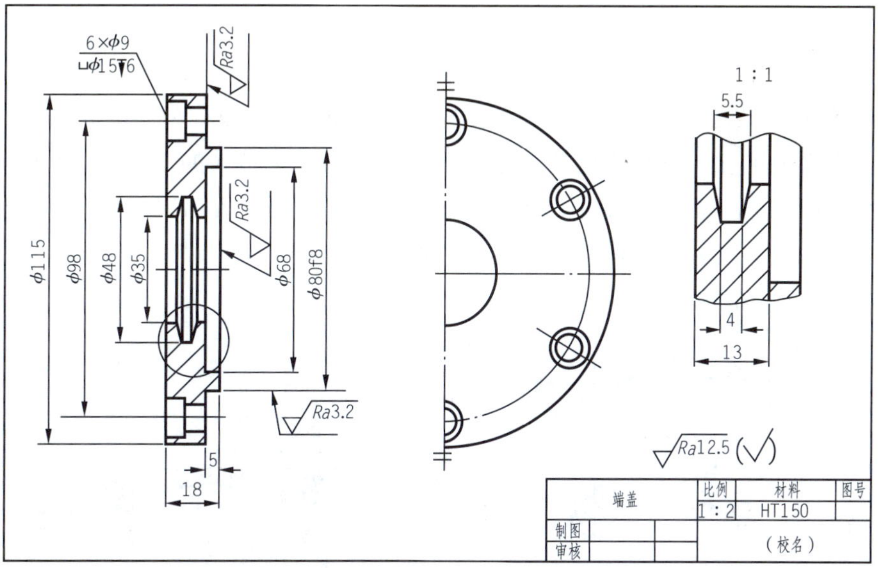		
说明	此零件图幅面为A3号图,因篇幅有限按比例进行了缩小		

同学们首先看端盖零件的标题栏,了解零件的名称、材料,视图采用的比例。然后看视图,通过观察我们发现有三个视图:(1)主视图采取了全剖视图表达端盖的内部结构,因单一剖切平面通过端盖的对称中心线,所以不需要标注。(2)左视图是基本视图,只画了个半圆,怎么回事呢?(3)还有一个未按投影规律配置的视图,这是什么视图呢?如何看懂这些视图呢?如图10-1所示。

要搞清楚这些问题,我们必须从局部放大与简化画法的基本概念讲起。

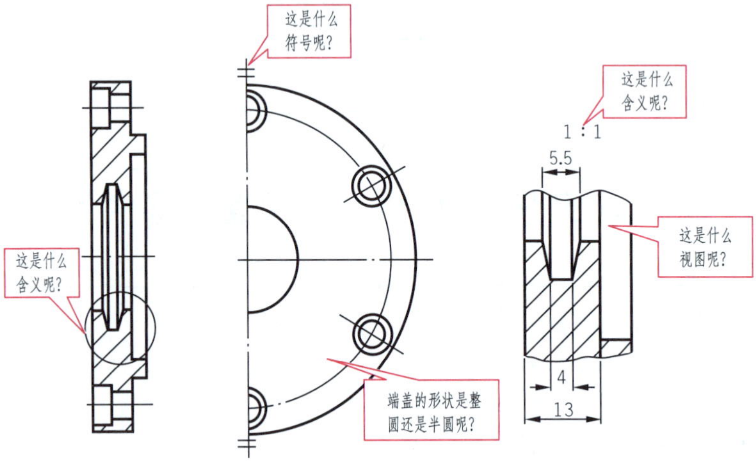

图10-1　看图思考问题

一 识读有局部放大图和简化画法这类零件图应具备的知识

1 局部放大图

将机件部分结构,用大于原图所采用的比例画出的图形,被称为局部放大图,如图10-2所示。当同一机件上有几处需要放大时,可用细实线圈出被放大的部位,用罗马数字依次标明放大的部位,并在局部放大图的上方标注出相应的罗马数字和所采用的比例,如图10-2a)所示。对于同一机件上不同部位,但图形相同或对称时,只需画出一个局部放大图,如图10-2a)、图10-2b)所示。

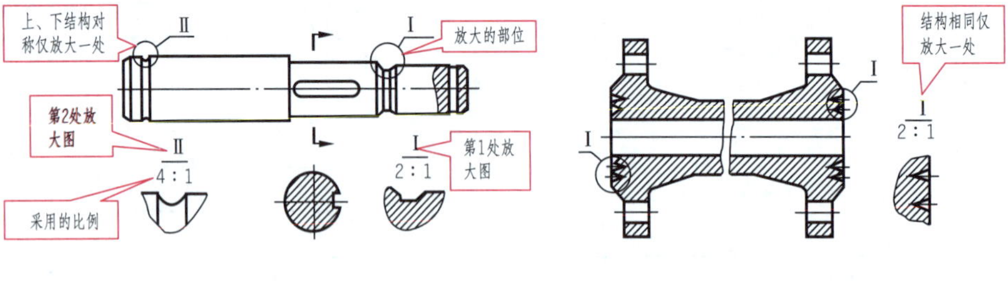

a)多处局部放大　　b)多处结构相同的局部放大的表达

图10-2　局部放大图(一)

提示：局部放大图中标注的比例是其实际采用的画图比例，与原图采用的比例无关。

局部放大图的画法和标注规定如下。

(1)不管被放大的部位原来的表达方式如何，局部放大图可以根据需要画成视图、剖视图和断面图，如图10-2a)所示。Ⅰ处部位的放大为局部剖视图；Ⅱ处部位的放大为局部视图。

(2)绘制局部放大图时，应在视图上用细实线圈出被放大的部位，将局部放大图尽量配置在被放大部位的附近，当同一机件上有几处被放大时，应用罗马数字编号，并在局部放大图上方标注出相应的罗马数字和所采用的比例，如图10-2a)所示。

(3)同一机件上的不同部位的局部放大图，当结构相同或对称时，只需画出一个，如图10-2a)、图10-2b)所示。

(4)必要时可用几个图形表达同一个被放大部分结构，如图10-3a)所示。

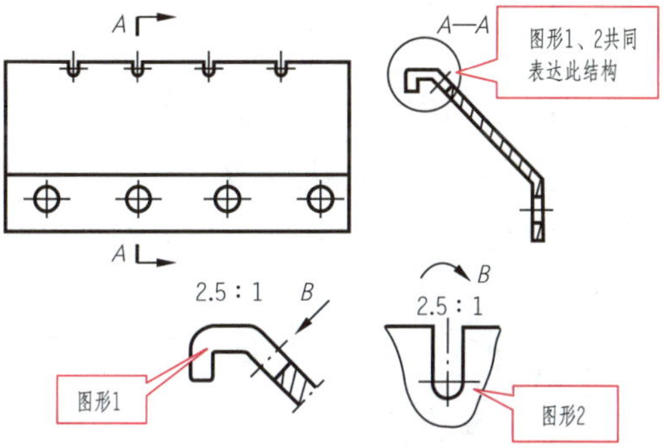

a)几个图形表达同一个被放大部分结构

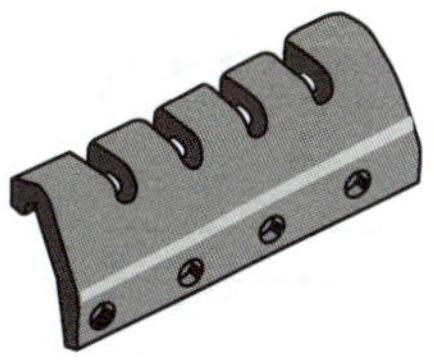

b)立体图

图10-3 局部放大图(二)

想一想：说出下图所示的图中有几个局部放大图？局部放大图各采取何种表达方式？放大的部分在哪？比例各是多少？

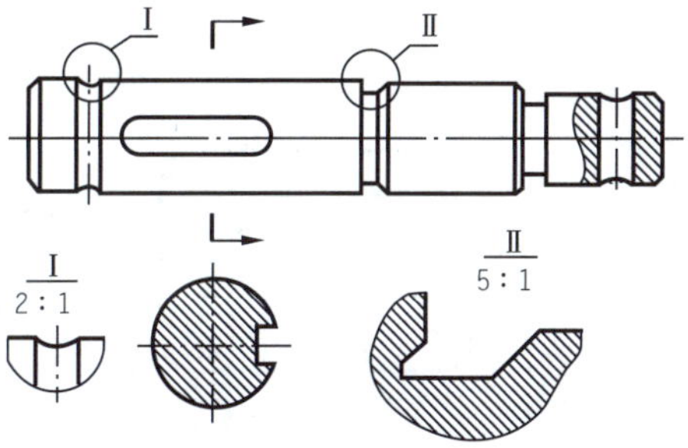

2 简化画法

1)机件上的肋、孔等结构的简化表达

纵向剖切机件上的肋、轮辐及薄壁结构时，这些结构都不画剖面符号，而用粗实线将它与其邻接的部分分开。当机件回转体上均匀分布的肋、轮辐及孔等结构不处于剖切平面上时，可将其旋转到剖切平面上画出，如图 10-4 所示。

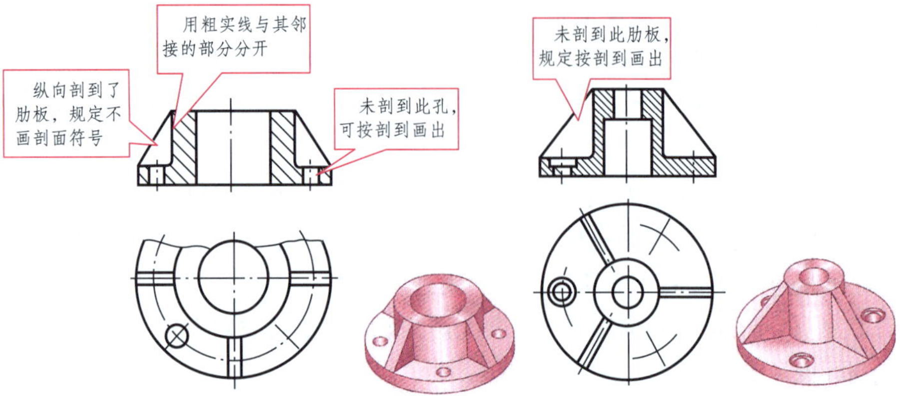

a)简化表达举例1　　b)简化表达举例2

图 10-4　零件上的肋、孔等结构的简化表达

2)机件上相同结构的简化表达

若机件上有规律分布的重复结构要素，如孔、齿、槽等，允许只画出其中的一个或几个完整结构，其余的可以用细实线连接或仅画出它们的中心位置，如图 10-5 和图 10-6 所示。图 10-6c)中的孔虽未画出其他孔中心位置，但其标注的 EQS 表示孔“呈放射状均布”。

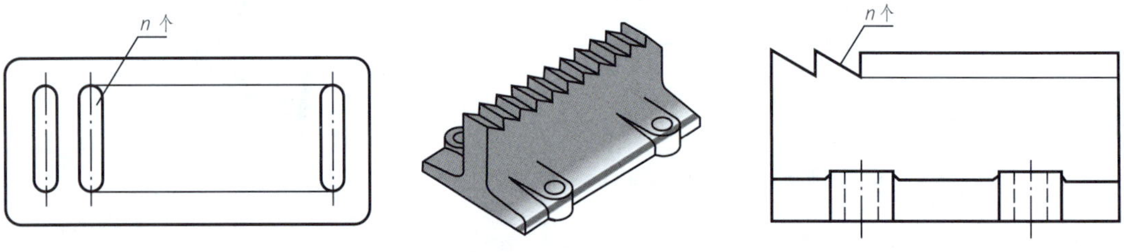

a)简化表达举例1　　b)简化表达举例2

图 10-5　零件上相同结构的简化表达(一)

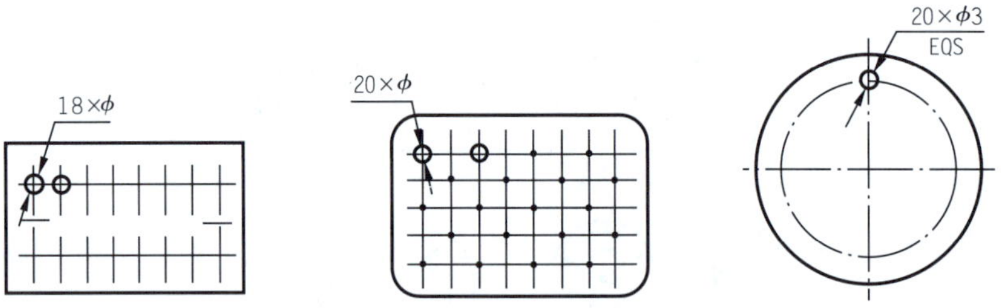

a)简化表达举例3　　b)简化表达举例4　　c)简化表达举例5

图 10-6　零件上相同结构的简化表达(二)

3)零件上均布的孔

零件上均布的孔可按图 10-7 所示来表达。

4)对称机件的简化表达

在不至于引起误解时，对称机件的视图可以只画一半或四分之一，并在对称中心线的两端画出两条与其垂直的平行细实线，如图 10-8 所示。基本对称的零件仍可按对称零件表达，但应对其不对称部分加注说明，如图 10-8c)所示。

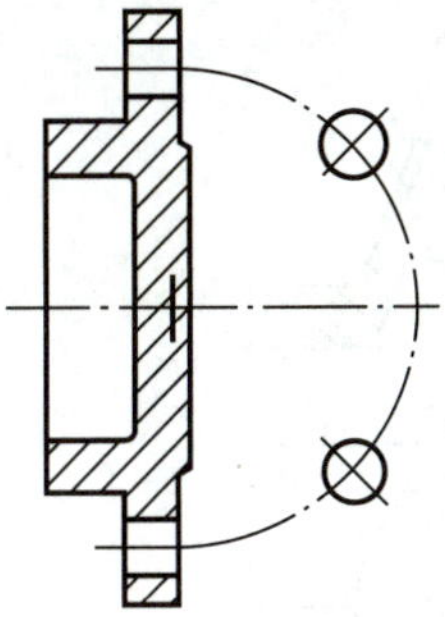

图 10-7　零件上均布孔的简化表达

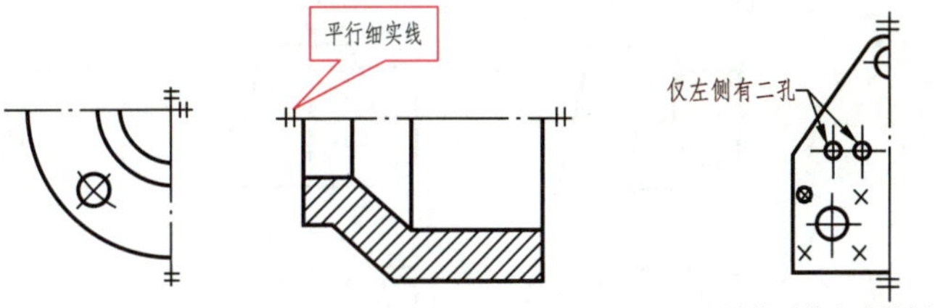

a)简化表达举例1　b)简化表达举例2　c)基本对称表达举例

图 10-8　零件上对称结构的简化表达

5)零件上较小结构的表达

零件上较小结构，已在某个图形中表达清楚，其他图形就可采用简化画法来表达，如图 10-9 所示。

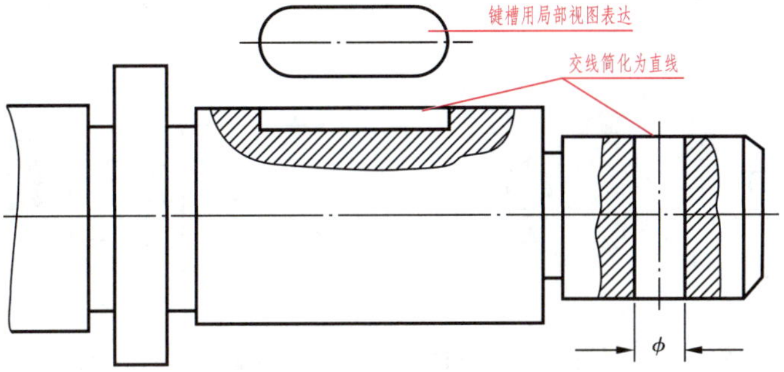

图 10-9　较小结构的简化表达

6)相贯线的简化表达

在不至于引起误解时，图形中的过渡线、相贯线可以简化。例如用圆弧、直线代替非圆曲线，如图 10-10 所示；也可采用模糊画法表示相贯线，如图 10-11 所示。

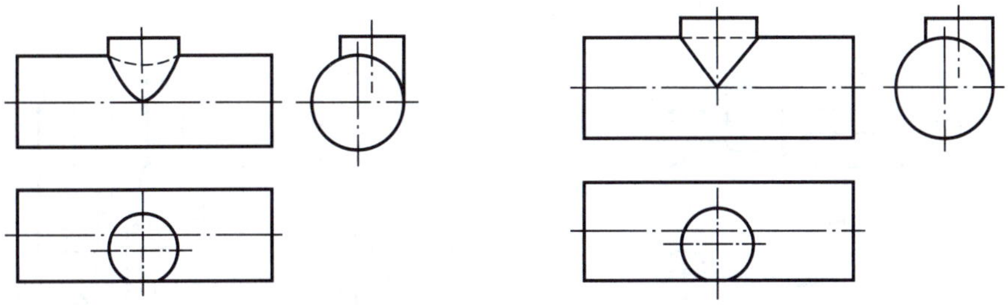

a)简化前　b)简化后

图 10-10　相贯线的简化表达

7)倾斜投影的简化表达

与投影面倾斜角小于或等于30°的圆或圆弧,其投影可用圆或圆弧代替真实投影的椭圆,如图10-12所示。

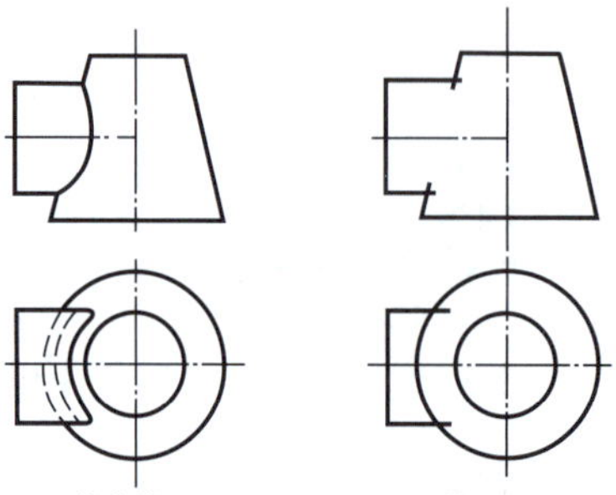

a)简化前　　b)简化后

图10-11　相贯线的模糊表达

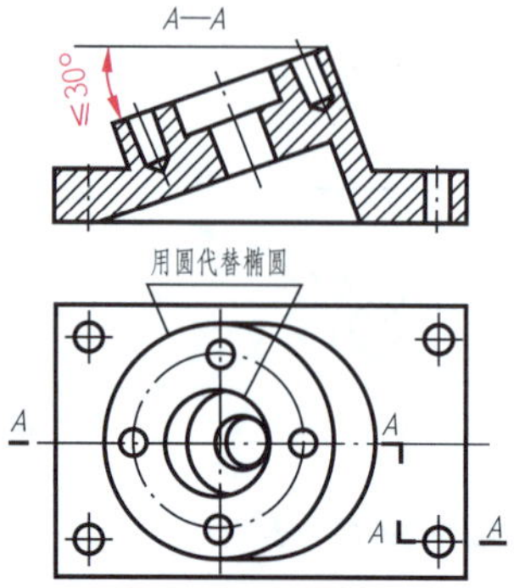

图10-12　倾斜投影的简化表达

8)回转件上平面的简化表达

为减少视图数,可用细实线画出对角线表达回转体机件上的平面,如图10-13所示。

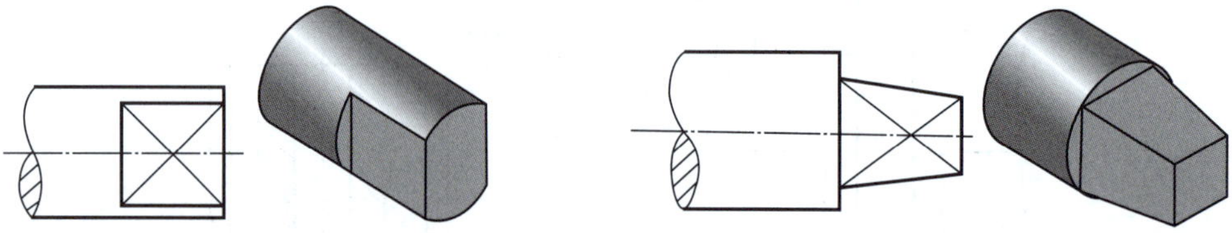

图10-13　回转体上平面的简化表达

9)剖面符号的简化表达

在不至于引起误解的情况下,剖面区域内的剖面线可以省略不画,如图10-14a)所示;也可以用点阵或涂色代替剖面线,如图10-14b)所示;当剖面区域较大时,可以只沿轮廓的周边画出剖面符号,如图10-14c)所示;如仅需画出被剖切的一部分图形,其边界又不画断裂边界线时,则应将剖面线绘制整齐,如图10-14d)所示。

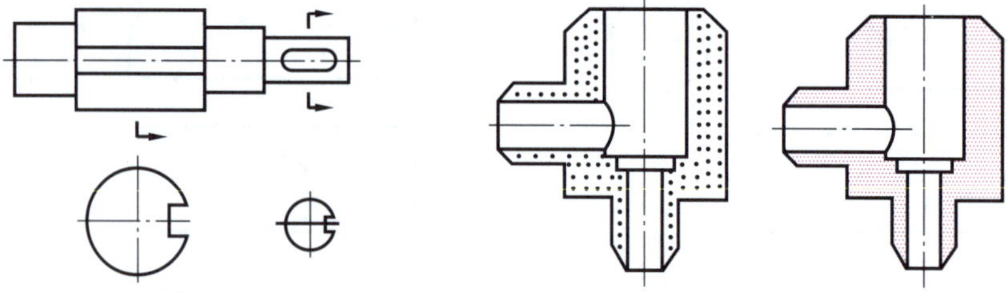

a)省略剖面符号　　b)点阵与涂色

图　10-14

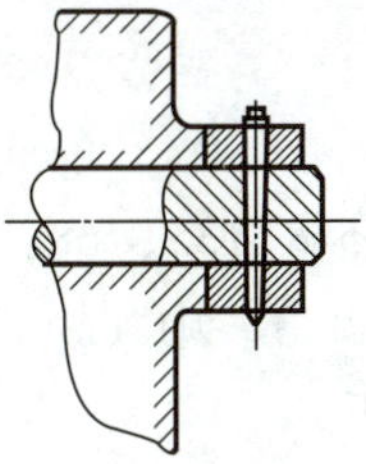

c)剖面区域较大时可以只沿轮廓的周边画出剖面符号

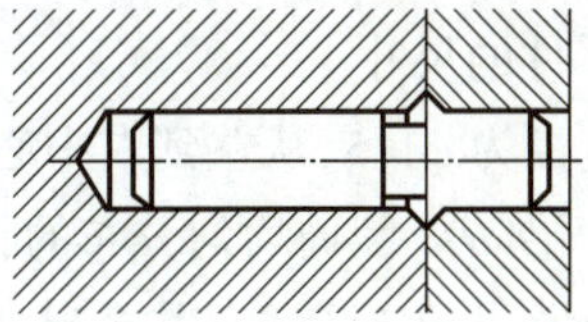

d)被剖区域无断裂边界线时的剖面线画法

图 10-14　剖面符号的简化表达

10）较长机件的折断表达

较长的机件（如轴、杆、型材等）沿长度方向的形状相同或按一定规律变化时，允许采用断开画法表达，标注尺寸时仍按其实际尺寸标注，如图 10-15 所示。

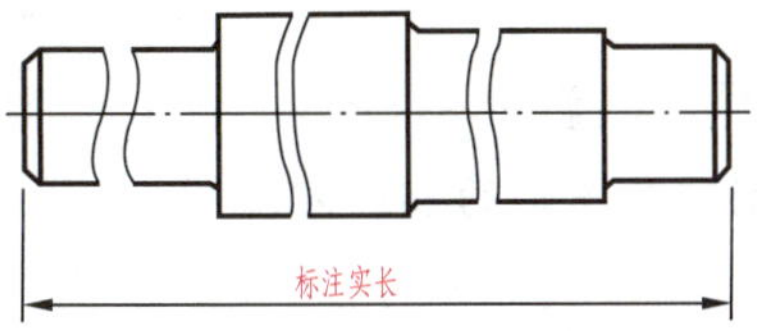

a)形状相同的较长零件的折断表达

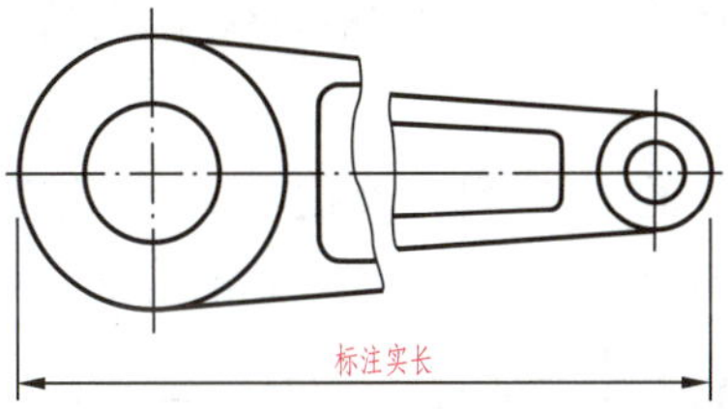

b)按一定规律变化较长零件的折断表达

图 10-15　较长零件的折断表达

二 识读端盖零件图的形状、尺寸和技术要求

1 分析视图，想象出端盖零件的形状

通过以上知识的学习，结合端盖的零件图所示，我们知道了：①主视图画成了全剖视图，表达 6 个均布孔和中心孔的内部结构。②左视图是基本视图，采用了简化画法，只画了个半圆，并在对称中心线的上下两端各画出两条与其垂直的平行细实线。③这个未按投影规律配置的视图是局部放大图，按 1∶1的比例放大主视图中用圆圈圈起来部分。其余部分同学们自己分析，想象出端盖零件的形状，如图 10-16 所示。

a)端盖左视立体图

b)端盖右视立体图

c)端盖剖视立体图

图 10-16　端盖零件各种位置的立体图

2 搞清楚端盖零件的尺寸和技术要求(所有未注单位都为 mm)

1)端盖零件的尺寸

端盖外直径为 $\phi115$,从左到右中心孔直径分别为 $\phi48$、$\phi35$、$\phi68$;右边端盖凸台直径为 $\phi80$,长 5;6 个沿 $\phi98$ 圆周均匀分布的孔直径为 $\phi9$,“⌴$\phi15$↧6”中“⌴$\phi15$”表示沉头孔,直径为 $\phi15$,“↧6”表示沉头孔深为 6。其余尺寸同学们自己分析。

2)端盖零件的尺寸公差要求和表面粗糙度要求

$\phi80f8$ 表示直径的公称尺寸为 80,f8 由附录 F 中查得:上极限偏差为 $-30\mu m$(0.030),下极限偏差为 $-76\mu m$(0.076),公差为 $-0.030-(-0.076)=0.046$,8 级精度。其余尺寸公差为未注公差。

表面粗糙度要求为:右边端盖凸台最右端面、$\phi80$ 凸台外圆柱表面、端盖中间外表右端面的表面粗糙度要求都为“$\sqrt{Ra3.2}$”。$\sqrt{Ra12.5}$($\surd$) 表示其余未注表面粗糙度的表面都为“$\sqrt{Ra12.5}$”。

归纳零件的形状、尺寸及技术要求,我们读懂了端盖的零件图。

巩固练习:(1)如图 10-17 所示,指出下图图中各图形的表达方法。

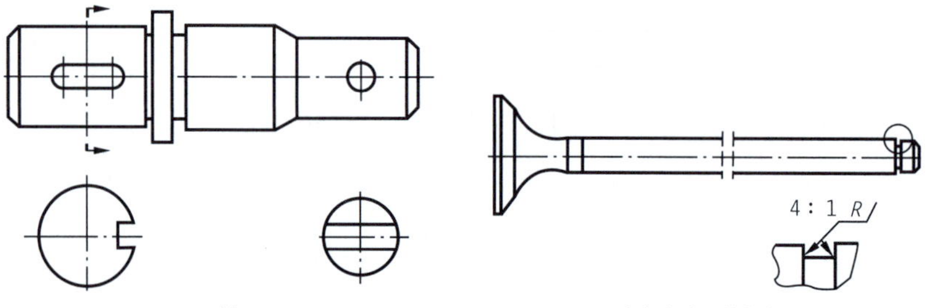

a)轴　　b)汽车发动机排气门

图 10-17　看图说出图形的表达方法

(2)如图 10-18 所示,用简化画法重画全剖主视图和俯视图。

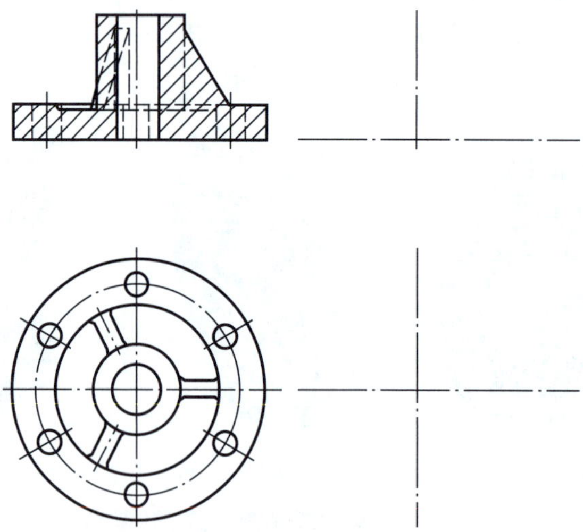

图 10-18　用简化画法画图

学习任务单 11　识读柱塞套零件图中的形位公差要求

任务	识读柱塞套零件图中的形位公差要求	任务学时	2
教学目标	1. 能读懂零件图和装配图中的形位公差要求; 2. 能根据表达需要在图中正确标注形位公差要求; 3. 能读懂柱塞套零件图		
知识点	1. 零件形状与位置公差基本概念; 2. 零件形状与位置公差的符号与其标注的含义; 3. 形状与位置公差相关的国家标准及其标注的规定		
零件图	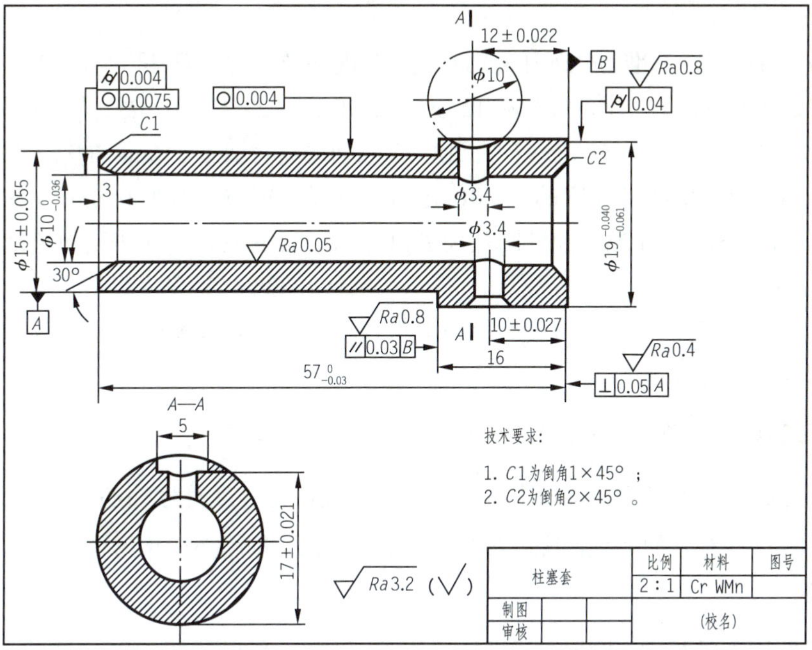		
说明	此零件图幅面为 A3 号图,因篇幅有限按比例进行了缩小		

一 首先我们来识读柱塞套零件图中已学过的内容

1 看标题栏了解零件名称、比例、材料等

该零件名称为柱塞套,材料为合金钢 CrWMn,绘图比例 2:1,是喷油泵总成中的一个重要零件。

2 看视图,想出柱塞套零件的形状

通过观察我们发现只有两个视图:主视图和断面图。主视图采取了全剖视表达柱塞套的内部结构,因单一剖切平面通过柱塞套的对称中心线,所以不需要标注。断面图从 *A—A* 处剖切,表达柱塞套中 $\phi3.4$ 孔及 $\phi10$ 圆弧槽的形状。该柱塞套的外形由同轴且直径不等的两个圆柱构成。内部为 $\phi10$ 的通孔,距右端 10mm 处正下方有一个 $\phi3.4$ 的圆通孔;距离右

端12mm处正上方也有一个ϕ3.4的圆通孔,且与宽5mm直径为10mm的圆弧槽相通。其他部分结构同学们自己观察,想象出柱塞套的整体形状,如图11-1所示。

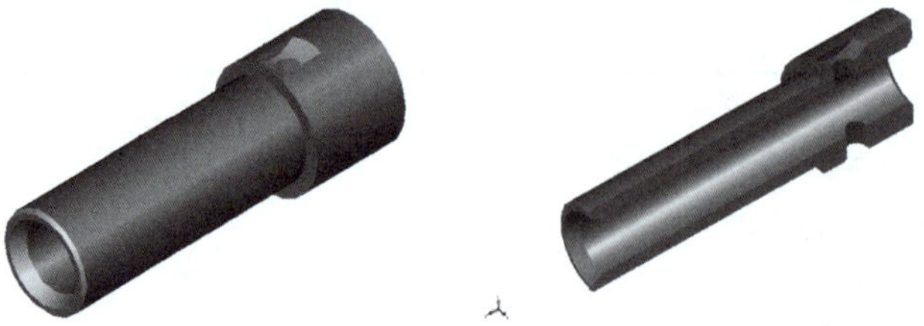

a)柱塞套外部形状　　b)柱塞套内部形状

图11-1　柱塞套立体图

3 看懂柱塞套零件的尺寸、公差和表面粗糙度要求

该零件的径向基准为外圆柱的轴心线。长度基准为右端面,尺寸10、12、16、57(单位:mm)均为从该基准面标出。定位尺寸有12±0.022、10±0.027、17±0.021,其余尺寸均为定形尺寸。倒角*C*1、*C*2表示为1×45°、2×45°的倒角;双点划线圆表示由ϕ10mm的铣刀加工而成。

表面粗糙度值要求最高的是ϕ10孔的内圆柱表面,*R*a值为0.05μm,ϕ19的右端面*R*a值为0.4μm,ϕ19的左端面和外圆柱面*R*a值为0.8μm,其余未注表面粗糙度的表面的*R*a值为3.2μm。

练一练:请同学们根据前面学过的知识自己分析柱塞套零件图中余下部分的尺寸、公差和表面粗糙度要求。

二 识读有形位公差要求的零件图应具备的知识

细心的同学可能已经发现主视图中除标注表面粗糙度符号外还有许多类似这样的符号 |⌭|0.04|。这些符号如何识读呢?要搞清楚这些问题,我们必须从形位公差基本概念讲起。

1 基本概念

零件加工过程中,不仅会产生尺寸误差,也会出现形状和相对位置的误差。如加工轴时,可能出现轴线弯曲,这种现象属于零件的形状误差,如图11-2a)所示;如加工有台阶的

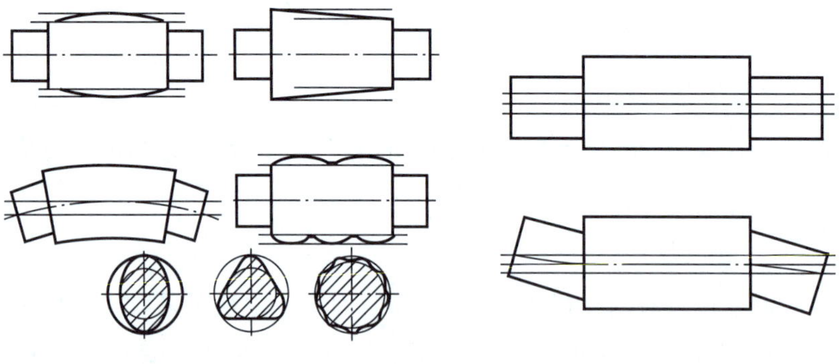

a)几何形状误差　　b)位置误差

图11-2　形位误差

轴,两轴端的轴线相对中间部分的轴线也可能出现位置误差,如图11-2b)所示。因此,设计机器时,需对零件形状、位置误差予以合理地限制,国家标准对此规定了形状和位置公差(简称形位公差)。形位公差在图样上的表达应符合《产品几何技术规范(GPS)几何公差形状、方向、位置和跳动公差标注》(GB/T1182—2008)的规定。

(1)形状公差——单一实际要素的形状所允许的变动量。

(2)位置公差——关联实际要素的位置对基准要素所允许的变动量。

2 形位公差代号及标注

1)形位公差代号

形位公差代号包括:形位公差特征项目符号、形位公差框格和指引线、基准代号、形位公差数值及其他有关符号等,如图 11-3 所示。

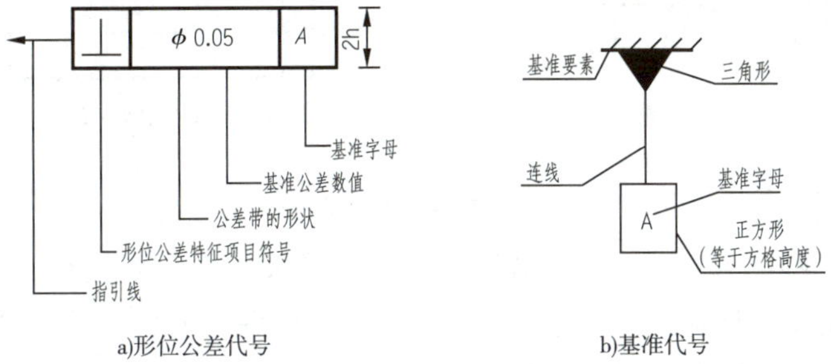

图 11-3　形位公差代号及基准代号

形位公差特征项目及符号见表 11-1。

形位公差特征项目及符号　　表 11-1

分　类		特 征 项 目	符　号
形状		直线度	—
形状		平面度	▱
形状		圆度	○
形状		圆柱度	⌭
形状或位置	轮廓	线轮廓度	⌒
形状或位置	轮廓	面轮廓度	⌓

分　类		特 征 项 目	符　号
位置	定向	平行度	//
位置	定向	垂直度	⊥
位置	定向	倾斜度	∠
位置	定位	同轴度	◎
位置	定位	对称度	⌯
位置	定位	位置度	⌖
位置	跳动	圆跳动	↗
位置	跳动	全跳动	⌰

2)形位公差的标注

(1)公差框格。形位公差要求在矩形方框中给出,方框由两格或多格组成,每格填写的内容,如图11-3a)所示。若公差带是圆形或圆柱形的,在公差值前加注“ϕ”,若是球形的公差带,加注“$S\phi$”。第三格根据需要确定,形状公差无基准;位置公差则需要一个或多个字母表示基准要素或基准体系。公差框格可以是水平或垂直放置。

(2)被测要素的标注。用箭头的指引线将框格与被测要素相连,按以下方式标注。

当公差涉及轮廓线或表面时,指引箭头应垂直指向该要素的轮廓线或其延长线,并与相应的尺寸线明显错开,如图11-4所示。

a)标注举例1　　b)标注举例2

图11-4　被测要素标注方式(一)

当公差涉及轴线或中心平面时,指引箭头应与该要素尺寸线的延长线重合,如图11-5所示。

对于多个被测要素具有同一形位公差要求时,则注写一个公差框格,从指引线上画出多个指引箭头分别指向各被测要素,如图11-6所示。

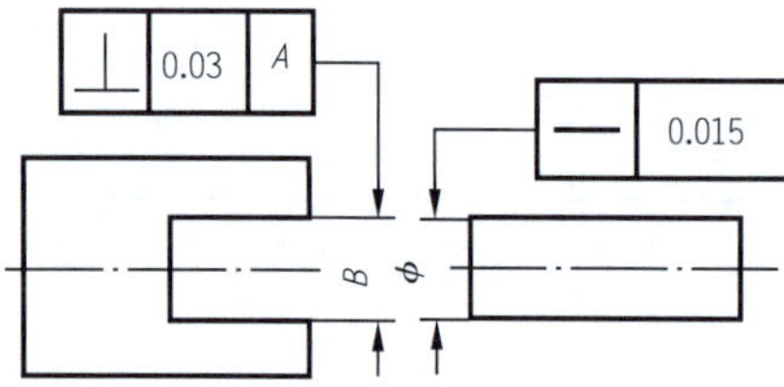

图11-5　被测要素标注方式(二)

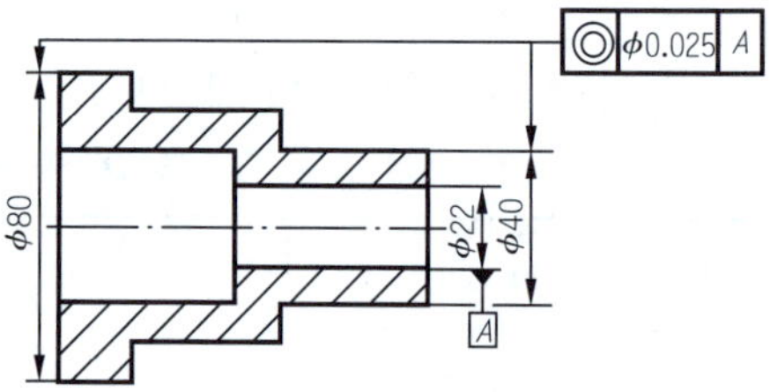

图11-6　被测要素标注方式(三)

③ 形位公差的表达与识读

在图样中,形位公差是用框格的形式来表达的。常见的形位公差的表达示例及其识读,见表11-2。

形位公差符号及代号标注示例与识读　　表11-2

分　类	项目及符号	标注示例	识读说明
形状公差	直线度 ——	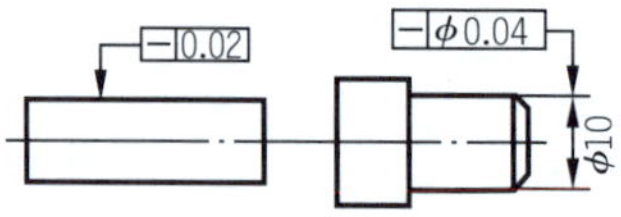	(1)圆柱表面上任一素线的直线度公差为ϕ0.02mm(左图); (2)ϕ10轴线的直线度公差为ϕ0.04mm(右图)

续上表

分类	项目及符号	标注示例	识读说明
形状公差	平面度 ⏥	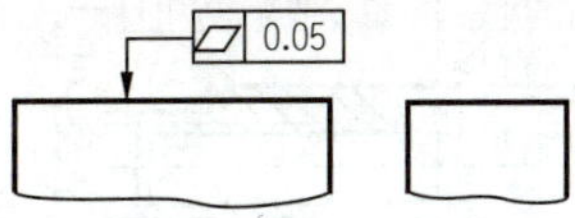	实际平面的形状所允许的变动全量为0.05mm
	圆度 ○	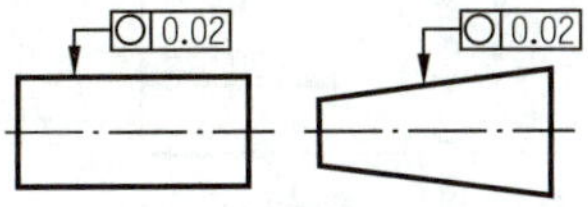	在垂直于轴线的任一正截面上实际圆的形状所允许的变动全量为0.02mm
	圆柱度 ⌭	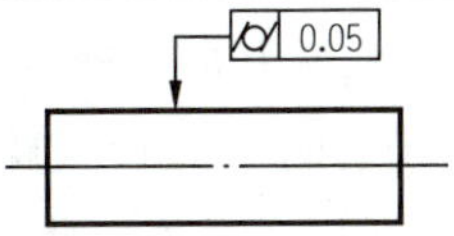	实际圆柱面的形状所允许的变动全量为0.05mm
形状或位置公差	线轮廓度 ⌒	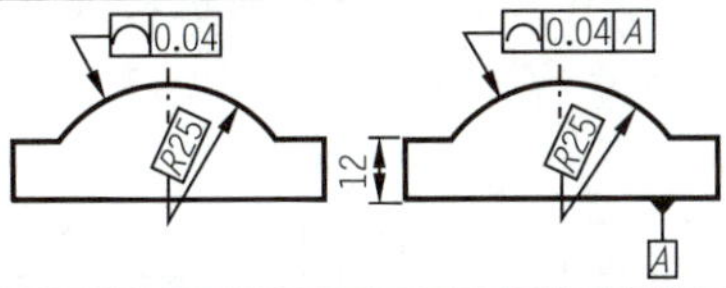	在零件宽度方向，任一横截面上实际线的轮廓形状（或相对基准 *A*）所允许的变动全量为0.04mm（尺寸线上有方框的尺寸是为理论正确尺寸）
	面轮廓度 ⌓	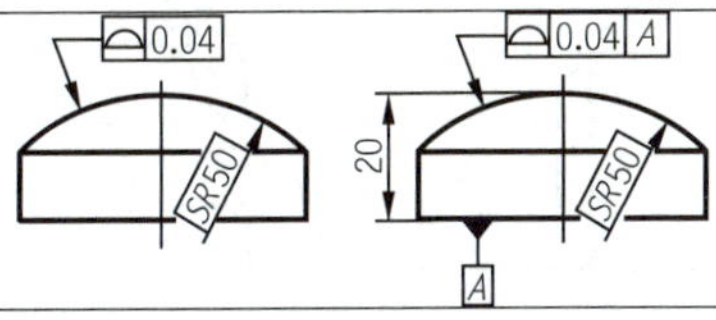	实际表面的轮廓形状（或相对基准 *A*）所允许的变动全量为0.04mm
位置公差	平行度 // 垂直度 ⊥ 倾斜度 ∠	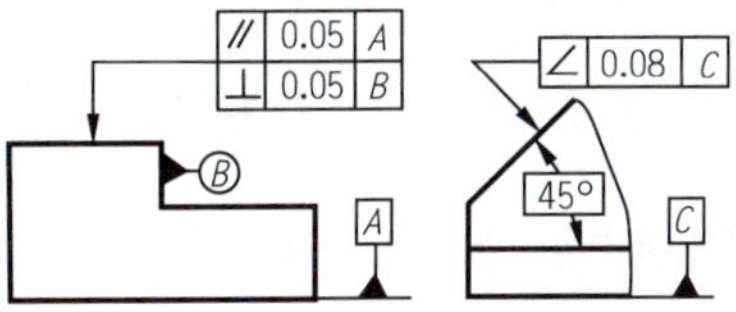	实际要素对基准在方向上所允许的变动全量，即相对基准 *A* 平行度为0.05mm；相对基准 *B* 垂直度为0.05mm；相对基准 *C* 倾斜度为0.08mm
	同轴度 ◎ 对称度 ⌯ 位置度 ⌖	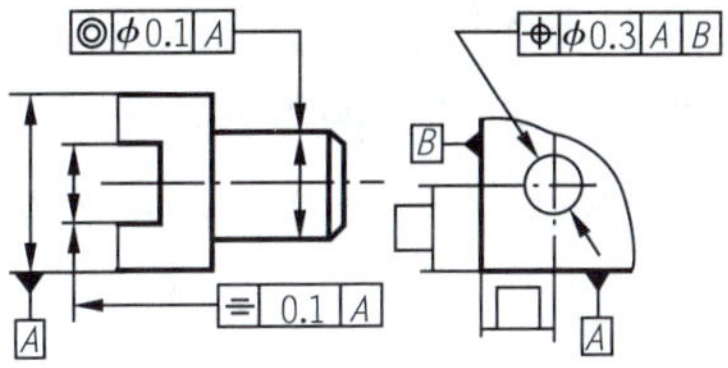	实际要素对基准在位置上所允许的变动全量，即同轴度为 ϕ0.1mm；对称度为0.1mm；位置度为 ϕ0.3mm（尺寸线上有方框的尺寸是为理论正确尺寸）
	圆跳动 ↗ 全跳动 ⌰	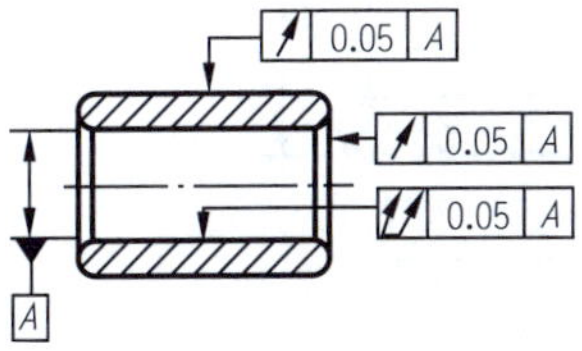	（1）实际要素绕基准轴线 *A* 回转一周时所允许的最大跳动量，即径向圆跳动为0.05mm，端面跳动为0.05mm； （2）实际要素绕基准轴线 *A* 连续回转时所允许的最大跳动量，即径向全跳动为0.05mm。（图中从上至下所注，分别为径向圆跳动、端面跳动和径向全跳动）

学一学:识读下图所示气门挺柱形位公差标注的含义。

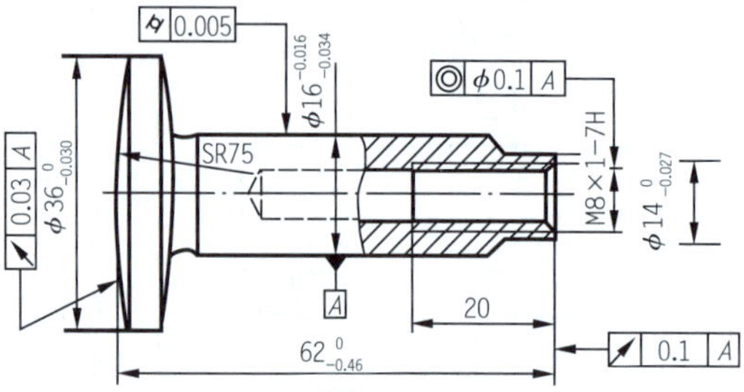

[⌭ | 0.005]——表示 φ16 外圆柱的圆柱度公差为 0.005。

[◎ | φ0.1 | A]——表示 M8×1 的螺孔轴线相对于 φ16 轴线的同轴度公差为 φ0.1。

[↗ | 0.03 | A]——表示 SR75 的球面相对于 φ16 轴线的圆跳动公差为 0.03。

[↗ | 0.1 | A]——表示右端面相对于 φ16 轴线的端面圆跳动公差为 0.1。

试一试:说出下图所标注的形位公差的含义。

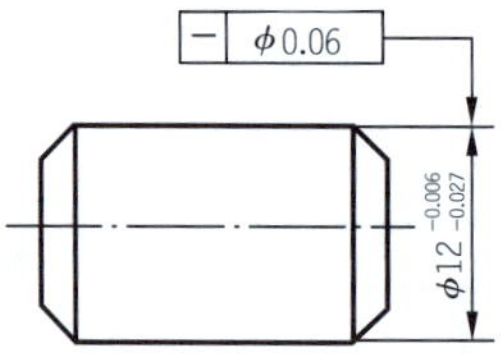

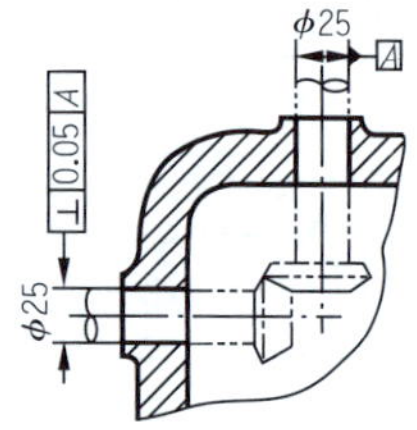

三 识读柱塞套零件图中的形位公差要求

根据柱塞套零件图中的形位公差标注,我们可以用以上所学的知识识读其含义。

(1)[⌭ | 0.004] [○ | 0.0075]表示 φ10 内圆柱的圆柱度公差为 0.004,圆度公差为 0.0075。

(2)[○ | 0.004]表示 φ15 外圆柱的圆度公差值为 0.004。

(3)[⌭ | 0.04]表示 φ19 外圆柱的圆柱度公差值为 0.04。

(4)[⊥ | 0.05 | A]表示 φ19 右端面相对于 φ15 的轴线垂直度公差值为 0.05。

(5)[// | 0.03 | B]表示 φ19 左端面相对于其右端面的平行度的公差值为 0.03。

综合归纳零件的形状、尺寸及技术要求,我们读懂了柱塞套零件图。

巩固练习:读懂图 11-7 中的形位公差标注,并填写表中各项内容,解释其含义。

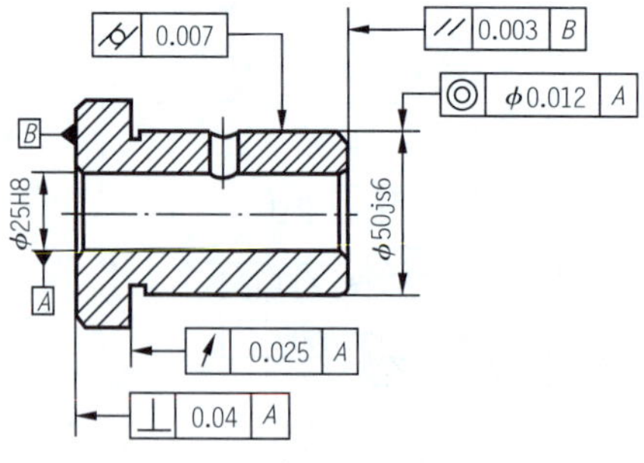

图 11-7 形位公差标注举例

项目符号	公差项目名称	被测要素	基准要素	公差值
⌭				
∥				
◎				
↗				
⊥				

学习任务单12　识读零件图中常见工艺结构

任务	识读零件图中常见工艺结构	任务学时	2
教学目标	1. 能看懂零件常见的工艺结构； 2. 能看懂零件典型结构及标注； 3. 会识读零件图中表达的零件工艺结构及标注		
知识点	1. 零件常见工艺结构的概念； 2. 零件图的工艺结构的表达； 3. 零件常见与典型的工艺结构标注		

续上表

<table>
<tr><td>任务</td><td>识读零件图中常见工艺结构</td><td>任务学时</td><td>2</td></tr>
<tr><td>学习内容</td><td colspan="3">
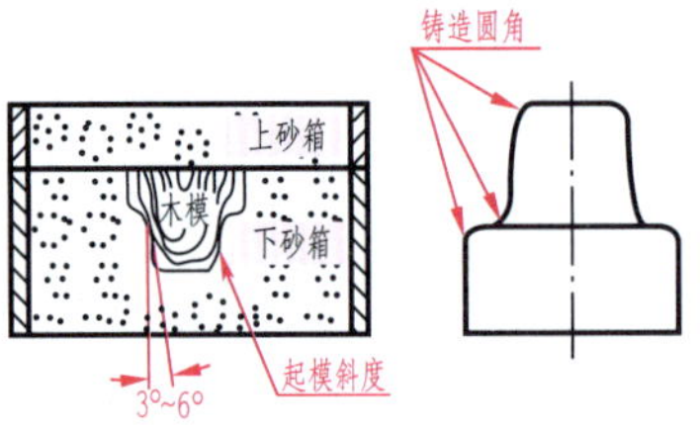

a)起模斜度与铸造成圆角
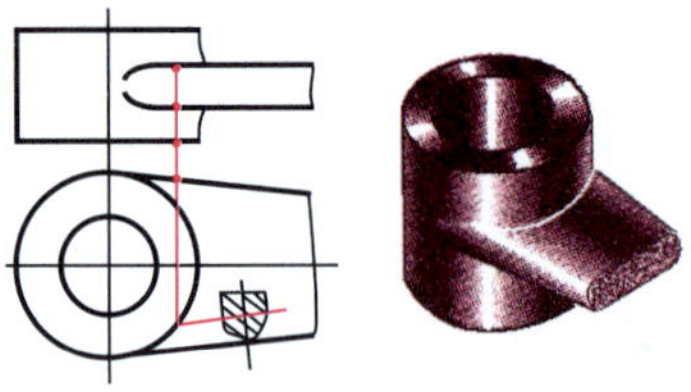
b)过渡线的表示方法
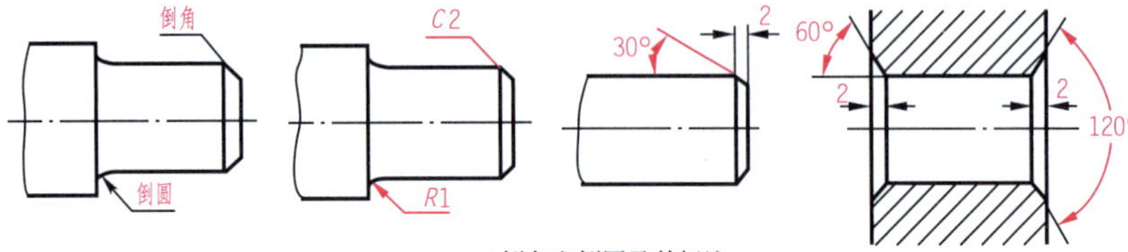

c)倒角和倒圆及其标注
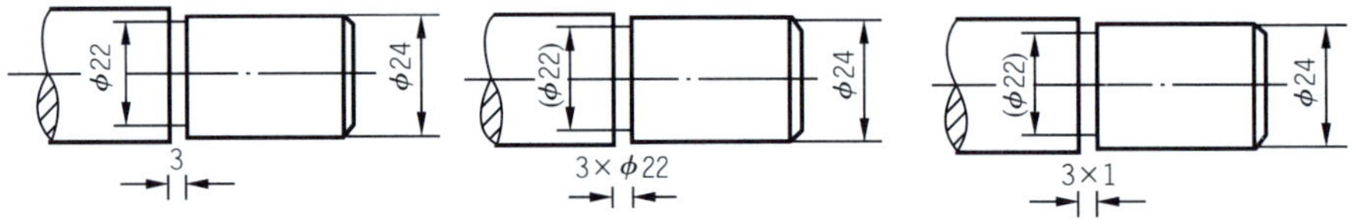

d)退刀槽与越程槽的尺寸标注
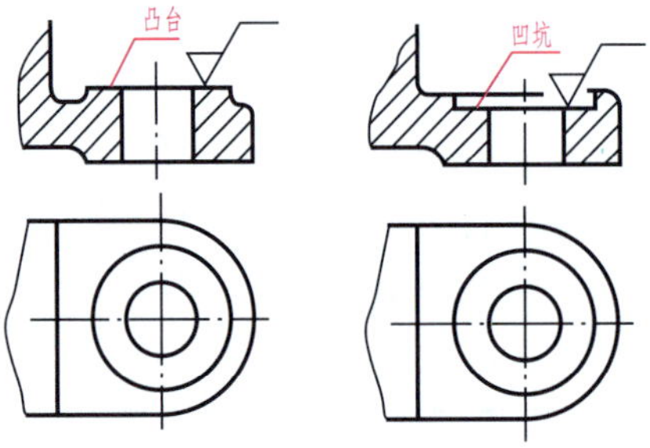

e)凸台和凹坑
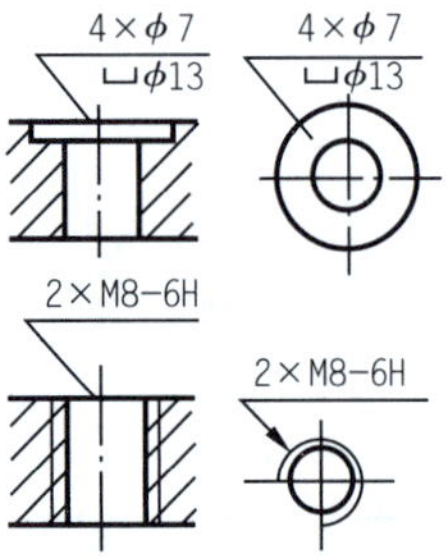

f)常见孔的标记
</td></tr>
<tr><td>提示</td><td colspan="3">按学习内容分步完成</td></tr>
</table>

汽车零件在生产制造的过程中必须要满足生产工艺的要求,才能确保零件的制造质量达到零件所需要的技术要求,若不能满足,是难以保证该零件所应具备的质量要求的。要从质量强国的高度认识质量的重要性。所以,零件的结构形状,除了应满足使用上的要求外,还应满足生产制造工艺的要求,具有合理的工艺结构。

一 铸造工艺结构

1 起模斜度

如图12-1所示,在铸造零件毛坯时,为便于将木模从砂型中取出,零件的内外壁沿起模方向应有一定的斜度,一般为1∶20~1∶10。起模斜度在制作木模时应予考虑,在视图上可不注出来。

2 铸造圆角

如图 12-1 所示，防止砂型在尖角处脱落和避免铸件冷却收缩时，在尖角处产生裂缝，铸件各表面相交处应有过渡圆角。

由于铸造圆角的存在，零件各表面交线就显得不明显。为区分不同形体的表面，在零件图上仍画出表面的交线，称为过渡线，可见过渡线用细实线表达。过渡线的画法与相贯线的画法基本相同，只是在其端点处不与其他轮廓线相接触，如图 12-2 所示。

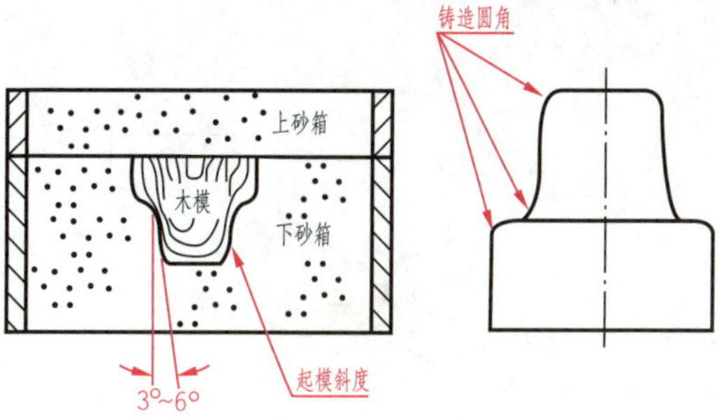

图 12-1 起模斜度与铸造圆角

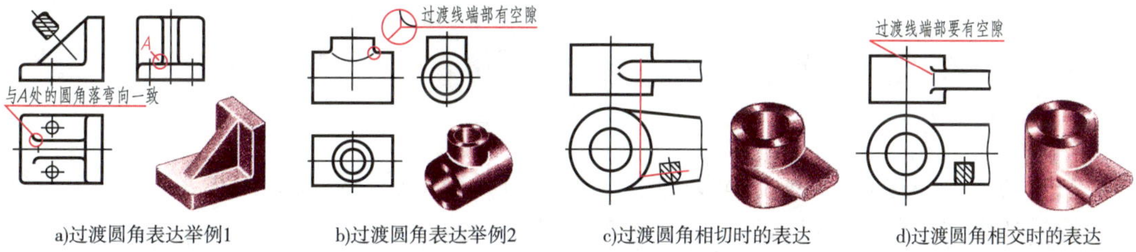

图 12-2 过渡线的表示方法

3 铸件壁厚

为避免浇铸后由于铸件壁厚不均匀而产生缩孔、裂纹等缺陷，如图 12-3a）所示，应尽可能使铸件壁厚均匀或逐渐过渡，如图 12-3b）、图 12-3c）所示。

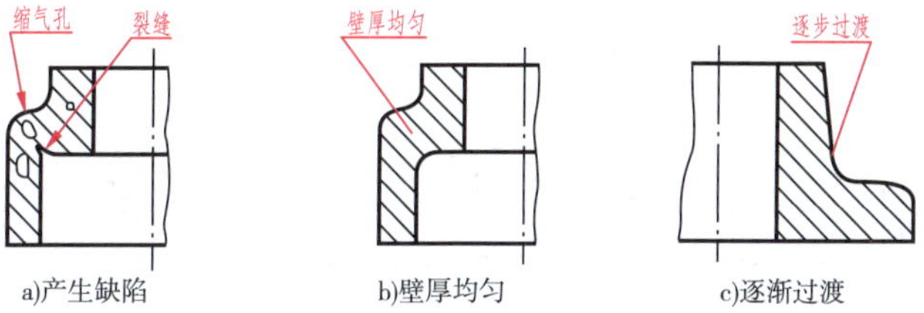

图 12-3 铸件壁厚

二 机械加工工艺结构

1 倒角和倒圆

如图 12-4 所示，为便于装配和安全操作，轴和轴孔的端部应加工成倒角；为避免应力集中而产生裂纹，轴肩处应有圆角过渡；当倒角为 45°时，尺寸标注可简化，如图 12-4 中 *C*2 所示。

提示： 图 12-4 中，"*C*"代表为 45°倒角，"2"表示倒角轴向尺寸为 2mm（倒角不是 45°时，要分开标注),如图12-4c)所示;倒圆应标注圆角的半径用"R+数字"表达,如图12-4b)中"R1"。

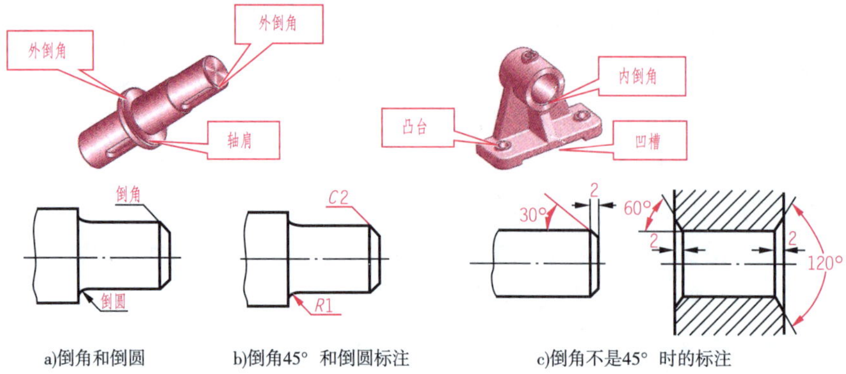

图12-4　倒角和倒圆及其标注

❷ 退刀槽和砂轮越程槽

在车削加工、磨削加工或车制螺纹时,为便于刀具退出或使砂轮越过加工面,通常在待加工表面的末端先加工出退刀槽或砂轮越程槽,如图12-5所示。

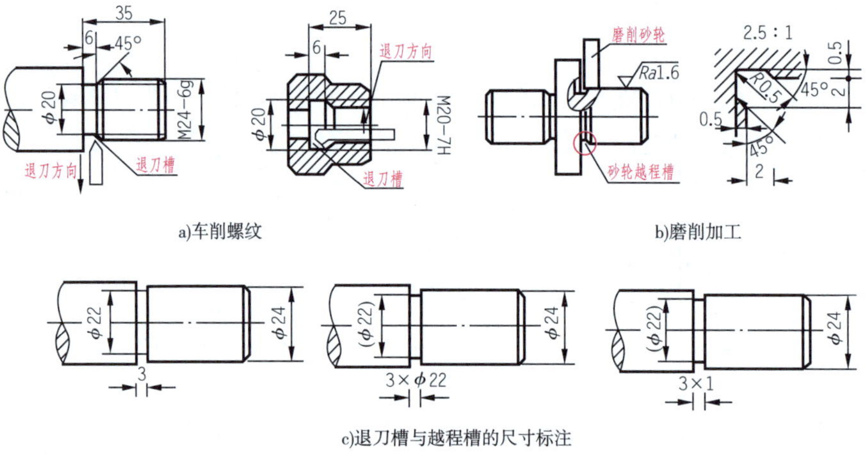

图12-5　退刀槽和砂轮越程槽

提示:(1)倒角、倒圆尺寸太小时,在技术要求中加以说明,可不在图样上画出。

(2)退刀槽和越程槽具体尺寸可按"槽宽×槽径"或"槽宽×槽深"标注。

❸ 减少加工面

两零件的接触表面都要加工时,为保证两零件表面接触良好和减少加工面,常将两零件的接触表面做成凸台或凹坑、凹槽等结构,如图12-6和图12-7所示。

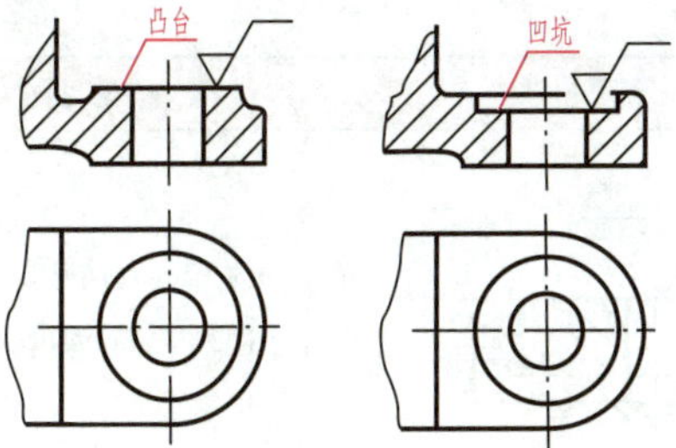

a)凹台　　b)凹坑

图 12-6　凸台和凹坑

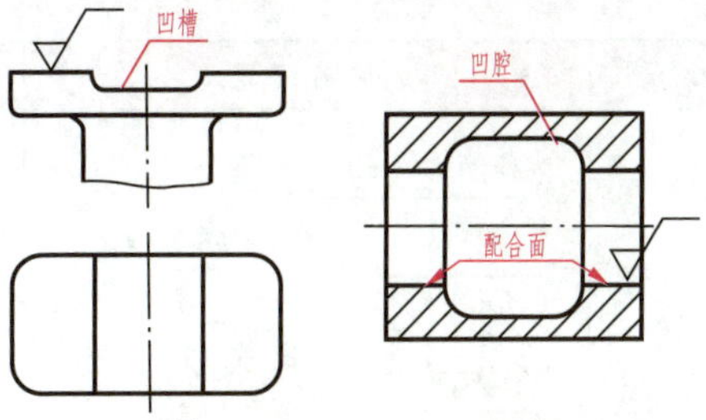

a)凹槽　　b)凹腔

图 12-7　凹坑和凹腔

4 钻孔结构

钻孔时应尽可能使钻头轴线与被钻孔零件上相应的表面垂直，以保证孔的精度和避免钻头折断，其工艺结构，如图 12-8 所示。

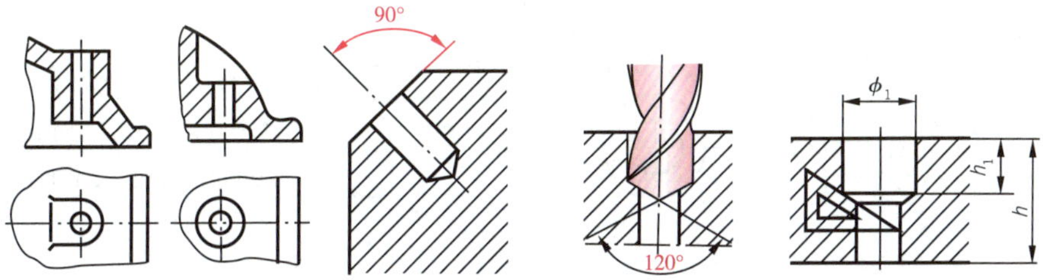

a)斜面改平台　　b)表面应与孔的轴线垂直　　c)钻孔时自然形成的锥孔

图 12-8　钻孔工艺结构举例

提示：当用麻花钻头钻削加工盲孔时，孔的底部应画成 120°，不注尺寸。孔和阶梯孔的表示方法及尺寸标注如图 12-8c）所示。

5 各种常见孔的结构与其标注

零件图常见的光孔（销孔、沉孔、锥孔）和螺孔等结构，应按 GB/T4458.4—2003 规定标注，见表 12-1。

常见孔的标记　　表 12-1

零件结构类型		简化注法		一般注法	表达说明
光孔	一般孔	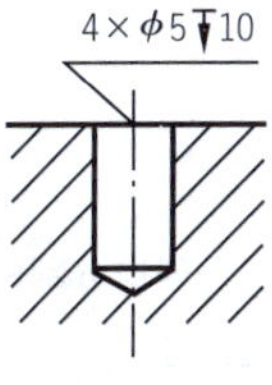	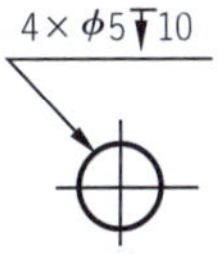	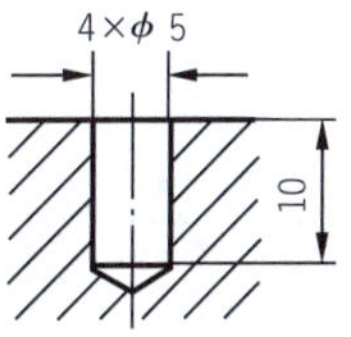	4×φ5 表示直径为 5mm 均布的四个光孔，孔深可与孔径连注，也可分别注出

续上表

零件结构类型		简化注法	一般注法	表达说明
光孔	精加工孔	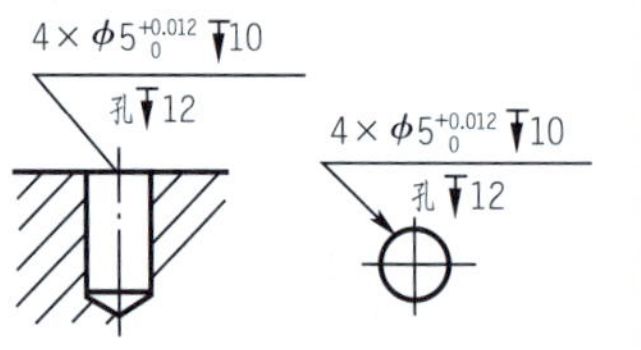	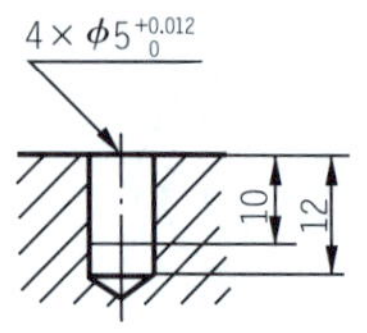	光孔深为12mm，钻孔后需精加工至直径 $\phi5^{+0.012}_{0}$ mm，深度为10mm
	锥孔	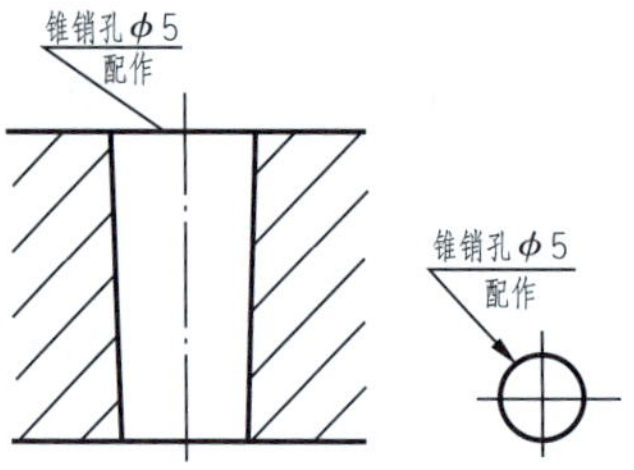	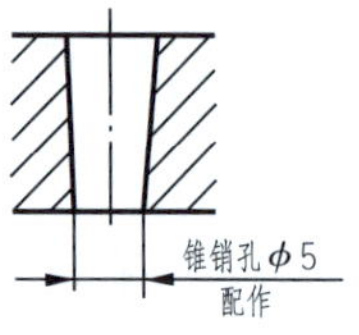	ϕ5mm为与锥销孔相配的圆锥销的小头直径（公称直径），配作是指测量锥销孔的尺寸来加工圆锥销
沉孔	锥形沉孔	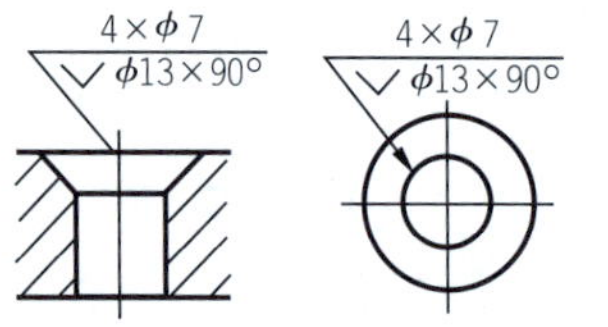	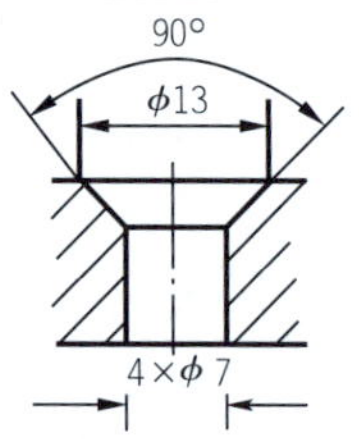	“⌵”为埋头孔符号，4×ϕ7mm表示直径为7mm均布的四孔，锥形沉孔可以旁注，也可直接注出
	柱形沉孔	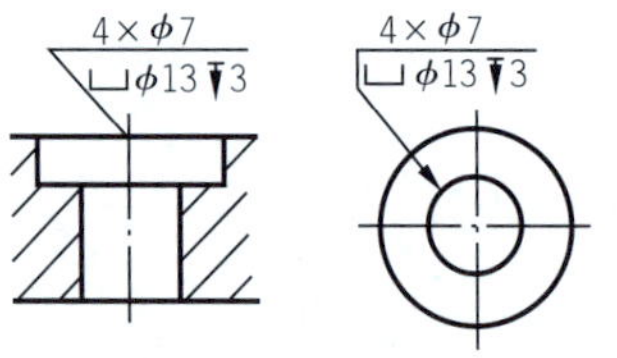	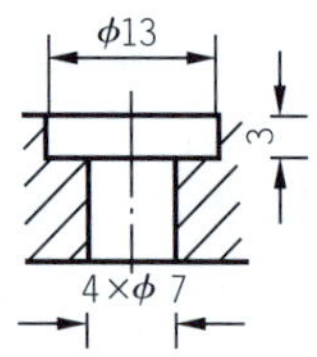	“⌴”沉孔及锪平孔符号，柱形沉孔的直径为ϕ13mm，深度为3mm，均需标注
	锪平沉孔	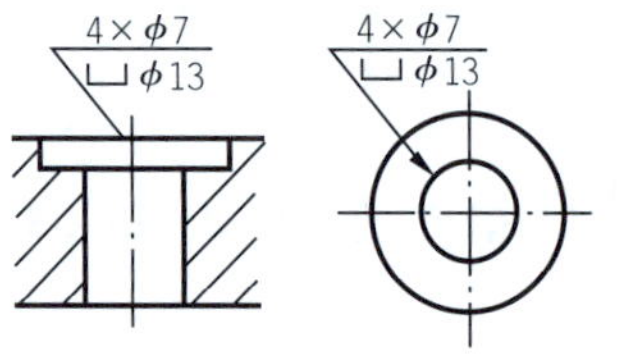	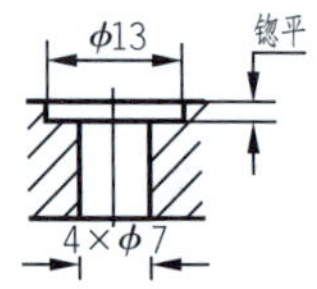	锪平面ϕ13mm的深度不必标注，一般锪平到不出现毛面为止
螺孔	通螺纹孔	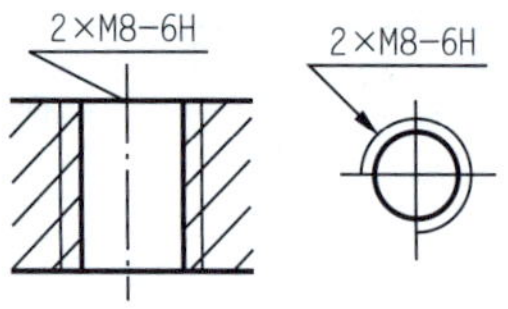	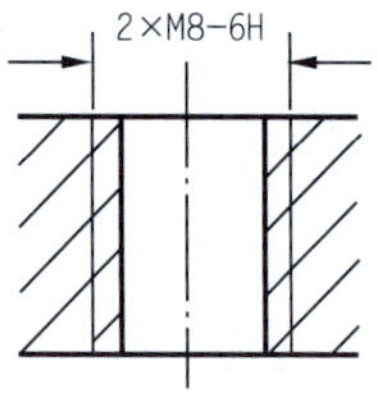	2×M8表示公称直径为8mm的两个螺孔，可以旁注，也可直接注出
	盲螺纹孔	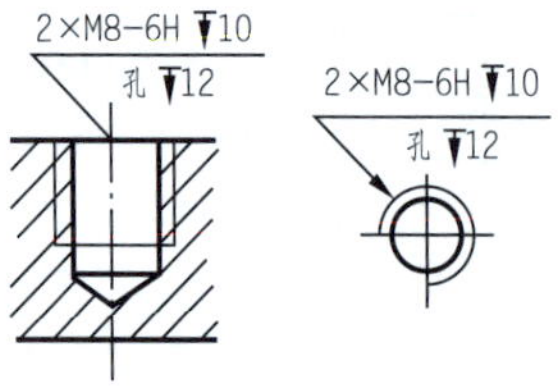	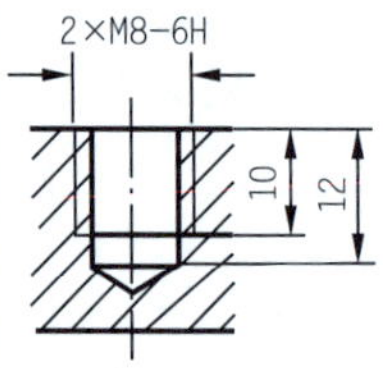	一般应分别注出螺纹和钻孔的深度尺寸

巩固练习：(1)想一想，请指出题图 12-9 所示零件的结构形状哪些是正确的，哪些是错误的，为什么？

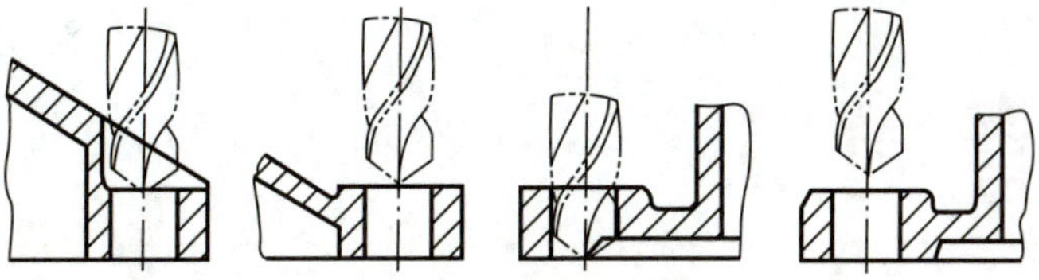

图 12-9　各种要钻孔的零件结构

(2)指出图 12-10 所示中，错误的尺寸标注，并说明符号或标注的含义。

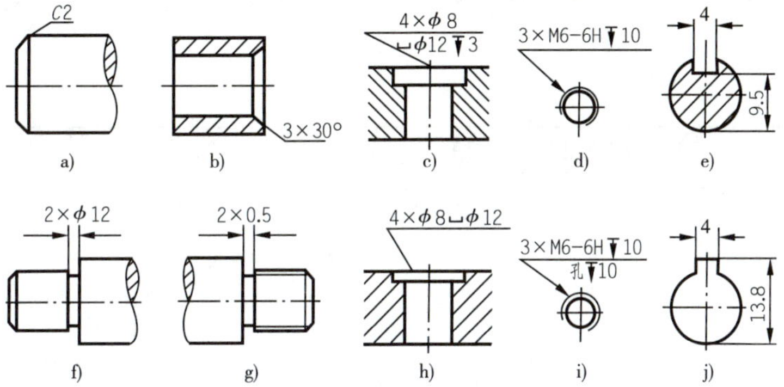

图 12-10　各种零件的尺寸标注

(3)常见零件工艺结构倒角与倒圆、退刀槽与越程槽的作用是什么？

思政点拨

工匠精神(一)

(1)工匠有严谨求实的做事原则和工作态度。他们对自己的产品有着非常高的品质要求，因此在工作过程中对自己的工作内容、工艺应用都有着客观精确的认识和细致周全的考虑。他们敬畏自己的工作，用心做事，能够赋予产品独有的精神气质。

(2)工匠有一丝不苟的工作作风和行为习惯。他们严格遵循工作规范和品质标准，踏踏实实做事，一板一眼工作。他们不走捷径，在精、细、实上下功夫，把每个动作都做到位。他们注重细节，精雕细琢，不允许自己的产品留有任何瑕疵，竭尽所能将产品做到最好。

(3)工匠有“要做就做最好”的志向。他们对技艺和产品品质有着能到达“极致”的严苛要求。他们不以生产合格品而以生产精品为目标，不刻意追求当下而是放眼长远。他们不断改进工艺，提高品质，力求在业内能长久地领先同行。

学习情境 3 Chapter 3

识读汽车零部件图中的标准件和常用件

学习情境名称：识读汽车零部件图中的标准件和常用件	任务学时：10
学习目标	
1. 综合观察、看懂标准件和常用件的零件图和汽车部件图中的标准件和常用件； 2. 能对标准件和常用件零件图中的图形进行分析，巩固对机件的各种表达方法的识读，提高综合想象零件形状的能力； 3. 能对标准件和常用件零件图中尺寸进行分析和技术要求的识读； 4. 通过识读标准件和常用件零件图，进一步学会读图的方法、步骤和技巧； 5. 能严格按《机械制图》国家标准的有关规定作图； 6. 作图时能保持图面清晰、整洁和作图环境的整洁，并保证作图室工具和仪器摆放整齐； 7. 能主动与学习小组成员沟通，与教师和同学建立良好的人际关系	
知识点	**技能点**
1. 标准件和常用件零件图的内容和作用； 2. 标准件和常用件零件图的视图选择和尺寸标注； 3. 螺纹、滚动轴承、弹簧、键和销标记的识读； 4. 识读标准件和常用件零件图的方法和步骤； 5. 识读汽车部件图中的标准件和常用件的图形及其标注	1. 识读标准件和常用件零件图和汽车部件图中的标准件和常用件； 2. 正确使用螺纹规测量螺距； 3. 正确使用游标卡尺测量齿轮的公法线长度和齿顶圆直径； 4. 正确使用齿轮游标卡尺测量齿轮的齿厚； 5. 正确使用设备和工具加工内外螺纹
教学方法	**教具、工具与媒体**
1. 以直观感知为主的教学法； 2. 以学生为主、老师为辅的教学法； 3. 愉快教学法； 4. 小组工作法； 5. 任务驱动教学法	**工具台套数按工作小组匹配：** 螺纹规；台钻；丝锥；套扣；游标卡尺；齿轮游标卡尺；平板；台虎钳；钳桌；各种螺纹紧固件、滚动轴承、弹簧、键和销实物；多媒体教学设备；教学课件、软件；维修资料；视频教学资料；网络教学资源

学习任务单13 识读汽车零部件图中的螺纹结构

任务	识读汽车零部件图中的螺纹结构	任务学时	4
教学目标	1. 能看懂螺纹结构和螺纹连接件的视图表示方法； 2. 能识读泵体零件图； 3. 能看懂零件图和装配图中的螺纹结构		
知识点	1. 国标中有关螺纹的牙型、直径、螺距(导程)、线数和旋向等五要素的基本规定； 2. 螺纹连接件与动力螺纹的视图表现； 3. 零件图、装配图中的螺纹连接件、动力螺纹		
提示	按照相对独立的各部分内容分步完成练习要求		
零件图	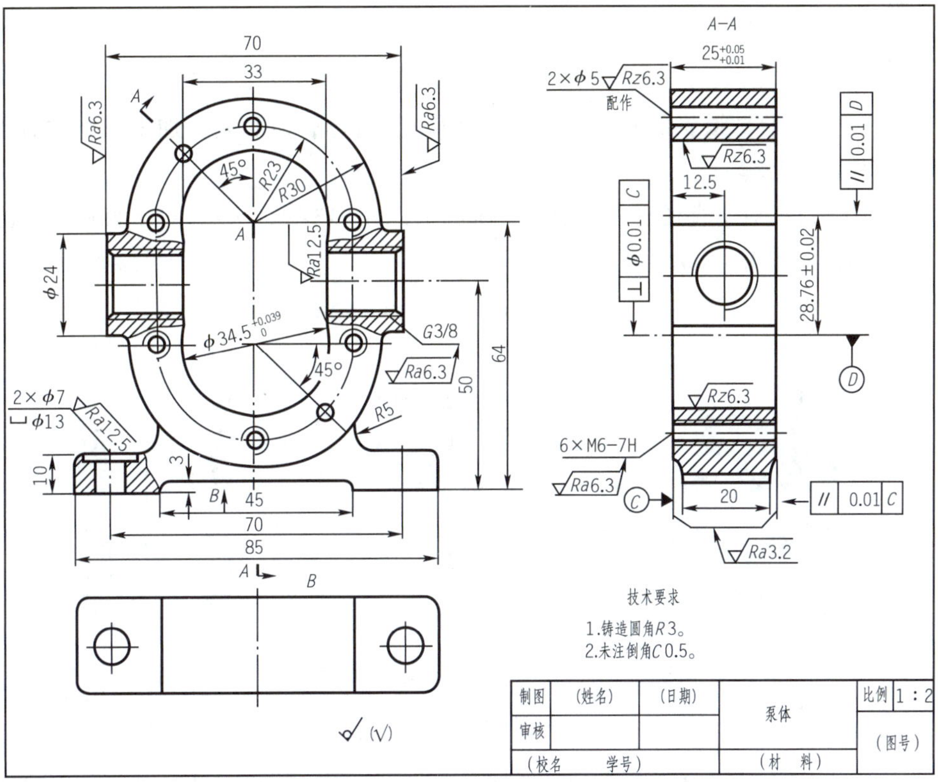		
说明	此零件图幅面为A3号图，因篇幅有限按比例进行了缩小		

螺纹结构在机械零件中是一种十分常见的结构,主要用于连接、密封以及传递动力,如任务单中的齿轮油泵泵体零件图。在该零件图上,前后端面上共有六个螺纹孔(内螺纹),两侧也各有一个螺纹孔,其中前后端面上的螺纹孔是用来连接端盖的,而两侧的螺纹孔是用来连接进、出油管的。从图 13-1 的立体图中,我们能够清晰地看到这些结构。对比泵体零件图和泵体立体图,在泵体零件图中我们已看不出螺纹的形状特征,这是因为螺纹已经在表现上符号化了,当其在零件图中出现时,我们已经没有必要详细绘制它的图形特征了,只需表现其符号,则读图者即可明了,而螺纹的特征则是通过标注来表述的。下面我们具体来看看螺纹结构及螺纹连接件的视图表述。

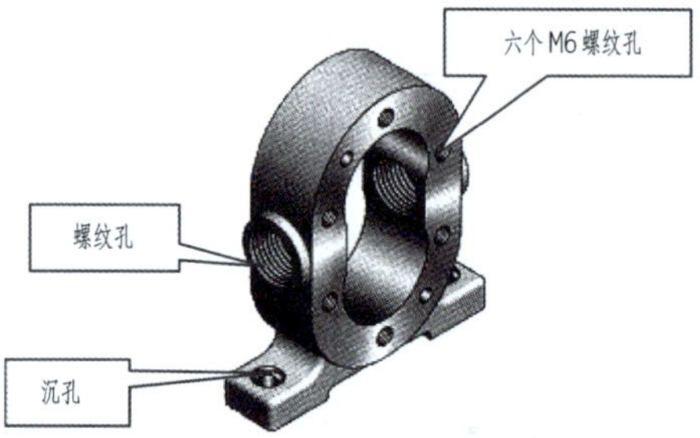

图 13-1　泵体立体图

一 识读有螺纹结构的这类零件图应具备的知识

1 螺纹的基本知识

1 螺纹结构的形成

螺纹是在圆柱或圆锥的外表面(或内表面)上,沿螺旋线而人为加工出来的有确定断面形状的沟槽(或凸起)。

其加工过程,对于直径较大的使用车床加工,如图 13-2a)所示;对于直径较小的采用手工加工而成,如图 13-2b)所示。

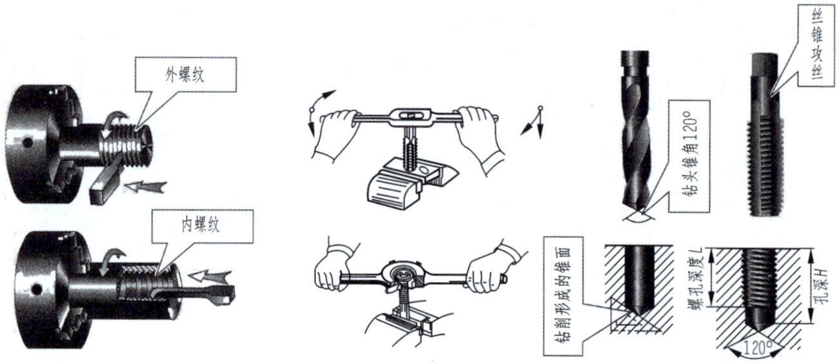

a)车削外螺纹和内螺纹

b)手工加工直径较小的内、外螺纹

图 13-2　螺纹的形成

经加工在圆柱或圆锥外表面形成的螺纹称为外螺纹,在圆柱或圆锥内表面形成的螺纹称为内螺纹。

2 螺纹要素

螺纹的使用是内外螺纹相互配合的,即旋合。所谓旋合,就是外螺纹的凸起沿螺旋线进入内螺纹的凹槽,同时内螺纹的凸起进入外螺纹的凹槽,这就要求内外螺纹的结构特征需完全一样,而螺纹的结构特征是由以下五要素决定。

1)牙型

我们沿螺纹的螺旋线的法线切开螺纹后,所得到的螺纹凸起的截面称为"牙",根据其形状分为不同的类型,称为牙型,如图13-3所示。螺纹凸起的截面由牙顶(螺纹凸起之顶点)、牙底(螺纹沟槽之最低点)和两牙侧构成,并成一定的牙型角。常见的牙型有三角形、梯形、锯齿形和矩形,其中除矩形外,都已标准化,如图13-3、图13-4所示。牙型为三角形的螺纹因应用十分广泛,所以又称为"普通螺纹"。相互旋合的内外螺纹的牙型一定相同。

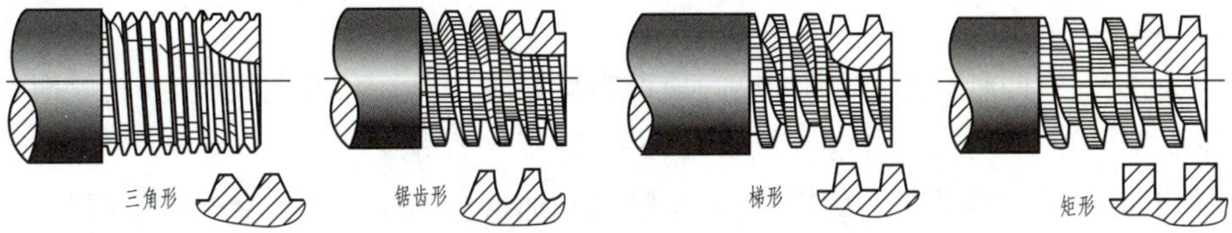

图13-3　螺纹牙型

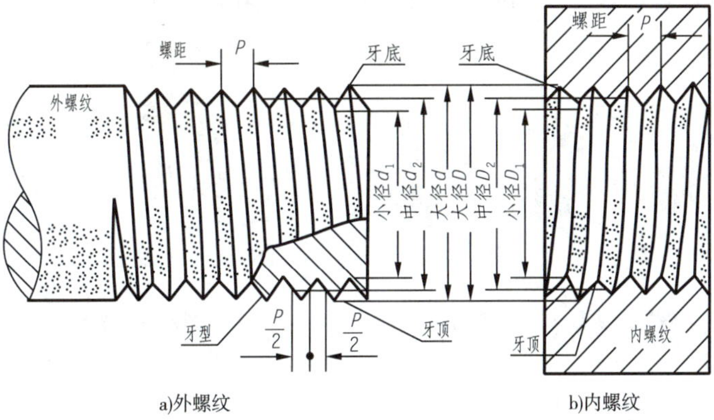

图13-4　螺纹直径

2)螺纹直径

螺纹有三个直径,即大径、中径和小径。

(1)大径:外螺纹的大径是指与牙顶相切的假想圆的直径,用d表示,内螺纹的大径是指与牙底相切的假想圆的直径,用D表示。普通螺纹的大径又称为公称直径,是代表螺纹尺寸的直径;管螺纹的公称直径又称为尺寸代号,它是指被连接管的直径(图13-4)。

(2)中径:外螺纹与内螺纹的中径均是指与螺纹凸起和螺纹沟槽宽度相等处相切的假想圆的直径,外螺纹用d_2、内螺纹用D_2表示(图13-4)。

(3)小径:外螺纹的小径是指与牙底相切的假想圆的直径,用d_1表示;内螺纹的小径是指与牙顶相切的假想圆的直径,用D_1表示(图13-4)。

相互旋合的内外螺纹的直径一定要相等。

3)线数

螺纹有单线和多线之分。只有一个起始点的螺纹为单线螺纹;具有两个或以上起始点的螺纹为双线或多线螺纹。

线数的不同决定了螺纹导程的不同(图13-5)。相互旋合的内外螺纹的线数一定相等。

4)螺距和导程

(1)螺距:螺纹上相邻两牙体上的对应牙侧与中径线相交两点间的轴向距离称为螺距,用P表示。

(2)导程:最邻近的两同名牙侧与中经线相交两点间的轴向距离称为导程,用P_h表示(图13-5)。

提示:螺距、导程与线数的关系为:导程=线数×螺距。

5)旋向

螺纹的旋向有两种,即右旋和左旋。所谓右旋螺纹,是指内、外螺纹旋合时,顺时针旋入的螺纹;而左旋螺纹是指内、外螺纹旋合时,逆时针旋入的螺纹。

工程上应用最普遍的是右旋螺纹,左旋螺纹则通常应用在特殊场合或特定情况下。

螺纹旋向的基本判别方法,即四指沿螺纹旋入方向、拇指伸直指向螺纹旋进方向握住螺纹,右手符合则为右旋螺纹,左手符合即为左旋螺纹,如图13-6所示。

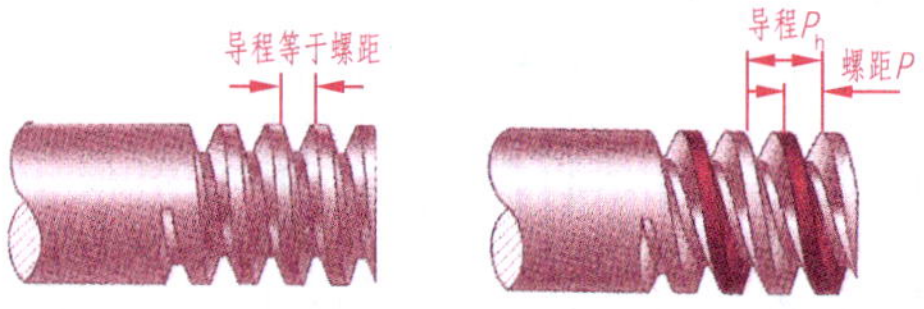

a)单线螺纹　b)双线螺纹

图13-5　螺纹的线数、螺距和导程

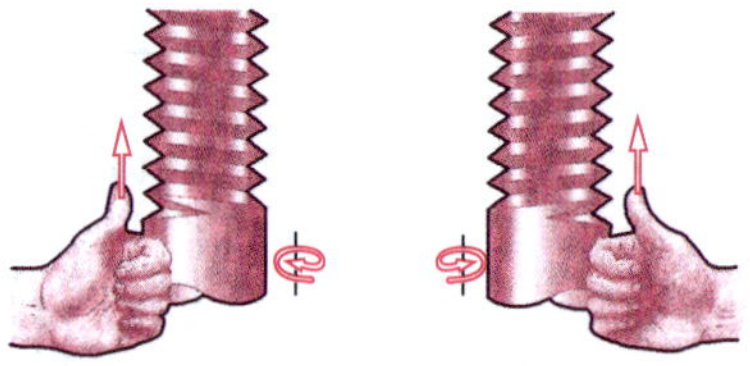

a)左旋螺纹(左边高)　b)右旋螺纹(右边高)

图13-6　螺纹旋向的判别

提示:只有五要素相同的内、外螺纹才能旋合。

3 螺纹的头部与尾部结构

所谓螺纹的头部是指螺纹的旋入端,尾部则是指螺纹的旋出端。根据螺纹的使用情况,螺纹的头部与尾部有不同的结构。

1)螺纹头部的结构

为了防止螺纹起始圈损坏和便于使用,通常在外螺纹、内螺纹的头部作出一定形式的结构:外螺纹头部有平端、倒角、球头和圆角等结构(图13-7),而内螺纹的头部则通常制成与其相配合的外螺纹头部相同的结构。

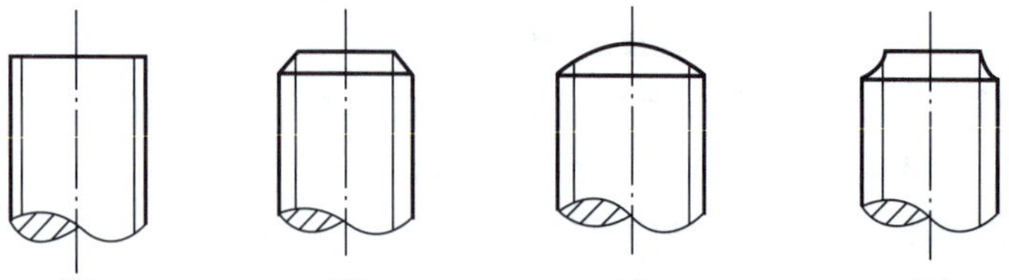

图13-7　螺纹头部结构

2)螺纹收尾和退刀槽(图13-8)

螺纹收尾简称螺尾,是一段牙形不完整的螺纹。它是在机加工螺纹时,由于车刀逐渐离开而形成的,或在手工加工时,攻丝(制内螺纹)所用丝锥前部、套扣(制外螺纹)所用板牙的前几扣,为了便于加工而制成不完整牙形所形成的。在工程上,螺纹的用途,决定了是否需要螺尾。

当不需要螺尾时,则在预先留出有效螺纹长度后,接着先加工出一道槽,由于这道槽的存在,当车刀(板牙)制成规定长度的有效螺纹到达此处,已切不到材料,所以也就不会形成螺尾,而丝锥到达此处,其前部越过此段距离,同理,因无材料,所以也就不会形成螺尾。人们就将这道槽称为退刀槽。

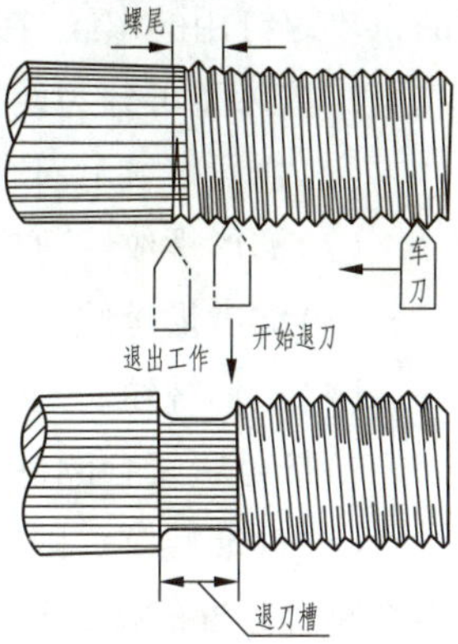

图13-8　螺尾及退刀槽

4 螺纹分类

根据不同的标准,螺纹有不同的分类。

1)按用途可分为四类

(1)紧固用螺纹,简称紧固螺纹,这类螺纹是用来将零件连接起来,这种连接是一种可分解连接。其在汽车上应用极为普遍,如汽缸盖与汽缸体的连接、发动机与车架的连接等。常用螺纹紧固件如图13-9所示。

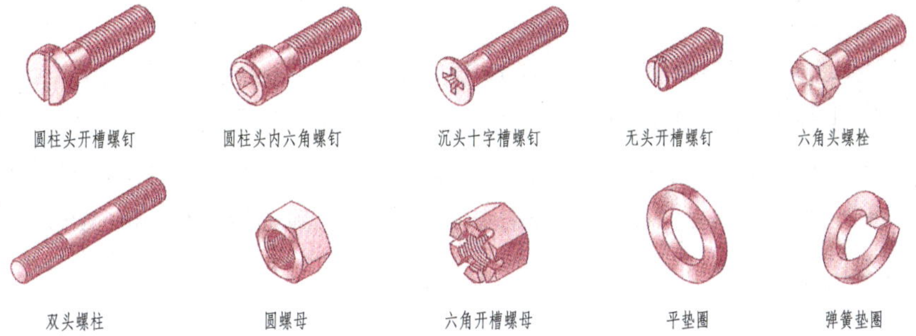

图13-9　常用螺纹紧固件

(2)传动用螺纹,简称传动螺纹,这类螺纹是用来传递动力或运动。其应用在汽车的转向器中,如汽车循环球式转向器,如图13-10所示。

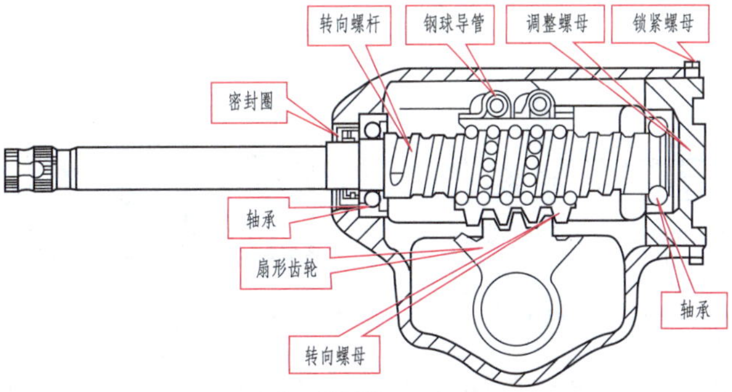

图13-10　汽车循环球式转向器剖视图

(3)管用螺纹,简称管螺纹,是用来连接管道的螺纹,应用在汽车的油管、水管和气管的连接上,特别要注意的是管螺纹是采用英制的。

(4)专门用途螺纹,简称专用螺纹,是根据特定用途而制作的螺纹,如用来连接薄壁材料的自攻螺钉用的螺纹,在汽车上应用于内饰安装。

2)按牙型可分为四类

(1)普通螺纹。符合国标的、牙型为三角形的螺纹。

(2)梯形螺纹。符合国标的、牙型为梯形的螺纹。

(3)锯齿形螺纹。符合国标的、牙型为锯齿形的螺纹。

(4)矩形螺纹。矩形螺纹尚未标准化。

3)按是否符合国标可分为三类

(1)标准螺纹。国家标准对螺纹五要素中的牙型、公称直径和螺距作了规定,凡是这三项都符合标准的螺纹称为标准螺纹。

(2)特殊螺纹。仅牙型符合标准的螺纹称为特殊螺纹。

(3)非标准螺纹。连牙型也不符合标准的螺纹称为非标准螺纹。

提示: 紧固螺纹一般用普通螺纹和管螺纹,传动螺纹一般用梯形螺纹和锯齿形螺纹。

2 螺纹的规定画法

1 外螺纹画法

如图13-11a)所示,螺纹的牙顶(大径)和螺纹终止线用粗实线表示;牙底(小径)用细实线表示。通常,小径按大径的0.85倍画出,即 $d_1 \approx 0.85d$。在平行于螺纹轴线的视图中,表示牙底的细实线应画入倒角或倒圆部分。在垂直于螺纹轴线的视图中,表示牙底的细实线只画约3/4圈,此时螺纹的倒角按规定省略不画。在螺纹的剖视图(或断面图)中,剖面线应画到粗实线,如图13-11b)、图13-11c)所示。

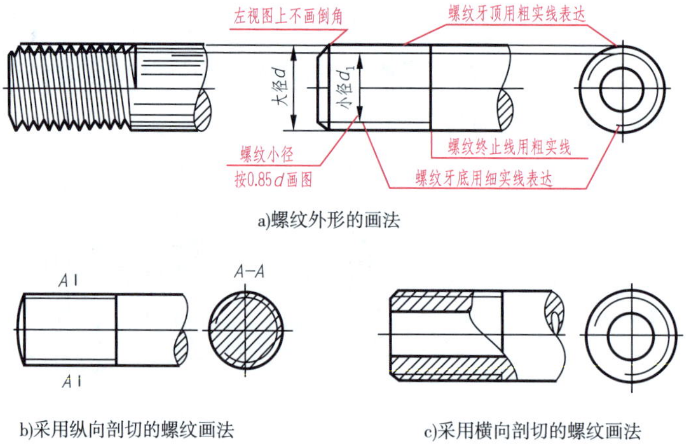

a)螺纹外形的画法

b)采用纵向剖切的螺纹画法

c)采用横向剖切的螺纹画法

图13-11 外螺纹画法

2 内螺纹画法

在视图中，内螺纹若不可见，所有图线均用虚线绘制。剖开表示时，如图 13-12 所示，螺纹的牙顶（小径）及螺纹终止线用粗实线表示；牙底（大径）用细实线表示，剖面线画到粗实线处。在投影为圆的视图中，表示牙底的细实线圆只画约 3/4 圈，倒角圆省略不画。

对于没有穿通的螺孔（俗称盲孔），应分别画出钻孔深度 H 和螺纹深度 L，如图13-12b）所示，钻孔深度比螺纹深度深 0.2 ~0.5D（D 为螺孔大径）。

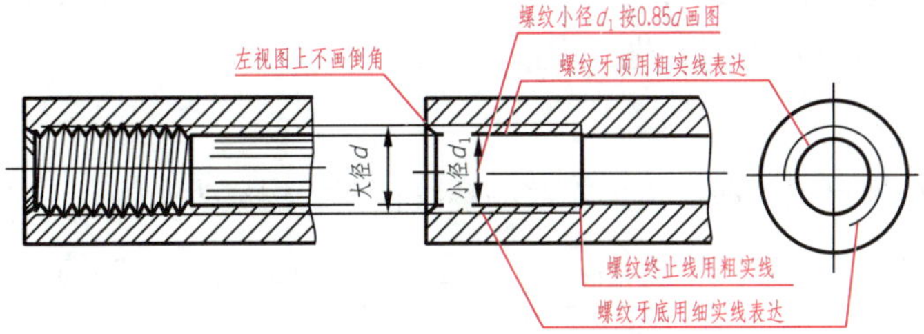

a)按实际结构画出的内螺纹　　b)内螺纹的规定画法

图 13-12　内螺纹的表达画法

练一练：请找出下图中螺纹表达错误，请将正确的表达画法画在指定的位置。

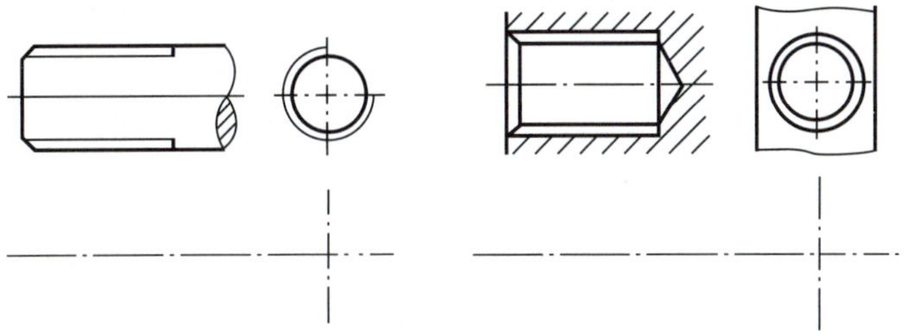

3 螺纹连接的画法

如图 13-13 所示，内、外螺纹旋合（连接）后，旋合部分按外螺纹画，其余部分仍按各自的画法表示。必须注意表示大、小径的粗实线和细实线应分别对齐。

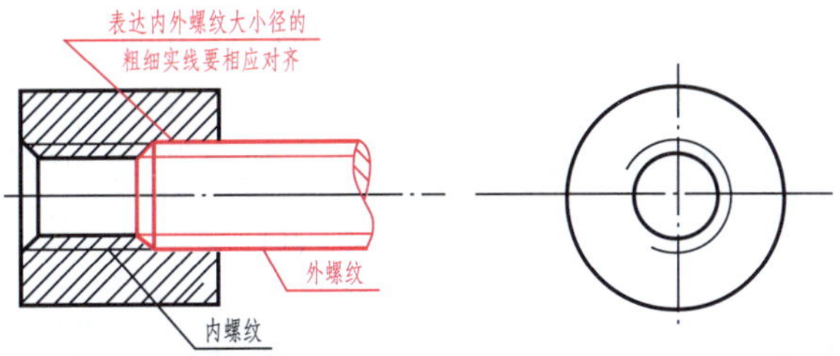

图 13-13　螺纹连接的表达画法

练一练：已知下图中图a)与图b)所示，外螺纹旋入内螺纹的长度是14mm，请完成图c)中的螺纹连接的绘制。

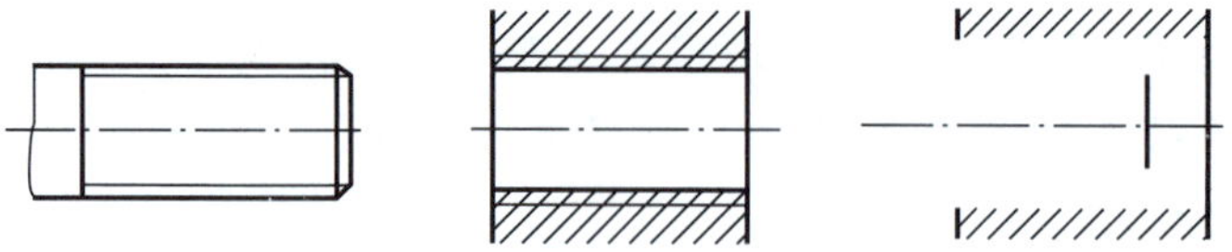

a)外螺纹　b)内螺纹　c)螺纹连接

3 螺纹的标注

螺纹按规定画法简化画出后，在图上不能反映它的牙型、螺距、线数和旋向等结构要素，因此，必须在图样中按规定的标记进行标注。

1 常见标准螺纹和螺纹代号

(1)普通螺纹、梯形螺纹和锯齿形螺纹的螺纹标记的构成为：

[特征代号] [公称直径] × [导程P_h(P螺距)] — [公差带代号] — [旋合长度代号] — [旋向]

(2)管螺纹的螺纹标记的构成为：

[特征代号] [尺寸代号] [公差等级代号] — [旋向代号]

例如：

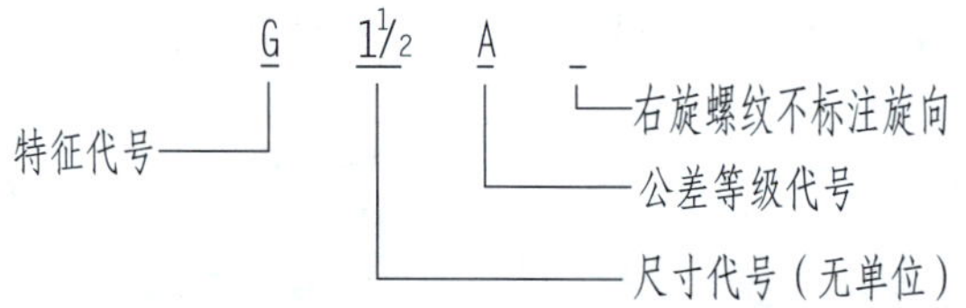

2 螺纹标注时的注意点

(1)普通螺纹特征代号为M。螺距有粗牙和细牙两种，其规定见附表A。粗牙不需标注，细牙必须标注，其标记应符合国家标准GB/T 193—2003、GB/T 196—2003。

(2)螺纹导程：单线螺纹不需标注，多线螺纹须标注导程和线数，需注写“P_h”和“P”字样。左旋螺纹要注写LH，右旋螺纹不注。

(3)螺纹公差带代号：中、顶径公差带代号由表示公差等级的数字和表示公差带位置的字母组成，内螺纹大写、外螺纹小写；中径在前，顶径在后；中、顶径公差带代号相同时，只标注一个公差代号。常用的中等公差精度螺纹(公称直径≥1.6mm的6g和6H)不标注公差带代号。

(4)有配合关系的内外螺纹用分数表示，分子为内螺纹，分母为外螺纹。

(5)旋合长度分为短旋合(S)、中旋合(N)、长旋合(L)三种。其中中旋合N省略不注，也可直接写出长度值。

(6)密封管螺纹的特征代号：R_c表示圆锥内螺纹；R_p表示圆柱内螺纹；R_2表示圆锥外螺纹；R_1表示圆柱外螺纹。其标记应符合国家标准GB/T 7306.1—2000和GB/T 7306.2—2000。

非密管封螺纹的特征代号为G。其标记由螺纹特征代号、尺寸代号、公差等级和有必要说明的其他信息组成。其标记应符合国家标准 GB/T7307—2001。

(7)传动螺纹主要有梯形螺纹和锯齿形螺纹两种。梯形螺纹的特征代号为 T;锯齿形螺纹代号为 S。其标记与普通螺纹相似。

3 常用螺纹的标注示例(表13-1)

1)常用螺纹的标注示例

常用螺纹的标注示例　　表13-1

螺纹类别	特征代号	标注示例			说明
连接螺纹	普通螺纹	M	粗牙	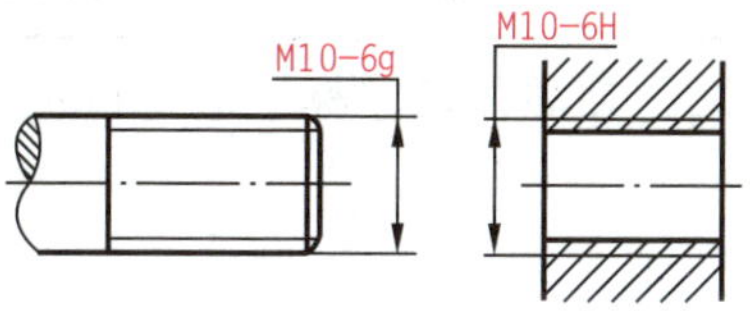	粗牙普通螺纹,公称直径10,螺距1.5(查附表A可知),右旋;外螺纹中径和顶径公差带代号均为6g;内螺纹中径和顶径公差带代号都是6H;中等旋合长度
			细牙	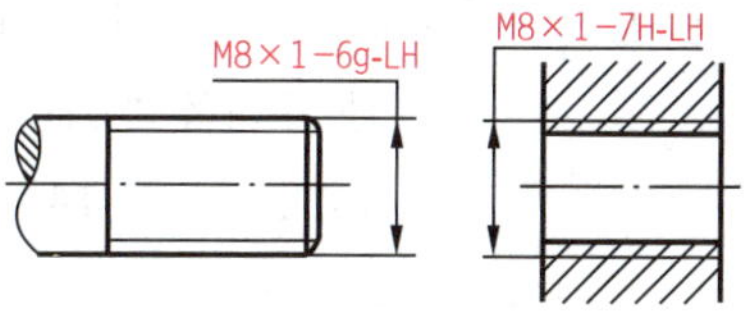	细牙普通螺纹,公称直径8,螺距1,左旋;外螺纹中径和顶径公差带代号均为6g;内螺纹中径和顶径公差带代号都是7H;中等旋合长度
	管螺纹	G	55°非密封管螺纹	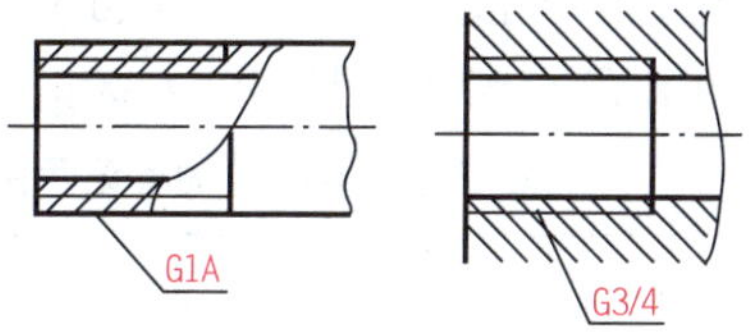	55°非密封管螺纹,外管螺纹的尺寸代号为1,公差等级为A级,内管螺纹尺寸代号为3/4,内管螺纹公差等级只有一种,省略不标注,右旋
		R_c R_p R_1 R_2	55°密封管螺纹	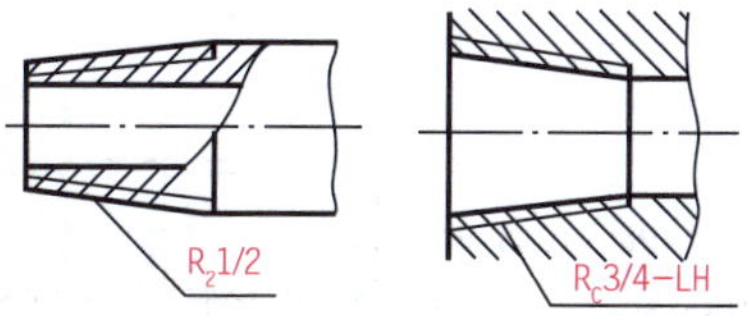	55°密封管螺纹,特征代号 R_2;圆锥外螺纹尺寸代号为1/2,右旋,与圆锥内螺纹配合;圆锥内螺纹的尺寸代号为3/4,左旋;公差等级只有一种,省略不标注。R_p 和 R_1 分别是圆柱内外螺纹的特征代号

续上表

螺纹类别	特征代号	标注示例		说明
传动螺纹	梯形螺纹	T_r		梯形外螺纹,公称直径40,单线,螺距7,右旋,中径公差带代号7e,中等旋合长度
	锯齿形螺纹	B	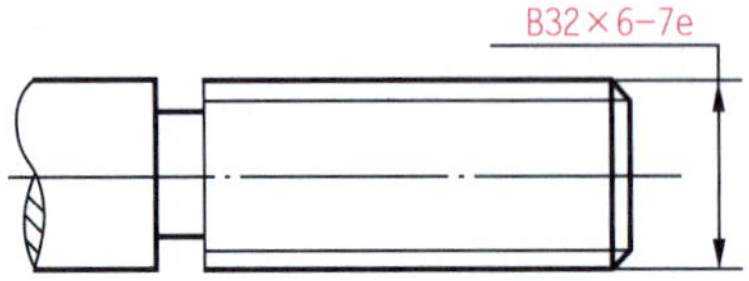	锯齿形外螺纹,公称直径32,单线,螺距6,右旋,中径公差带代号7e,中等旋合长度

提示:公制螺纹的标注,与回转体尺寸标注形式相同,而管螺纹的标注则采用引线,引线从大径处引出。

2)非标准螺纹的标注

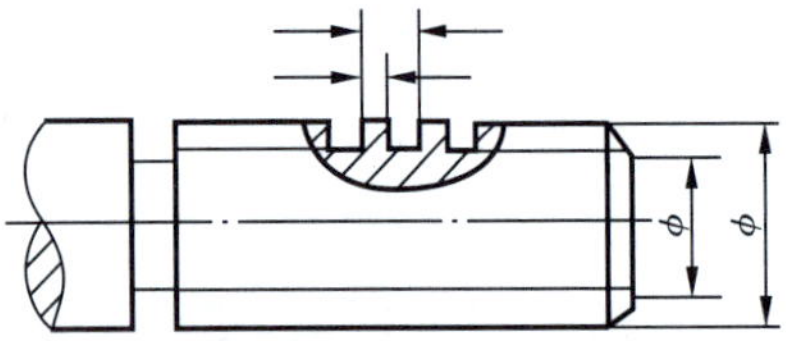

图13-14　非标准螺纹

对于非标准螺纹,它的标注也是由两个部分组成,即图形表述和标注表述,只是因其还未实现标准化,所以,它用来表述共同特征的图形表述需要在标准螺纹的图形表述的基础上,通过采用局部剖视示意图的形式,来表述它的牙型,而表述其独自特征的标注表述,则要全部标注(图13-14)。

4 常用螺纹紧固件的种类、图形与标注表述(表13-2)

螺纹紧固是利用螺纹的特性,来达到紧固、连接不同零件目的的一种可拆卸、紧固、连接形式,提供这种作用的零件就叫“螺纹紧固件”(图13-9)。由于它的应用非常普遍,已经标准化,在实际中可从相应的标准中查出所需的结构尺寸等技术信息。对于已经标准化的常用螺纹紧固件的标记示例见表13-2。

常用螺纹紧固件的标记示例　　表13-2

名称	标记示例	图形、标注表述	说明
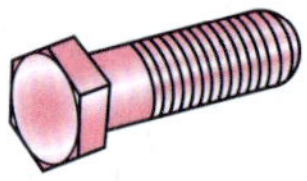 六角头螺栓	螺栓 GB/T 5782—2016 M8×40	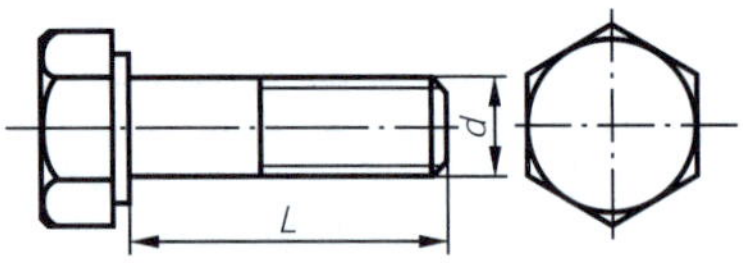	螺纹规格为M8,公称长度$L=40$,性能等级为8.8级,表面不经处理产品等级为A级的六角头螺栓
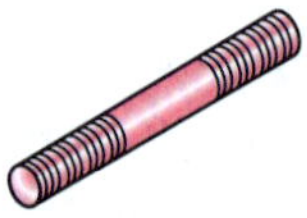 双头螺柱	螺柱 GB/T 898—1988 M8×50	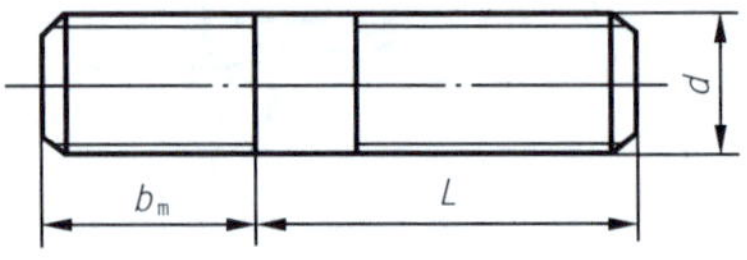	两端均为粗牙普通螺纹,$d=M8$,$L=50$,性能等级为4.8级,不经表面处理,B型,$b_m=1.25d$的双头螺柱

续上表

名　称	标记示例	图形、标注表述	说　明
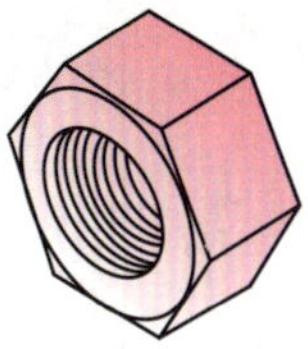 Ⅰ型六角螺母	螺母 GB/T 6170—2015 M10	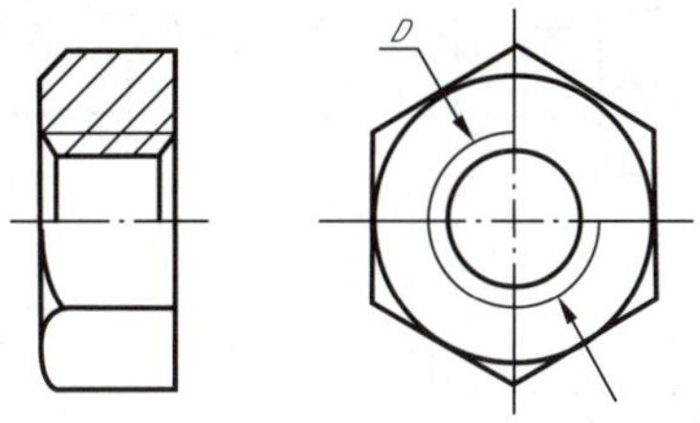	螺纹规格为 M10，性能等级为 8 级，不经表面处理，产品等级为 A 级的Ⅰ型六角螺母
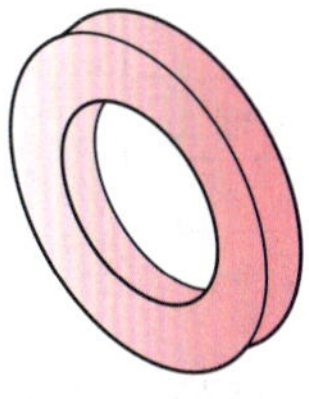 平垫圈	垫圈 GB/T 97.1 8 140HV —2002	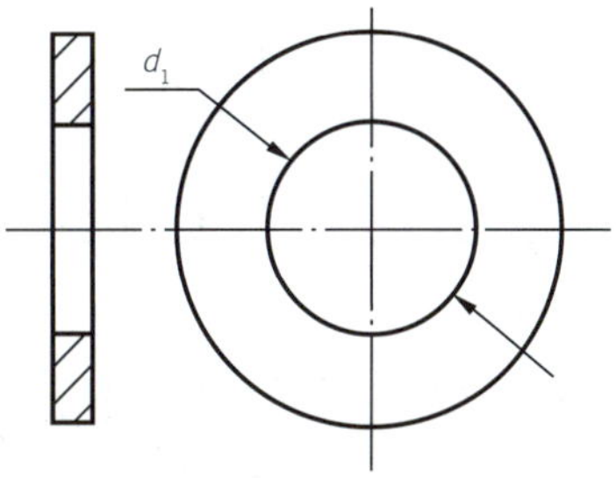	标准系列，公称尺寸 $d=8$，硬度等级为 140HV 级，不经表面处理的平垫圈
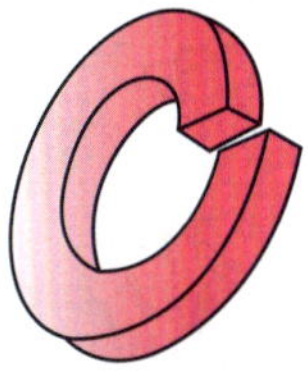 标准弹簧垫圈	弹簧垫圈 GB 93.8	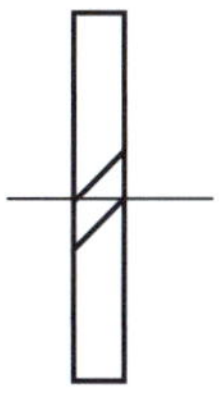	规格 8，材料 65Mn，表面氧化的标准型弹簧垫圈

做一做：读读下图，找出它所表述的螺纹结构，并回答问题。

(1) 该零件有几处螺纹结构？哪个是标准螺纹，哪个是非标准螺纹？

(2) 说说零件上螺纹结构的牙型、公称直径、螺距（导程）、旋向、公差带代号、线数、有效螺纹长度。

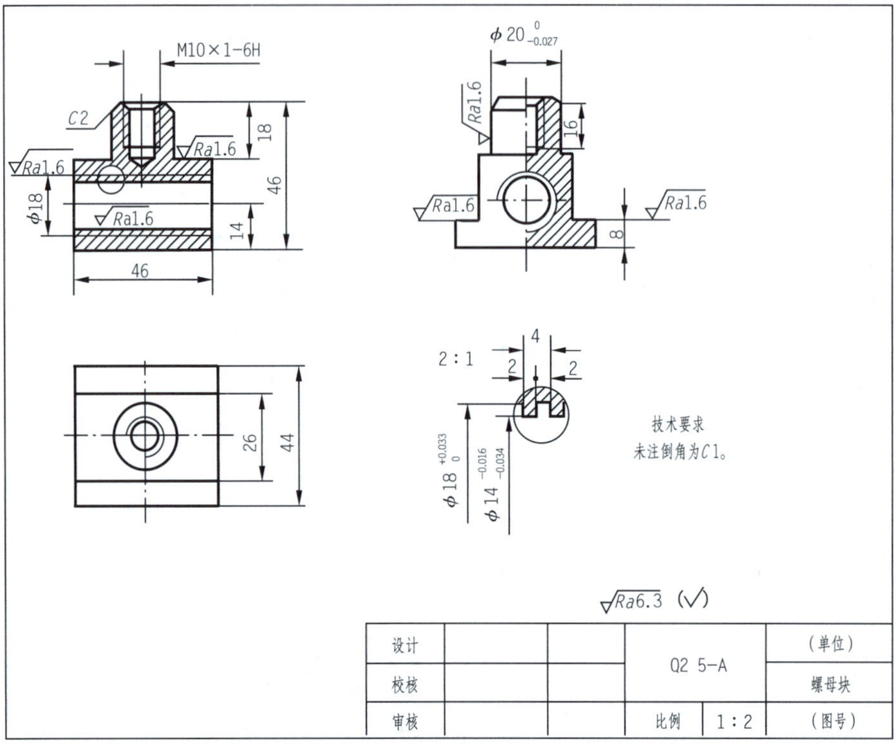

5 装配图中的螺纹结构

在装配图中,零件之间是按照它们的安装关系进行表述的,与零件图中对螺纹结构的表述不同,装配图中的螺纹结构(不论是连接螺纹、紧固螺纹还是动力螺纹)均处在旋合状态。所以要读出装配图中的螺纹结构及其它们之间的安装关系,就要先了解螺纹旋合的视图表述。

1)螺纹紧固件的连接

在装配图中,其所表述的是零件与零件或部件与部件之间的装配关系,而所采用的连接形式往往是螺纹连接,即常用螺纹紧固件来进行连接。常用的有:螺栓连接、螺柱连接和螺钉连接(图13-15)。

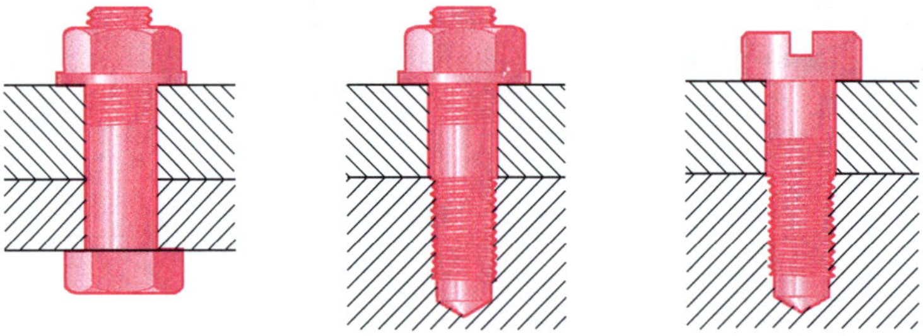

a)螺栓连接　　b)螺柱连接　　c)螺钉连接

图13-15　螺栓、螺柱、螺钉连接

2)螺纹紧固件连接的图形表述与比例画法

由于螺纹紧固件已经标准化,所以在装配图中一般是按比例画法来绘制的。

（1）螺栓连接：螺栓连接一般适用于连接两个不太厚的并能钻成通孔，且有足够的安装操作空间的零件。其图形表述及比例画法，如图 13-16 所示。

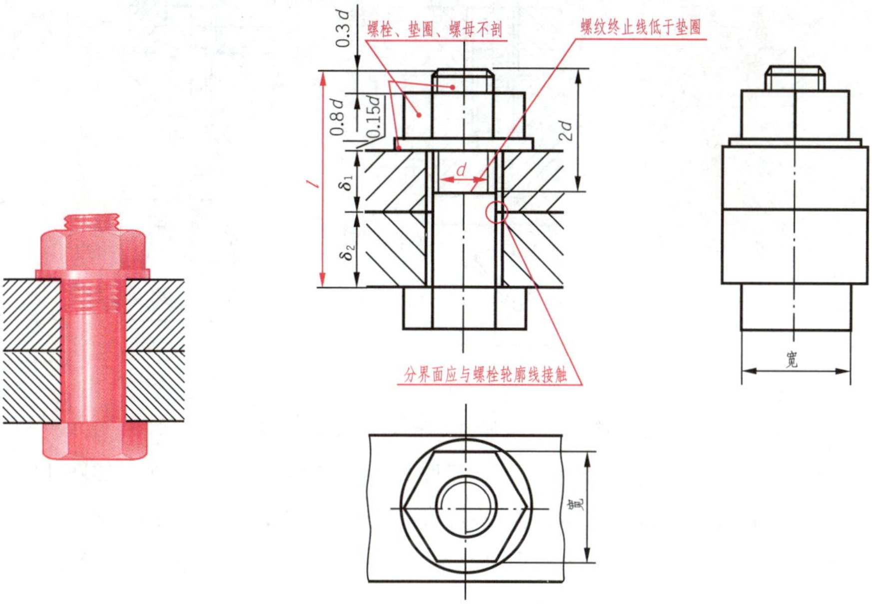

a)螺栓连接　　b)连接画法

图 13-16　螺栓连接装配图表述及比例画法

（2）螺柱连接：螺柱连接适用于被连接件之一较厚，不可能或不允许钻成通孔，或安装操作空间狭小的零件。螺柱连接的装配图表述及比例画法，如图 13-17 所示。

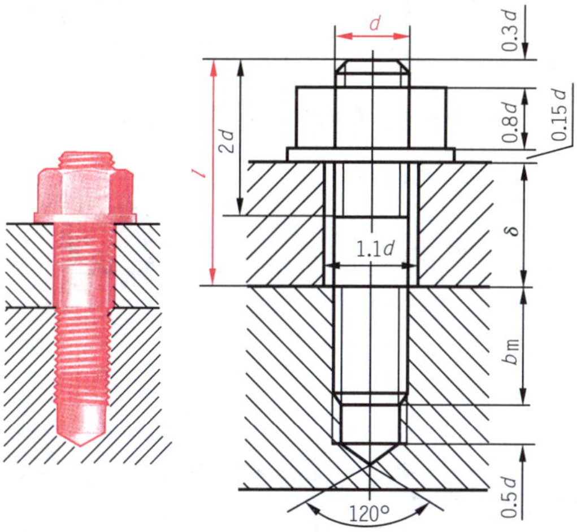

a)立体图　　b)连接画法

图 13-17　螺柱连接的装配图表述及比例画法

（3）螺钉连接：螺钉连接按用途分为连接螺钉和紧定螺钉。

①连接螺钉：连接螺钉适用于连接受力不大且经常拆卸的零件。其装配图表述和比例画法，如图 13-18 所示。

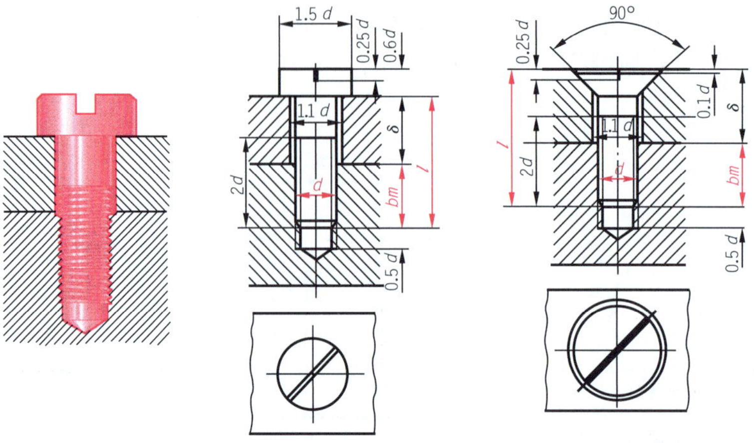

a)立体图　　b)开槽圆柱头螺钉　　c)开槽沉头螺钉

图 13-18　螺钉连接的装配图表述及比例画法

②紧定螺钉:紧定螺钉是用来固定两个零件相对位置的螺纹紧固件。如图 13-19 中的轴和轮,用一个开槽锥端紧定螺钉旋入轮毂的螺孔,使螺钉端部的 90°锥顶与轴上的 90°锥坑压紧,从而达到固定轴与轮的相对位置的目的。它的装配图表述及比例画法,如图13-19所示。

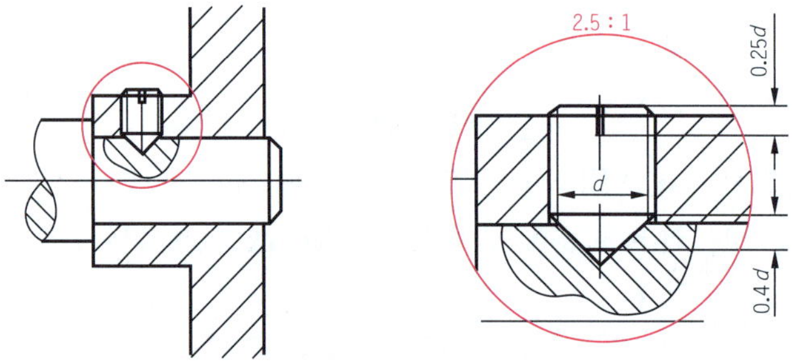

图 13-19　紧定螺钉装配图表述及画法

做一做:仔细阅读下图,并回答问题。

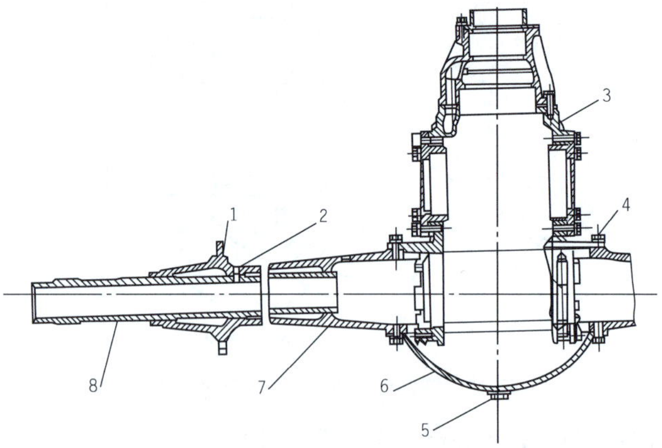

汽车整体式桥壳

1-凸缘盘;2-止动螺钉;3-主减速器壳;4-固定螺栓;5-油面检查螺塞;6-后盖;7-空心梁;8-半轴套管

(1)图中有几处螺纹结构？是何种类型的螺纹紧固件？

(2)叙述一下,图中螺纹紧固件的作用。

二 识读泵体零件图的形状、尺寸和技术要求

1 分析视图,想象出泵体零件的形状

如任务单中泵体的零件图所示,其共采用三个视图,既主视图、左视图和仰视方向的向视图。主视图采用了三个局部剖视分别表达进、出油口的螺纹结构和 $2\times\phi7$ 通孔及 $\phi13$ 的沉孔,并表达了6个M6螺孔及2个 $\phi5$ 的销孔的分布情况和泵体的主要结构形状。左视图采用了全剖视图,采用两个相交的剖切平面剖开机件;沿 *A—A* 剖切,表达了 $\phi5$ 的销孔和M6螺孔内部结构。*B* 向视图表达了2个 $\phi7$ 的孔的分布情况和宽45深3的底部通槽的结构。其他部分形状请同学们自己看视图想象,泵体立体图如图13-1所示。

2 搞清楚泵体零件的尺寸和技术要求(所以未注单位都为mm)

请同学们识读 $6\times$M6-7H、$\dfrac{2\times\phi7}{\sqcup\ \phi13}$、G3/8、$2\times\phi5$ 配作的含义。其余尺寸、尺寸公差要求、表面粗糙度要求和形位公差要求同学们自己分析。

综合归纳零件的形状、尺寸及技术要求,我们就读懂了泵体的零件图。

巩固练习:(1)请在图13-20和图13-21上注出螺纹标记。

①普通螺纹,粗牙,大径为 ϕ20mm,螺距为2.5mm,螺纹公差带代号:中径、顶径均为6H,如图13-21所示。

②55非密封管螺纹,尺寸代号3/4,螺纹,公差等级A,如图13-22所示。

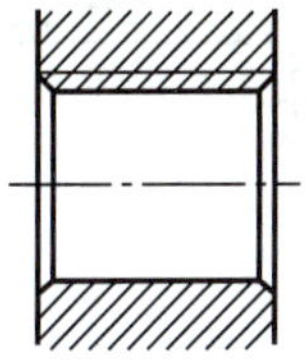

图13-20　按要求标注出内螺纹

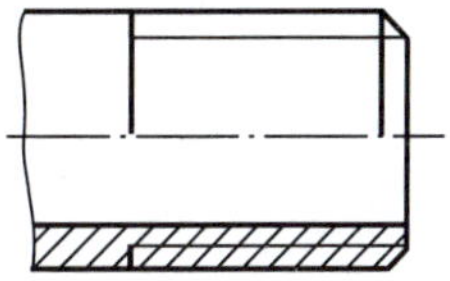

图13-21　按要求标注出外螺纹

(2)如图13-22所示,完成开槽盘头螺钉M12×25(GB/T67—2000)的连接画法。主视图画成全剖视图,俯视图画成外形视图,比例为1:1。

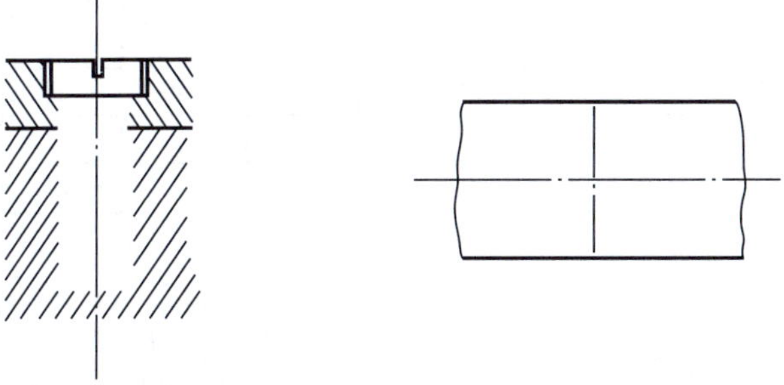

图13-22　完成开槽盘头螺钉连接

学习任务单14　识读汽车零部件图中的键、销结构

任务	识读汽车零部件图中的键、销结构	任务学时	2
教学目标	1. 会识读键、销结构的视图表示； 2. 会识读键、销连接的视图表示； 3. 能看懂零件图和装配图中的键、销结构		
知识点	1. 国标中有关键、销的基本规定； 2. 键、销连接视图表现； 3. 零件图、装配图中的键、销连接		
装配图	见下图		
说明	此零件图幅面为A2号图，因篇幅有限按比例进行了缩小		

装配图

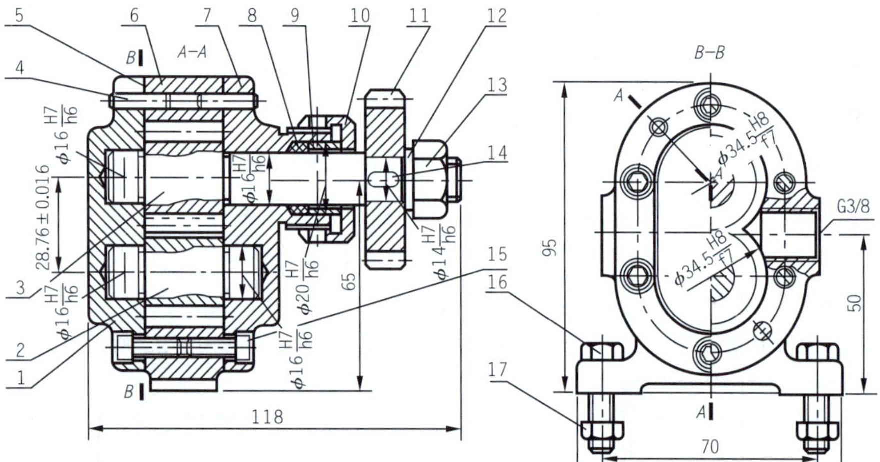

技术要求：

1.齿轮安装后，用手转动传动齿轮时，应转动灵活；
2.两齿轮轮齿啮全面须占齿长的 3/4以上。

					10	压紧螺母	1	35		2	齿轮轴	1	45	m=3, z=9
17	螺母M6	2	Q235	GB/T6170-2015	9	轴套	1	2CuSnSPiZn5		1	左端盖	1	HT200	
16	螺母M6×30	12	Q235	GB/T5782-2016	8	密封圈	1	橡胶		序号	名称	件数	材料	备注
15	螺母M6×16	12	35	GB/T70.1-2008	7	右端盖	1	HT200		齿轮油泵		比例		04-00
14	键5×10	1	35	GB/T1096-2003	6	泵体	1	HT200				件数		
13	螺母M12×1.5	1	35	GB/T6171-2016	5	垫片	2	纸	δ=1	制图		重量		共1张　第1张
12	垫圈12	1	65Mn	GB/T93-1987	4	销A5×18	4	45		描图		(厂名)		
11	传动齿轮	1	45	m=2.5, z=20,	3	传动齿轮轴	1	45	m=3, z=9	审核				

键、销是在机械中常被用到的零件，具有连接、传递和定位作用，在汽车上也广泛应用，图14-1就是汽车发动机的润滑油泵分解图，从中可看到应用了平键12和销5。由于它们应用极为普遍，已经标准化。

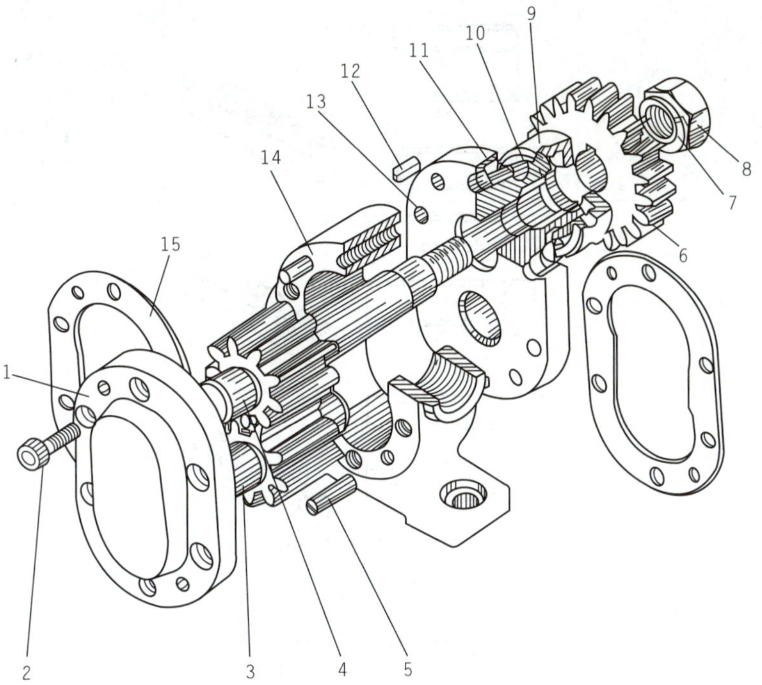

图14-1　汽车发动机的润滑油泵分解图

1-左端盖；2-圆柱头内六角螺钉；3-齿轮轴；4-传动齿轮轴；5-圆柱销；6-传动齿轮；7-垫圈；8-螺母；9-压紧螺母；10-轴套；11-密封圈；12-键；13-右端盖；14-泵体；15-垫片

一 键与键连接

键作为已经标准化的零件，它在实际中的主要作用是用于要求可拆卸的、传递动力与转矩的两零件之间的连接。根据键连接的结构形状不同，汽车上常用的键连接主要有平键、半圆键和花键三种(图14-2)。

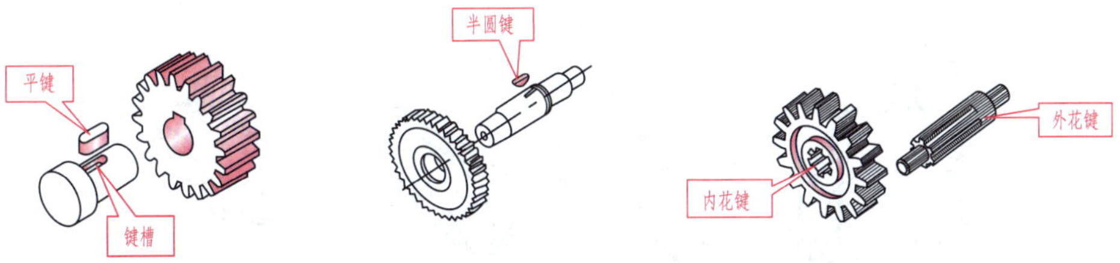

a)平键连接　　b)半圆键　　c)花键连接

图14-2　汽车上常用的键连接

1 平键和半圆键的标记(表14-1)

平键和半圆键的标记　　表14-1

名称及类型		标　记	图　例	说　明
普通平键	A型	GB/T 1096 平键 16×100	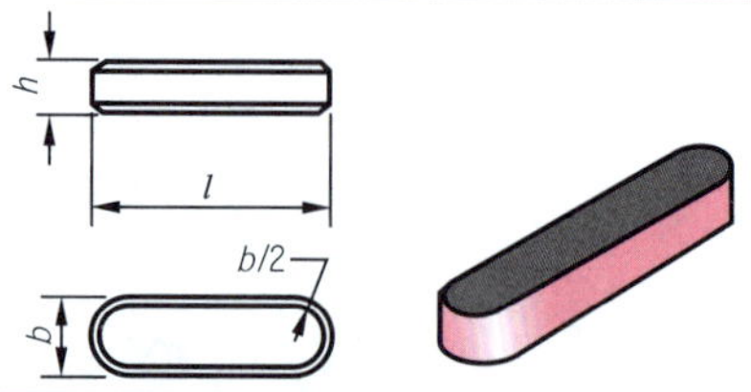	表示 $b=16$mm, $h=10$mm, $l=100$mm 的A型平键。A型平键在标注时"A"可省略不注
	B型	GB/T 1096 平键 B16×100	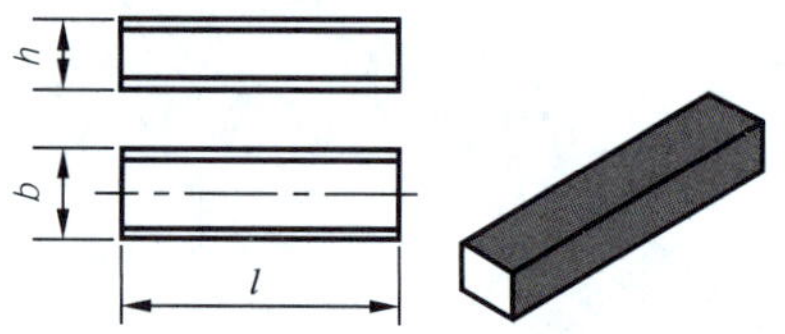	表示 $b=16$mm, $h=10$mm, $l=100$mm 的B型平键
	C型	GB/T 1096 平键 C16×100	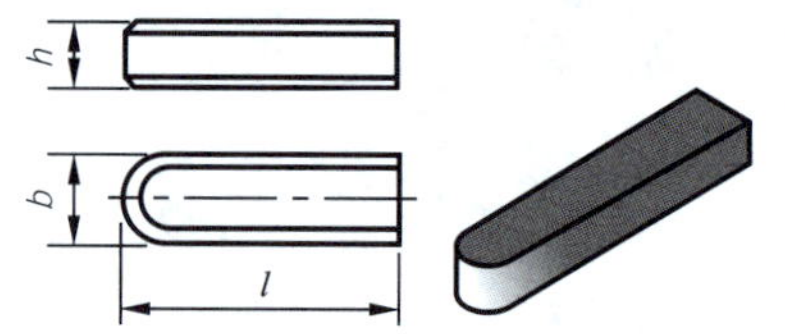	表示 $b=16$mm, $h=10$mm, $l=100$mm 的C型平键
半圆键		GB/T 1099.1 半圆键 6×25	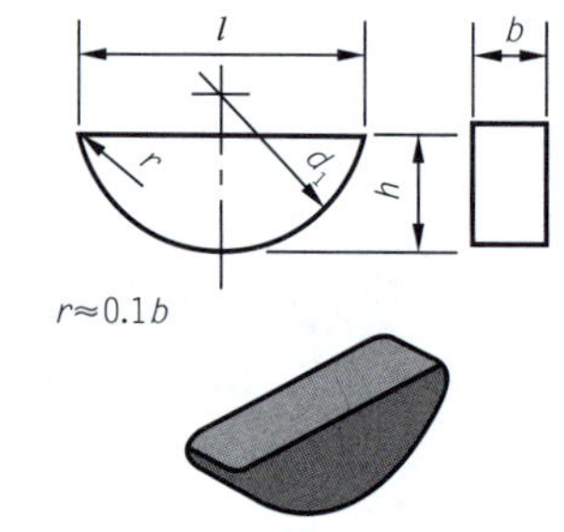	表示 $b=6$mm, $d_1=25$mm, $l=21.5$mm 的半圆键

2 键槽的画法与尺寸标注

在用键来连接被连接件时,键置于被连接件上已预制好的槽里,这个槽被称为"键槽",如图14-3所示,图中演示了在轮毂和轮轴上常见的加工键槽的方法。关于键槽的画法及其标注,如图14-4～图14-6所示。

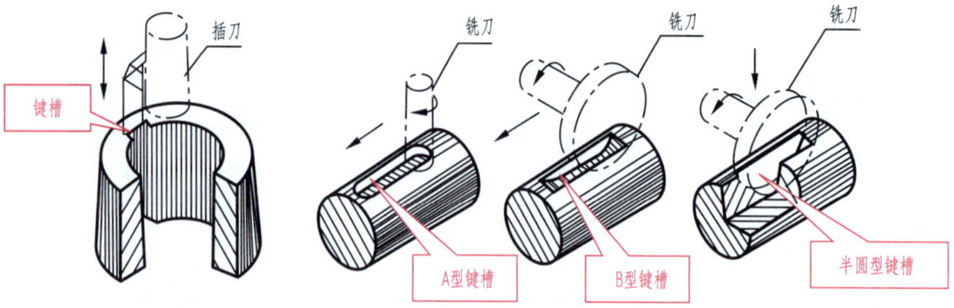

a)轮毂上的键槽　　b)轴上的键槽

图14-3　键槽的常用加工方法

3 平键和半圆键的连接画法

平键和半圆键的键连接作用相似，两侧面是它们的工作面，在实际连接中平键与半圆键的两侧面均与键槽的侧面直接接触，所以反映在装配图中键的侧面与槽的侧面直接接触，故只画一条线；键的底面与轴上键槽的底面接触，所以也画一条线；键的上底面与毂上键槽的底面是不接触的，所以画两条线。另外，键连接通常采用剖视来表述，在反映键长的剖视图中，轴采用局部剖，键按不剖表述，如图 14-7 和图 14-8 所示。普通平键的尺寸和键槽的断面尺寸按轴的直径在附表 C 中直接查得。

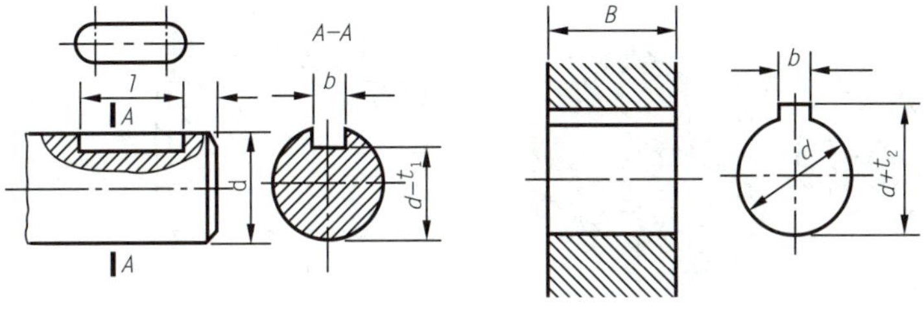

a)轴上的键槽的画法　　b)轮毂上键槽的画法

图 14-4　平键槽的画法及标注

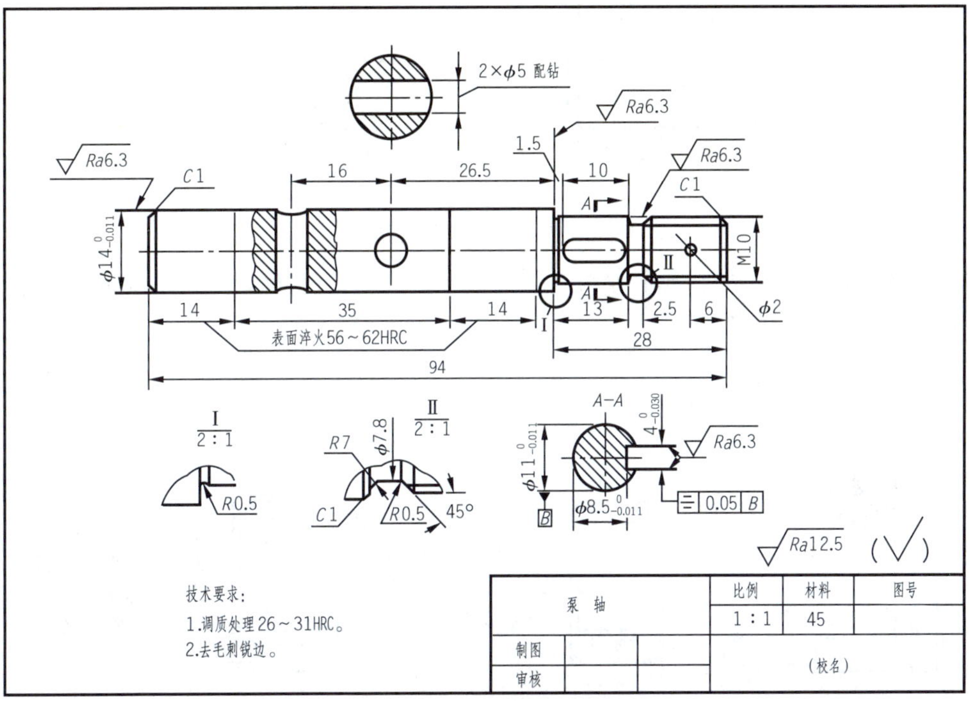

图 14-5　零件图中键槽结构的表述

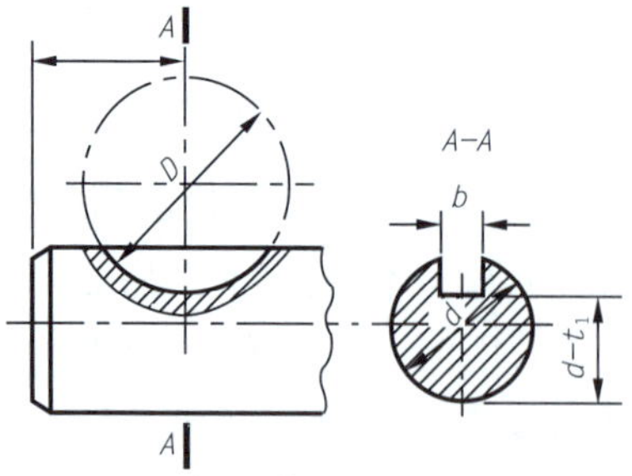

a)半圆键轴上的键槽

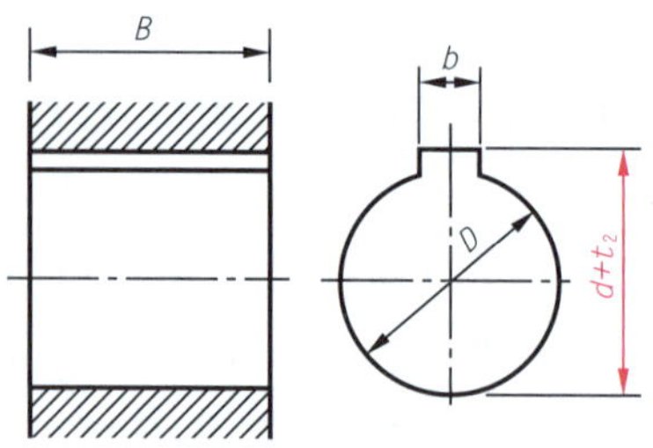

b)半圆键轮毂上的键槽

图 14-6　半圆键槽的画法及标注

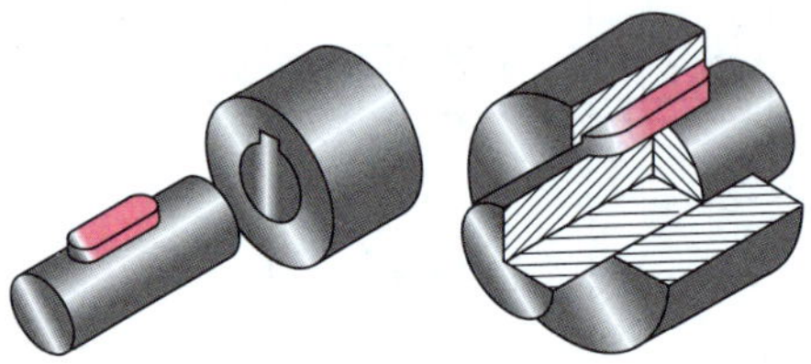

a)键嵌入轴后装入轮毂

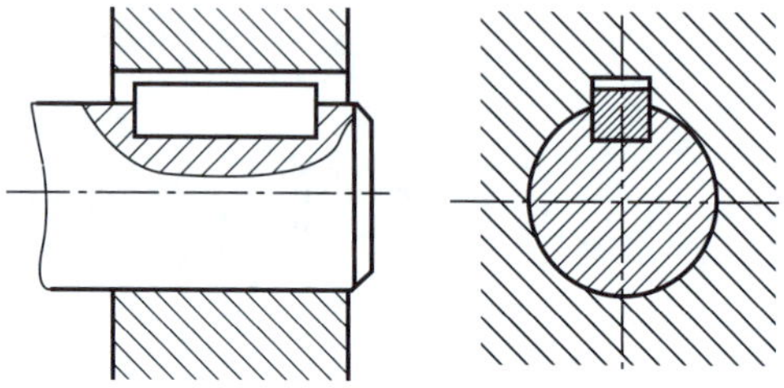

b)平键连接画法

图 14-7　平键连接画法

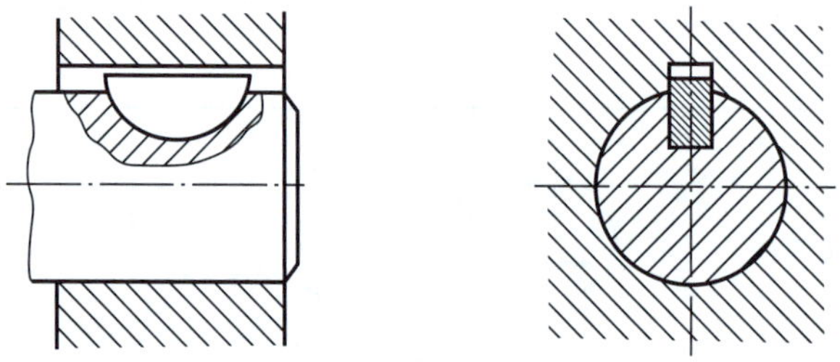

图 14-8　半圆键连接的画法

练一练：如下图所示，齿轮和轴用 *A* 型圆头普通平键连接，键的宽度 $b=6$mm。

(1)请写出键的规定标记。

(2)通过查本书后面附表确定键和键槽的尺寸，选用比例 1∶2，完成下列键槽图形和平键连接视图，并在 a)和 b)图中标注轴径和键槽的尺寸。

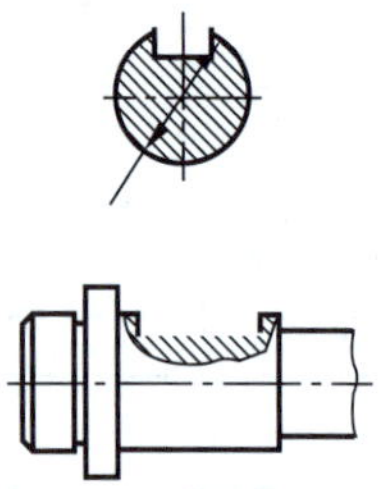

a)完成轴上键槽的图形

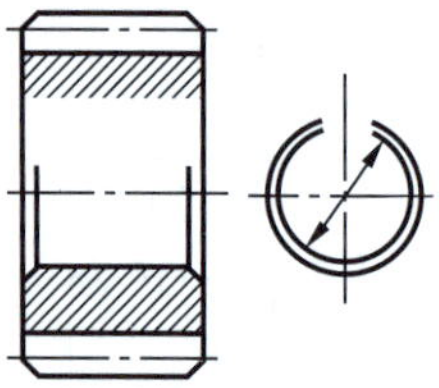

b)完成齿轮上键槽的图形

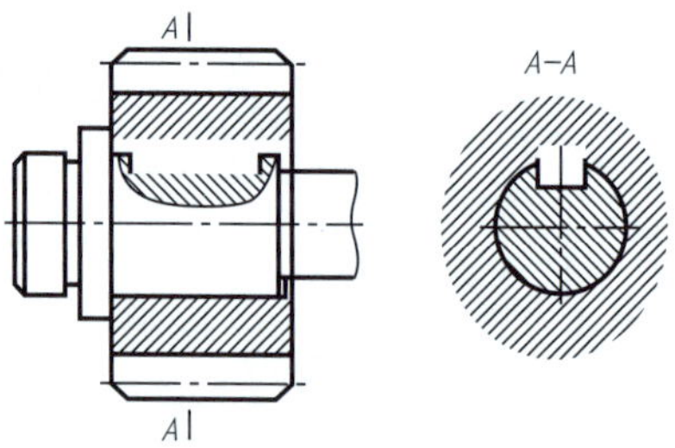

c)完成平键连接视图

4 花键画法与尺寸标记识读

花键分为外花键(又称花键轴)和内花键(又称花键孔),其结构和尺寸已经标准化。它在汽车中应用也十分普遍,如在变速器、离合器、传动轴、分动器、主减速器中等。

1)外花键(花键轴)画法及标记识读

在轴向图中,大径用粗实线绘制,小径用细实线绘制,并画入倒角内。花键工作长度的终止线和尾部长度的末端用细实线绘制,尾部用细实线画成与轴线成30°的斜线,如采用局部剖视时,齿(键)按不剖处理,此时小径用粗实线表述。在径向图中,可画出全部或部分齿(键)形,如图14-9所示。

图14-9中外花键代号⎍6×23f7×26a11×6d11表示:矩形花键,外花键(小写字母表示);六齿(键);小径23mm、标准公差IT7、基本偏差f;中径26mm、标准公差IT11、基本偏差a;齿(键)宽6mm、标准公差IT11、基本偏差d。

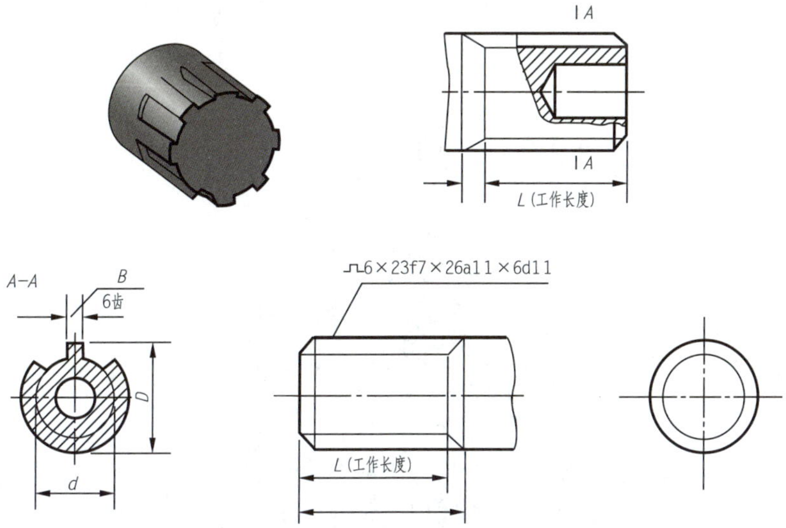

图14-9 外花键(花键轴)的画法

2)内花键(花键孔)画法及标记识读

在轴向图中,基本视图用虚线表述,剖视图则大径、小径均用粗实线绘制,而齿(键)按不剖处理。在径向图中,可画出部分或全部齿(键)形,如图14-10所示。

图14-10中内花键代号用⎍6×23H7×26H10×6H11表示:矩形花键,内花键(大写字母表示);6齿(键);小径23mm、标准公差IT7、基本偏差H;中径26mm、标准公差IT10、基本偏差H;齿(键)宽6mm、标准公差IT11、基本偏差H。

3)矩形花键的连接画法

矩形花键连接的装配图一般会选择剖视图表述,如图14-11所示。

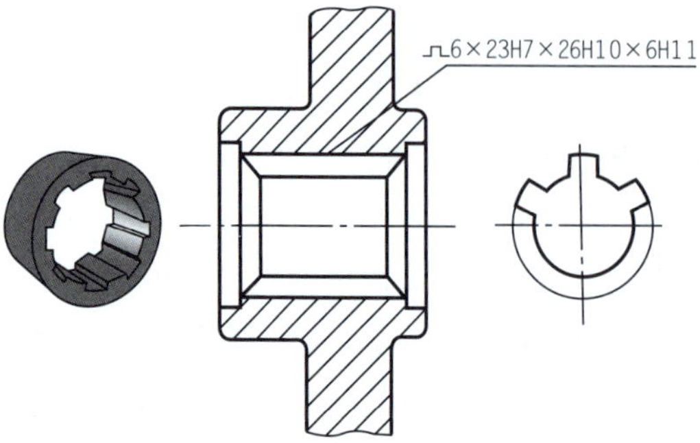

图 14-10　内花键(花键孔)的画法

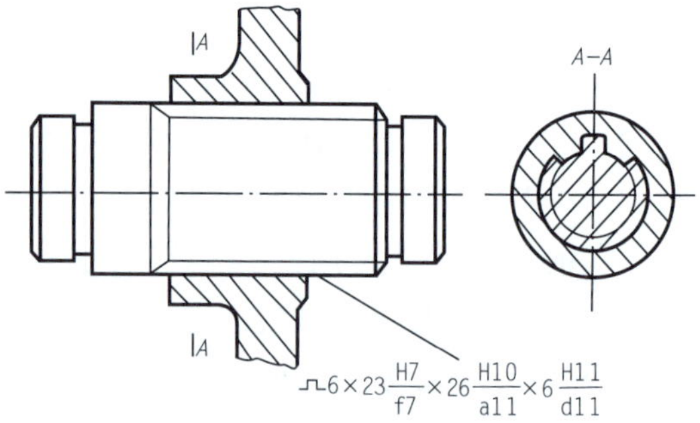

图 14-11　矩形花键的连接画法

其内、外花键重合部分按外花键画,未重合部分按各自情况画。标注的识读与内、外花键的识读相同。

想一想:我们是否能够区分螺纹结构与花键结构的不同。

试一试:下图是汽车单级主减速器的结构图,仔细观察它,指出哪些是螺钉连接和花键结构。

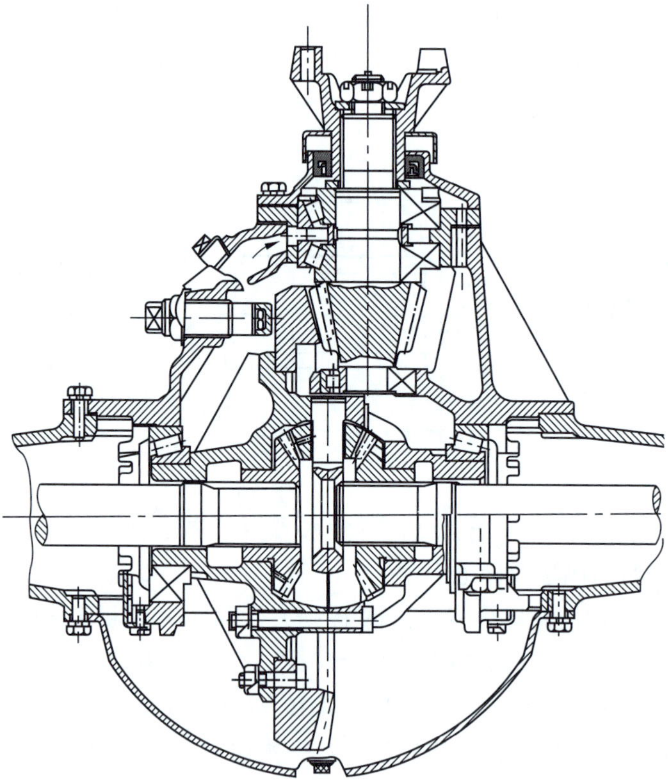

二 销与销连接

销在机器设备中,主要用于定位、连接和锁定。常用的销有圆柱销、圆锥销和开口销。

在汽车上也被广泛应用，如图 14-1 中的圆柱销 5。圆柱销、圆锥销和开口销及其连接的画法、种类、标记示例见表 14-2 和表 14-3。

常用销的画法、种类、标记表达示例　　表 14-2

名称及标准号	图　例	标 记 示 例
圆柱销 GB/T 119.2—2000	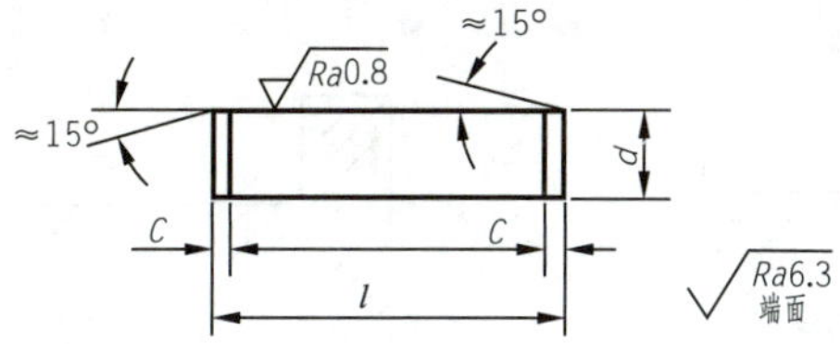	d=5mm，l=18mm，公差带为 m6 的圆柱销标记为：销 GB/T 119.2　A5×18 圆柱销按配合性质分为 A、B、C、D 四种形式
圆锥销 GB/T 117—2000	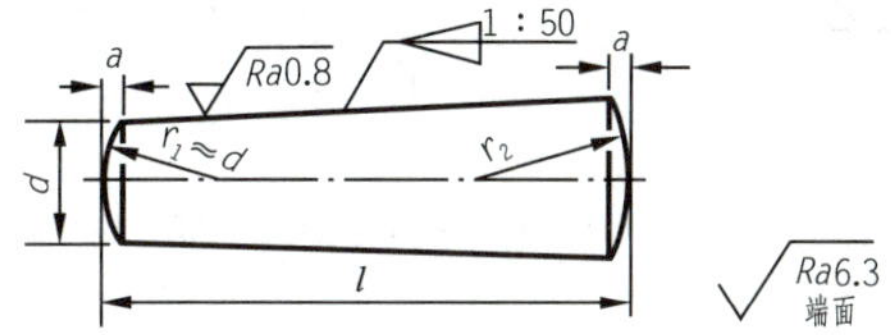	d = 10mm，l = 60mm，的圆锥销标记为：销 GB/T 117　A10×60 圆锥销按表面加工要求分为 A、B 两种形式；公称直径指的是小端直径
开口销 GB/T 91—2000	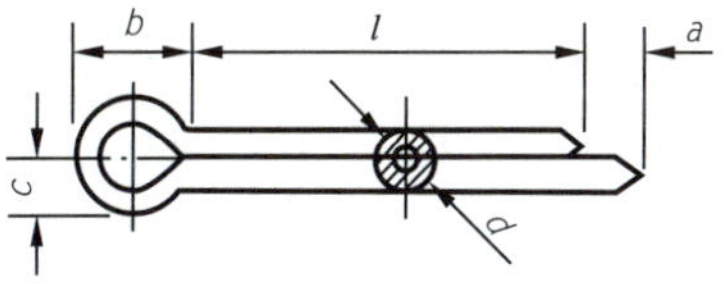	d = 5mm，l = 50mm 的开口销标记为：销 GB/T 91 5×50

常用销的连接表达示例　　表 14-3

名称及标准号	主 要 尺 寸	标　　记	连 接 示 例
圆柱销 GB/T 119.2—2000	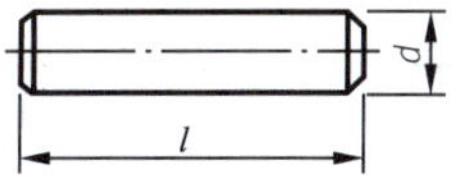	销 GB/T 119.2—2000　　A d×l	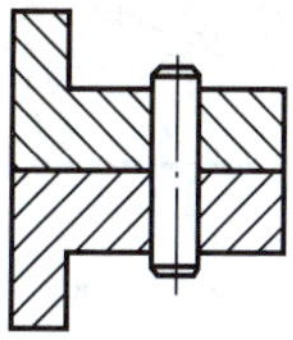
圆锥销 GB/T 117—2000	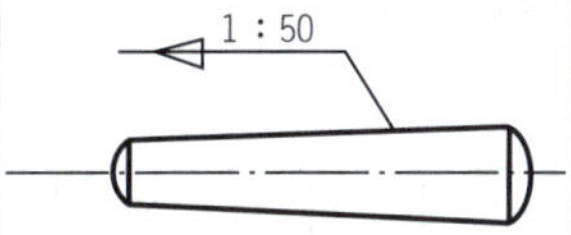	销 GB/T 117—2000　　A d×l	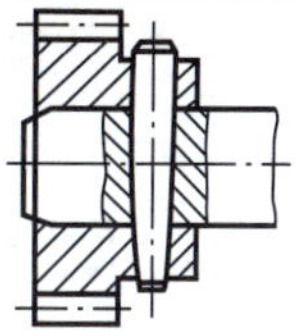
开口销 GB/T 91—2000	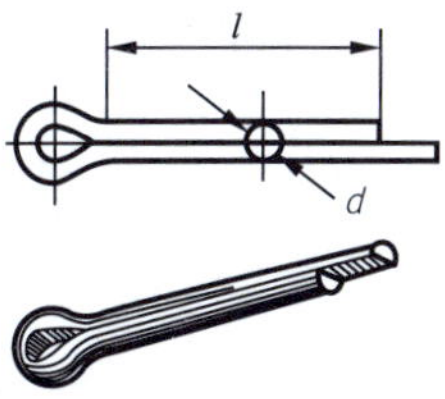	销 GB/T 91—2000　　d×l	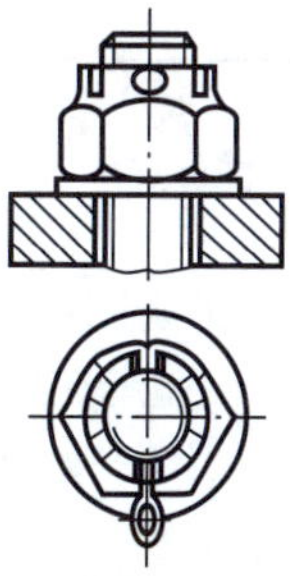

练一练:请同学们看任务14中齿轮油泵装配图说出有几个销和健连接？在图中指出其位置。

巩固练习:(1)按图14-12所示,重画一个用$\phi 6\times 20$圆柱销定位两个零件的全剖主视图,并按国家标准进行标记。

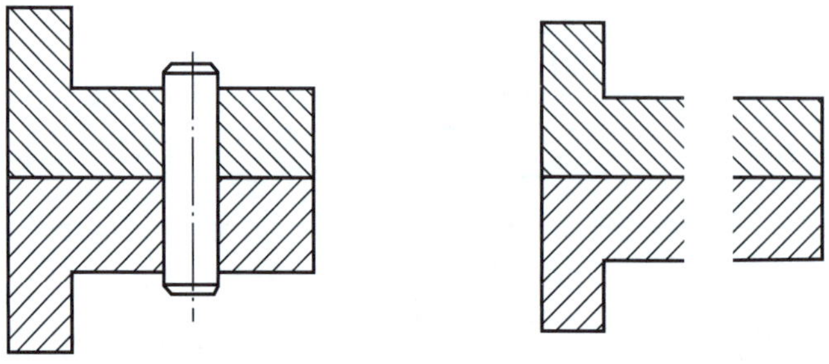

a)已完成圆柱销连接的视图　　b)待完成的圆柱销连接的视图

图14-12　完成圆柱销连接的视图

(2)如图14-13所示,分别说明键的类型。

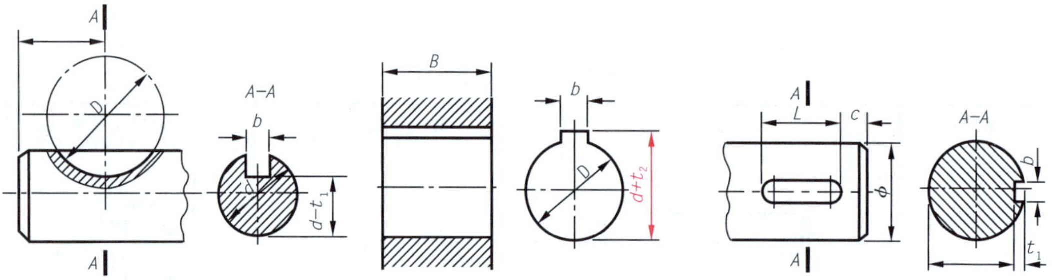

a)　　b)　　c)

图14-13　说出键的类型

学习任务单15　识读汽车零部件图中的齿轮结构

任务	识读汽车零部件图中的齿轮结构	任务学时	2
教学目标	1. 能看懂齿轮结构的视图表示方法; 2. 能看懂齿轮连接的视图表示; 3. 能看懂零件图和装配图中的齿轮结构		

续上表

任务	识读汽车零部件图中的齿轮结构	任务学时	2
知识点	1. 国标中有关齿轮的基本规定； 2. 齿轮连接的图形表达； 3. 零件图、装配图中的齿轮连接		
提示	按照相对独立的各部分内容分步完成练习要求		
部件图	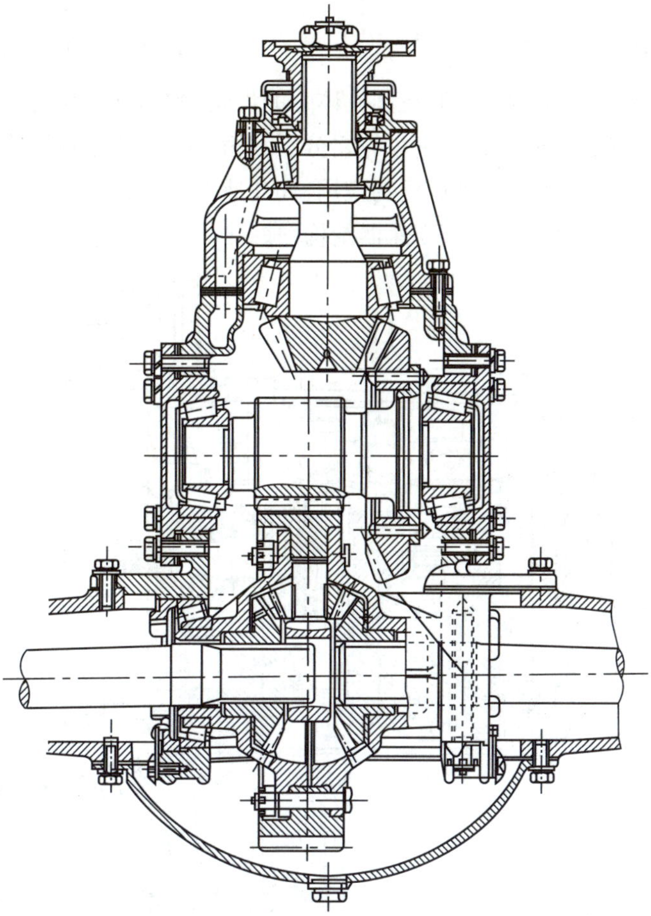		
说明	此图为汽车双级主减速器和差速器部件图		

齿轮是广泛运用于汽车中的传动零件，它的主要作用是：传递运动和动力，改变运动方向、运动形式和转速。学习任务单结构图中为汽车双级主减速器结构图，其双级主减速器结构简图如图 15-1 所示。

齿轮传动的种类很多,常见的有以下几种,如图15-2。

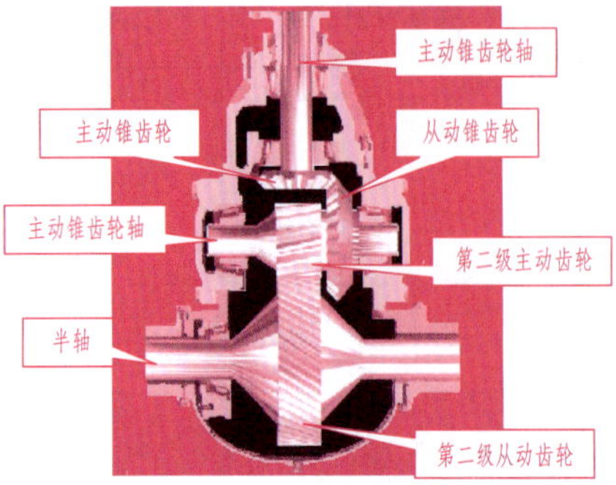

图15-1 双级主减速器结构简图

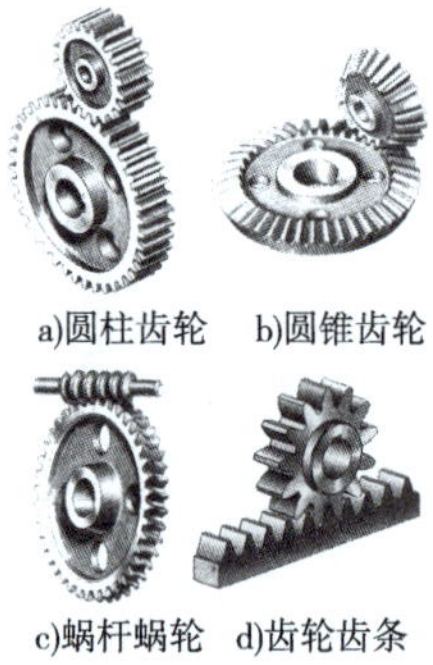

图15-2 常见的齿轮传动形式

圆柱齿轮传动——轮齿均是制在圆柱体上的齿轮(称为圆柱齿轮)之间的传动。圆柱齿轮又有直齿齿轮、斜齿齿轮和人字齿齿轮之分。其用于平行轴之间的传动,可改变或不改变转速和转动方向。在汽车上得到广泛的应用,如变速器、主减速器、分动器等。图15-3所示的是一汽宝来的MQ200-02T五挡变速器结构图。

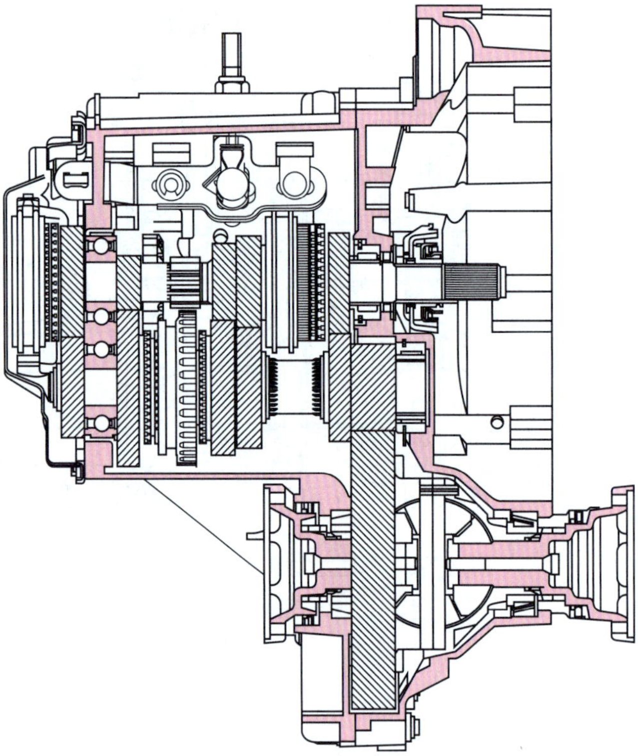

图15-3 一汽宝来的MQ200-02T五挡变速器结构图

圆锥齿轮传动——圆锥齿轮的轮齿是制在圆锥表面上的,相互啮合的圆锥齿轮用于两相交轴之间的传动,可改变传动方向和转速。汽车上的典型应用为主减速器,如图15-1

所示。

蜗杆蜗轮传动——蜗杆蜗轮传动的主动件为蜗杆，从动件为蜗轮。其用于两交叉轴之间的传动。其在汽车转向器上得以应用。

齿轮齿条传动——通过齿轮与齿条的啮合实现转动与移动之间的转换。其在汽车转向器上得以应用，如图 15-4 所示。

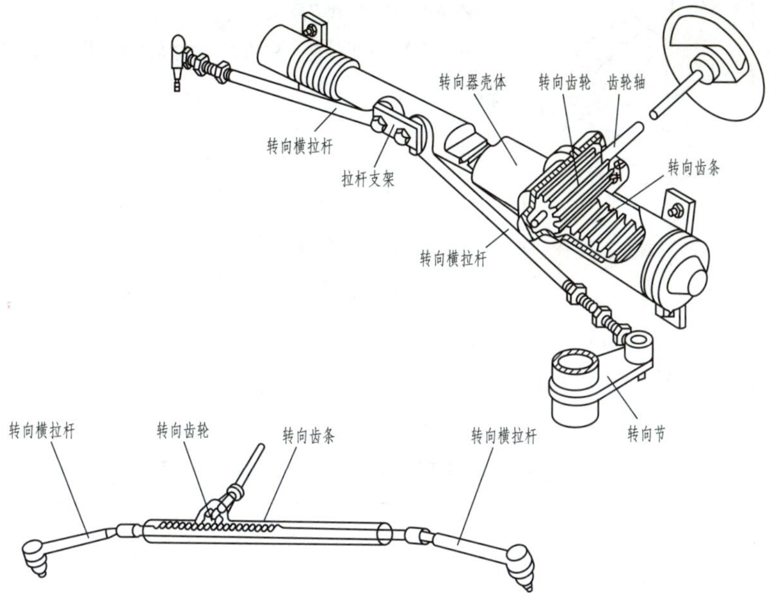

图 15-4　齿轮齿条式转向器

作为标准件的齿轮在零件图和装配图中的图形画法已经规范化，同时通过标注来进一步表明齿轮的特征。

为了简化作图，国家标准规定对齿轮的轮齿部分采用规定画法，而轮辋、轮辐和轮毂（合称轮体）则按视图来表述。

一　圆柱齿轮

圆柱齿轮按轮齿方向的不同分为直齿齿轮、斜齿齿轮和人字齿齿轮三种。直齿圆柱齿轮的轮齿方向与齿轮的轴线方向平行；斜齿圆柱齿轮的轮齿方向不平行于齿轮轴线，而是圆柱体上的螺旋线方向；人字齿圆柱齿轮轮齿方向在圆柱面上构成汉字“人”的结构，是依两个旋向相反的螺旋线构成的。

1　直齿圆柱齿轮的几何要素（图 15-5）

（1）齿顶圆：齿轮轮齿顶部轮廓形成的圆，其直径用 d_a 表示。

（2）齿根圆：通过轮齿根部的圆，其直径用 d_f 表示。

（3）分度圆：是一个约定的假想圆，在该圆上，齿厚 s 等于槽宽 e（s 和 e 均指弧长），其直

径用 d 表示,它是设计、制造齿轮时计算各部分尺寸的基准圆。

(4)齿距:分度圆上相邻两齿廓对应点之间的弧长,用 p 表示。

(5)齿高:轮齿在齿顶圆和齿根圆之间的径向距离,用 h 表示,又分为齿顶高和齿根高。齿顶高指齿顶圆与分度圆之间的径向距离,用 h_a 表示;齿根高指分度圆与齿根圆之间的径向距离,用 h_f 表示。全齿高 $h = h_a + h_f$。

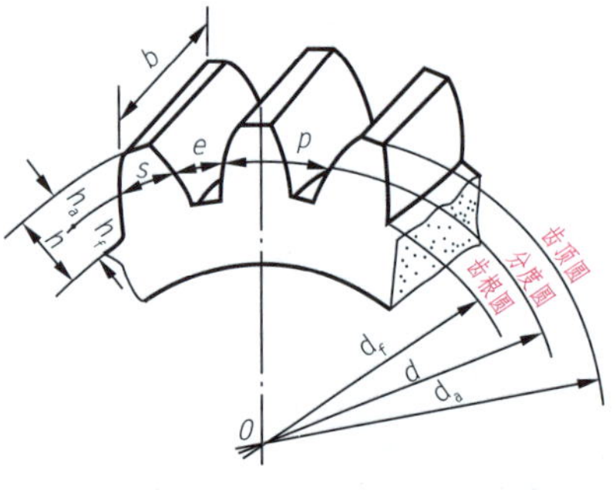

图 15-5　齿轮的几何要素及其代号

(6)中心距:两啮合齿轮轴线之间的距离,用 a 表示。

2 直齿圆柱齿轮的基本参数

(1)齿数:齿轮上轮齿的个数,用 z 表示。

(2)模数:齿轮的分度圆周长 $\pi d = zp$,则 $d = p/\pi \times z$,令 $p/\pi = m$,则 $d = mz$。所以模数是齿距 p 与圆周率 π 的比值,即 $m = p/\pi$,单位为 mm。模数是齿轮设计、加工中十分重要的参数,齿数一定,模数越大,轮齿就大,因此齿轮的承载能力也就越大,模数与轮齿间的关系如图 15-6 所示。

为了便于设计和制造,模数已经标准化。国家标准中的标准模数值,见表 15-1。

齿轮模数系列(GB/T1357—2008)　　表 15-1

第一系列	1	1.25	1.5	2	2.5	3	4	5	6	8	10	12	16	20	25	32	40	50
第二系列	1.75	2.25	2.75	(3.25)	3.5	(3.75)	4.5	5.5	6.5	7	9	(11)	14	18	22	28	36	45

注:选用模数时应优选第一系列,其次选第二系列,括号内的模数尽量不采用。

(3)齿形角(也称压力角):指通过齿廓曲线上与分度圆交点所作的径向与切向直线间所夹的锐角 α,如图 15-7 所示。根据 GB/T 1356—2001 的规定,我国采用的标准齿形角为 20°。

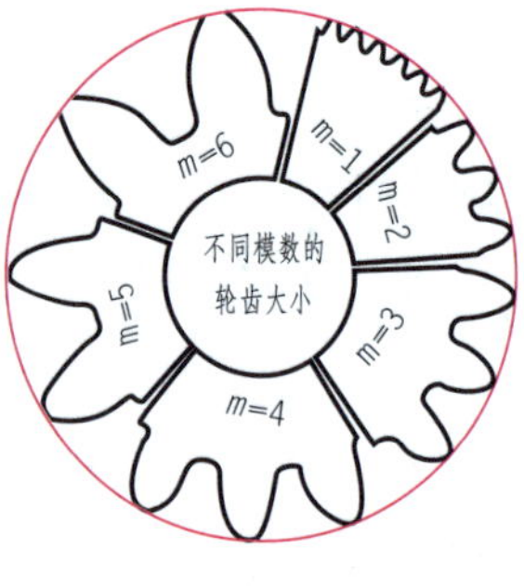

图 15-6　模数大小与轮齿大小的关系

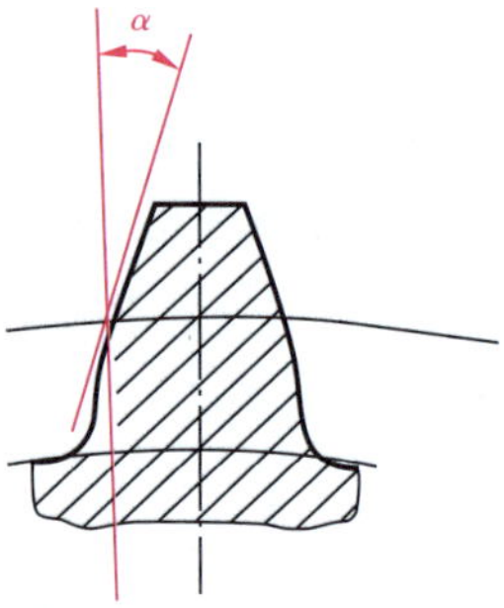

图 15-7　齿形角概念

两标准直齿圆柱齿轮正确啮合传动的条件是模数 m 和齿形角 α 相等。

3 直齿圆柱齿轮几何要素的计算

直齿轮的基本参数 z、m、α 确定以后，齿轮各部分尺寸可按表15-2中的公式计算。

直齿圆柱齿轮各几何要素的尺寸计算 表15-2

名称	代号	计算公式
齿顶高	h_a	$h_a = m$
齿根高	h_f	$h_f = 1.2m$
齿高	h	$h = 2.25m$
分度圆直径	d	$d = mz$
齿顶圆直径	d_a	$d_a = m(z+2)$
齿根圆直径	d_f	$d_f = m(z-2.5)$
中心距	a	$a = 1/2(d_1+d_2) = 1/2m(z_1+z_2)$

4 圆柱齿轮的规定画法

1）单个圆柱齿轮的规定画法

齿轮的轮齿是多次重复出现的结构，GB/T 4459.2—2003对齿轮的画法作了如下规定，如图15-8所示。

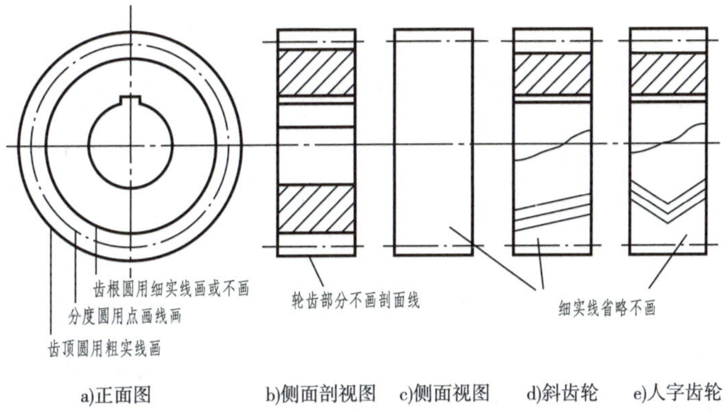

图15-8 单个圆柱齿轮的表达画法

(1)齿顶圆和齿顶线用粗实线表示；分度圆和分度线用细点画线表示；齿根圆和齿根线用细实线表示或省略不画，如图15-8a)、图15-8c)所示。

(2)在剖视图中，齿顶线和齿根线都用粗实线表示，轮齿部分不画剖面线，如图15-8b)所示。

(3)对于斜齿或人字齿的圆柱齿轮，可用三条与齿线一致的细实线表示。齿轮的其他结构，按投影画出，如图15-8d)、图15-8e)所示。

2）两圆柱齿轮啮合的画法

两标准齿轮互相啮合时，两齿轮分度圆处于相切的位置，此时分度圆又称为节圆。两齿轮的啮合画法，关键是啮合区的画法，其他部分仍按单个齿轮的规定画法绘制。啮合区的画法规定，如图15-9所示。

(1)在投影为圆的视图中，两齿轮的分度圆相切。啮合区内的齿顶圆均画粗实线，如

图 15-9b)所示,也可以省略不画,如图 15-9c)所示。

(2)在非圆投影的剖视图中,两轮分度线重合,画细点画线,齿根线画粗实线。齿顶线的画法是将一个轮的轮齿作为可见画成粗实线,另一个轮的轮齿被遮住部分画成虚线,如图 15-9a)所示,该虚线也可省略不画。

(3)在非圆投影的外形视图中,啮合区的齿顶线和齿根线不必画出,分度线画成粗实线,如图 15-9c)、图 15-9d)所示。

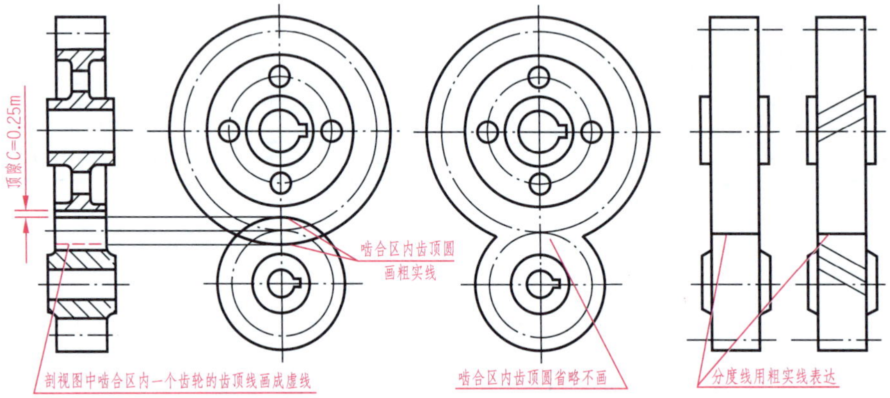

a)剖视图　b)啮合区内画了齿顶圆　c)啮合区齿顶圆省略画法　d)直齿和斜齿

图 15-9　圆柱齿轮的啮合画法

提示:分度线一般用细点画线且要超出轮廓线;但当在啮合区且采用的是基本视图,分度线用粗实线表述,且不能超出轮廓线,如图 15-8 所示。

5 齿轮与齿条啮合的画法

当齿轮无穷大时,齿轮就成了齿条,如图 15-10 所示。齿轮与齿条相啮合时,齿轮旋转,而齿条作直线运动。这时,齿条的模数和齿形角与其相啮合的齿轮的模数和齿形角相同。

齿轮和齿条啮合的表达画法与两圆柱齿轮啮合的表达画法基本相同,如图 15-10a)所示。在主视图中,齿轮的分度圆和齿条的分度线相切。在全剖的左视图中,应将啮合区内的齿顶线之一画成粗实线,另一轮齿被遮部分画成虚线或省略不画。

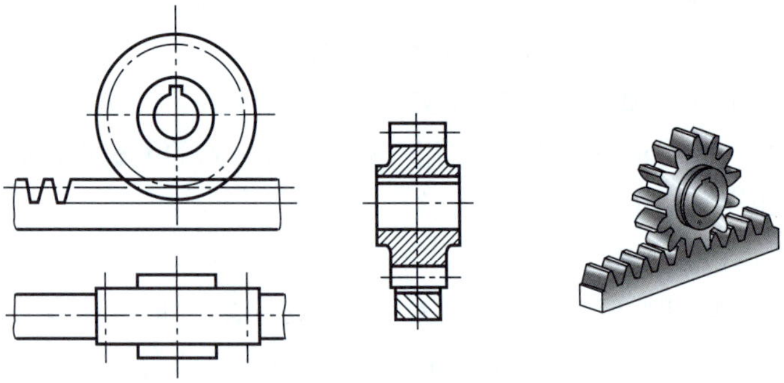

a)齿轮与齿条啮合画法　b)齿轮与齿条啮合立体图

图 15-10　齿轮与齿条啮合的表达画法

二 直齿圆锥齿轮

圆锥齿轮的轮齿是在圆锥体表面上切制出来的，因此圆锥齿轮的轮齿一端大、一端小，齿厚是逐渐变化的，直径和模数也是逐渐变化的。为便于设计制造，国家标准规定以圆锥齿轮的大端参数为标准值。

1 单个圆锥齿轮各部分的名称与规定画法（图15-11）

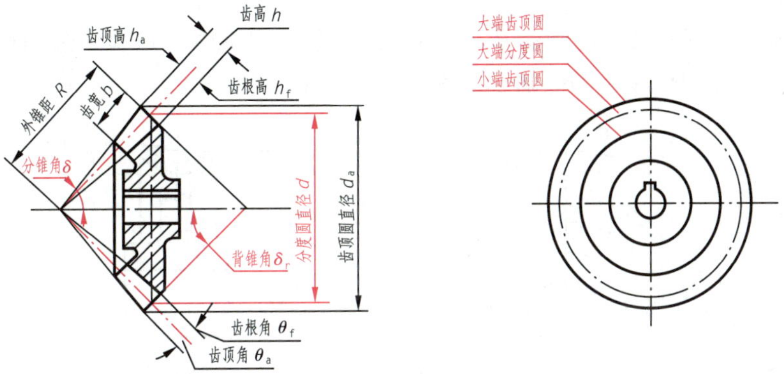

图15-11　单个圆锥齿轮各部名称及规定画法

2 圆锥齿轮啮合的规定画法（图15-12）

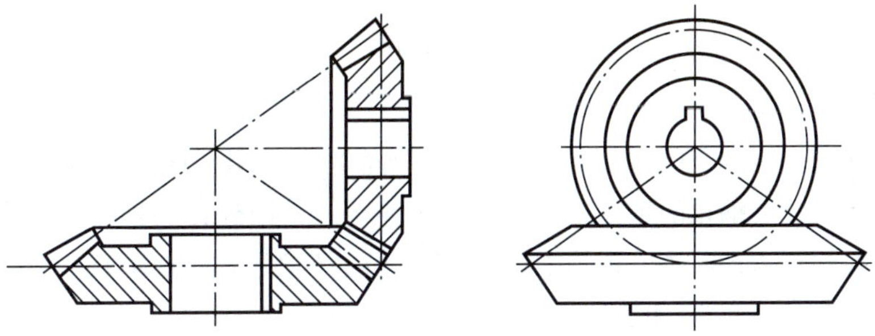

图15-12　啮合圆锥齿轮的规定画法

三 蜗轮蜗杆

1 蜗杆的规定画法

蜗杆形状如梯形螺杆，轴向剖面齿形为梯形，顶角为40°，一般用一个视图（轴向图）表述，它的齿顶线、分度线、齿根线的画法与圆柱齿轮基本相同，牙形可用局部剖视或局部放大图表述，如图15-13所示。

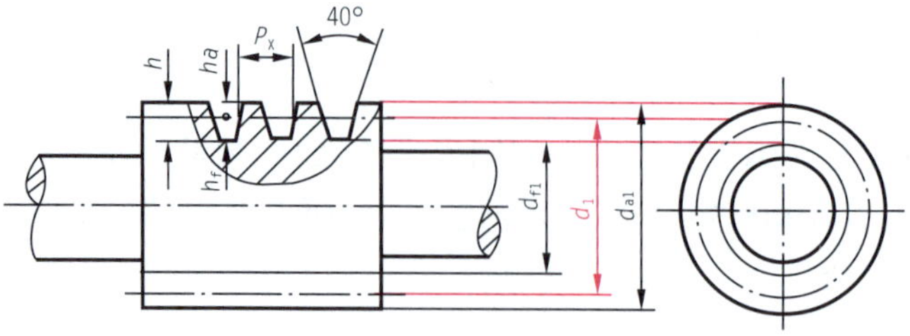

图 15-13　蜗杆的规定画法

2 蜗轮的规定画法

蜗轮的画法与圆柱齿轮的画法基本相同,只是在径向图中用粗实线画的最大圆不是齿顶圆,而是最外圆(即蜗轮的端面圆),如图 15-14 所示。

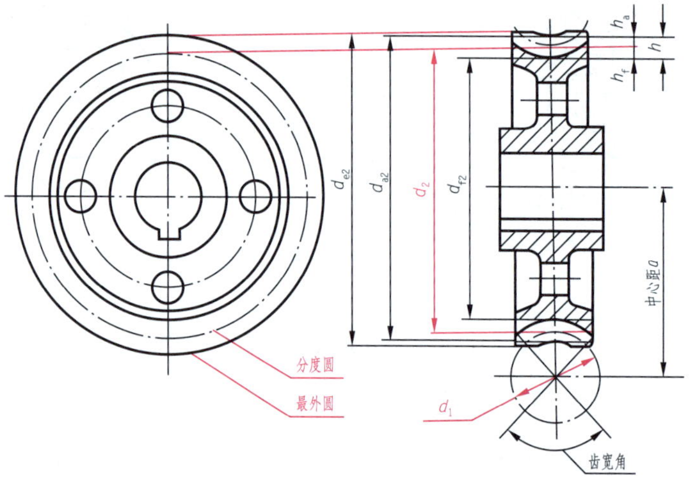

图 15-14　蜗轮的规定画法

3 蜗轮蜗杆啮合的规定画法

蜗轮蜗杆的非啮合部分按各自的情况表述,啮合部分采用剖视图表述时,蜗杆的顶圆及顶圆线用粗实线来画,蜗轮的顶圆及顶圆线可以省略,如图 15-15b)所示。啮合部分用基本视图表述时,在蜗杆为径向图的视图中,被遮盖的蜗轮不必画出,在蜗杆为轴向图的视图中,蜗轮、蜗杆的顶圆、顶圆线用粗实线表述,如图 15-15a)所示。

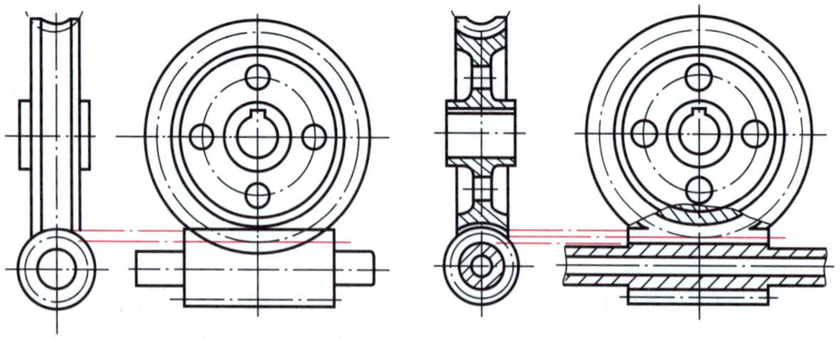

a)外形视图　　b)剖视图

图 15-15　蜗轮蜗杆啮合的规定画法

想一想：请同学们看任务单 15 汽车双级主减速器部件图和任务 14 中齿轮油泵装配图说出共有几对齿轮？是何种类型的齿轮？

巩固练习：(1)如图 15-16 所示，直齿轮 $m=5$，$z=40$，计算该齿轮的分度圆、齿顶圆和齿根圆的直径，采用 1:2的比例，完成两视图，并进行计算。

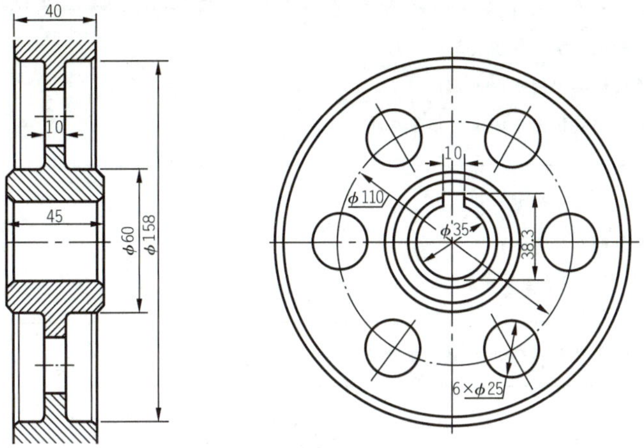

图 15-16　完成齿轮两视图

(2)如图 15-17 所示，已知大齿轮的模数 $m=4$，齿数 $z=38$，两齿轮的中心距 $a=108$mm。试计算大小齿轮的分度圆、齿顶圆和齿根圆直径。用 1:2比例完成圆柱齿轮的啮合图。

计算：

①小齿轮

分度圆 $d_1=$________　　齿顶圆 d_{a1}________　　齿根圆 d_{f1}________

②大齿轮

分度圆 $d_2=$________　　齿顶圆 d_{a2}________　　齿根圆 d_{f2}________

③传动比 i________

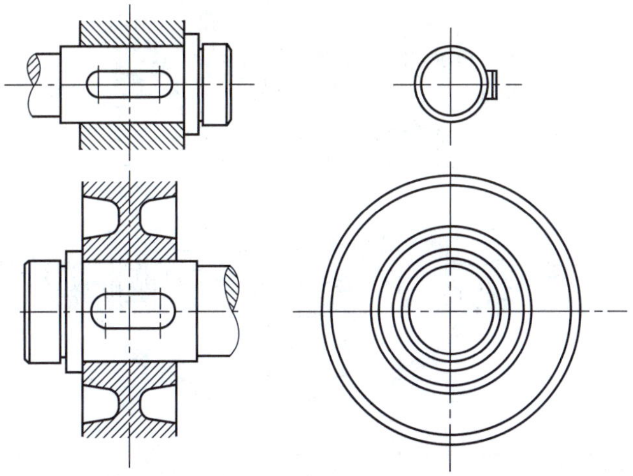

图 15-17　完成啮合齿轮两视图

学习任务单16 识读汽车零部件图中的滚动轴承结构

任务	识读汽车零部件图中的滚动轴承结构	任务学时	1
教学目标	1. 会识读滚动轴承结构的视图表示； 2. 会识读滚动轴承装配的视图表示； 3. 能看懂零件图和装配图中的滚动轴承结构		
知识点	1. 国标中有关滚动轴承的基本规定； 2. 滚动轴承装配的图形表达； 3. 零件图、装配图中的滚动轴承表述		
提示	按照相对独立的各部分内容分步完成练习要求		
部件图	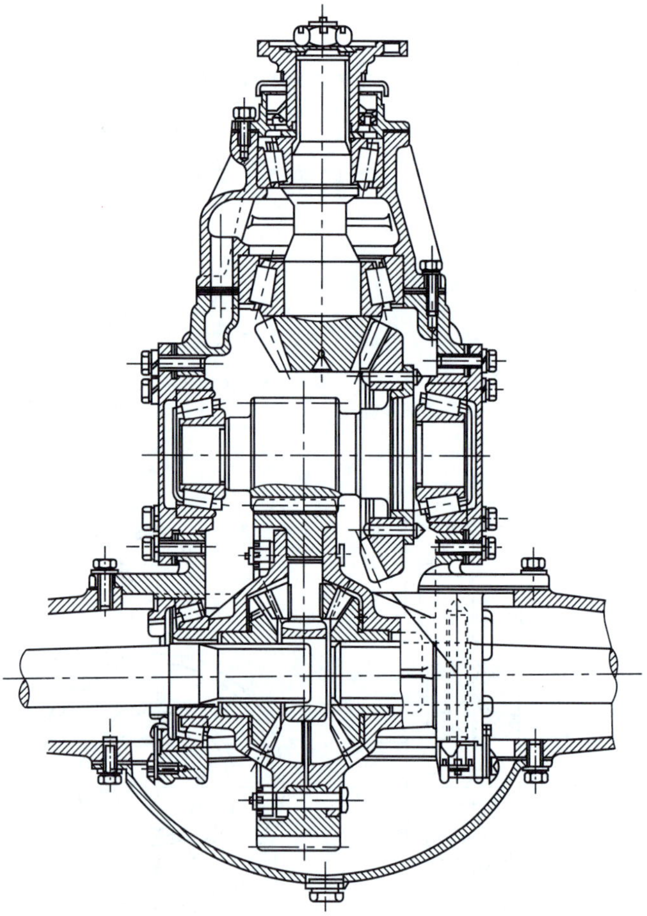		
说明	此图汽车双级主减速器和差速器部件图		

轴承是安装于轴与支架之间的专用零件，用来减少轴与支架之间的摩擦阻力，提高工作效率。它的规格和形式有很多，但都已标准化，在实际中可根据使用要求选用。常见的轴承，有滑动轴承与滚动轴承，它们在汽车上都有广泛的应用。如：发动机中连杆与曲轴之间的滑动轴承（又称为轴瓦）、连杆与活塞销之间的滑动轴承（又称为轴套）、变速器与驱动桥之间的十字轴式刚性万向节中的滚针轴承和差速器中的滚动轴承，如图16-1和图16-2所示。

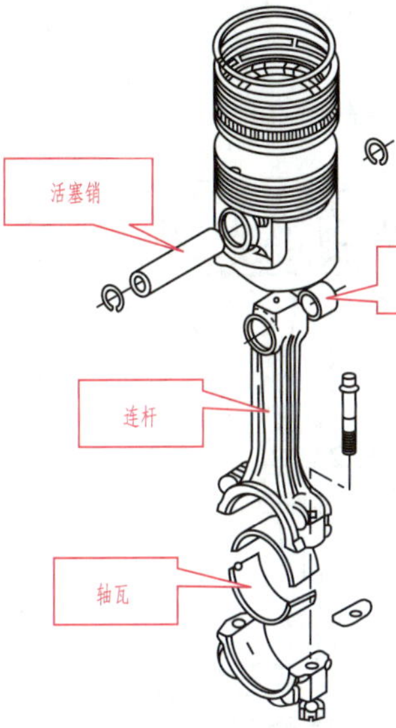

a)滑动轴承在连杆中的应用

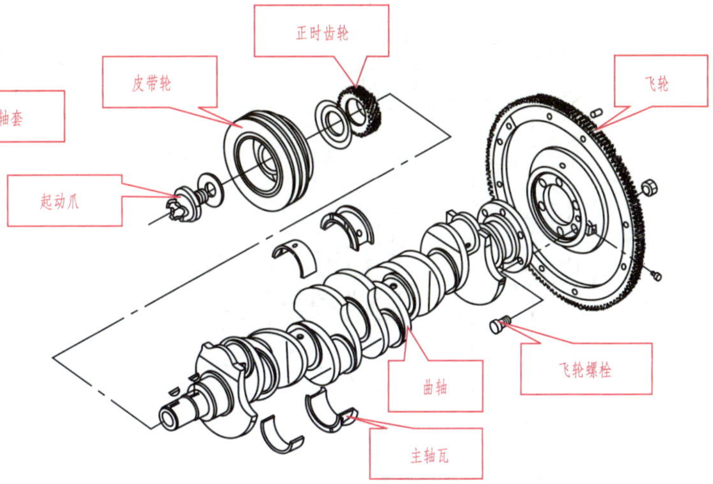

b)滑动轴承在曲轴中的应用

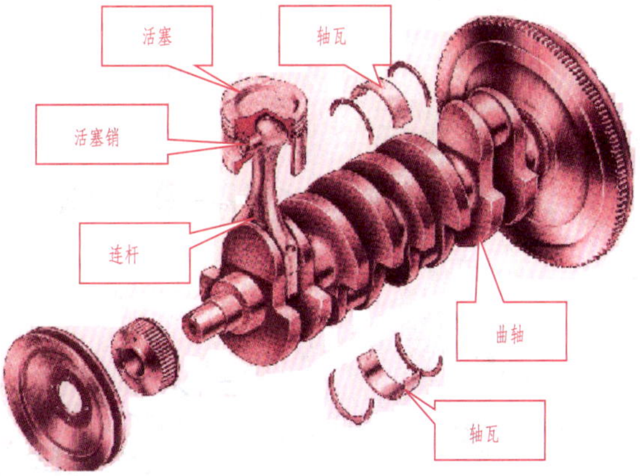

c)汽车发动机活塞、活塞销、连杆、曲轴装配关系

图16-1　滑动轴承在汽车中应用

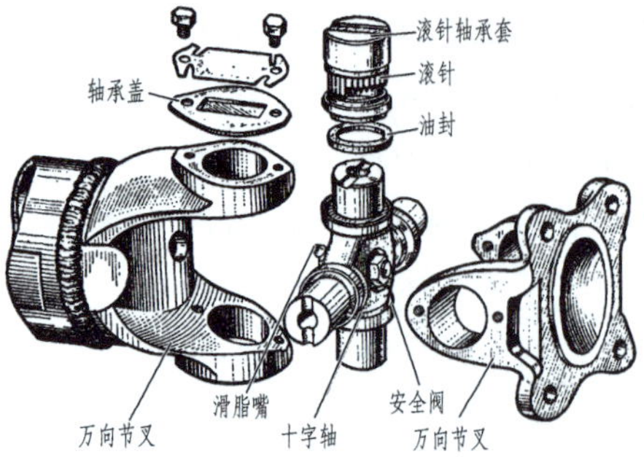

a)滚动轴承在万向节中的应用

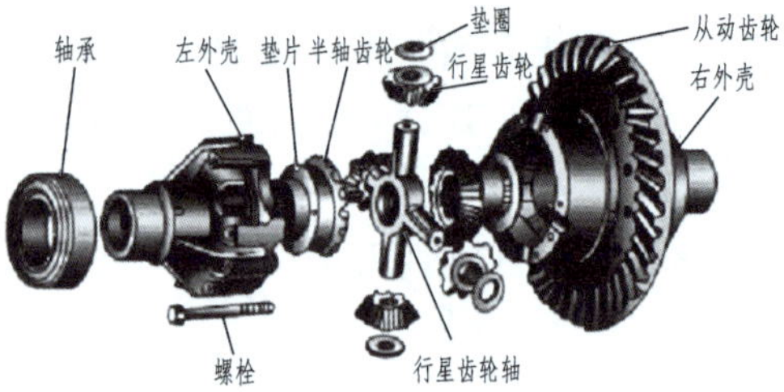

b)滚动轴承在差速器中的应用

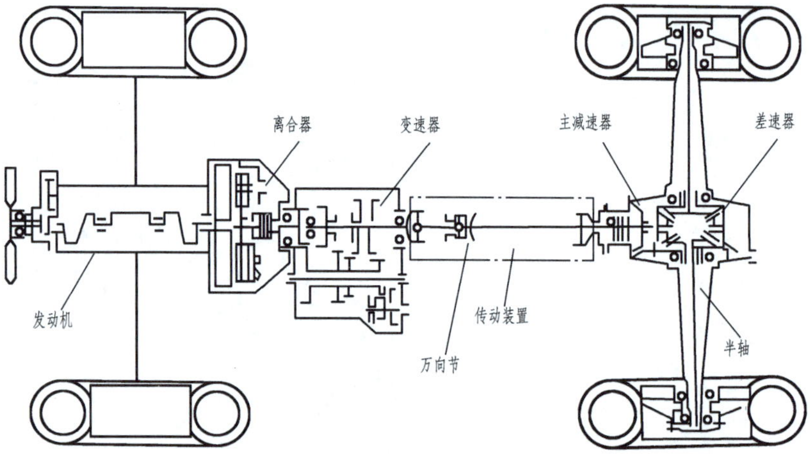

c)汽车后轮驱动式传动系统的布置

图16-2　滚动轴承在汽车中应用

一、滚动轴承的基本结构及其图形表述

滚动轴承种类繁多,但其基本结构大体相同,主要由外圈、内圈、滚动体和隔离圈所组成,如图16-3所示。

a)向心轴承

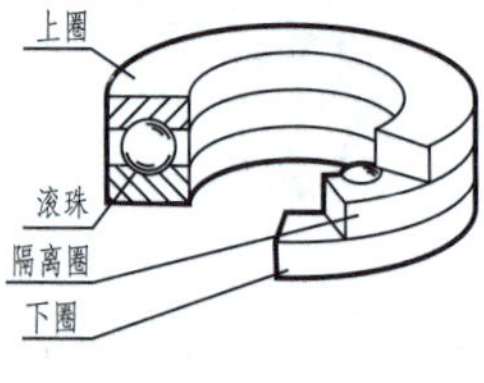

b)推力轴承

图16-3　滚动轴承的基本结构

1 按其所能承受的载荷方向不同可分为

(1)向心轴承。主要用于承受径向力的滚动轴承,如图 16-3a)所示。

(2)推力轴承。主要用于承受轴向力的滚动轴承,如图 16-3b)所示。

2 按滚动体的种类可分为

(1)球轴承。即滚动体为球的轴承。

(2)滚子轴承。即滚动体为滚子的轴承。

由于滚动轴承的隔离圈的形状复杂多变且为重复结构,而滚动体的数量较多,结构重复,若采用真实投影的方法来表达,极不方便,为此,国家标准对其规定了画法。

国家标准规定的滚动轴承的表示方法有通用画法、特征画法和规定画法三种,前两种画法又称为简化画法,各种画法的示例见表 16-1。深沟球轴承的具体尺寸见附录 D。

常用滚动轴承的表示法(GB/T 271—2017)摘录　　表 16-1

轴承类别	结构形式	通用画法	特征画法	规定画法
		(均指滚动轴承在所属装配图中的画法)		
深沟球轴承 6000 型 GB/T 276—2013(主要承受径向载荷)	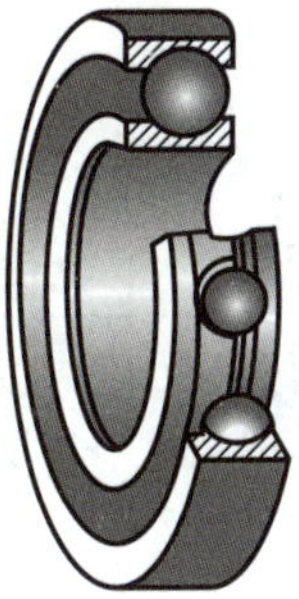	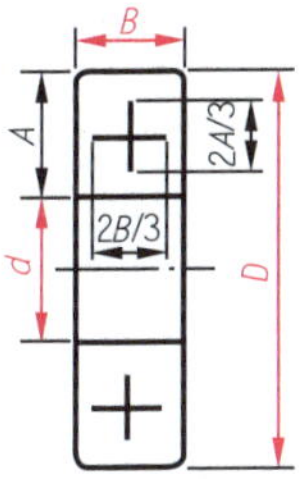	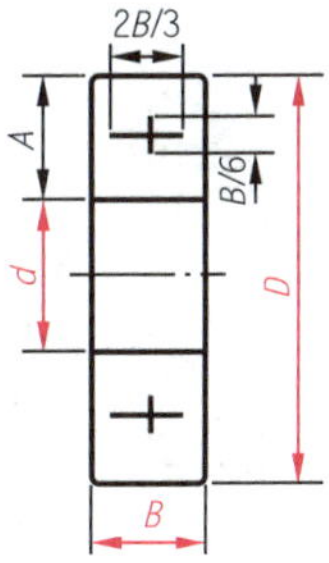	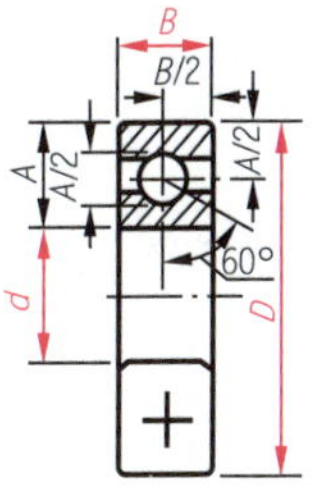
圆锥滚子轴承 30000 型 GB/T 297—2015(可主要承受径向载荷,也可以承受一定的轴向载荷)			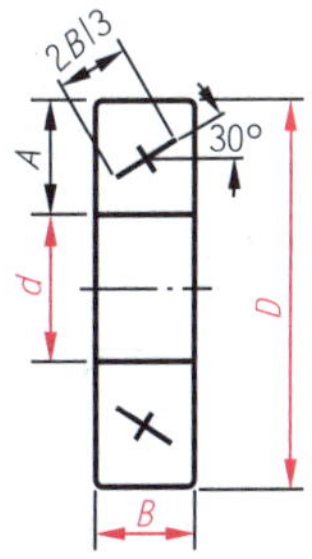	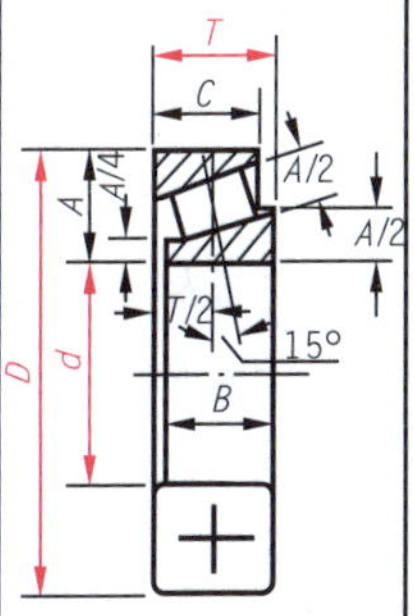

续上表

轴承类别	结构形式	通用画法	特征画法	规定画法
		(均指滚动轴承在所属装配图中的画法)		
推力球轴承 51000型 GB/T 301—2015(承受单方向的轴向载荷)			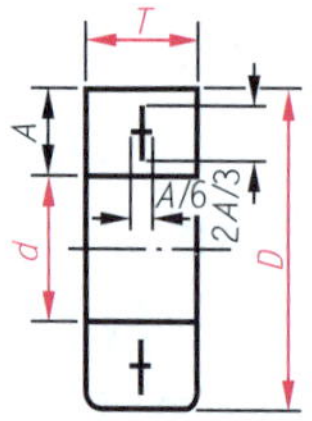	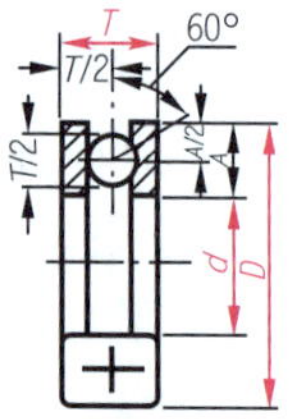
三种表达方法的选用		当不需要确切表达滚动轴承的外形轮廓、结构特征和承载特性时采用	当需要较形象地表达滚动轴承的、结构特征时采用	滚动轴承的产品样本、其标准,或其使用说明书中采用

装配图中,如需要详细表达滚动轴承的主要结构,可采用规定画法。滚动轴承一侧采用规定画法时,另一侧则用通用画法画出,如只需简单表达滚动轴承的主要结构,可采用特征或通用画法,如图16-4所示。

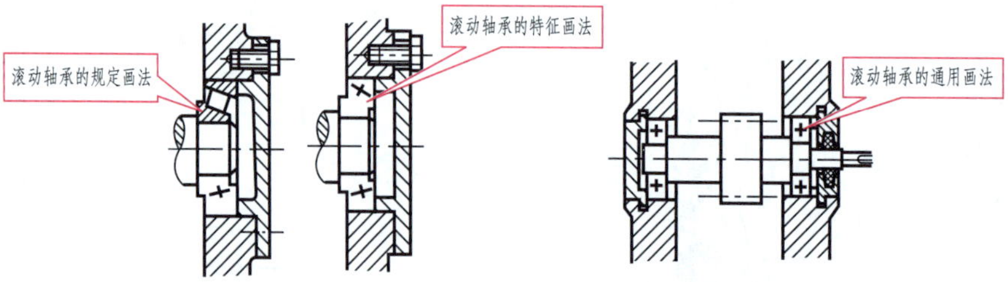

图16-4 装配图中的滚动轴承的画法

提示:用简化画法绘制滚动轴承时,应采用通用画法或特征画法,但在同一图样中,一般只能采用一种画法。

二、滚动轴承的标注

滚动轴承的标注是采用代号来表达的。用字母加数字来表达滚动轴承的结构、尺寸、公差等级、技术性能等特征。

滚动轴承代号由基本代号、前置代号和后置代号构成,其顺序如下:

前置代号　基本代号　后置代号

标记示例:滚动轴承　6210　GB/T 276—2013

1 基本代号

基本代号自左向右由类型代号、尺寸系列代号和内径代号组成。

(1)类型代号。类型代号表述了滚动轴承的类型,见表16-2。

(2)尺寸系列代号。尺寸系列代号由两部分组成,即宽度(高度)系列代号与直径系列代号。其表达了滚动轴承的外廓系列。表 16-3 列举了向心轴承与推力轴承的尺寸系列代号。

滚动轴承类型代号(GB/T 271—2017)摘录　　表 16-2

代　号	轴 承 类 型	代　号	轴 承 类 型
0	双列角接触球轴承	6	深沟球轴承
1	调心球轴承	7	锁口在外圈的角接触球轴承
2	调心滚子轴承和推力调心滚子轴承	8	推力圆柱滚子轴承
3	圆锥滚子轴承	N	外圈无挡边圆柱滚子轴承
4	双列深沟球轴承	UK	圆锥孔外球面球轴承
5	推力球轴承	QJ	双半内圈四点接触球轴承

向心轴承、推力轴承尺寸系列代号　　表 16-3

直径系列代号	向 心 轴 承									推 力 轴 承		
	宽度系列代号									高度系列代号		
	8	0	1	2	3	4	5	6	7	9	1	2
	尺寸系列代号											
7	—	—	17	—	37	—	—	—	—	—	—	—
8	—	08	18	28	38	48	58	68	—	—	—	—
9	—	09	19	29	39	49	59	69	—	—	—	—
0	—	00	10	20	30	40	50	60	70	90	10	—
1	—	01	11	21	31	41	51	61	71	91	11	—
2	82	02	12	22	32	42	52	62	72	92	12	22
3	83	03	13	23	33	43	53	63	73	93	13	23
4	—	04	—	24	—	—	—	—	74	94	14	24
5	—	—	—	—	—	—	—	—	—	95	—	—

(3)内径代号。内径代号表示该滚动轴承内径的大小,见表 16-4。

滚动轴承内径代号　　表 16-4

轴承公称内径(mm)		内 径 代 号	示　例
10 到 17	10	00	深沟球轴承 62 00 $d = 10$mm
	12	01	
	15	02	
	17	03	
20 到 480(22,28,32 除外)		公称内径除以 5 的商数,商数为个位数,需在商数左边加“0”,如 08	调心滚子轴承 323 08 $d = 40$mm
大于和等于 500 以及 22,28,32		公称内径毫米数直接表示,段在尺寸系列之间用“/”分开	调心滚子轴承 232/500 $d = 500$mm 深沟球轴承 62/22 $d = 22$mm

2 前置、后置代号

前置、后置代号是轴承在结构形状、尺寸、公差、技术要求等有改变时,在其基本代号前、后添加的补充代号。

前置代号用字母表示,后置代号用字母(或加数字)表示。具体编制规则及含义可查阅有关标准。

学一学: 以滚动轴承代号6204为例,说明滚动轴承代号各数字的含义如下:

6——类型代号。表示深沟球轴承。

2——尺寸系列代号“02”。其中“0”为宽度系列代号,按规定省略了,“2”为直径系列代号,两者组合时,注写只写“2”。

04——两位数字内径代号。表示该轴承内径尺寸为04×5=20mm,即内径代号是公称直径20mm除以5的商数4,前面加0成为“04”。

试一试: 该图所表述的是汽车贯通式双级主减速器的部件图,仔细读图,指出图中所表述的滚动轴承数量和类型。

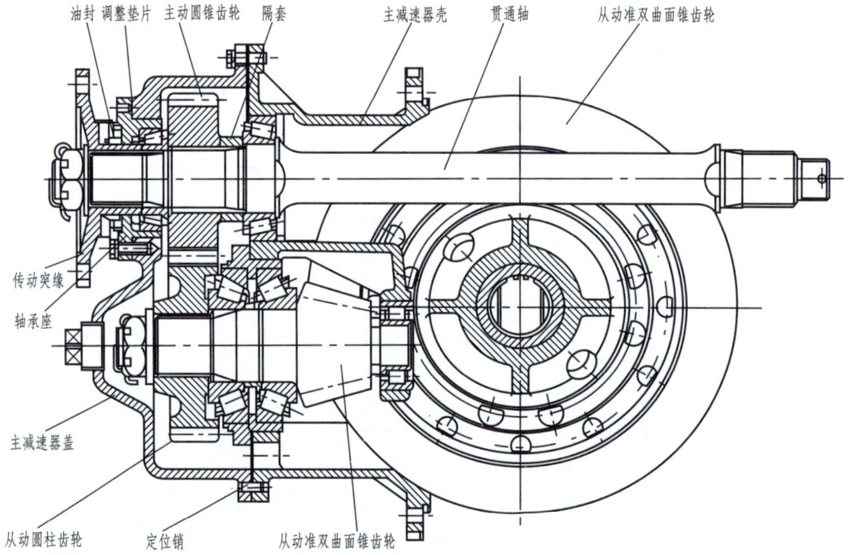

巩固练习:(1)如图16-5所示,已知阶梯轴两端支承轴承肩处的直径为20mm,用1:1比例表达出支承处的滚动轴承(按规定画法表达)。

(2)同学们看学习任务单16中汽车双级主减速器部件图,指出图中所表述的滚动轴承数量和类型。

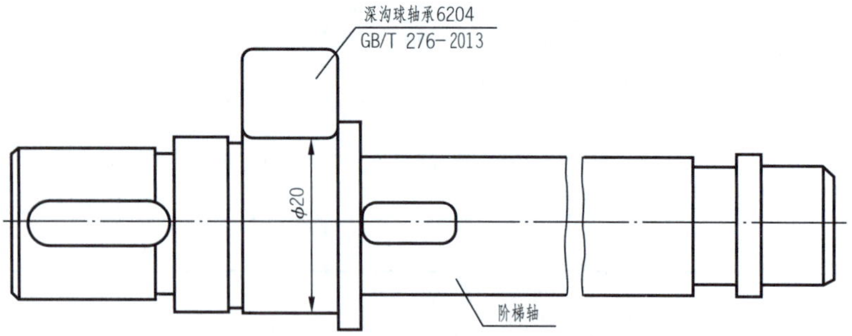

图16-5 在轴中按要求画出滚动轴承

学习任务单17 识读汽车零部件图中的弹簧结构

任务	识读汽车零部件图中的弹簧结构	任务学时	1
教学目标	1. 能看懂弹簧结构的视图表示； 2. 能看懂弹簧装配的视图表示； 3. 能看懂零件图和装配图中的弹簧结构		
知识点	1. 国标中有关弹簧的基本规定； 2. 弹簧装配的图形表达； 3. 零件图、装配图中的弹簧表述		
提示	按照相对独立的各部分内容分步完成练习要求		
部件图	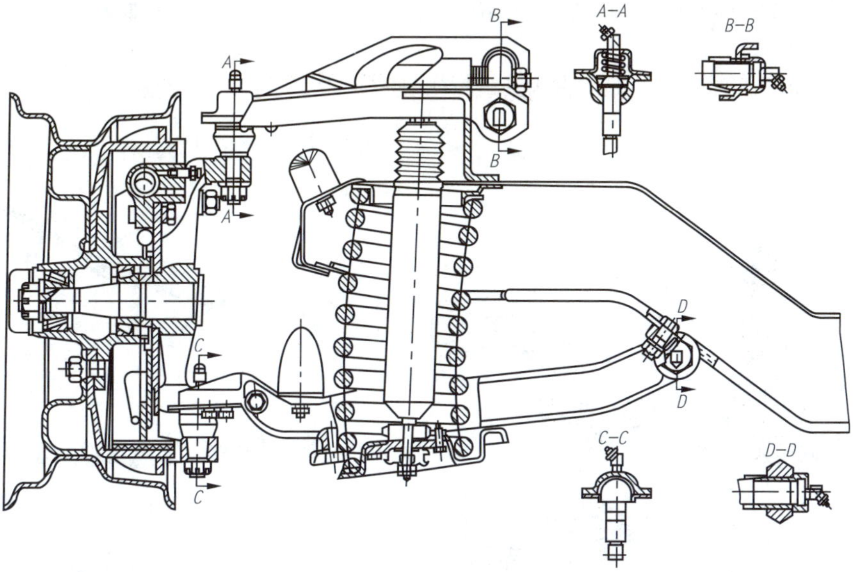		
说明	此图为汽车的前悬架部件图		

弹簧是应用极为广泛的常用件。它主要用于减振、夹紧、储存能量、测力和提供预紧力等方面,在汽车上应用非常普遍,例如离合器、悬架系统等,如图17-1～图17-3所示。

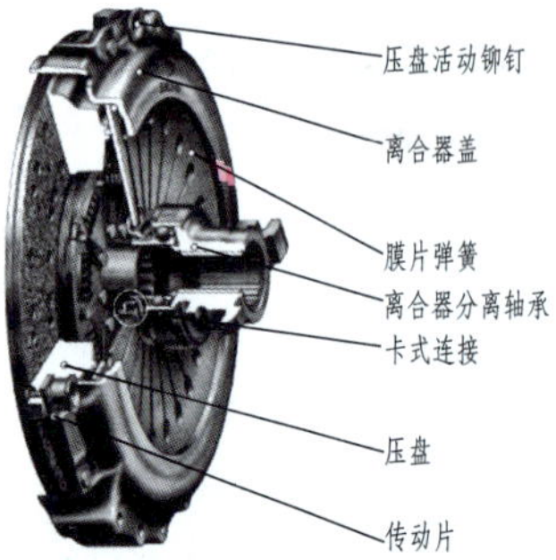

a)模片弹簧离合器总成立体剖切图

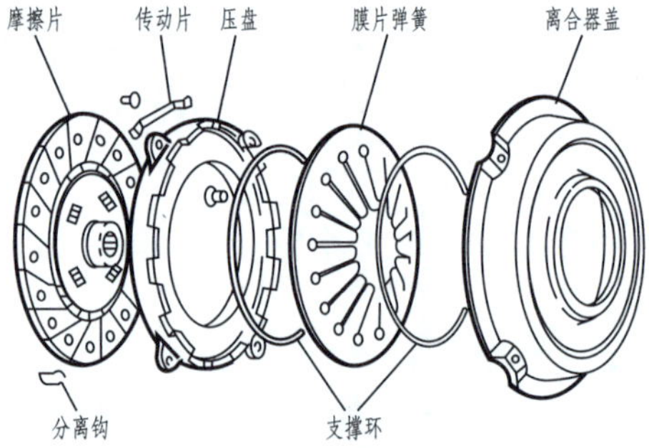

b)模片弹簧在离合器中的位置

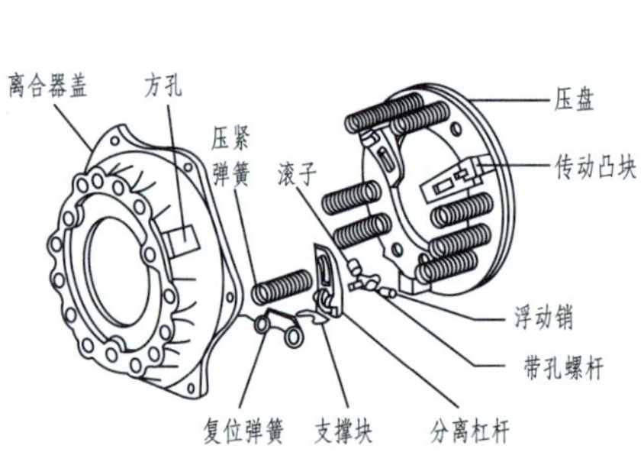

c)压紧弹簧和复位弹簧在离合器中的位置

d)从动盘总成中的减振弹簧

图17-1　弹簧在汽车离合器中的应用

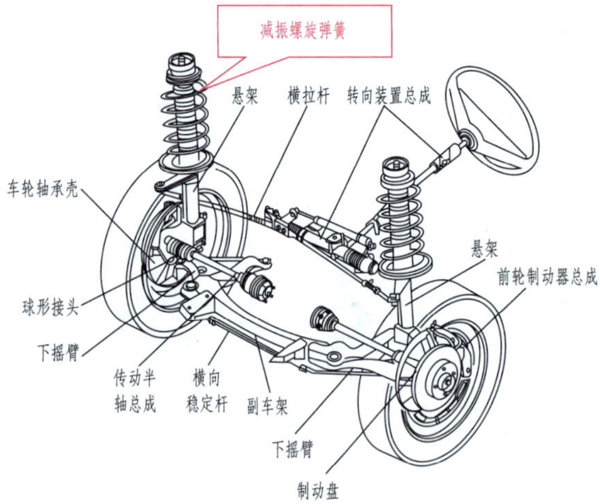

a)减振螺旋弹簧在悬架系统的位置

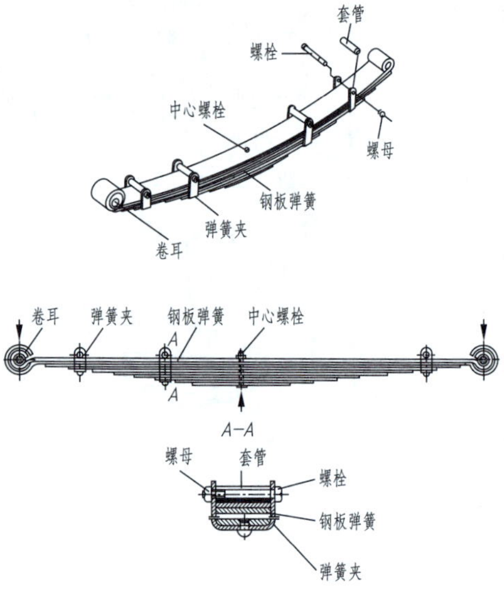

b)钢板弹簧

图17-2　弹簧在悬架系统的应用

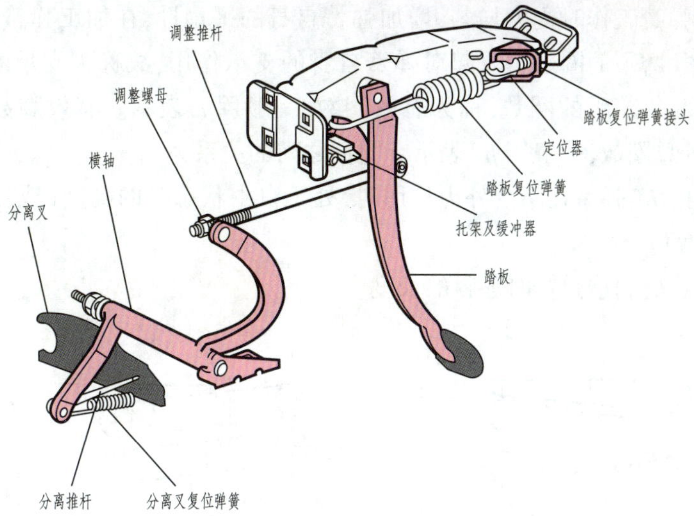

图 17-3 复位弹簧在汽车离合器操纵机构中的应用

一 弹簧的种类

弹簧根据形状结构、应用特性,其种类很多。在汽车上应用普遍的有螺旋弹簧(图 17-4)、蜗卷弹簧、钢板弹簧、扭转弹簧、膜片弹簧等。我们以圆柱螺旋弹簧为例,学习有关知识。

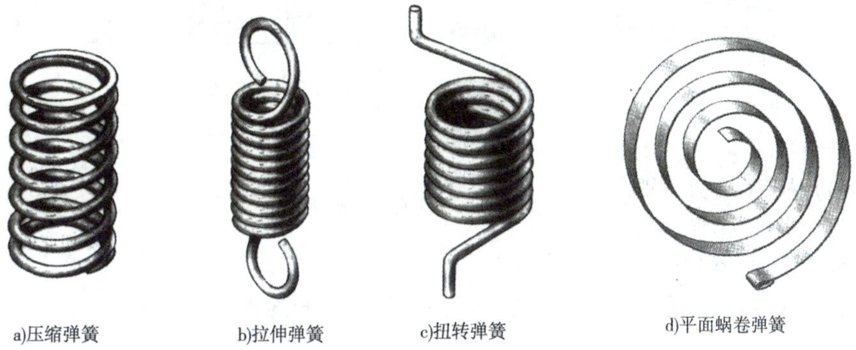

图 17-4 常用螺旋弹簧

二 圆柱螺旋压缩弹簧各部分名称及尺寸关系(图 17-5)

(1)簧丝直径 d:弹簧钢丝的直径。

(2)弹簧中径 D:弹簧的平均直径,$D=\frac{D_1+D_2}{2}=D_1+d=D_2-d$。

(3)弹簧内经 D_1:弹簧的最小直径。

(4)弹簧外径 D_2:弹簧的最大直径。

(5)节距 t:除支承圈外,相邻两有效圈上对应点之间的轴向距离。

(6)支承圈数 n_2、有效圈数 n 和总圈数 n_1:

为了使螺旋弹簧工作时受力均匀,增加弹簧自身的平稳性,在加工弹簧时,将弹簧两端并紧、磨平。并紧、磨平的圈数主要起对弹簧自身的支承作用,故称为支承圈,一般用 n_2 表示。弹簧中保持相等节距的圈数,称为有效圈数,一般用 n 表示。有效圈数与支承圈数之和,称为该弹簧的总圈数,一般用 n_1 表示。它们之间的关系为 $n_1 = n + n_2$。

(7)自由高度 H_0:弹簧在不受外力作用时,处于自由状态时的高度(或长度),称为弹簧的自由高度(长度)。

(8)展开长度 L:制造弹簧时坯料的长度。

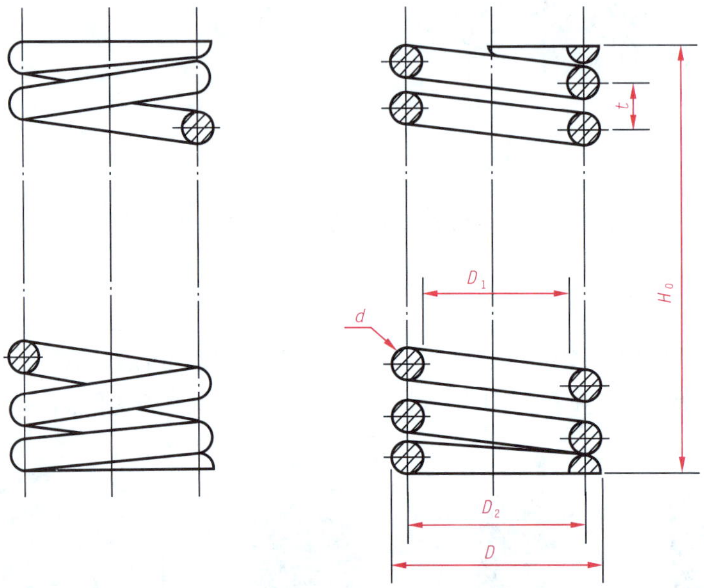

图 17-5　圆柱螺旋压缩弹簧

练一练:看图 17-6 所示螺旋压缩弹簧零件图,说出簧丝直径、弹簧外径、弹簧内径、弹簧中径、节距、支承圈数、有效圈数、总圈数、自由高度、展开长度各为多少?

三 圆柱螺旋压缩弹簧的画法

(1)弹簧在轴向图中,各圈的轮廓可用直线代替螺旋线的投影,如图 17-5 所示。

(2)螺旋弹簧均可画成右旋,但左旋弹簧不论画成右旋还是左旋,一律要加注旋向“左旋”,在有特定的右旋要求时也要注明“右旋”。

(3)有效圈数在四圈以上的螺旋弹簧,中间各圈可以省略,只画出其两端的 1 ~ 2 圈(不包括支承圈),中间只需用通过簧丝断面中心的细点画线连接起来。省略后,允许适当缩短图形的长度,但应注明弹簧设计要求的自由高度,如图 17-6 所示。

(4)在装配图中,螺旋弹簧被剖切后,不论中间各圈是否省略,被弹簧挡住的结构一般不画,其可见部分应从弹簧的外轮廓线(或簧丝断面中心线)画起,如图 17-7b)所示。

(5)在装配图中,当弹簧簧丝的直径在图上小于或等于 2mm 时,其剖面可以涂黑表示,如图 17-7a)所示，或采用图 17-7c)所示的示意画法。

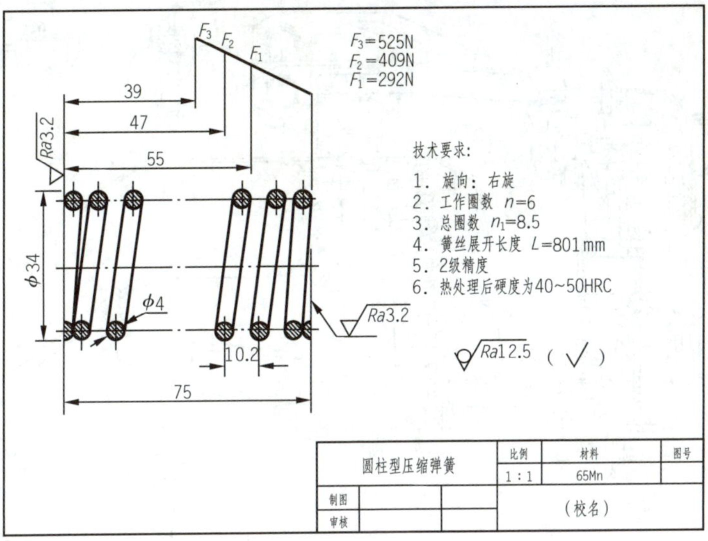

图 17-6　螺旋压缩弹簧零件图

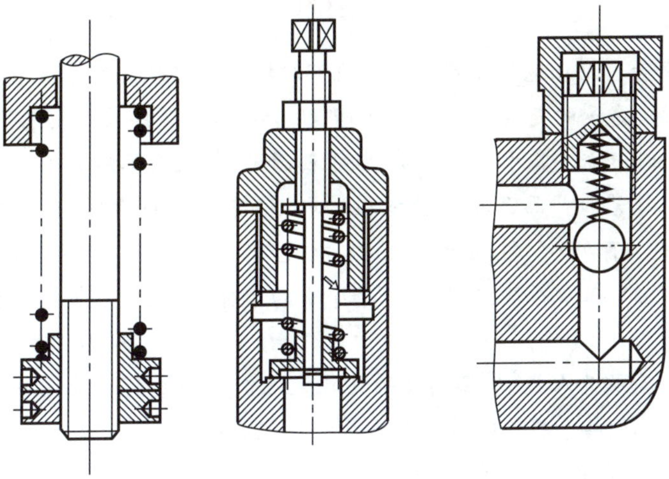

a)涂黑表示　　b)规定画法　　c)示意画法

图 17-7　装配图中弹簧的表达

四 圆柱螺旋压缩弹簧的标记

弹簧的标记由类型代号、规格、精度代号、旋向代号和标准号组成。

例如，YA 型弹簧，材料直径 1.2mm，弹簧中径 8mm，自由高度 40mm，精度等级为 2 级，左旋两端圈并紧磨平的冷卷压缩弹簧的标记为：

YA　1.2×8×40　左　GB/T 2089

试一试:下图是汽车的前悬架部件图,指出其中的弹簧的位置、种类和数量。

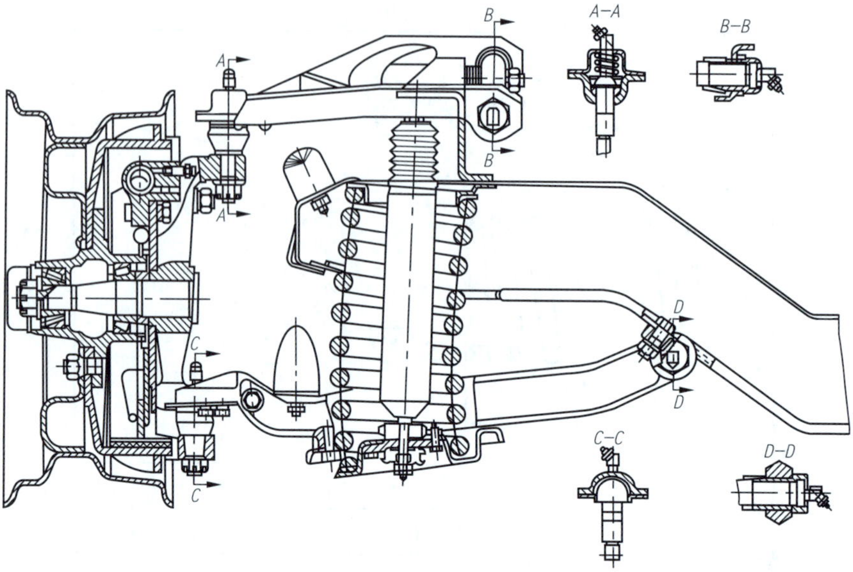

思政点拨

工匠精神(二)

(1)工匠有着艺无止境的学习理念。他们对技艺的追求没有尽头,这让他们除了入门时的勤学苦练,更多的是在实践中不断学习、善于学习、终身学习,不断提升技艺水平。他们敢于质疑现状,敢于面对挑战,敢于创新进取,从而不断完善自我。

(2)工匠对技艺和产品品质有着积极进取、推陈出新的情愫,大国工匠尤为如此。他们心中有目标,行动有方向,创新有动力,就是为了在现有努力的基础上再上一个台阶。他们学习新知、探索新知,哪怕是一个小小的零部件,也要掌握内在机理,就是为了能够突破自己。

(3)工匠都有敢为人先、勇攀高峰的气魄。他们善于发挥专业团队的合力,不怕失败,勇于担当。他们善于将经验技艺与当代科技完美结合,立足生产一线,实干巧干,发奋攻坚。他们坚韧不拔,默默前行,一步一个脚印,不断地从一个成功走向另一个成功。

学习情境4 Chapter 4

识读装配图

学习情境名称:识读装配图	任务学时:8
学习目标	
1. 综合观察、看懂装配图所包含的内容; 2. 能对装配图中图形进行识读,巩固对机件的各种表达方法的识读,综合想象零件形状; 3. 阅读装配图的方法,识读较简单的汽车组件图; 4. 能严格按《机械制图》国家标准的有关规定作图; 5. 作图时能保持图面清晰、整洁和作图环境的整洁,并保证作图室工具和仪器摆放整齐; 6. 能主动与学习小组成员沟通,与教师和同学建立良好的人际关系	
知识点	技能点
1. 装配图中的编号及明细表; 2. 装配图的表达方式; 3. 装配图上尺寸和技术要求的注写; 4. 常用装配结构; 5. 识读装配图	1. 正确使用常用工具及设备; 2. 正确使用离合器拆装台; 3. 正确拆装汽车活塞连杆组件、汽车球叉式万向节组件和汽车膜片弹簧离合器组件; 4. 识读汽车活塞连杆组件图、汽车球叉式万向节组件图和汽车膜片弹簧离合器组件图
教学方法	教具、工具与媒体
1. 以直观感知为主的教学法; 2. 以学生为主、老师为辅的教学法; 3. 愉快教学法; 4. 小组工作法; 5. 任务驱动教学法	**工具台套数按学生人数匹配:** 套筒扳手、梅花扳手、开口扳手;内六角扳手;尖嘴钳;卡簧钳;十字起和一字起;铜棒;台虎钳;钳桌;离合器拆装台;汽车活塞连杆组件及挂图;汽车球叉式万向节组件及挂图;汽车膜片弹簧离合器组件及挂图;多媒体教学设备;教学课件、软件;维修资料;视频教学资料;网络教学资源

学习任务单18 识读活塞连杆总成装配图

任务	识读活塞连杆总成装配图	任务学时	4
教学目标	1. 能说出装配图的表达对象、图样作用及主要内容; 2. 能看懂装配图的一般表达方法和特殊表达方法; 3. 能看懂并会填写装配图标题栏、明细表; 4. 能看懂活塞连杆总成装配图,并能指出各零件的安装位置; 5. 能看懂装配图的尺寸标注和所注技术要求		
知识点	1. 装配图表达对象、作用及内容; 2. 装配图的各种表达方法及作用; 3. 装配图的尺寸标注、技术要求; 4. 装配图中标题栏、零部件序号及明细表		
提示	按照装配图相对独立的各部分内容分步完成作业要求		

装配图

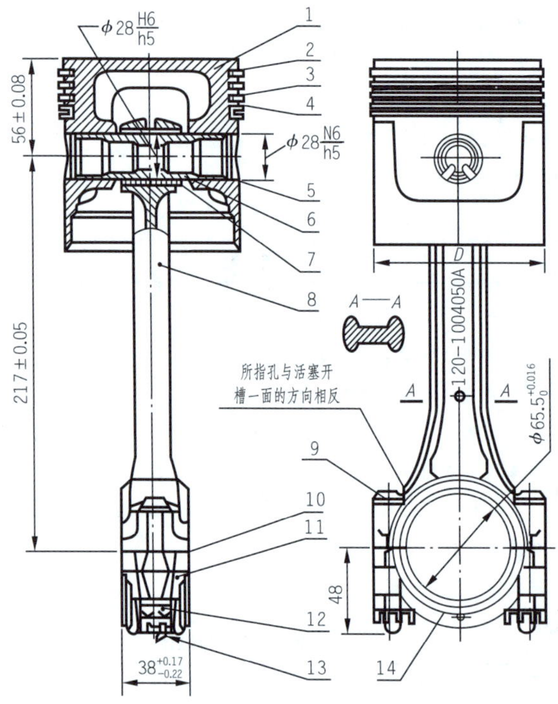

技术要求
按说明书No.120-3902122进行装配。

14	连杆轴瓦	2	巴氏合金	
13	开口销	2	45	GB/T91
12	连杆螺母	2	35	GB/T6178
11	连杆盖	1	ZG40	
10	调整垫片		δ=08	数量视需要
9	连杆螺栓	2		
8	连杆	1	ZG40	
7	连杆衬套	1	QSn4-4-25	
6	活塞销	1	40Cr	渗碳
5	锁环	2	65Mn	
4	油环	1	QT700-2	
3	中活塞环	2	QT700-2	
2	上活塞环	1	QT700-2	
1	活塞	1	ZL7	
序号	名称	数量	材料	备注

活塞连杆总成		比例	1:1	(图号)
		件数		
班级	(学号)	共 张 第 张		成绩
制图	(日期)	(校名)		
审核	(日期)			

说明	此装配图幅面为A2号图,因篇幅有限按比例进行了缩小,标题栏采用了学生练习用简化形式,以突出其主要部分内容

任务单18中的装配图是一张活塞连杆总成的技术图样,其上有一组图形、尺寸及相关的文字符号信息,形如零件图但又有别于零件图,这是一张什么样的技术图样?它有什么用途?表达的对象是什么?包含一些什么内容?作为汽车专业的学生学习它有何意义?要解决这些问题,必须

对其进行深入的研究。下面就以活塞连杆总成的装配图为例详尽介绍如何识读装配图。

一 识读活塞连杆总成的这类装配图应具备的知识

1 装配图的概述

1 装配图的表达对象与分类

装配图表达的对象可以是一台完整机器(如汽车、缝纫机等),也可以是机器上的某个部件(如图18-1所示的发动机)或者是机器上一个组件(如图18-2所示的活塞连杆总成)。表示一台完整机器的装配图称为总装配图;表示机器中某个部件的装配图称为部件装配图。两者其实是全局和局部的关系,必须把握好这种关系。由于机器或部件都是由多个零件组成的,在后续的学习中,有时为叙述方便,将机器、部件及组件统称为装配体。一般情况下,装配图比零件图要复杂得多,主要是视图更复杂,包含的信息更多。

图18-1 汽车发动机中活塞连杆总成的位置

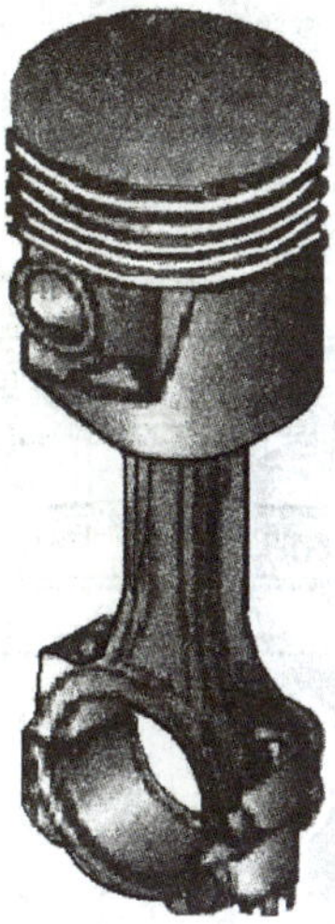

图18-2 活塞连杆总成

想一想:装配图与零件图所表达的对象有何不同?

2 装配图的作用

装配图是机器设计中设计意图的具体反映,是机器装配、检验、调试、安装、使用、日常维护、零件设计等方面的重要技术依据。装配图表示机器或部件的工作原理,零件之间的装配关系,各零件的主要结构形状以及装配、检验、安装时所需的尺寸和技术要求。

(1)在新设计或测绘机器时,要画出装配图表示该机器的构造和装配关系,并确定各零件的结构形状和协调各零件的尺寸等,是绘制零件图的依据。

(2)在生产中装配机器时,要依据装配图制定装配工艺规程,装配图是机器装配、检验、调试和安装工作中的依据。

(3)在使用和维修中,装配图是了解机器或部件工作原理、结构性能,从而决定操作、保养、拆装和维修方法的依据。

在进行技术交流、引进先进技术或更新改造原有设备时,装配图也是不可缺少的技术资料。

想一想:装配图与零件图的作用有何不同?

3 装配图的内容

任务单18中的装配图是活塞连杆总成的装配图,依据它将14种不同的零件正确组装成一台合格的活塞连杆总成。从图上可知,一张完整的装配图包括:一组视图、几类尺寸、技术要求、标题栏、明细表、零部件序号等内容。

1)一组视图

装配图用一组视图,正确、完整、清晰和简便地表达机器或部件的工作原理、零件间的装配关系及零件的主要结构形状。装配图中视图数量的多少取决于装配体的复杂程度。在活塞连杆总成的装配图中,采用了三个视图表达活塞连杆总成的装配关系与零件主要结构形状,它们是主视图(局部剖)、左视图和 *A—A* 移出断面图,可以满足对活塞连杆总成的装配关系等方面的表达要求,如图18-3和图18-4所示。

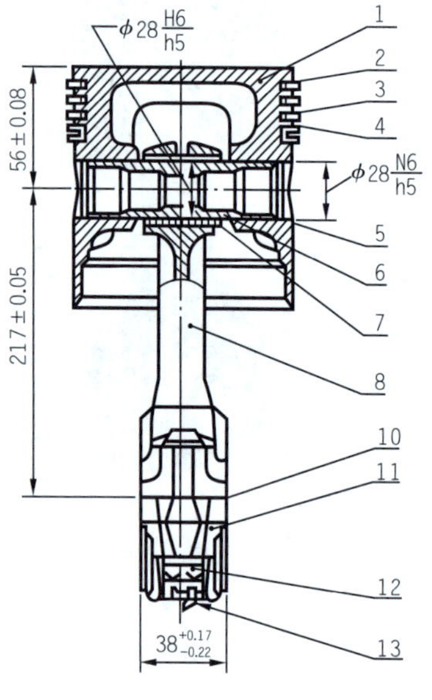

图18-3　装配图中的主视图

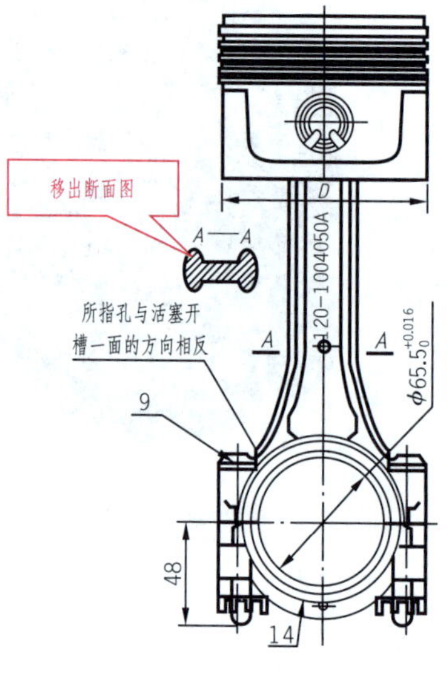

图18-4　装配图中的左视图和断面图

提示:(1)机器或部件的工作原理:指的是机器是如何工作的或部件在机器中是如何工作的。

(2)零件之间的装配关系:指的是零件之间的相对位置、相邻表面之间的关系、连接方式及拆装零件顺序等。

(3)零件的主要结构形状:指的是零件所满足机器功能要求的形状特点,不包含类似如倒角、退刀槽等这样的工艺结构。

2)必要的尺寸

装配图要标注出反映机器或部件的性能、规格、外形以及装配、检验、安装时所必需的一些尺寸。学习任务单18活塞连杆总成装配图中标注了7个必要的尺寸，分别反映活塞连杆总成的性能、规格、外形以及装配、检验、安装时所必需的一些尺寸。如活塞连杆总成的尺寸有38、48、ϕ65.5、217、56和两个配合尺寸ϕ28等。细心的同学会注意到装配图上所注尺寸比零件图少很多。

想一想：装配图与零件图中标注的尺寸作用有何不同？装配图上为何不给装配体上所有零件全部标齐尺寸？

3）技术要求

用文字或符号准确、简明地表示机器或部件的性能，装配、检验、调整要求，验收条件，试验和使用、维护规则等，为的是确保产品的性能达到正常使用要求，如学习任务单18装配图中除两处注明零件间配合要求外，还用文字说明了活塞连杆总成的装配技术要求。

想一想：装配图与零件图的技术要求有何不同？

4）标题栏、序号和明细栏

装配图上用标题栏注明机器或部件的名称、规格、比例、图号以及设计单位名称、设计、制图者签名等。装配图中还应对装配体的各种不同的零件或组件进行顺序编号，并在标题栏的上方编制明细栏依次注写出各零件的序号、名称、规格、数量、材料、备注等内容，同时在相应视图上用序号加指引线予以指明各种不同的零部件。

图18-5所示为活塞连杆总成装配图的标题栏与明细表，由于幅面的限制，采用的是简化的标题栏，正式的装配图要采用国标要求的标题栏，国家标准GB/T 10609.1—2008规定了标题栏和明细栏的统一格式。如图18-6所示为国标推荐的标题栏格式。

14	连杆轴瓦	2	巴氏合金	
13	开口销	2	45	GB/T91
12	连杆螺母	2	35	GB/T6178
11	连杆盖	1	ZG40	
10	调整垫片		δ =08	数量视需要
9	连杆螺栓	2		
8	连杆	1	ZG40	
7	连杆衬套	1	QSn4-4-25	
6	活塞销	1	40Cr	渗碳
5	锁环	2	65Mn	
4	油环	1	QT700-2	
3	中活塞环	2	QT700-2	
2	上活塞环	1	QT700-2	
1	活塞	1	ZL7	
序号	名称	数量	材料	备注

活塞连杆总成			比例	1:1	（图号）
			件数		
班级		（学号）	共 张	第 张	成绩
制图		（日期）	（校名）		
审核		（日期）			

图18-5 活塞连杆总成装配图的标题栏与明细表

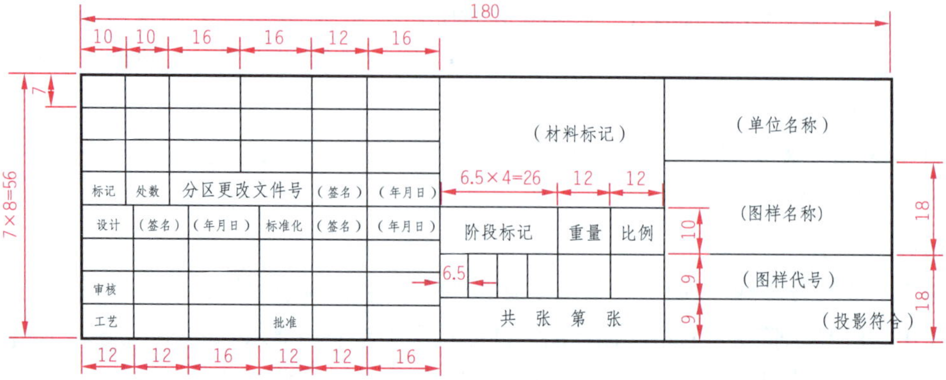

图 18-6 国标规定的标题栏

做一做:同学们自己动手按国标规定格式画线框及标题栏。

2 装配体的各种表达方法

机器或部件的表达与零件的表达,其共同点都是要反映它们的内外结构形状,因此,机件的各种表达方法和选用原则,不仅适用于画零件图,也完全适用于画机器或部件的装配图。但是,零件图所表达的是单个零件,而装配图所表达的则是由一定数量的零件所组成的机器或部件。两种图样的要求不同,所表达的方式和重点也就有所不同。装配图是以表达机器或部件的工作原理和主要装配关系为中心,把机器或部件的内部构造,外部形状和零件的主要结构形状表达清楚,不要求把每个零件的形状完全表达清楚。机器或部件的表达方法除了可采用机件的各种表达方法外,为了更清楚反映零件之间的装配关系和连接方式,方便装配图识读,国家标准又提出画装配图的补充规定,即装配图的规定画法和特殊画法。

1 装配体的基本表达方法

机件的各种表达方法和选用原则完全适用于机器或部件在装配图中的视图表达。

想一想:(1)装配图中视图是否还是采用正投影方法绘制?

(2)装配图中各视图是否还要满足正投影规律?

(1)关于装配体中标准件和实心件的画法规定。

在绘制装配图时,基于清楚反映机器或部件中各零件之间的装配关系与形状结构的需要,往往要采用剖视图的表达方法。为了在装配图中能较清楚区分各零件的轮廓及反映零件间装配关系,对于标准件(如螺栓、螺母、垫圈、销等)、实心轴、连杆、拉杆、手柄、圆球等实心零件,如果剖切面沿其纵向剖切且通过这些零件的轴线(或对称平面)时,这些零件剖到了但仍按不剖绘制。如需要特别表明这些零件上的局部细小结构,如键槽、销孔、中心孔等,可在其上再采用局部剖视表达。但如果这些零件被剖切面横向剖切时,仍需按剖视图形式画出。如图 18-7 所示为螺栓坚固件连接的装配图画法,图中反映了剖切面沿螺栓轴线纵向剖切和沿螺栓轴线横向剖切情况;如图 18-8 所示为机器的装配图,图中反映了剖切面过轴线和键的纵向剖切面情况。

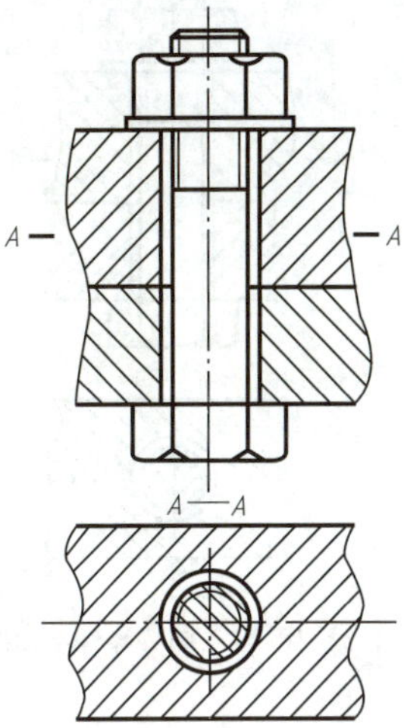

图 18-7　螺栓连接剖切画法

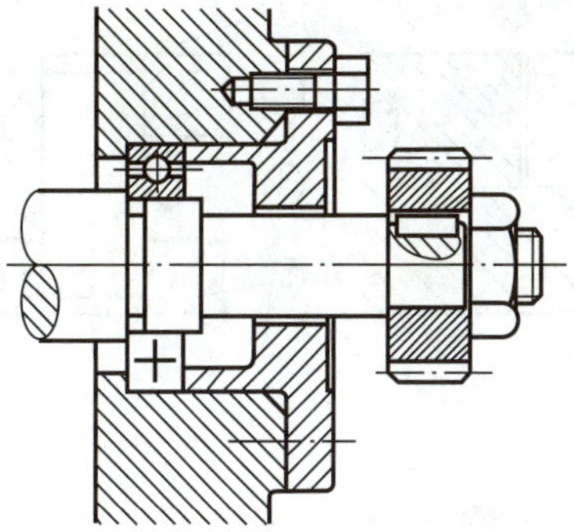

图 18-8　装配体剖切画法

(2)相邻零件的轮廓线画法(图 18-9)。

①相邻两个零件的表面是接触面或配合面,则两个零件之间只画一条公共的轮廓线。间隙配合即使间隙较大也只画一条公共轮廓线。

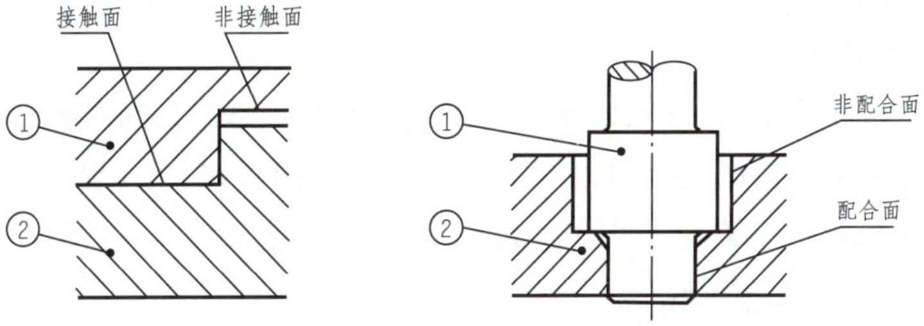

图 18-9　零件间接触与非接触及配合与非配合画法

②相邻两个零件的表面是非接触面或非配合面,应画两条轮廓线表示各自轮廓。当零件之间间距很小,不能正常画出两条轮廓线时,允许夸大间距画出,如图 18-9 中关于两零件接触面与非接触面及配合与非配合面的画法。

(3)相邻零件的剖面线的画法。

①装配图中如相邻金属零件均剖出,且均需画剖面线,应注意各零件的剖面线应有所区别,或画成剖面线方向相反,或剖面线方向相同但间隔不同,或剖面线错开,以示清楚区别不同零件的轮廓。如图 18-10 所示,三个相邻零件的剖面线方向相反或剖面线方向相同但间隔不同。

②应特别注意装配图中同一零件如在装配图中多个视图上剖出,其剖面线倾斜方向与间隔都要一致,如图 18-11 所示。

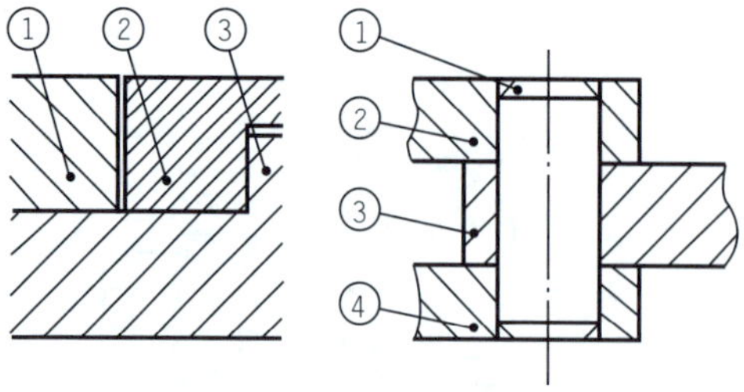

图 18-10　相邻零件剖面线画法

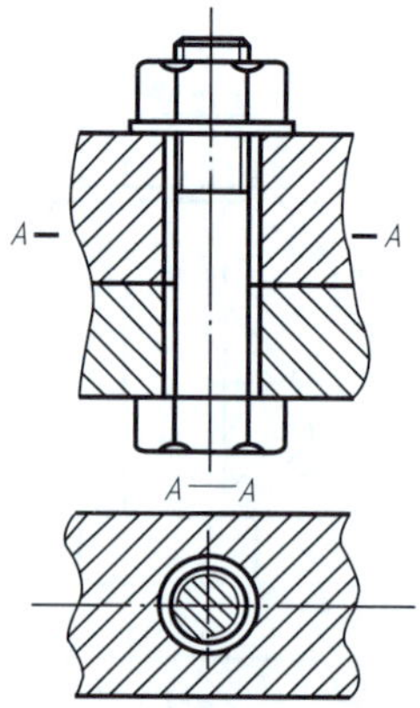

图 18-11　同一零件剖面线画法

2 装配图的特殊画法

1)拆卸画法

在画装配图时,有可能会出现装配体中某些零件在其他视图上已表达清楚,而在另一视图上又遮住了需要表达的其他部分结构时,这时可拆除某些零件后画出,要注意在对应的视图正上方要用文字写上“拆去零件 X,Y,Z”,数字 X、Y、Z 对应拆卸零件的序号,如图 18-12a)中的俯视图。

2)沿结合面剖切画法

在装配图中,为了表达某些内部结构,让剖切面(也可以是组合剖切面)从两相邻零件间的结合面之间剖切,装配体的剖视图相当于拆去了部分零件画出的。注意结合面上不画剖面符号,被剖切到的螺栓等实心件因横向被剖应画剖面符号,如图 18-12b)中俯视图。

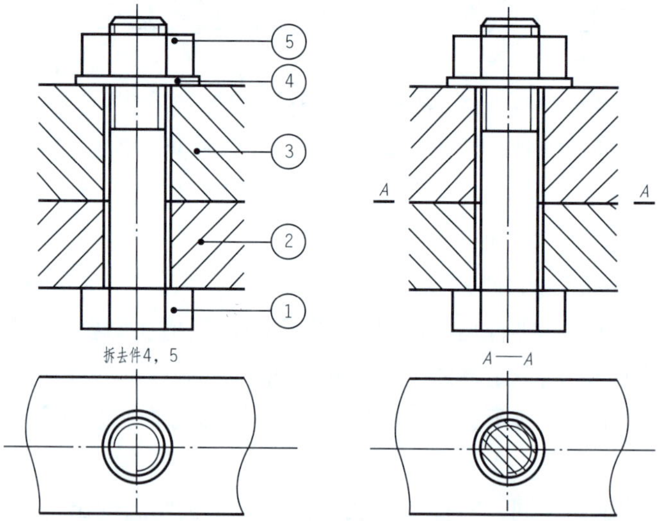

a)拆卸画法　　b)沿结合面剖切画法

图 18-12　拆卸画法与沿结合面剖切画法

3)单独画出某零件的视图画法

在装配图中,为了表达某零件的形状,可另外单独画出该零件的某一视图,并加标注。

4)假想画法

(1)在装配图中,当某些作相对运动的零件的运动范围和极限位置需要表达时,可采用一个极限位置用粗实线画出其轮廓线,另一极限位置用细双点画线画出其外形轮廓线,如图18-13中零件3转动手柄两个极限位置的表示。

(2)如果装配图中有需要反映装配体与另外一物体(不在装配体上)之间的相关关系,另一物体的轮廓可用细双点线来画出其轮廓线,不要画出的部分用断裂边界线断开,如图18-13所示。

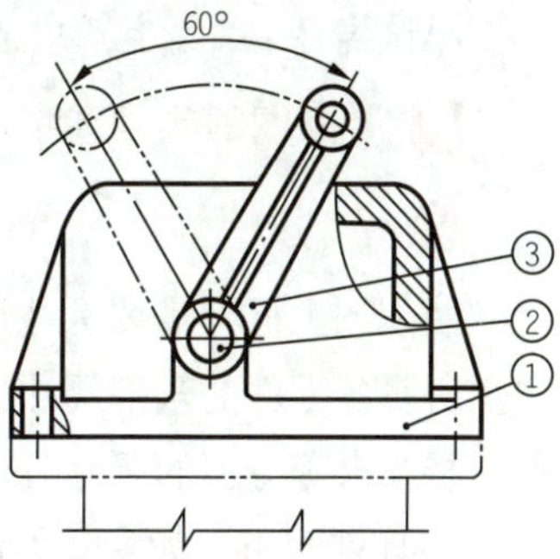

图18-13　假想画法

5)简化画法

(1)装配图中相同规格的多处零件组,如螺栓、螺钉连接等,可详细画出一处,其余用细点画线表示其中心位置即可。如图18-8中所示螺钉连接,共有4个螺钉,图中只画出了一处,其余只是用细点画线表示了其中心位置。

(2)对于零件上的一些工艺结构,如倒角、圆角、退刀槽等允许在装配图中不画出;螺栓、螺母的倒角和因倒角而产生的曲线允许省略,如图18-12所示。

(3)在装配图中,滚动轴承可采用通用、特征和规定画法,但同一图样中只允许采用一种画法。

(4)在剖视或断面图中,若零件的厚度在2mm以下时,允许用涂黑代替剖面符号。如果是玻璃或其他材料不宜涂黑时,可不画剖面符号。当两邻接剖面区域均涂黑时,两剖面区域之间宜留出不小于0.7mm的空隙。

(5)左右手对称零件,在装配图中,允许仅画出其中一件,另一件则用文字说明,其中"LH"为左件,"RH"为右件,如图18-14所示。

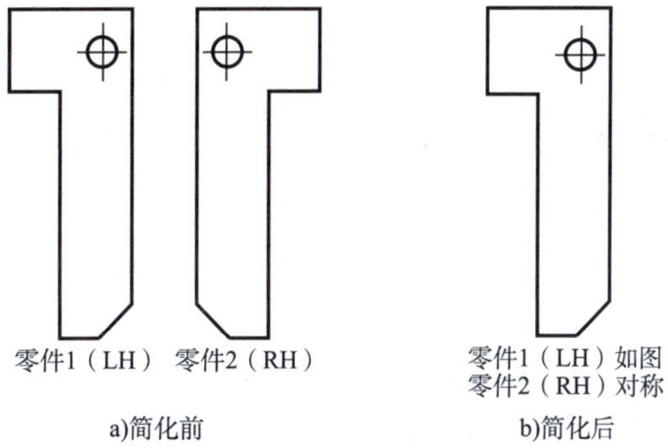

图18-14　左右手对称零件画法

想一想:装配图中为什么还要采用规定画法和特殊画法绘制视图?

6)夸大画法

在按一定比例绘制装配体的装配图时,一些很薄的零件、细丝弹簧或较小的斜度和锥度、微小的间隙等,当无法按实际尺寸画出或者虽能如实画出但不明显时,可将其夸大画出,即允许将该部分不按原绘图比例而适当加大,以使图形清晰,如图18-9所示的轴与孔间的间隙的夸大画法。

小试身手:寻找生活中装配体,按装配图表达方法画出装配体的主视图。

3 装配图的尺寸和技术要求

1 装配图中的尺寸标注

装配图上同样需要标注尺寸,反映装配体的大小。但因表达对象及反映侧重点不同,不必注全所属各零件的全部尺寸,只需注出用以说明机器或部件的性能、工作原理、装配关系、外形和安装要求等方面的尺寸,这些尺寸是根据装配图的作用确定的。一般只标注以下几类尺寸。

1)性能尺寸(规格尺寸)

表示机器、部件规格或性能的尺寸。这类尺寸在设计时就已确定,是设计、了解、选用机器的主要依据。日常生活中反映汽车动力大小的尺寸是发动机的排量,如1.8L和2.0L排量;又如反映自行车的大小往往是用其钢圈的直径(单位:英寸)反映,如26型或28型。

2)装配尺寸

装配尺寸包括作为装配依据的配合尺寸和重要的相对位置尺寸。

(1)配合尺寸:表示两零件配合性质的尺寸,一般在尺寸后面都注明配合代号。配合尺寸是装配和拆画零件图时确定零件尺寸偏差的依据,如学习任务单18装配图中$\phi28H6/h5$.$\phi28N6/h5$等。

(2)相对位置尺寸:表示设计或装配机器时需要保证的零件间较重要相对位置的尺寸,也是装配、调整和校图时所需要的尺寸,如学习任务单18装配图中尺寸217。

3)安装尺寸

表示将机器或部件安装到地基上或与其他部件相连接时所需要的尺寸,如学习任务单18装配图中尺寸$65.5^{+0.016}_{0}$。

4)外形尺寸(总体尺寸)

表示整台机器或部件的外形轮廓尺寸,反映机器或部件的大小,一般应标长、宽、高三个方向的总体尺寸,是机器或部件包装、运输、安装过程中确定其空间大小的依据。

5)其他重要尺寸

除上面的尺寸要在装配图中得到体现外,有时还会要标注其他的一些重要尺寸。这类尺寸是设计过程中经过计算或选定的尺寸,但又不包括在上述几类尺寸之中。这类尺寸在拆画零件图时,同样要得到保证。如机器上的轴向设计尺寸、主要零件的结构尺寸、主要定位尺寸、运动件极限位置尺寸等。如机器或部件上运动零件的极限位置尺寸、主要零件的结构尺寸、图18-13中尺寸60°等。

上述的五类尺寸,在每张装配图上不一定都有,另外有时同一尺寸可能有几重含义,分属于几类尺寸,因此装配图中究竟标注哪些尺寸,要根据具体情况分析确定。

想一想:(1)装配图中的尺寸是表示装配体大小的吗?

(2)为什么装配图中的尺寸名称提法与零件图不太一样?

2 装配图中的技术要求

用文字或符号在装配图中说明对机器或部件的性能、装配、检验、使用等方面的要求和条件，这些统称为装配图的技术要求。

性能要求指机器或部件的规格、参数、性能指标等；装配要求一般指装配方法和顺序，装配时加工的有关说明，装配时应保证的精确度、密封性等要求；使用要求是对机器或部件的操作、维护等有关要求。此外，还有机器或部件的涂饰、包装、运输等方面的要求及对机器或部件的通用性、互换性的要求等。编制装配图技术要求要根据具体情况而定。技术要求中的文字注写要准确、简练，一般写在明细表的上方或图纸的下方空白处，如学习任务单 18 装配图中的技术要求。

想一想：装配图和零件图中的技术要求有什么不同？

4 装配图中的零、部件序号和明细表

为了便于看装配图，方便图样档案管理、备料和组织生产，对装配图中每种零部件都必须编注序号，并填写明细表。

1 零、部件序号

1）序号的一般规定

（1）装配图中每种零、部件都必须编注序号。同一装配图中相同的零部件只编注一个序号，且一般只标注一次。

（2）零、部件的序号应与明细表中的序号一致。

（3）同一装配图中编注序号的形式应一致。

2）序号的编排方法

（1）序号的通用编注形式，有以下三种。

在指引线的横线（细实线）上或圆圈（细实线）内注写序号，序号的字高比该装配图中所注尺寸数字高度大一号或大两号，如图 18-15 所示。在指引线附近注写序号，序号的字高比该装配图中的尺寸数字大两号。

（2）序号的指引线。

指引线应自所指零、部件的可见轮廓线内引出，并在末端画一小圆点。若所指部分（很薄的零件或涂黑的剖面）内不便画圆点时，可在指引线的末端画出箭头，并指向该部分的轮廓，如图 18-16 所示。

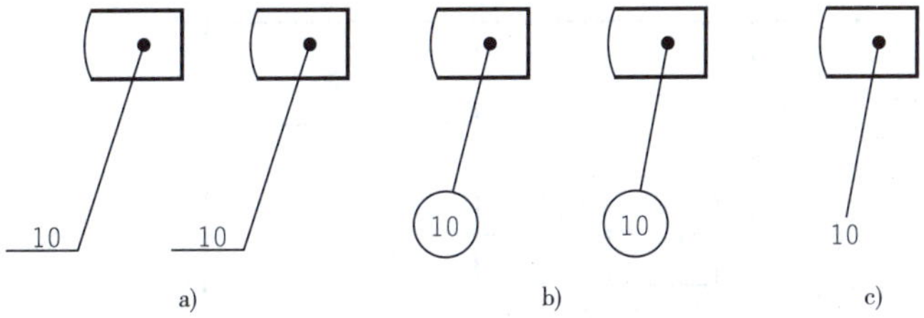

图 18-15　序号的三种通用形式

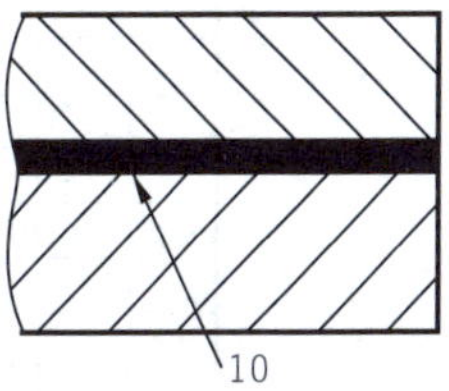

图 18-16　涂黑部分指引线方法

指引线应尽可能排布均匀,且不宜过长,相互不能相交,应尽量不穿或少穿过其他零件的轮廓,当穿过有剖面线的区域时,不应与剖面线平行。

指引线在必要时允许画成折线,但只可弯折一次。同一组紧固件以及装配关系清楚的零件组,允许用公共指引线。对于标准部件(如滚动轴承、油杯等)可看成一整体,只编一个序号,用一条指引线,如图18-17、图18-18所示。

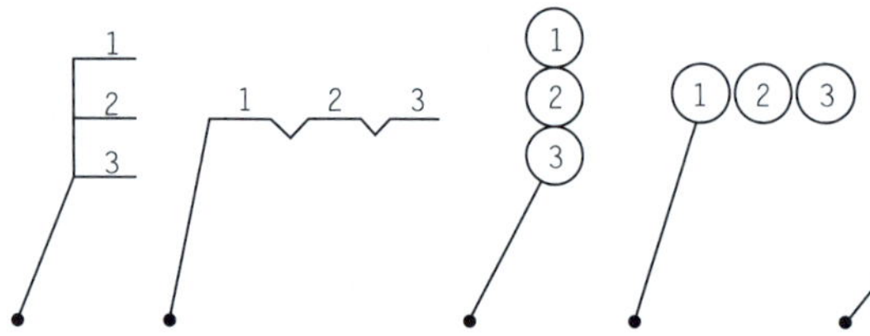

图18-17　零件组可用公共指引线

图18-18　指引线可弯折一次

(3)序号的排列形式,有以下两种。

按顺时针或逆时针方向在整个一组图形外围顺次排列,不得跳号。

在整个图上无法连续排列时,可只在某个图形周围的水平或竖直方向顺次排列,不得跳号。

3)序号的画法

为使序号布置整齐美观,编注序号时应按一定位置画好横线或圆圈(画出横线或圆圈的范围线,取好位置后擦去范围线);然后再找好各零、部件轮廓内的适当处,一一对应地画出指引线和圆点。

2 明细表(图18-19)

装配图的明细表是机器或部件中全部零件的详细目录,分别注写各个零部件的序号、名称、规格、材料牌号、备注等内容,它在标题栏的正上方,当标题栏上方位置不够用时,也可续接在标题栏的左方。明细表外框竖线为粗实线,其余为细实线,其下边线与标题栏上边线或图框下边线重合,长度相同。

明细栏中,零、部件序号应按自下而上的顺序填写,以便在增加零件时可继续向上画格。

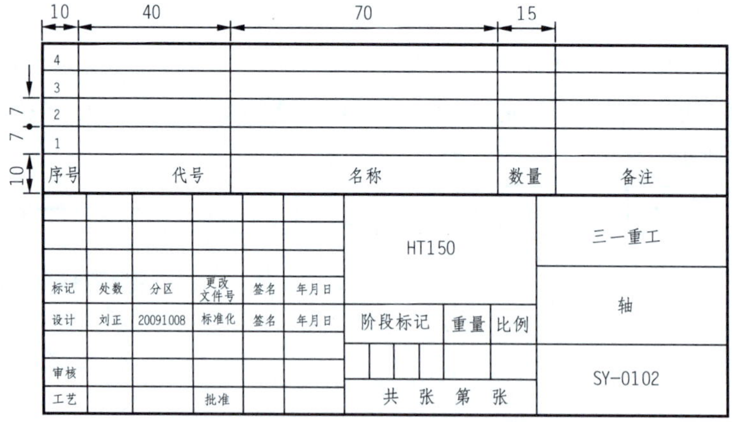

图18-19　明细表与标题栏

在实际生产中，对于较复杂的机器或部件也可使用单独的明细表，装订成册，作为装配图的附件，按零件分类和一定格式填写。

二 识读汽油机活塞连杆总成装配图的步骤和方法

1 概括了解

从图 18-20 中标题栏可知，该部件为“活塞连杆组”，是发动机中的一个部件，其作用是维持曲柄旋转。从明细表和图上的零件序号可知，该部件共由 14 种零件组成(2 种标准件，12 种非标准件)。同时从视图也了解了各零件的相对位置。图 18-21、图 18-22 分别为活塞连杆总成实物图和分解图。

14	连杆轴瓦	2	巴氏合金	
13	开口销	2	45	GB/T91
12	连杆螺母	2	35	GB/T6178
11	连杆盖	1	ZG40	
10	调整垫片		δ =08	数量视需要
9	连杆螺栓	2		
8	连杆	1	ZG40	
7	连杆衬套	1	QSn4-4-25	
6	活塞销	1	40Cr	渗碳
5	锁环	2	65Mn	
4	油环	1	QT700-2	
3	中活塞环	2	QT700-2	
2	上活塞环	1	QT700-2	
1	活塞	1	ZL7	
序号	名称	数量	材料	备注

<table>
<tr><td colspan="3" rowspan="2">活塞连杆总成</td><td>比例</td><td>1 : 1</td><td rowspan="2">（图号）</td></tr>
<tr><td>件数</td><td></td></tr>
<tr><td>班级</td><td></td><td>（学号）</td><td colspan="2">共　张　　第　张</td><td>成绩</td></tr>
<tr><td>制图</td><td></td><td>（日期）</td><td colspan="3" rowspan="2">（　校名　）</td></tr>
<tr><td>审核</td><td></td><td>（日期）</td></tr>
</table>

图 18-20　活塞连杆总成装配图的标题栏与明细表

2 分析视图，明确表达目的

从学习任务单 18 装配图可以看出，采用了两个视图和一个移出断面图综合反映活塞连杆的工作原理、装配连接关系及其零件的主要结构形状，主视图上采用了局部剖，用来表达活塞内部的结构形状以及活塞 1、活塞销 6、连杆衬套 7 和连杆 8 的相对位置和装配关系等；左视图重点表达了活塞连杆组的外形。

3 分析工作原理和装配关系

由主视图可以看出，活塞销与活塞销孔相配合；连杆衬套内圆柱面与活塞销中部外圆柱面相配合，连杆衬套外圆柱面与连杆小头孔相配合。连杆盖用连杆螺栓 9 连接，内孔中装有连杆轴瓦 14，活塞环 2、3 装在活塞上部的环槽内，为了防止活塞销左右轴向移动，在活塞销孔的两端装有锁环 5，为了防止连杆螺母 12 松动，采用了开口销 13 锁定。

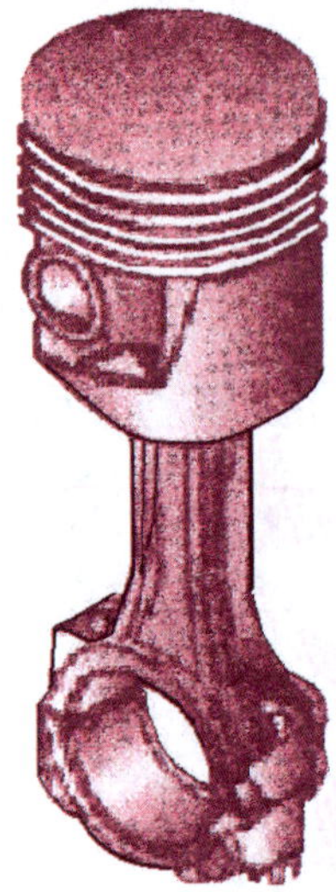

图 18-21　活塞连杆总成实物图

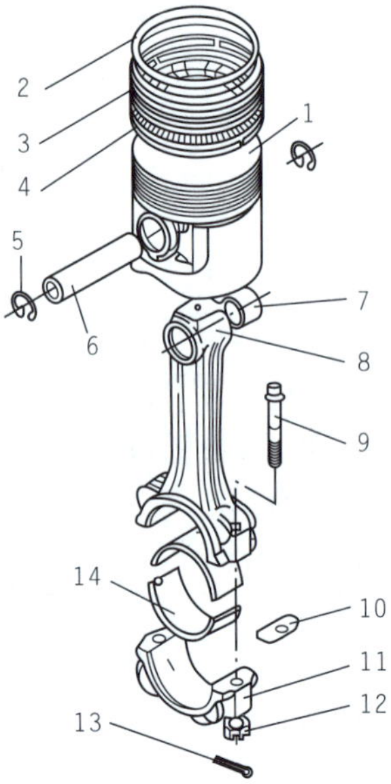

图 18-22　活塞连杆总成分解图

1-活塞;2-上气环;3-下气环;4-油环;5-锁环;6-活塞销;7-连杆衬套;8-连杆;9-连杆螺栓;10-调整垫片;11-连杆盖;12-连杆螺母;13-开口销;14-连杆轴瓦

由于活塞装在汽缸内,而连杆大头是与曲轴上的连杆轴颈相连的,因此,活塞上下运动时,通过连杆来推动曲轴作旋转运动。

该部件的拆卸顺序是:先拆卸开口销、连杆螺母、连杆螺栓和连杆轴瓦,后用尖嘴钳夹出锁环,从活塞内打出活塞销,从连杆中打出铜套。

4 分析零件结构形状和作用

通过以上分析,了解了各零件的作用、装配关系以及该部件的工作原理,对于部件中的标准件以及一些结构较简单的非标准件,能比较容易地从图上识别出来,对于较复杂的活塞、连杆,对照主视图和左视图,我们不难想象出它们的形状,如图 18-21 所示。

5 归纳总结

由尺寸是 $\phi28N6/h5$ 可知,活塞销与其孔的配合为基轴制的过渡配合,且配合要求较高,拆卸时应特别注意保护孔的表面。217 ± 0.05、$\phi65.5_{0}^{+0.016}$ 为重要尺寸。技术要求提出"按说明书 No. 120 – 3902122 进行装配",因此,装配前必须查阅说明书,并按说明书的技术要求进行装配。由各零件的形状,以及各零件间的装配关系,综合想象出活塞连杆总成的整体形状。

巩固练习:(1)看学习任务单 18 活塞连杆总成装配图说出其描述的对象是什么?它是组件或部件装配图还是总装配图?

(2)看学习任务单 18 活塞连杆总成装配图说出其采用的比例是多少?意味着实物与图

形哪个大哪个小或一样大？

(3)看学习任务单18 活塞连杆总成装配图说出其工作原理是怎样的？拆卸的顺序是怎样的？

(4)填空题。

①装配图一般分为________装配图和________装配图，所表达的对象分别是________或________。

②装配图内容由________、________和________组成。

(5)问答题。

①装配图的作用是什么？装配图中一组视图反映装配体哪些方面内容？

②装配图中的各视图是采用正投影法绘制的吗？当各视图按投影关系配置时，各视图及其零件是否满足正投影规律？

③画装配图时为什么当采用机件各种表达方法时还要采用特殊的表达方法？

(6)判断并回答问题。

图18-23是一简单装配图，判断画得是否正确，如有不正确处，请指出错误之处，并加以改正。

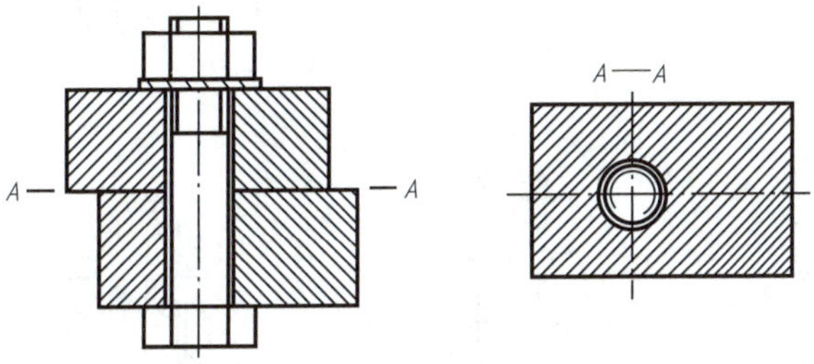

图18-23 螺栓连接装配图

学习任务单19 识读机器上常见的装配结构图

任务	识读机器上常见的装配结构图	任务学时	2
教学目标	1. 能看懂机器上常见的装配结构； 2. 装配图中零件之间接触面和配合面的正确画法； 3. 能说出机器上有哪些常见的密封装置和防漏装置； 4. 会画机器中常见密封和防漏装置； 5. 能说出机器中有哪些防松装置； 6. 能看懂装配图中防松装置		
知识点	1. 机器中有哪些具体的装配结构及其作用； 2. 装配图中如何正确表达各种常见的装配结构		

续上表

任务	识读机器上常见的装配结构图	任务学时	2
提示	按照装配图相对独立的各部分内容分步完成作业要求		
学习内容	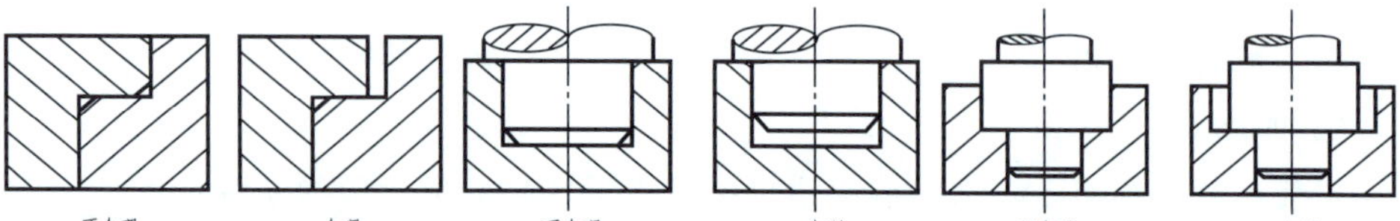 不合理　合理　不合理　合理　不合理　合理 a)　b)　c) 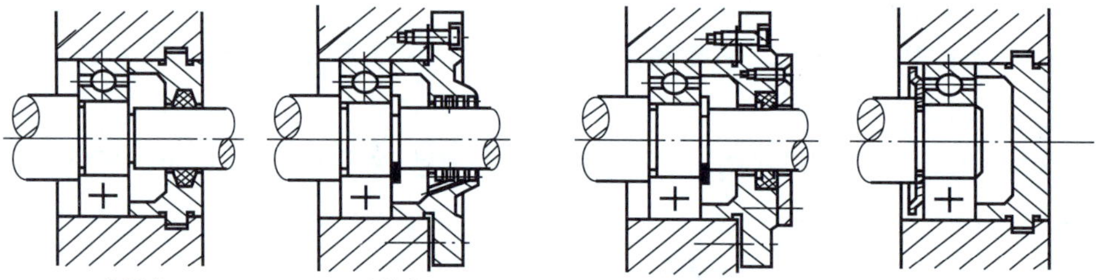 a)毡圈式　b)沟槽式　c)皮碗式　d)挡片式 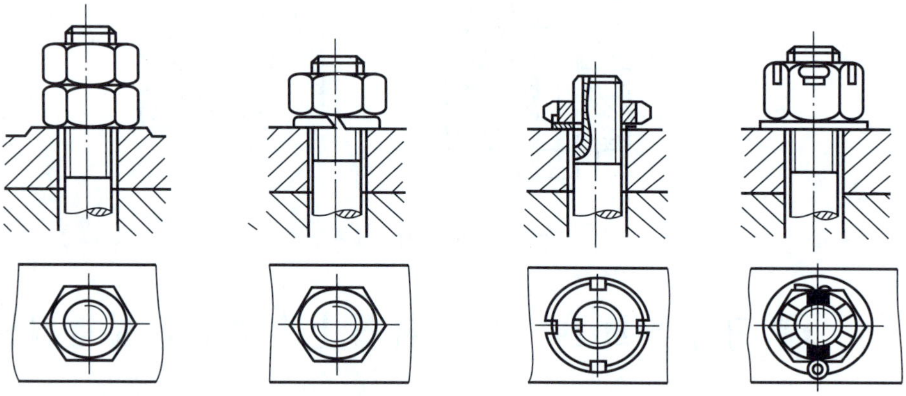 a)用双螺母防松　b)用弹簧垫圈防松　c)用止退垫圈防松　d)用开口销防松		

为了保证机器或部件能顺利装配,并达到设计规定的性能要求,而且装、拆方便,必须使零件间的装配结构满足装配工艺要求。所以在绘制装配图时,应考虑合理的装配结构问题。

1 接触面或配合面结构的合理性

(1)两零件在同一方向上只能有一对接触面或配合面。这样既能保证两零件接触良好,又能降低加工要求,否则将造成加工困难,并且也不可能都保证同时接触良好,如图19-1所示。

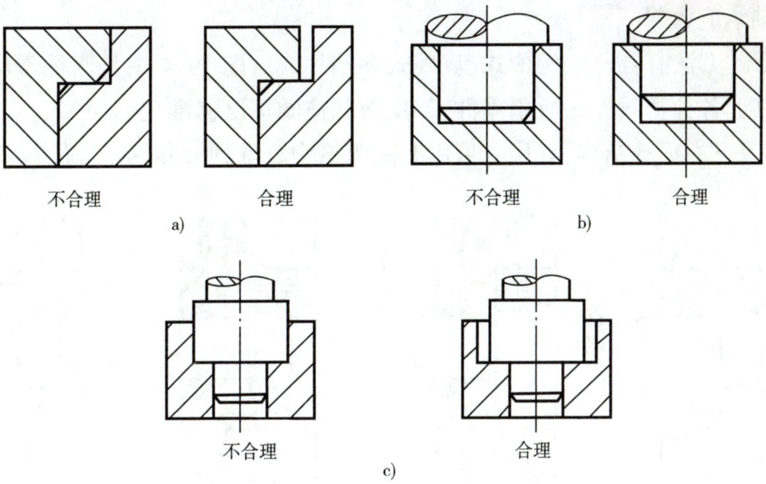

图 19-1　接触面或配合面

(2)为保证轴肩端面与轴孔端面接触良好,可在轴肩处加工退刀槽,或在孔的端面加工出倒角,如图 19-2 所示。

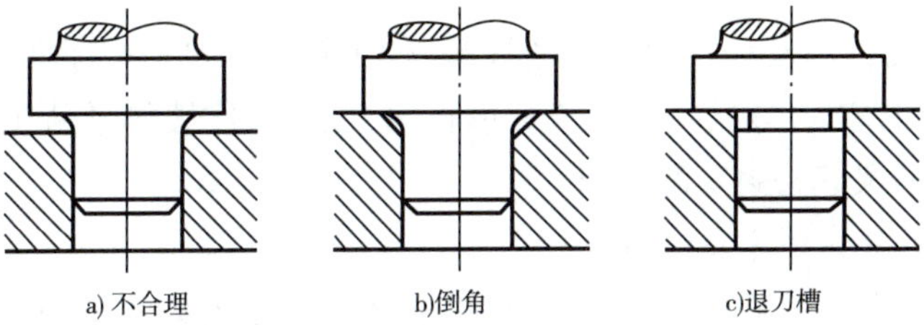

图 19-2　轴肩端面与轴孔端面接触

为了保证连接件与被连接件之间良好接触,被连接件上应做成沉孔或凸台,如图 19-3 所示。

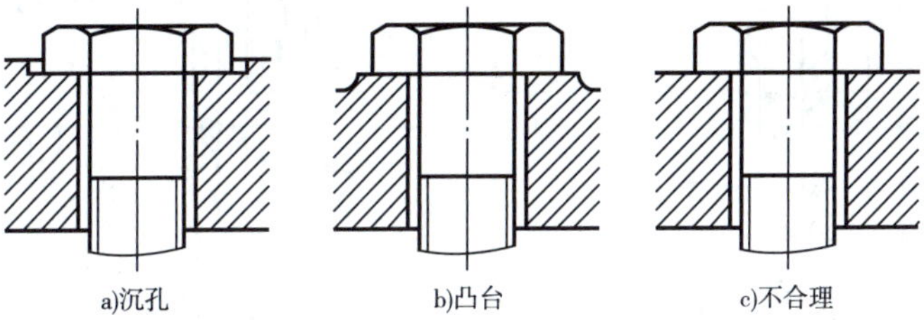

图 19-3　保证良好接触的结构

想一想:为什么装配体上相邻零件在同一方向只能有一个接触面或配合面?

2 密封装置或防漏结构

机器或部件上的旋转轴或滑杆的伸出处,应有密封或防漏装置,用以阻止工作介质(液体或气体)沿轴、杆泄漏或防止外界的灰尘杂质侵入内部。机器能否正常运转,在很大程度上取决于密封或防漏结构的可靠性。

1)滚动轴承的密封

常见的密封方法有:圈式、沟槽式、皮碗式和挡片式。图19-4中是四种常用的滚动轴承密封装置。以上各种密封方法所用零件,如皮碗和毡圈都已标准化,某些相应的局部结构如毡圈槽、油沟等也为标准结构,其尺寸可由有关表格中查取,画图时应正确表示。

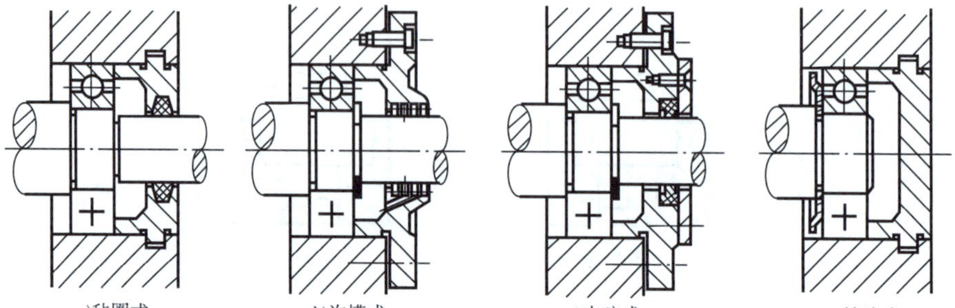

图19-4　常见密封装置

做一做:自己动手设计一种滚动轴承的密封装置。

2)防漏结构

在机器的旋转轴或滑动杆(阀杆、活塞杆等)伸出箱体(或阀体)的地方,做成一填料箱,填入具有特殊性质的软质填料,用压盖或螺母将填料压紧,使填料紧贴在轴(杆)上,达到既不阻碍轴(杆)运动,又起密封防漏作用。

做一做:自己设计一种防漏结构。

画图时,压盖画在表示填料刚刚加满,开始压紧填料的位置,如图19-5所示。

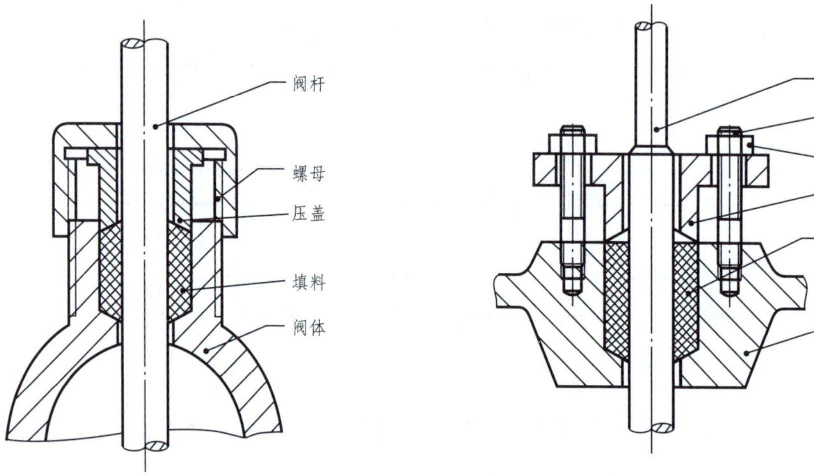

图19-5　常见防漏结构

3 防松装置

机器在工作中,由于冲击和振动的作用,一些紧固件会产生松动现象,因此,在某些装置中要采用防松装置。如图19-6所示为四种常见的防松装置。

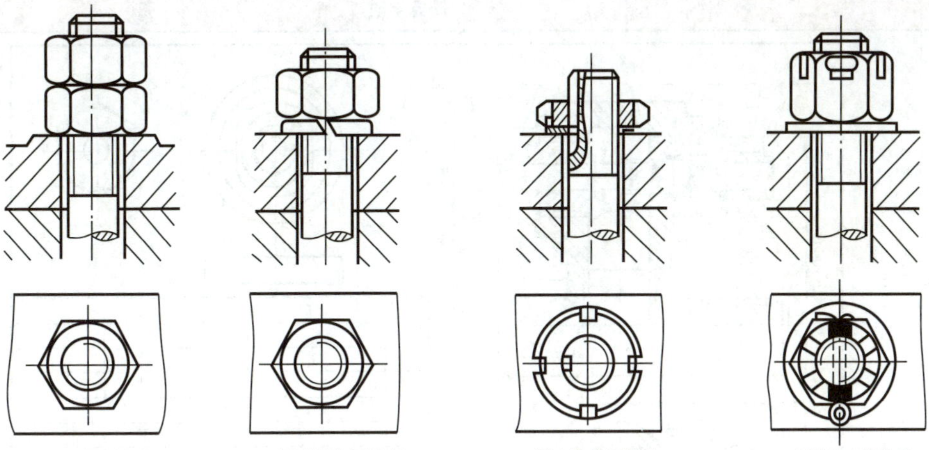

图 19-6 四种常见防松装置

巩固练习:(1)装配体上常见的装配结构合理与否对机器的哪些方面有影响?

(2)在装配体中为什么要求相邻两零件在同一方向上只能有一个接触面或配合面?

(3)除在本书上的常见装配结构外还有没有其他的装配结构?请查相关资料找答案。

学习任务单20 识读阀装配图

任务	识读阀装配图	任务学时	2
教学目标	1. 能说出装配图的表达对象、性能、组成及其作用; 2. 能说出阀装配图由几个视图组成,每个视图采用了一些什么具体的表达方法,每个视图的表达重点是什么; 3. 能看懂阀的工作原理及零件之间的装配连接关系; 4. 能说出阀的拆装顺序; 5. 能看懂阀的形状结构、尺寸标注和技术要求		
知识点	1. 阀装配图表达对象、功用及工作原理; 2. 零件之间的装配关系、拆装顺序及各零件的主要结构、形状和作用; 3. 阀组成部分,主要尺寸、技术要求和操作方法		
提示	按照装配图相对独立的各部分内容分步完成作业要求		

续上表

<table>
<tr><td>任务</td><td>识读阀装配图</td><td>任务学时</td><td>2</td></tr>
<tr><td>装配图</td><td colspan="3">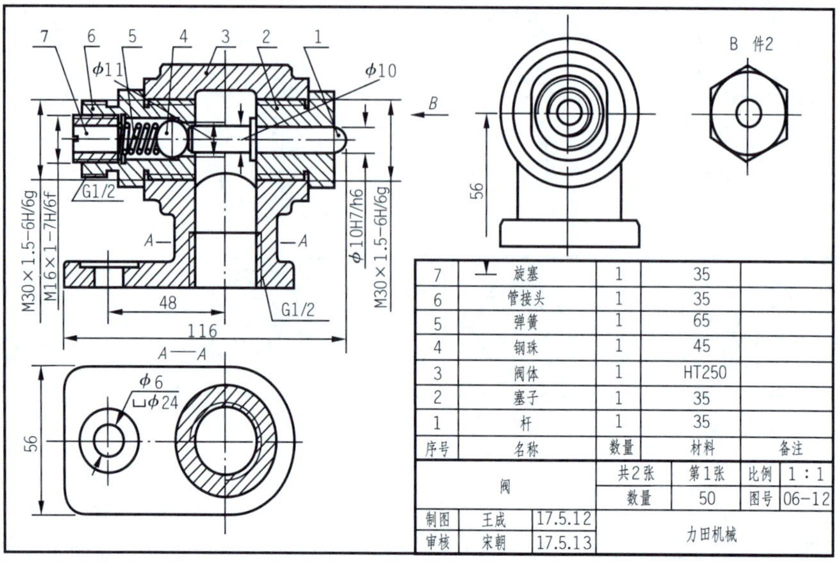
</td></tr>
<tr><td>说明</td><td colspan="3">此装配图幅面为A3号图,因篇幅有限按比例进行了缩小</td></tr>
</table>

在机器或部件的设计、装配、检验和维修工作中,在进行技术革新、技术交流过程中,都需要看装配图。工程技术人员必须具备熟练识读装配图的能力,在不同工作岗位的技术人员读装配图的目的和内容有不同的侧重和要求。识读装配图的目的要求有如下方面。

①了解机器或部件的性能、功用和工作原理。

②了解各零件间的装配关系、拆装顺序以及各零件的主要结构形状和作用。

③了解其他组成部分,了解主要尺寸、技术要求和操作方法等。现以学习任务单20中的阀的装配图为例,进一步介绍识读装配图的方法步骤。

一 概括了解

看装配图时,首先从标题栏了解机器或部件的名称;由明细栏和图中序号了解机器或部件的各种零件的名称、数量、材料以及标准件的规格,估计机器或部件的复杂程度;由画图的比例、视图大小和外形尺寸,了解机器或部件的大小;由产品说明书和有关资料,联系生产实践知识,了解机器或部件的性能、功用等,如图20-1所示。

7	旋塞	1	35	
6	管接头	1	35	
5	弹簧	1	65	
4	钢珠	1	45	
3	阀体	1	HT250	
2	塞子	1	35	
1	杆	1	35	
序号	名称	数量	材料	备注
阀		共2张	第1张	比例 1:1
		数量	50	图号 06-12
制图	王成 17.5.12	力田机械		
审核	宋朝 17.5.13			

图20-1 阀装配图的标题栏及明细表

从阀装配图的标题栏及明细表可知该部件名称为阀,对照图上的序号和明细栏,可知它由7种零件组成,其中弹簧5为常用件,没有标准件,其他6种零件为一般零件,零件总数有7个,从中也可看出各零件的位置;根据实践知识或查阅说明书及有关资料,大致可知它是管路上的一个控制元件,在管路上对流体流量进行调节的,只能单向导通,当外力作用于杆1且大于弹簧力时,迫使杆1向左运动,杆1向左运动推动钢珠4向左移动,阀打开,阀内流体得以流动;当作用于杆1上外力去除时,钢珠借助弹簧力向左移动而关闭阀。

想一想:日常生活中你看到过阀没有?一般是做什么用的?

二 分析各视图,明确表达目的

要首先找到主视图,再根据投影关系识别出其他视图的名称,找出剖视图、断面图所对应的剖切位置,识别出表达方法的名称,从而明确各视图表达的意图和重点,为下一步深入看图作准备。

阀装配图采用了主、左、俯三个基本视图和一个B向的件2塞子的右视图。

(1)主视图:采用了全剖视图表达,是一组视图中的核心视图,投影方向按工作位置摆放,综合反映了阀的工作原理、零件之间的相对位置、各零件间的装配连接关系和零件的主要结构形状。

(2)左视图:采用基本视图,主要反映阀体、管接头、旋塞等零件的外形。

(3)俯视图:采用全剖视图,主要反映阀体下部的结构形状。

(4)件2塞子的右视图:单独画出的塞子的右视图,目的是反映其形状。

想一想:阀的一组视图反映阀的哪些方面的内容?目的是否达到了?

三 分析阀的工作原理与装配关系

这是深入看装配图的重要阶段。可从反映工作原理、装配关系的视图入手,抓主要装配干线或传动路线,分析有关零件的运动情况和装配关系;然后抓其他装配干线,继续分析工作原理、装配关系、零件的连接、定位以及配合的松紧度等。此外对运动件的润滑、密封方式等内容,也应分析了解。

1 工作原理

从阀的装配图的主视图能清楚看出,当杆1受外力作用向左移动时,外力能克服弹簧5的弹力,钢球4在杆1的推动下也向左移动,压缩弹簧5被压缩,阀门被打开,阀内流体开始从阀体3向旋塞7方向流动。当杆1去掉外力时,钢珠4在弹簧5作用力的推动下将阀门关闭,阀内流体终止流动。旋塞7可以调节弹簧压力的大小。

2 装配关系

从阀的装配图的主视图可清楚知道,钢珠4、弹簧5分别被放入管接头6内,旋塞7借助螺纹旋入管接头6内,弹簧5被压缩,钢珠在弹簧5的作用力的推动下堵住管接头6的入口,管接头部分从阀的左侧借助螺纹旋入阀体3中;在阀的右侧,杆1和塞子2借助螺纹一并旋入阀体3内。

想一想:阀的拆卸顺序是什么?

四 分析零件结构形状和作用

对于标准件、常用件比较容易看懂。对于一般零件有繁有简,它们的作用和地位又各不相同,通常先从主要零件开始分析,并且最好从表达该零件最明显的视图入手,联系其他视图,利用图上序号和指引线找出零件所在的位置和范围,利用同一零件在各剖视图中的剖面线的方向、间隔的一致性和图上的规定画法、表达特点、装配结构的合理性特征、配合或连接关系等,对照线条找出对应的投影关系,即可将零件的视图从装配图中分离出来,想出它的形状,分析它的作用。这样逐一分析每个零件,便可弄清每个零件的结构形状和零件间的装配关系,这是看懂装配图的重要标志。

如阀的装配图所示,阀上的零件共有7种,主要零件是阀体3、杆1、塞子2和管接头6。在这些零件中最主要的零件是阀体3,从明细栏中可看出其制造材料是HT250,说明阀体是由铸造形成毛坯,然后再依次进行切削加工;从阀的装配图中可看出阀体3的尺寸最大,内外形状相对较复杂,属于箱体类零件。通过形体分析,主视图反映阀体3的形状特征最明显,可将阀体3假想分解为上、中、下三部分,上面部分结合左视图可知其外形如阶梯轴,由三个同轴的圆柱叠加而成,其内部加工有阶梯孔,左右端孔加工有M30×1.5—6H普通细牙螺纹,中部大孔的下方加工有一通孔,与阀体的中部相通;阀体3的中部形状通过主、俯视图可知,其外形为圆柱,中间加工有一通孔与阀体上下部分相通,孔的下部加工有非密封连接的管螺纹G1/2;阀体3的下部为一安装底板,底板上右侧加工有螺孔,与阀体中部相通,可外接管接头,在左侧加工有一阶梯安装孔,是要用螺纹连接件将阀安装在另一零件上。阀体的作用不难看出,作为阀的主体,起承托、容纳、定位和保护的作用。其余的零件相对较简单,请同学们自行分析。零件主要结构形状如图20-2所示。

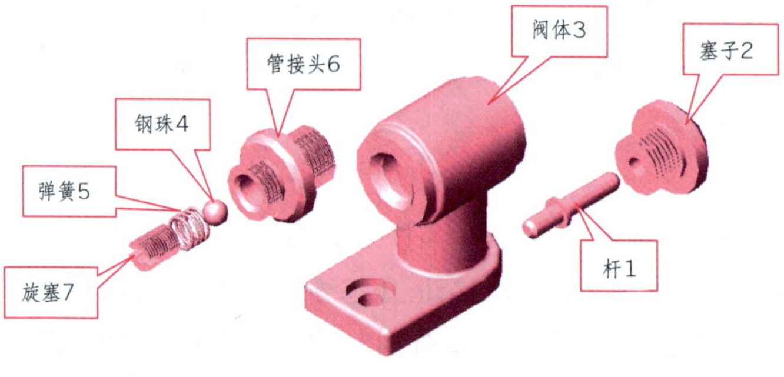

图20-2 阀的立体图

试一试:从阀的装配图中分离出零件6,并画出其零件草图。

五 归纳总结

在对机器或部件的工作原理、装配关系和各零件的结构形状进行分析之后,还应对所注尺寸和技术要求进行分析研究,从而了解机器或部件的设计意图和装配工艺性等,并弄清各零件的拆装顺序。经过归纳总结,加深对机器或部件的认识,完成识读装配图的全过程。

巩固练习:(1)看阅的装配图说出它由多少种零件构成?零件的总数是多少?

(2)看阅的装配图说出它由几个视图组成?都是些什么视图?

(3)看阅的装配图说出它的工作原理是怎样的?主要由哪个视图反映的?

(4)看阅的装配图说出其中件2与件3之间是由什么结构连接的?件1与件2之间存在配合关系吗?其配合尺寸是多少?图中的G1/2表示的是什么意思?G1/2属于哪类尺寸?

思政点拨

工匠精神(三)

(1)工匠的梦想也是国家的梦想、社会的梦想,一个工匠只有将国家之梦、社会之梦作为自己的梦想,才能够将工匠精神内化为自己的信念,也才能够正确处理国家利益、社会利益和个人利益的关系,诚实劳动、勤奋工作,不管在什么情况下都能坚守工匠操守。

(2)工匠总是用自己的技艺和产品品质来彰显理想和追求。他们对技艺勤学苦练,对产品精益求精,对责任勇于担当。他们在生产实践中努力传承和发扬工匠精神,他们是人类文明发展的创新者。

(3)工匠总是有着浓郁的家国情怀。工匠对美好生活的期盼只有通过为国家和社会创造精美的产品才能得到实现。他们在平凡的岗位上,在普通的工作中,将"我的梦"与"中国梦"有机融合,努力提高自身素质,用技能报国的理想追求雕塑自己的工匠人生。

附　　表

附表 A　螺　　纹

普通螺纹(尺寸单位:mm)　　　　附表 A-1

标记示例

M10 - 5g6g(普通粗牙螺纹,公称直径 10mm,中径公差带代号 5g,顶径公差带代号 6g,中等旋合长度,右旋)

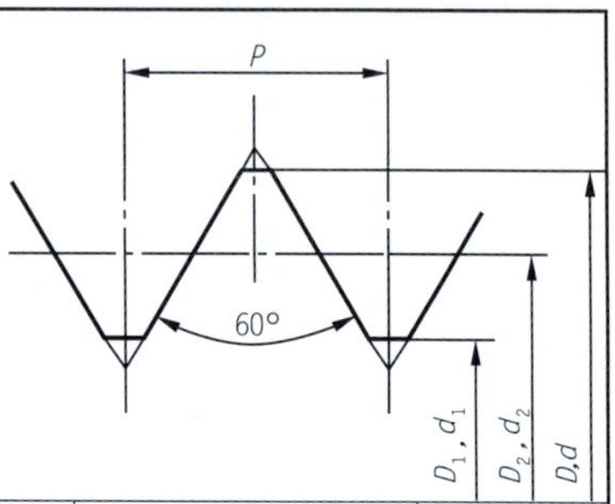

公称直径 D、d		螺距 P		粗牙小径 D_1、d_1	公称直径 D、d		螺距 P		粗牙小径 D_1、d_1
第一系列	第二系列	粗牙	细牙		第一系列	第二系列	粗牙	细牙	
3		0.5	0.35	2.459	20		2.5	2、1.5、1	17.294
	3.5	0.6		2.850		22	2.5		19.294
4		0.7	0.5	3.242	24		3		20.752
	4.5	0.75		3.688		27	3		23.752
5		0.8		4.134	30		3.5	(3)、2、1.5、1	26.211
6		1	0.75	4.917		33	3.5	(3)、2、1.5	29.211
	7	1		5.917	36		4		31.670
8		1.25	1、0.75	6.647		39	4	3、2、1.5	34.670
10		1.5	1.25、1、0.75	8.376	42		4.5	4、3、2、1.5	37.129
12		1.75	1.25、1	10.106		45	4.5		40.129
	14	2	1.5、1.25、1	11.835	48		5		42.587
16		2	1.5、1	13.835		52	5		46.587
	18	2.5	2、1.5、1	15.294	56		5.5		50.046

注:(1)优先选用第一系列,括号内尺寸尽可能不用。第三系列未列入。

(2)M14 × 1.25 仅用于发动机的火花塞。

梯形螺纹(尺寸单位:mm)　　　附表 A-2

标记示例

$T_r40\times7-7H$(梯形螺纹,公称直径 40mm,螺距 7mm,中径公差带代号 7H,中等旋合长度,右旋)

$T_r40\times PH14(P7)-7e-L-LH$(梯形螺纹,公称直径 40mm,导程 14mm,螺距 7mm,左旋(LH),中径公差带代号 7e,长旋合长度)

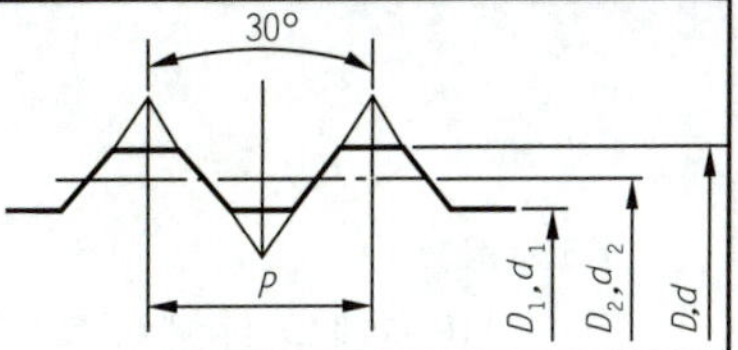

公称直径 D、d		螺距 P														
第一系列	第二系列	20	18	16	14	12	10	9	8	7	6	5	4	3	2	1.5
8																1.5
	9														2	1.5
10															2	1.5
	11													3	2	
12														3	2	
	14													3	2	
16													4		2	
	18												4		2	
20													4			2
	22								8			5			3	
24									8			5			3	
	26								8			5		3		
28							10		8			5		3		
	30										6			3		
32							10				6			3		
	34						10				6			3		
36							10				6			3		
	38						10			7				3		
40							10			7				3		
	42						10			7				3		
44						12				7				3		
	46					12			8					3		
48						12			8					3		
	50					12			8					3		
52						12			8					3		
	55				14			9						3		
60					14			9						3		
	65			16			10						4			
70				16			10						4			

注:(1)优先选用第一系列。

(2)螺距优先选用粗线框内的。

55°非密封管螺纹(尺寸单位:mm) 附表 A-3

标记示例

G3/4 – LH(55°非密封管螺纹,尺寸代号为3/4,左旋)

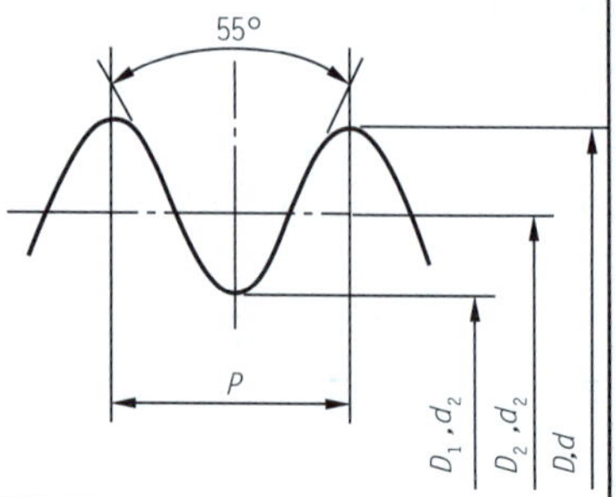

尺 寸 代 号	每25.4mm内所包含的牙数 n	螺距 P	基 本 直 径	
			大径 D,d	小径 D_1,d_1
1/8	28	0.907	9.728	8.566
1/4	19	1.337	13.157	11.445
3/8	19	1.337	16.662	14.950
1/2	14	1.814	20.955	18.631
5/8	14	1.814	22.911	20.587
3/4	14	1.814	26.441	24.117
7/8	14	1.814	20.201	27.877
1	11	2.309	33.249	30.291
$1\frac{1}{8}$	11	2.309	37.897	34.939
$1\frac{1}{4}$	11	2.309	41.910	38.952
$1\frac{1}{2}$	11	2.309	47.803	44.845
$1\frac{3}{4}$	11	2.309	53.746	50.788
2	11	2.309	59.614	56.656
$2\frac{1}{4}$	11	2.309	65.710	62.752
$2\frac{1}{2}$	11	2.309	75.184	72.226
$2\frac{3}{4}$	11	2.309	81.534	78.576
3	11	2.309	87.884	84.926

附表 B 销

圆柱销 不淬硬钢和奥氏体不锈钢(尺寸单位:mm) 附表 B-1

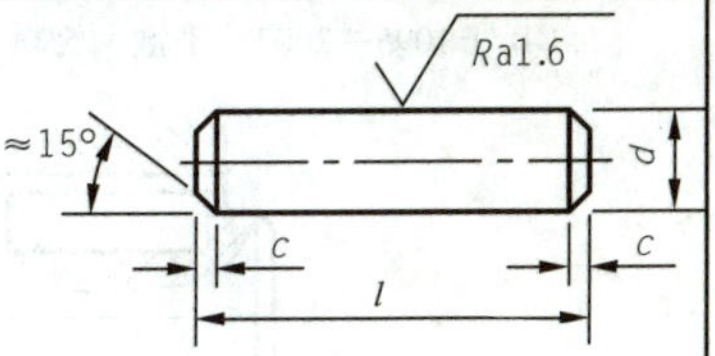

标记示例

销 GB/T 119.1 8 m6×30(公称直径 d=8mm、公差为 m6、公称长度 l=30mm、材料为钢、不经淬火、不经表面处理的圆柱销)

d 公称	2	2.5	3	4	5	6	8	10	12	16	20
c≈	0.35	0.40	0.50	0.63	0.80	1.2	1.6	2.0	2.5	3.0	3.5
l(商品范围)	6~20	6~24	8~30	8~40	10~50	12~60	14~80	16~95	22~140	26~180	35~200
l(系列)	2,3,4,5,6,8,10,12,14,16,18,20,22,24,26,28,30,32,35,40,45,50,55,60,65,70,75,80,85,90,95,100,120,140,160,180,200										

注:(1)公称直度 d 的公差规定为 m6 和 h8,其他公差由供需对方协议。

(2)公称直度 l 大于 200mm,按 20mm 递增。

圆锥销(尺寸单位:mm) 附表 B-2

$$r_1 = d, r_2 \approx \frac{a}{2} + d + \frac{(0.021)^2}{8a}$$

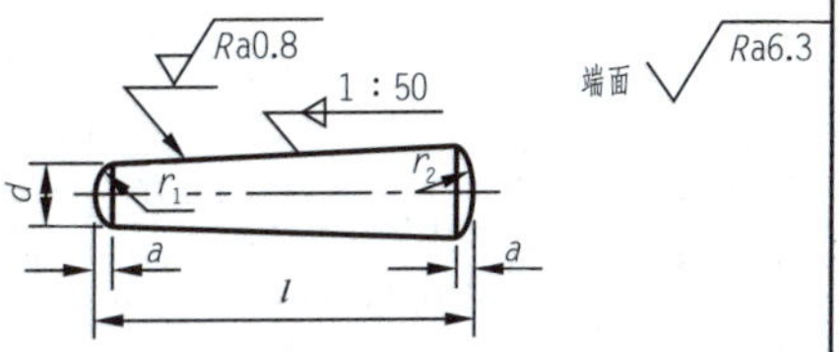

标记示例

销 GB/T 117 10×60(公称直径 d=10mm、公称长度 l=60mm、材料 35 钢,热处理硬度 28~38HRC、表面氧化处理的 A 型圆锥销)

d 公称	2	2.5	3	4	5	6	8	10	12	16	20
a≈	0.25	0.3	0.4	0.5	0.63	0.8	1	1.2	1.6	2	2.5
l(商品范围)	10~35		12~45	14~55	18~60	22~90	22~120	26~160	32~180	40~200	45~200
l(系列)	2,3,4,5,6,8,10,12,14,16,18,20,22,24,26,28,30,32,35,40,45,50,55,60,65,70,75,80,85,90,95,100,120,140,160,180,200										

注:(1)公称直度 d 的公差规定为 h10,其他公差如 a11、c11 和 f8 由供需双方协议。

(2)圆锥销有 A 型和 B 型。A 型为磨削,锥面 Ra=0.8μm;B 型为切削或冷墩,锥面 Ra=3.2μm。

(3)公称长度 l 大于 200mm,按 20mm 递增。

附表C 键

普通型平键(尺寸单位:mm) 附表C-1

1. GB/T 1095—2003 平键 键槽的剖面尺寸

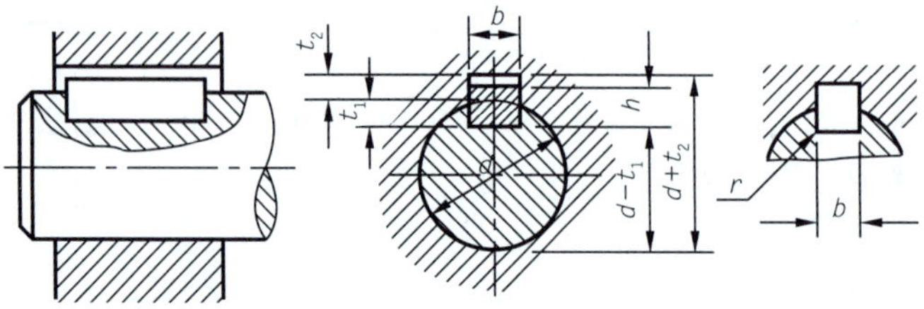

2. GB/T 1096—2003 普通型 平键

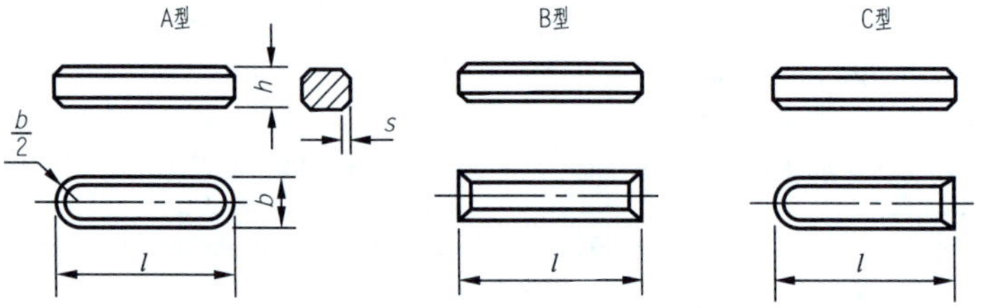

标记示例

GB/T 1096 键 B16×10×100(平头普通平键(B型)$b=16$mm、$h=10$mm、$l=100$mm)

键尺寸				键槽											
				宽度 b						深度				半径 r	
				基本尺寸	极限偏差					轴 t_1		毂 t_2			
					松联结		正常联结		紧密联结						
宽度 b	高度 h	长度 L	倒角或倒圆 s		轴 H9	毂 D10	轴 N9	毂 JS9	轴和毂 P9	基本尺寸	极限偏差	基本尺寸	极限偏差	min	max
2	2	6~20	0.6~ 0.25	2	+0.025	+0.060	-0.004	±0.0125	-0.006	1.2	+0.1 0	1	+0.1 0	0.08	0.16
3	3	6~36		3	0	+0.020	-0.029		-0.031	1.8		1.4			
4	4	8~45		4	+0.030 0	+0.078 +0.030	0 -0.030	±0.015	-0.012 -0.042	2.5		1.8			
5	5	10~56	0.25~ 0.40	5						3.0		2.3		0.16	0.25
6	6	14~70		6						3.5		2.8			
8	7	18~90		8	+0.036	+0.098	0	±0.018	-0.015	4.0	+0.2 0	3.3	+0.2 0		
10	8	22~110	0.40~ 0.60	10	0	+0.040	-0.036		-0.051	5.0		3.3		0.25	0.40
12	8	28~140		12	+0.043 0	+0.120 +0.050	0 -0.043	±0.0215	-0.018 -0.061	5.0		3.3			
14	9	36~160		14						5.5		3.8			
16	10	45~180		16						6.0		4.3			
L(系列)	6,8,10,12,14,16,18,20,22,25,28,32,36,40,45,50,56,63,70,80,90,100,110,125,140,160,180														

注:(1)轴槽、轮毂槽的键槽宽度 b 两侧面的表面粗糙度参数 Ra 值推荐为1.6~3.2μm。

(2)轴槽表面、轮毂槽底面的表面粗糙度参数 Ra 值为6.3μm。

半圆键(尺寸单位:mm)　　附表 C-2

1. GB/T 1098—2003 半圆键　键槽的剖面尺寸
2. GB/T 1099.1—2003 普通型　半圆键

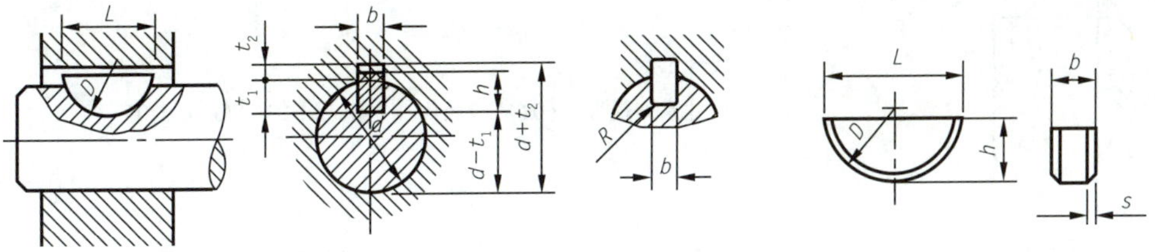

标记示例

GB/T 1099.1　键　6×10×25(普通型　半圆键 $b=6mm$、$h=10mm$、$d_1=25$mm)

键			键槽											
键尺寸 $b\times h\times D$	倒角或倒圆 s		宽度 b						深度				半径 R	
			基本尺寸	极限偏差					轴 t_1		毂 t_2			
				正常联结		紧密联结		松联结						
	min	max		轴 N9	毂 JS9	轴和毂 P9	轴 H9	毂 D10	基本尺寸	极限偏差	基本尺寸	极限偏差	min	max
1×1.4×4	0.16	0.25	1.0	-0.004 -0.029	±0.0125	-0.006 -0.031	-0.025 0	+0.060 +0.020	1.0	+0.1 0	0.6	+0.1 0	0.08	0.16
1.5×2.6×7			1.5						2.0		0.8			
2×2.6×7			2.0						1.8		1.0			
2×3.7×10			2.0						2.9		1.0			
2.5×3.7×10			2.5						2.7		1.2			
3×5×13			3.0						3.8	+0.2 0	1.4			
3×6.5×16			3.0						5.3		1.4			
4×6.5×16	0.25	0.40	4.0	0 -0.030	±0.015	-0.012 -0.042	+0.030 0	+0.078 +0.030	5.0		1.8		0.16	0.25
4×7.5×19			4.0						6.0		1.8			
5×6.5×16			5.0						4.5		2.3			
5×7.5×19			5.0						5.5		2.3			
5×9×22			5.0						7.0	+0.3 0	2.3			
6×9×22			6.0						6.5		2.8			
6×10×25			6.0						7.5		2.8	+0.2 0		
8×11×28	0.40	0.60	8.0	0 -0.036	±0.018	-0.015 -0.051	+0.036 0	+0.098 +0.040	8.0		3.3		0.25	0.40
10×13×32			10.0						10.0		3.3			

注:(1)轴槽、轮毂槽的键槽宽度 b 两侧面的表面粗糙度参数按 GB/T 1031,选 Ra 值为 1.6~3.2μm。

(2)轴槽底面、轮毂槽底面的表面粗糙度参数按 GB/T 1031,选 Ra 为 6.3μm。

附表D　滚动轴承

深沟球轴承(尺寸单位:mm)　　　　附表 D-1

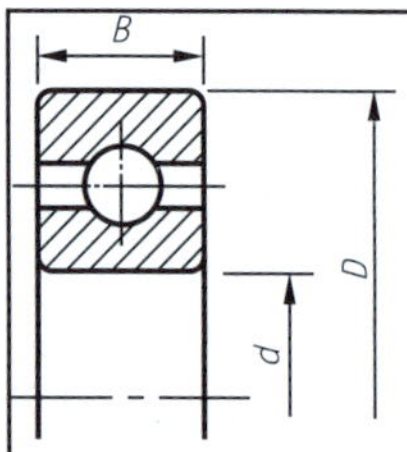

类型代号6

代号示例

尺寸系列代号为(02)、内径代号为06和深沟球轴承:6206

轴承代号		外形尺寸			轴承代号		外形尺寸		
		d	D	B			d	D	B
	6004	20	42	12		6304	20	52	15
	6005	25	47	12		6305	25	62	17
	6006	30	55	13		6306	30	72	19
	6007	35	62	14		6307	35	80	21
	6008	40	68	15		6308	40	90	23
	6009	45	75	16		6309	45	100	25
	6010	50	80	16		6310	50	110	27
	6011	55	90	18		6311	55	120	29
10 系列	6012	60	95	18	03 系列	6312	60	130	31
	6013	65	100	18		6313	65	140	33
	6014	70	110	20		6314	70	150	35
	6015	75	115	20		6315	75	160	37
	6016	80	125	22		6316	80	170	39
	6017	85	130	22		6317	85	180	41
	6018	90	140	24		6318	90	190	43
	6019	95	145	24		6319	95	200	45
	6020	100	150	24		6320	100	215	47
	6204	20	47	14		6404	20	72	19
	6205	25	52	15		6405	25	80	21
	6206	30	62	16		6406	30	90	23
	6207	35	72	17		6407	35	100	25
	6208	40	80	18		6408	40	110	27
	6209	45	85	19		6409	45	120	29
	6210	50	90	20		6410	50	130	31
	6211	55	100	21		6411	55	140	33
02 系列	6212	60	110	22	04 系列	6412	60	150	35
	6213	65	120	23		6413	65	160	37
	6214	70	125	24		6414	70	180	42
	6215	75	130	25		6415	75	190	45
	6216	80	140	26		6416	80	200	48
	6217	85	150	28		6417	85	210	52
	6218	90	160	30		6418	90	225	54
	6219	95	170	32		6419	95	240	55
	6220	100	180	34		6420	100	250	58

附表 E 标准公差数值

标准公差数值 附表 E-1

公称尺寸（mm）		等级																	
		IT1	IT2	IT3	IT4	IT5	IT6	IT7	IT8	IT9	IT10	IT11	IT12	IT13	IT14	IT15	IT16	IT17	IT18
>	至	μm											mm						
—	3	0.8	1.2	2	3	4	6	10	14	25	40	60	0.1	0.14	0.25	0.4	0.6	1	1.4
3	6	1	1.5	2.5	4	5	8	12	18	30	48	75	0.12	0.18	0.3	0.45	0.75	1.2	1.8
6	10	1	1.5	2.5	4	6	9	15	22	36	58	90	0.15	0.22	0.36	0.58	0.9	1.5	2.2
10	18	1.2	2	3	5	8	11	18	27	43	70	110	0.18	0.27	0.43	0.7	1.1	1.8	2.7
18	30	1.5	2.5	4	6	9	13	21	33	52	84	130	0.21	0.33	0.52	0.84	1.3	2.1	3.3
30	50	1.5	2.5	4	7	11	16	25	39	62	100	160	0.25	0.39	0.62	1	1.6	2.5	3.9
50	80	2	3	5	8	13	19	30	46	74	120	190	0.3	0.46	0.74	1.2	1.9	3	4.6
80	120	2.5	4	6	10	15	22	35	54	87	140	220	0.35	0.56	0.87	1.4	2.2	3.5	5.4
120	180	3.5	5	8	12	18	25	40	63	100	160	250	0.4	0.63	1	1.6	2.5	4	6.3
180	250	4.5	7	10	14	20	29	46	72	115	185	290	0.46	0.72	1.15	1.85	2.9	4.6	7.2
250	315	6	8	12	16	23	32	52	81	130	210	320	0.52	0.81	1.3	2.1	3.2	5.2	8.1
315	400	7	9	13	18	25	36	57	89	140	230	360	0.57	0.89	1.4	2.3	3.6	5.7	8.9
400	500	8	10	15	20	27	40	63	97	155	250	400	0.63	0.97	1.55	2.5	4	6.3	9.7
500	630	9	11	16	22	32	44	70	110	175	280	440	0.7	1.1	1.75	2.8	4.4	7	11

注：(1)公称尺寸大于500mm的IT1～IT5的标准公差数值为试行。

(2)公称尺寸小于或等于1mm时，无IT14～IT18。

附表 F　轴的极限偏差表

轴的极限偏差(摘自 GB/T 1800.2—2009)(尺寸单位:μm)　　附表 F-1

公称尺寸(mm)		常用公差带												
		a	b		c			d				e		
大于	至	11	11	12	9	10	11	8	9	10	11	7	8	9
—	3	-270 -330	-140 -200	-140 -240	-60 -85	-60 -100	-60 -120	-20 -34	-20 -45	-20 -60	-20 -80	-14 -24	-14 -28	-14 -39
3	6	-270 -345	-140 -215	-140 -260	-70 -100	-70 -118	-70 -145	-30 -48	-30 -60	-30 -78	-30 -105	-20 -32	-20 -38	-20 -50
6	10	-280 -370	-150 -240	-150 -300	-80 -116	-80 -138	-80 -170	-40 -62	-40 -76	-40 -98	-40 -130	-25 -40	-25 -47	-25 -61
10	14	-290 -400	-150 -260	-150 -330	-95 -138	-95 -165	-95 -205	-50 -77	-50 -93	-50 -120	-50 -160	-32 -50	-32 -59	-32 -75
14	18													
18	24	-300 -430	-160 -290	-160 -370	-110 -162	-110 -194	-110 -240	-65 -98	-65 -117	-65 -140	-65 -195	-40 -61	-40 -73	-40 -92
24	30													
30	40	-310 -470	-170 -330	-170 -420	-120 -182	-120 -220	-120 -280	-80 -119	-80 -142	-80 -180	-80 -240	-50 -75	-50 -89	-50 -112
40	50	-320 -480	-180 -340	-180 -430	-130 -192	-130 -230	-130 -290							
50	65	-340 -530	-190 -380	-190 -490	-140 -214	-140 -260	-140 -330	-100 -146	-100 -174	-100 -220	-100 -290	-60 -90	-60 -106	-60 -132
65	80	-360 -550	-200 -390	-200 -500	-150 -224	-150 -270	-150 -340							
80	100	-380 -600	-200 -440	-220 -570	-170 -257	-170 -310	-170 -390	-120 -174	-120 -207	-120 -260	-120 -340	-72 -109	-72 -126	-72 -159
100	120	-140 -630	-240 -460	-240 -590	-180 -267	-180 -320	-180 -400							
120	140	-460 -710	-260 -510	-260 -660	-200 -300	-200 -360	-200 -450	-145 -208	-145 -245	-145 -305	-145 -395	-85 -125	-85 -148	-85 -185
140	160	-520 -770	-280 -530	-280 -680	-210 -310	-210 -370	-210 -460							
160	180	-580 -830	-310 -560	-310 -710	-230 -330	-230 -390	-230 -480							
180	200	-660 -950	-340 -630	-340 -800	-240 -355	-240 -425	-240 -530	-170 -242	-170 -285	-170 -355	-170 -460	-100 -146	-100 -172	-100 -215
200	225	-740 -1030	-380 -670	-380 -840	-260 -375	-260 -445	-260 -550							
225	250	-820 -1110	-420 -710	-420 -880	-280 -395	-280 -465	-280 -570							

续上表

公称尺寸(mm)		常用公差带												
		a	b		c			d				e		
大于	至	11	11	12	9	10	11	8	9	10	11	7	8	9
250	280	-920 -1240	-480 -800	-480 -1000	-300 -430	-300 -510	-300 -620	-190 -271	-190 -320	-190 400	-190 510	-110 -162	-110 -191	-110 -240
280	315	-1050 -1370	-540 -860	-540 -1060	-330 -460	-330 -540	-330 -650							
315	355	-1200 -1560	-600 -960	-600 -1170	-360 -500	-360 -590	-360 -720	-210 -299	-210 -350	-210 -440	-210 -570	-125 -182	-125 -214	-125 -265
355	400	-1350 -1710	-680 -1040	-680 -1250	-400 -540	-400 -630	-400 -760							

公称尺寸(mm)		常用公差带															
		f					g			h							
大于	至	5	6	7	8	9	5	6	7	5	6	7	8	9	10	11	12
—	3	-6 -10	-6 -12	-6 -16	-6 -20	-6 -31	-2 -6	-2 -8	-2 -12	0 -4	0 -6	0 -10	0 -14	0 -25	0 -40	0 -60	0 -100
3	6	-10 -15	-10 -18	-10 -22	-10 -28	-10 -40	-4 -9	-4 -12	-4 -16	0 -5	0 -8	0 -12	0 -18	0 -30	0 -48	0 -75	0 -120
6	10	-13 -19	-13 -22	-13 -28	-13 -35	-13 -49	-5 -11	-5 -14	-5 -20	0 -6	0 -9	0 -15	0 -22	0 -36	0 -58	0 -90	0 -150
10	14	-16 -24	-16 -27	-16 -34	-16 -43	-16 -59	-6 -14	-6 -17	-6 -24	0 -8	0 -11	0 -18	0 -27	0 -43	0 -70	0 -110	0 -180
14	18																
18	24	-20 -29	-20 -33	-20 -41	-20 -53	-20 -72	-7 -16	-7 -20	-7 -28	0 -9	0 -13	0 -21	0 -33	0 -52	0 -84	0 -130	0 -210
24	30																
30	40	-25 -36	-25 -41	-25 -50	-25 -64	-25 -87	-9 -20	-9 -25	-9 -34	0 -11	0 -16	0 -25	0 -39	0 -62	0 -100	0 -160	0 -250
40	50																
50	65	-30 -43	-30 -49	-30 -60	-30 -76	-30 -104	-10 -23	-10 -29	-10 -40	0 -13	0 -19	0 -30	0 -46	0 -74	0 -120	0 -190	0 -300
65	80																
80	100	-36 -51	-36 -58	-36 -71	-36 -90	-36 -123	-12 -27	-12 -34	-12 -47	0 -15	0 -22	0 -35	0 -54	0 -87	0 -140	0 -220	0 -350
100	120																
120	140	-43 -61	-43 -68	-43 -83	-43 -106	-43 -143	-14 -32	-14 -39	-14 -54	0 -18	0 -25	0 -40	0 -63	0 -100	0 -160	0 -250	0 -400
140	160																
160	180																
180	200	-50 -70	-50 -79	-50 -96	-50 -122	-50 -165	-15 -35	-15 -44	-15 -61	-0 -20	0 -29	0 -46	0 -72	0 -115	0 -185	0 -290	0 -460
200	225																
225	250																

续上表

公称尺寸(mm)		常用公差带															
		f					g			h							
大于	至	5	6	7	8	9	5	6	7	5	6	7	8	9	10	11	12
250	280	56	−56	−56	−56	−56	−17	−17	−17	0	0	0	0	0	0	0	0
280	315	−79	−88	−108	−137	−186	−40	−49	−69	−23	−32	−52	−81	−130	−210	−320	−520
315	355	62	−62	−62	−62	−62	−18	−18	−18	0	0	0	0	0	0	0	0
355	400	−87	−98	−119	−151	−202	−43	−54	−75	−25	−36	−57	−89	−140	−230	−360	−570

公称尺寸(mm)		常用公差带														
		r			s			t			u		v	x	y	z
大于	至	5	6	7	5	6	7	5	6	7	6	7	6	6	6	6
—	3	+14 +10	+16 +10	+20 +10	+18 +14	+20 +14	+24 +14	—	—	—	+24 +18	+28 +18	—	+26 +20	—	+32 +26
3	6	+20 +15	+23 +15	+27 +15	+24 +19	+27 +19	+31 +19	—	—	—	+31 +23	+35 +23	—	+36 +28	—	+43 +35
6	10	+25 +19	+28 +19	+34 +19	+29 +23	+32 +23	+38 +23	—	—	—	+37 +28	+43 +28	—	+43 +34	—	+51 +42
10	14	+31 +23	+34 +23	+41 +23	+36 +28	+39 +28	+46 +28	—	—	—	+44 +33	+51 +33	—	+51 +40	—	+61 +50
14	18							—	—	—			+50 +39	+56 +45	—	+71 +60
18	24	+37 +28	+41 +28	+49 +28	+44 +35	+48 +35	+56 +35	—	—	—	+54 +41	+62 +41	+60 +47	+67 +54	+76 +63	+86 +73
24	30							+50 +41	+54 +41	+62 +41	+61 +48	+69 +48	+68 +55	+77 +64	+88 +75	+101 +88
30	40	+45 +34	+50 +34	+59 +34	+54 +43	+59 +43	+68 +43	+59 +48	+64 +48	+73 +48	+76 +60	+85 +60	+84 +68	+96 +80	+110 +94	+128 +112
40	50							+65 +54	+70 +64	+79 +54	+86 +70	+95 +70	+97 +81	+113 +97	+130 +114	+152 +136
50	65	+54 +41	+60 +41	+71 +41	+66 +53	+72 +53	+83 +53	+79 +66	+85 +66	+96 +66	+106 +87	+117 +87	+121 +102	+141 +122	+163 +144	+191 +172
65	80	+56 +43	+62 +43	+73 +43	+72 +59	+78 +59	+89 +59	+88 +75	+94 +75	+105 +75	+121 +102	+132 +102	+139 +120	+165 +146	+193 +174	+229 +210
80	100	+66 +51	+73 +51	+86 +51	+86 +71	+93 +71	+106 +71	+106 +91	+113 +91	+126 +91	+146 +124	+159 +124	+168 +146	+200 +178	+236 +214	+280 +258
100	120	+69 +54	+76 +54	+89 +54	+94 +79	+101 +79	+114 +79	+110 +104	+126 +104	+139 +104	+166 +144	+179 +144	+194 +172	+232 +210	+276 +254	+332 +310

续上表

公称尺寸 (mm)		常用公差带														
		r			s			t			u		v	x	y	z
大于	至	5	6	7	5	6	7	5	6	7	6	7	6	6	6	6
120	140	+81 +63	+88 +63	+103 +63	+110 +92	+117 +92	+132 +92	+140 +122	+147 +122	+162 +122	+195 +170	+210 +170	+227 +202	+273 +248	+325 +300	+390 +365
140	160	+83 +65	+90 +65	+105 +65	+118 +100	+125 +100	+140 +100	+152 +134	+159 +134	+174 +134	+215 +190	+230 +190	+253 +228	+305 +280	+365 +340	+440 +415
160	180	+86 +68	+93 +68	+108 +68	+126 +108	+133 +108	+148 +108	+164 +146	+171 +146	+186 +146	+235 +210	+250 +210	+277 +252	+335 +310	+405 +380	+490 +465
180	200	+97 +77	+106 +77	+123 +77	+142 +122	+151 +122	+168 +122	+186 +166	+195 +166	+212 +166	+265 +236	+282 +236	+313 +284	+379 +350	+454 +425	+549 +520
200	225	+100 +80	+109 +80	+126 +80	+150 +130	+159 +130	+176 +130	+200 +180	+209 +180	+226 +180	+287 +258	+304 +258	+339 +310	+414 +385	+499 +470	+604 +575
225	250	+104 +84	+133 +84	+130 +84	+160 +140	+169 +140	+186 +140	+216 +196	+225 +196	+242 +196	+313 +284	+330 +284	+360 +340	+454 +425	+549 +520	+669 +640
250	280	+117 +94	+126 +94	+146 +94	+181 +158	+290 +158	+210 +158	+241 +218	+250 +218	+270 +218	+347 +315	+367 +315	+417 +385	+507 +475	+612 +580	+742 +710
280	315	+121 +98	+130 +98	+150 +98	+193 +170	+202 +170	+222 +170	+263 +240	+272 +240	+292 +240	+382 +350	+402 +350	+457 +425	+557 +525	+682 +650	+822 +790
315	355	+133 +108	+144 +108	+165 +108	+215 +190	+226 +190	+247 +190	+293 +268	+304 +268	+325 +268	+426 +390	+447 +390	+511 +475	+626 +590	+766 +730	+936 +900
355	400	+139 +114	+150 +114	+171 +114	+233 +208	+244 +208	+265 +208	+319 +294	+330 +294	+351 +294	+471 +435	+492 +435	+566 +530	+696 +660	+825 +820	+1036 +1000

注：基本尺寸小于或等于1mm时，基本偏差a和b均不采用，公差带js7～js11，若IT_{nz}值数是奇数，则取偏差$=\frac{IT_n-1}{2}$

附表 G 孔的极限偏差表

孔的极限偏差(摘自 GB/T 1800.2—2009)(尺寸单位:μm)　　附表 G-1

公称尺寸(mm)		常用公差带													
		F	A		B	C				D		E			
大于	至	11	11	12	11	8	9	10	11	8	9	6	7	8	9
—	3	+330 +270	+200 +140	+240 +140	+120 +60	+34 +20	+45 +20	+60 +20	+80 +20	+28 +14	+39 +14	+12 +6	+16 +6	+20 +6	+31 +6
3	6	+345 +270	+215 +140	+260 +140	+145 +70	+48 +30	+60 +30	+78 +30	+105 +30	+38 +20	+50 +20	+18 +10	+22 +10	+28 +10	+40 +10
6	10	+370 +280	+240 +150	+300 +150	+170 +80	+62 +40	+76 +40	+98 +40	+130 +40	+47 +25	+61 +25	+22 +13	+28 +13	+35 +13	+49 +13
10	14	+400 +290	+260 +150	+330 +150	+205 +95	+77 +50	+93 +50	+120 +50	+160 +50	+59 +32	+75 +32	+27 +16	+34 +16	+43 +16	+59 +16
14	18														
18	24	+430 +300	+290 +160	+370 +160	+240 +110	+98 +65	+117 +65	+149 +65	+195 +65	+73 +40	+92 +40	+33 +20	+41 +20	+53 +20	+72 +20
24	30														
30	40	+470 +310	+330 +170	+420 +170	+280 +170	+119 +80	+142 +80	+180 +80	+240 +80	+89 +50	+112 +50	+41 +25	+50 +25	+64 +25	+87 +25
40	50	+480 +320	+340 +180	+430 +180	+290 +130										
50	65	+530 +430	+380 +190	+490 +190	+330 +140	+146 +100	+170 +100	+220 +100	+290 +100	+106 +60	+134 +60	+49 +30	+60 +30	+76 +30	+104 +30
65	80	+550 +360	+390 +200	+500 +200	+340 +150										
80	100	+600 +380	+440 +220	+570 +220	+390 +170	+174 +120	+207 +120	+260 +120	+340 +120	+126 +72	+159 +72	+58 +36	+71 +36	+90 +36	+123 +36
100	120	+630 +410	+460 +240	+590 +240	+400 +180										
120	140	+710 +460	+510 +260	+660 +260	+450 +200	+208 +145	+245 +145	+305 +145	+395 +145	+148 +85	+135 +85	+68 +43	+83 +43	+106 +43	+143 +43
140	160	+770 +520	+530 +280	+680 +280	+460 +210										
160	180	+830 +580	+560 +310	+710 +310	+480 +230										
180	200	+950 +660	+630 +340	+800 +340	+530 +240	+242 +170	+285 +170	+355 +170	+460 +170	+172 +100	+215 +100	+79 +50	+96 +50	+122 +50	+165 +50
200	225	+1030 +740	+670 +380	+840 +380	+550 +260										
225	250	+1110 +820	+710 +420	+880 +420	+570 +280										

续上表

公称尺寸(mm)		常用公差带													
		F	A		B	C				D		E			
大于	至	11	11	12	11	8	9	10	11	8	9	6	7	8	9
250	280	+1240 +920	+800 +480	+1000 +480	+620 +300	+271 +190	+320 +190	+400 +190	+510 +190	+191 +110	+240 +110	+88 +56	+108 +56	+137 +56	+186 +56
280	315	+1370 +1050	+860 +540	+1060 +540	+650 +330										
315	355	+1560 +1200	+960 +600	+1170 +600	+720 +360	+299 +210	+350 +210	+440 +210	+570 +210	+214 +125	+265 +125	+98 +62	+119 +62	+151 +62	+202 +62
355	400	+1710 +1350	+1040 +680	+1250 +680	+760 +400										

公称尺寸(mm)		常用公差带																	
		G		H							Js			K			M		
大于	至	6	7	6	7	8	9	10	11	12	6	7	8	6	7	8	6	7	8
0	3	+8 +2	+12 +2	+6 0	+10 0	+14 0	+25 0	+40 0	+60 0	+100 0	±3	±5	±7	0 -6	0 -10	0 -14	-2 -8	-2 -12	-2 -16
3	6	+12 +4	+16 +4	+8 0	+12 0	+18 0	+30 0	+48 0	+75 0	+120 0	±4	±6	±9	+2 -6	+3 -9	+5 -13	-1 -9	0 -12	+2 -16
6	10	+14 +5	+20 +5	+9 0	+15 0	+22 0	+36 0	+58 0	+90 0	+150 0	±4.5	±7	±11	+2 -7	+5 -10	+6 -16	-3 -12	0 -15	+1 +21
10	14	+17 +6	+24 +6	+11 0	+18 0	+27 0	+43 0	+70 0	+110 0	+180 0	±5.5	±9	±13	+2 -9	+6 -12	+8 -19	-4 -15	0 -18	+2 +25
14	18																		
18	24	+20 +7	+28 +7	+13 0	+21 0	+33 0	+52 0	+84 0	+120 0	+210 0	±6.5	±10	±16	+2 -11	+6 -15	+10 -23	-4 -17	0 -21	+4 -29
24	30																		
30	40	+25 +9	+34 +9	+16 0	+25 0	+39 0	+62 0	+100 0	+160 0	+250 0	±8	±12	±19	+3 -13	+7 -18	+12 -27	-4 -20	0 -25	+5 -43
40	50																		
50	65	+29 +10	+40 +10	+19 0	+30 0	+49 0	+74 0	+120 0	+190 0	+300 0	±9.5	±15	±23	+4 -15	+9 -21	+14 -32	-5 -24	0 -30	+5 -41
65	80																		
80	100	+34 +12	+47 +12	+22 0	+35 0	+54 0	+87 0	+140 0	+220 0	+350 0	±11	±17	±27	+4 -18	+10 -25	+16 -38	-6 -28	0 -35	+6 -48
100	120																		
120	140	+39 +14	+54 +14	+25 0	+40 0	+63 0	+100 0	+160 0	+250 0	+400 0	±12.5	±20	±31	+4 -21	+12 -28	+20 -43	-8 -33	0 -40	+8 -55
140	160																		
160	180																		
180	200	+44 +15	+61 +15	+29 0	+46 0	+72 0	+115 0	+185 0	+290 0	+460 0	±14.5	±23	±36	+5 -24	+13 -33	+22 -50	-8 -37	0 -46	+9 -63
200	225																		
225	250																		

续上表

公称尺寸(mm) 大于	至	G 6	G 7	H 6	H 7	H 8	H 9	H 10	H 11	H 12	Js 6	Js 7	Js 8	K 6	K 7	K 8	M 6	M 7	M 8
250	280	+49 +17	+69 +17	+32 0	+52 0	+81 0	+130 0	+210 0	+320 0	+320 0	±16	±26	±40	+5 -27	+16 -36	+25 -56	-9 -41	0 -52	+9 -72
280	315																		
315	355	+54 +18	+75 +18	+36 0	+57 0	+89 0	+140 0	+230 0	+360 0	+360 0	±18	±28	±44	+7 -29	+17 -40	+28 -61	-10 -46	0 -57	+11 -78
355	400																		

公称尺寸(mm) 大于	至	N 6	N 7	N 8	P 6	P 7	R 6	R 7	S 6	S 7	T 6	T 7	U 7
0	3	-4 -10	-4 -14	-4 -18	-6 -12	-6 -16	-10 -16	-10 -20	-14 -20	-14 -24	—	—	-18 -28
3	6	-5 -13	-4 -16	-2 -20	-9 -17	-8 -20	-12 -20	-11 -23	-16 -24	-15 -27	—	—	-19 -31
6	10	-7 -16	-4 -19	-3 -25	-12 -21	-9 -24	-16 -25	-13 -28	-20 -29	-17 -32	—	—	-22 -37
10	14	-9 -20	-5 -23	-3 -30	-15 -26	-11 -29	-20 -31	-16 -34	-25 -36	-21 -39	—	—	-26 -44
14	18												
18	24	-11 -24	-7 -28	-3 -36	-18 -31	-14 -35	-24 -37	-20 -41	-31 -44	-27 -48	—	—	-33 -54
30	24										-37 -50	-33 -54	-40 -61
30	40	-12 -28	-8 -33	-3 -42	-21 -37	-17 -42	-29 -45	-25 -50	-38 -54	-34 -59	-43 -59	-39 -64	-51 -76
40	50										-49 -65	-45 -70	-61 -86
50	65	-14 -33	-9 -39	-4 -50	-26 -45	-21 -51	-35 -54	-30 -60	-47 -66	-42 -72	-60 -79	-55 -85	-76 -106
65	80						-37 -56	-32 -62	-53 -72	-48 -78	-69 -88	-64 -94	-91 -121
80	100	-16 -38	-10 -45	-4 -58	-30 -52	-24 -59	-44 -66	-38 -73	-64 -86	-58 -93	-84 -106	-78 -113	-111 -146
100	120						-47 -69	-41 -76	-72 -94	-66 -101	-97 -119	-91 -126	-131 -166
120	140	-20 -45	-12 -52	-4 -67	-36 -61	-28 -68	-56 -81	-48 -88	-85 -110	-77 -117	-115 -140	-107 -147	-155 -195
140	160						-58 -83	-50 -90	-93 -118	-85 -125	-127 -152	-119 -159	-175 -215
160	180						-61 -86	-53 -93	-101 -126	-93 -133	-139 -164	-131 -171	-195 -235

续上表

公称尺寸(mm)		常用公差带											
		N			P		R		S		T		U
大于	至	6	7	8	6	7	6	7	6	7	6	7	7
180	200	-22 -51	-14 -60	-5 -77	-41 -70	-33 -79	-68 -97	-60 -106	-113 -142	-105 -151	-157 -186	-149 -195	-219 -265
200	225						-71 -100	-63 -109	-121 -150	-113 -159	-171 -200	-163 -209	-241 -187
225	250						-75 -104	-67 -113	-131 -160	-123 -169	-187 -216	-179 -225	-267 -313
250	280	-25 -57	-14 -66	-5 -86	-47 -79	-36 -88	-85 -117	-74 -126	-149 -181	-138 -190	-209 -241	-198 -250	-295 -347
280	315						-89 -121	-78 -130	-161 -193	-150 -202	-231 -263	-220 -272	-330 -382
315	355	-26 -62	-16 -73	-5 -94	-51 -87	-41 -98	-97 -133	-87 -144	-179 -215	-169 -226	-257 -293	-247 -304	-369 -426
355	400						-103 -139	-93 -150	-197 -233	-187 -244	-283 -319	-273 -330	-414 -471

注:基本尺寸小于1mm时,各级的A、B均不采用。

表 H　基孔制优先、常用配合

基孔制优先、常用配合　　附表 H-1

基准孔	轴																				
	a	b	c	d	e	f	g	h	js	k	m	n	p	r	s	t	u	v	x	y	z
	间隙配合								过渡配合			过盈配合									
H6						$\frac{H6}{f5}$	$\frac{H6}{g5}$	$\frac{H6}{h5}$	$\frac{H6}{js5}$	$\frac{H6}{k5}$	$\frac{H6}{m5}$	$\frac{H6}{n5}$	$\frac{H6}{p5}$	$\frac{H6}{r5}$	$\frac{H6}{s5}$	$\frac{H6}{t5}$					
H7						$\frac{H7}{f6}$	◤ $\frac{H7}{g6}$	◤ $\frac{H7}{h6}$	$\frac{H7}{js6}$	◤ $\frac{H7}{k6}$	$\frac{H7}{m6}$	◤ $\frac{H7}{n6}$	◤ $\frac{H7}{p6}$	$\frac{H7}{r6}$	◤ $\frac{H7}{s6}$	$\frac{H7}{t6}$	◤ $\frac{H7}{u6}$	$\frac{H7}{v6}$	$\frac{H7}{x6}$	$\frac{H7}{y6}$	$\frac{H7}{z6}$
H8					$\frac{H8}{e7}$	◤ $\frac{H8}{f7}$	$\frac{H8}{g7}$	◤ $\frac{H8}{h7}$	$\frac{H8}{js7}$	$\frac{H8}{k7}$	$\frac{H8}{m7}$	$\frac{H8}{n7}$	$\frac{H8}{p7}$	$\frac{H8}{r7}$	$\frac{H8}{s7}$	$\frac{H8}{t7}$	$\frac{H8}{u7}$				
				$\frac{H8}{d8}$	$\frac{H8}{c8}$	$\frac{H8}{f8}$		$\frac{H8}{h8}$													
H9			$\frac{H9}{c9}$	◤ $\frac{H9}{d9}$	$\frac{H9}{e9}$	$\frac{H9}{f9}$		◤ $\frac{H9}{h9}$													
H10			$\frac{H10}{c10}$	$\frac{H10}{d10}$				$\frac{H10}{h10}$													
H11	$\frac{H11}{a11}$	$\frac{H11}{b11}$	◤ $\frac{H11}{c11}$	$\frac{H11}{d11}$				◤ $\frac{H11}{h11}$													
H12		$\frac{H12}{b12}$						$\frac{H12}{h12}$													

注:(1)$\frac{H6}{n5}$、$\frac{H7}{p6}$在公称尺寸下小于或等于3mm和$\frac{H8}{r7}$在小于或等于100mm时,为过渡配合。

(2)标注◤的配合为优先配合。

附表 I　基轴制优先、常用配合

基轴制优先、常用配合　　附表 I-1

基准轴	孔																				
	A	B	C	D	E	F	G	H	Js	K	M	N	P	R	S	T	U	V	X	Y	Z
	间隙配合								过渡配合			过盈配合									
h5						F6/h5	G6/h5	H6/h5	Js6/h5	K6/h5	M6/h5	N6/h5	P6/h5	R6/h5	S6/h5	T6/h5					
h6						F7/h6	◤G7/h6	◤H7/h6	Js7/h6	◤K7/h6	M7/h6	◤N7/h6	◤P7/h6	R7/h6	◤S7/h6	T7/h6	◤U7/h6				
h7				E8/h7	◤F8/h7		◤H8/h7	Js8/h7	K8/h7	M8/h7	N8/h7										
h8				D8/h8	E8/h8	F8/h8		H8/h8													
h9				◤D9/h9	E9/h9	F9/h9			◤H9/h9												
h10				D10/h10				H10/h10													
h11	A11/h11	B11/h11	◤C11/h11	D11/h11				◤H11/h11													
h12		B12/h12						H12/h12													

参考文献

[1] 国家技术监督局.技术制图与机械制图[S].北京:中国标准出版社,2018.
[2] 郑伟光.汽车发动机构造与维修[M].北京:机械工业出版社,2015.
[3] 幺居标.汽车底盘构造成与维修[M].北京:机械工业出版社,2012.
[4] 钱可强.机械制图[M].7版.北京:高等教育出版社,2016.
[5] 钱可强.机械制图习题集[M].7版.北京:高等教育出版社,2016.
[6] 易波.汽车零部件识图[M].机械工业出版社,2011.